LE TEMPS
EST ASSASSIN

Michel Bussi

LE TEMPS
EST ASSASSIN

Roman

PRESSES
DE LA CITÉ

Extraits de *Mala vida* (pages 9 et 10), Jose-Manuel Chao, PATCHANKA, BMG RIGHTS MANAGEMENT (France), 1988

© Michel Bussi et Presses de la Cité, 2016
ISBN 978-2-258-13670-0

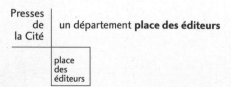

Presses
de | un département **place des éditeurs**
la Cité

place
des
éditeurs

Aux amis de l'adolescence que l'on garde toute sa vie

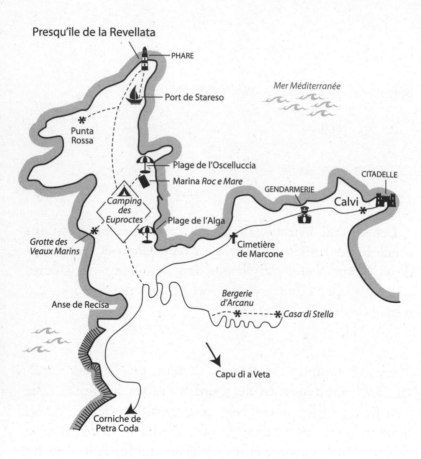

Presqu'île de la Revellata

PHARE

Port de Stareso

Mer Méditerranée

Punta Rossa

Plage de l'Oscelluccia

Marina *Roc e Mare*

Camping des Euproctes

CITADELLE

GENDARMERIE

Calvi

Plage de l'Alga

Grotte des Veaux Marins

Cimetière de Marcone

Anse de Recisa

Bergerie d'Arcanu

Casa di Stella

Capu di a Veta

Corniche de Petra Coda

1

Bergerie d'Arcanu, le 23 août 1989

— Clo ? Clo ?

Tú me estás dando mala vida

— Clo ?

Lentement, Clotilde fit glisser le casque posé sur ses oreilles. Contrariée. La voix de Manu Chao et les cuivres de la Mano Negra grésillèrent dans le silence des pierres chaudes, à peine plus forts que les grillons derrière les murs de la bergerie.

— Ouais ?

— On y va…

Clotilde soupira sans bouger du banc où elle était installée, un tronc fendu en deux qui lui râpait les fesses. Elle s'en fichait. Elle aimait bien cette position décontractée, limite provoc, les pierres qui lui tailladaient le dos sous sa robe de toile, l'écorce et les échardes qui lui grattaient les cuisses à chaque fois que sa jambe battait le rythme de la fanfare de la Mano. Son cahier sur les genoux, son stylo entre les doigts. Assise en boule. Ailleurs. Libre. Contraste total avec la belle-famille, raide, corse, corsetée. Elle augmenta le son.

Ces musicos étaient des dieux ! Clotilde fermait les yeux, ouvrait les lèvres, elle aurait tout donné pour être téléportée au premier rang d'un concert de la Mano Negra, prendre trois ans, trente centimètres, trois tailles de bonnet le temps de ce voyage éclair. Faire gigoter de bons gros seins sous un tee-shirt noir trempé de sueur, sous le nez des guitaristes en transe.

Elle ouvrit les yeux. Nicolas se tenait toujours devant elle. L'air emmerdé.

— Clo, tout le monde t'attend. Papa va pas...

Nicolas avait dix-huit ans, trois ans de plus qu'elle. Plus tard, son frère serait avocat. Ou responsable syndical. Ou négociateur au sein du GIGN, le type qui parlemente avec les braqueurs coincés dans la banque pour faire sortir un par un les otages. Nicolas adorait jouer les enclumes. Se faire taper dessus, prendre les chocs, encaisser. Ça devait lui donner l'illusion qu'il était plus costaud que les autres, plus raisonnable, plus fiable. Sans doute que ça lui serait utile toute sa vie.

Clotilde tourna le regard et observa un instant les lunes jumelles au large de la pointe de la Revellata, l'une tombée dans l'eau, l'autre accrochée au ciel sombre ; on aurait dit deux fugueuses poursuivies par le phare de la presqu'île, la première tremblante et la seconde effarée. Elle hésita à refermer les yeux. C'était si simple au fond de se téléporter sur une autre planète.

Coordination des deux paupières.

Un, deux, trois... rideau !

Mais non, elle devait les garder ouverts, profiter des dernières minutes, écrire dans le cahier posé sur ses genoux, avant que son rêve ne s'envole. Graver les mots sur la page blanche. Une urgence. Absolue.

Mon rêve se passe juste à côté, mais dans très longtemps, plage de l'Oscelluccia, j'ai reconnu les rochers, le sable, la forme de la baie, ils sont toujours pareils. Pas moi, moi, je suis devenue vieille. Une mamie !

Cela dura quoi ? Deux minutes ? Le temps que Clotilde écrive encore une dizaine de lignes, le temps de *Rock Island Line*. Elles ne sont pas longues, les chansons de la Mano Negra.

Papa prit cela pour une provocation. Ce n'en était pas une pourtant. Pas cette fois. Il l'attrapa par le bras.

Clotilde sentit le casque s'envoler, puis l'écouteur droit rester coincé dans une touffe de ses cheveux noirs collés de gel. Son stylo tomba dans la poussière. Le cahier resta posé sur le banc sans qu'elle ait le temps de le saisir, de le glisser dans son sac, de le cacher au moins.

— Papa, tu me fais mal, merde…

Papa ne rajouta rien. Calme. Froid. Lisse. Comme d'hab… Un morceau de banquise échoué en Méditerranée.

— Tu te dépêches, Clotilde. On part pour Prezzuna. Tout le monde t'attend.

La main poilue de papa emprisonna son poignet. Le tira. Sa cuisse nue se brûla au banc de bois. Il ne lui restait plus qu'à espérer que ce soit Mamy Lisabetta qui ramasse son cahier, le range avec le reste de ses affaires éparpillées en bordel dans la ferme, sans l'ouvrir, sans le lire. Elle le lui rendrait demain. Elle pouvait faire confiance à Mamy.

A elle seule…

Papa la traîna ainsi sur quelques mètres, puis la poussa devant lui, comme on lâche la main d'un bébé qui commence à marcher seul, restant quelques pas derrière elle, bras en tenaille. Dans la cour de la bergerie, autour de la grande table, toute la sainte famille la regardait, visages de cire figés, bouteilles de vin vidées, bouquets de roses jaunes fanés. Papé Cassanu, Mamy Lisabetta, la tribu… On aurait dit l'annexe du musée Grévin. Le pavillon des Corses. Les cousins inconnus de Napoléon.

Clotilde se força pour ne pas exploser de rire.

Jamais papa n'aurait levé la main sur elle, mais il restait cinq jours de vacances. Elle devait ne pas trop en rajouter, question insolence, si elle ne voulait pas que son Walkman, son casque et ses cassettes finissent balancés au large de la pointe de la Revellata, si elle voulait retrouver son cahier, si elle voulait revoir Natale et peut-être même croiser Orophin, Idril et leurs bébés dauphins, si elle voulait avoir suffisamment de liberté pour espionner la bande de Nicolas et Maria-Chjara…

Elle avait compris le message. Clotilde trottina sans traîner les pieds jusqu'à la Fuego. Changement de programme donc, on part pour Prezzuna ? OK, elle irait sagement écouter ce concert de polyphonies dans cette chapelle perdue dans le maquis, avec papa, maman et Nicolas. Une soirée à sacrifier, ça allait. Y laisser aussi son amour-propre, ça, c'était plus dur à avaler.

Elle vit juste son Papé Cassanu se lever, fixer papa, et papa lui faire signe que tout allait bien. Le regard de son Papé lui fit peur. Enfin, plus que d'habitude.

La Fuego était garée en contrebas, dans le chemin qui descendait vers la Revellata. Maman et Nicolas étaient déjà assis dans la voiture. Nicolas se poussa pour lui faire une place sur la banquette arrière, avec un petit sourire complice cette fois. Lui aussi, ce concert dans cette église perdue dans le maquis, cette obsession de papa, ça l'emmerdait.

Plus qu'elle, même ; beaucoup plus qu'elle. Mais Nicolas était décidément très fort pour ne rien laisser paraître. Plus tard, après sa licence d'enclume, il serait peut-être même président de la République, comme Mitterrand, il apprendrait à tout encaisser pendant sept ans sans broncher, pour se faire réélire les doigts dans le nez à la fin... Rien que pour le plaisir d'en prendre plein la gueule pendant encore sept ans.

Papa roulait vite. Comme souvent depuis qu'il avait acheté sa Fuego rouge. Comme souvent quand il était énervé. Une colère silencieuse. Maman posait de temps en temps sa main sur son genou, sur ses doigts quand il passait les vitesses. Il était le seul à vouloir aller écouter ce foutu concert. Ça devait se bousculer dans sa tête, les gosses ingrats, sa femme qui les défend, les racines insulaires oubliées, leur culture, leur nom à respecter, sa tolérance, sa patience ; le « pour une fois », « un seul soir, c'est pas trop vous demander, merde ! ».

Les virages défilaient. Clotilde avait à nouveau posé le casque sur ses oreilles. Elle avait toujours un peu peur sur ces routes corses, même de jour, surtout de jour, quand ils croisaient un car, un camping-car ; c'était une folie, les corniches, sur cette île. Elle pensa qu'à la vitesse où papa roulait pour passer ses nerfs, ou ne pas arriver en retard, ou être au premier rang dans sa chapelle sous les châtaigniers, s'il croisait une chèvre, un sanglier, n'importe quelle bestiole en liberté, c'était fini...

Il n'y eut aucune bestiole. Du moins, Clotilde n'en vit aucune. Et personne n'en retrouva jamais la moindre trace. Même si ce fut l'une des hypothèses envisagées par les gendarmes.

C'était un virage serré au bout d'une longue ligne droite, après la presqu'île de la Revellata ; un virage surplombant un ravin de vingt mètres. Un éboulis appelé Petra Coda.

De jour, le point de vue était vertigineux.

La Fuego heurta la rambarde de bois de plein fouet.

Les trois planches séparant la route du précipice firent ce qu'elles purent. Elles se tordirent sous l'impact du choc ; explosèrent les deux phares de la Fuego ; griffèrent le pare-chocs.

Avant de céder.

Ce fut à peine si elles ralentirent la vitesse de la voiture. Elle continua, tout droit, exactement comme dans ces dessins animés où le héros court dans le vide, s'arrête enfin, regarde ses pieds, étonné, panique soudain… et tombe comme une pierre.

Clotilde ressentit cela. Que la Fuego ne touchait plus terre. Que le monde réel était en train de disparaître. Comme une faille dans la raison, quelque chose qui ne peut pas arriver, pas en vrai, pas à eux, pas à elle.

Elle pensa cela une fraction de seconde, juste avant que la réalité explose. Que la Fuego se fracasse contre les rochers d'abord, rebondisse deux fois ensuite.

La cage thoracique et la tête de papa explosèrent contre le volant quand la voiture percuta à la verticale les blocs de pierre. Celle de maman fut écrasée lors du second tonneau contre le rocher qui traversa la portière. Au troisième, le toit s'ouvrit sur eux comme une mâchoire d'acier.

Le dernier choc.

La Fuego s'arrêta là, dans un équilibre instable, dix mètres au-dessus de la mer calme.

Puis le silence.

Nicolas se tenait à ses côtés. Droit. Sanglé.

Il ne serait jamais président, même pas délégué du personnel dans une boîte de merde. Tué dans l'œuf. Une enclume, qu'il disait. Tu parles. Une coquille de poussin, un cartilage de moineau dans la gueule d'un monstre. Son corps de pantin ratatiné par un toit éclaté en étoile.

Paupières fermées. Ailleurs pour l'éternité.

Un, deux, trois. Rideau !

Curieusement, Clotilde n'avait mal nulle part. Les gendarmes expliquèrent plus tard que les trois tonneaux avaient provoqué trois chocs, un par passager. Comme un tueur qui n'aurait eu que trois balles dans son barillet.

Elle ne pesait pas plus de quarante kilos. Elle se faufila par la vitre brisée sans même sentir les éclats de verre lacérer ses bras, ses jambes, sa robe. Elle rampa par réflexe, laissant des marques rouges sur les pierres glissantes, quelques mètres à côté de la Fuego.

Elle ne s'éloigna pas davantage. Elle se contenta de s'asseoir et de fixer le mélange de sang et d'essence qui gouttait des corps et des tôles, la cervelle qui s'échappait de leur crâne. C'est là que les gendarmes, puis les pompiers, puis les dizaines d'autres secouristes la trouvèrent, une vingtaine de minutes plus tard.

Clotilde avait un poignet cassé, trois côtes fêlées, un genou vrillé... Rien.

Un miracle.

— Vous n'avez rien, avait confirmé un vieux toubib en se penchant vers elle dans le halo bleuté des gyrophares.

Rien.

Exact !

Rien.

Tout ce qu'il lui restait à cet instant.

Les corps de papa, maman et Nicolas étaient emballés dans de grands sacs-poubelle blancs. Des types marchaient dans les rochers rouges, têtes baissées, comme s'ils cherchaient d'autres morceaux d'eux éparpillés.

— Faut vivre, mademoiselle, avait dit un jeune flic en posant une couverture de survie argentée sur son dos. Faut vivre pour eux. Pour ne pas les oublier.

Elle l'avait regardé comme un con, comme un curé qui parle de paradis. Il avait raison pourtant. Même les pires souvenirs finissent par s'oublier, si on en empile d'autres par-dessus, beaucoup d'autres. Même ceux qui vous ont cisaillé le cœur, ceux qui vous ont rayé le cerveau, même les plus intimes. Surtout les plus intimes.

Parce que de ceux-là, les autres s'en foutent.

Vingt-sept ans plus tard

I

Revellata

2

Le 12 août 2016

— C'est ici.

Clotilde posa son petit bouquet de serpolet mauve au bord de la rambarde de fer. Elle avait demandé à Franck de s'arrêter quelques lacets plus haut, pour le cueillir dans les genêts qui poussaient entre les rochers de la Petra Coda.

Assez pour trois.

Franck en fit de même, sans quitter plus d'une seconde du regard la route. La Passat était garée sur le côté, avec les warnings qui clignotaient.

Valentine se pencha la dernière, en y mettant une évidente mauvaise volonté, comme si incliner son mètre soixante-dix constituait un effort démesuré.

Ils se tenaient là tous les trois, face au trou de vingt mètres. La mer bouillonnante entre les écueils tentait inlassablement de violacer les rochers rouges, accrochant des micro-algues brunes aux fissures des pierres, telles des taches de vieillesse sur une peau ridée.

Clotilde se tourna vers sa fille. A quinze ans, Valentine la dépassait déjà de quinze centimètres. Elle portait un jean coupé au-dessus du genou et un tee-shirt *House of Cards*. Pas vraiment la tenue adaptée pour pénétrer dans un mausolée, déposer une gerbe et respecter une minute de silence.

21

Clotilde passa outre. Sa voix se fit douce.

— C'est ici, Valentine. C'est ici que sont morts ton Papé et ta Mamy. Ton oncle Nicolas aussi.

Valentine regardait plus loin, plus haut, fixait un jet-ski qui sautait sur les vagues au large de la pointe de la Revellata. Franck, appuyé à la rambarde, louchait entre le ravin et les clignotants de la Passat.

Le temps s'étirait, comme alangui par la canicule. Le soleil liquéfiait les secondes en un lent goutte-à-goutte. Une voiture les rasa dans un halo de chaleur. Un conducteur torse nu tourna des yeux étonnés vers eux.

Depuis l'été 1989, jamais Clotilde n'était revenue ici.

Elle avait pourtant pensé des milliers de fois à cet endroit, à ce moment précis. A ce qu'elle dirait, à ce qu'elle penserait, devant le vide. Aux souvenirs qui lui reviendraient par bouffées. A la façon de présenter ce pèlerinage. Comme un hommage. Comme un partage.

Et ils lui foutaient tout en l'air !

Clotilde s'était imaginé une communion, des questions délicates, une émotion partagée avec Franck et Valentine. Ensemble, unis. Et ils se retrouvaient coincés contre la rambarde sous le cagnard, comme s'ils avaient éclaté un pneu de la Passat et qu'ils attendaient la dépanneuse en s'emmerdant, en baissant les yeux vers leurs montres, ou en les levant au ciel, n'importe où sauf les arrêter sur ces pierres de volcan couleur sang.

Clotilde insista auprès de sa fille.

— Ton grand-père s'appelait Paul. Ta grand-mère s'appelait Palma.

— Je sais, maman…

Merci, Valentine ! Trop cool !

Sa fille avait juste laissé assez traîner le « Je sais » pour qu'il soit comparable aux réponses standards à ses recommandations ordinaires.

Range tes habits. Eteins ton portable. Lève tes fesses.

A son habituel effort minimal de conciliation...

Je sais, maman...

OK, Valou, pensa Clotilde. OK, ce n'est pas le moment le plus drôle des vacances. OK, je vous prends la tête avec cet accident qui remonte à presque trente ans. Mais merde aussi, ma Valou, j'ai attendu quinze ans avant de t'emmener ici ! Que tu sois grande, que tu puisses comprendre, pour ne pas te pourrir la vie avec ça avant.

Le jet-ski avait disparu. Ou s'était pris une vague et s'était noyé.

— On y va ? demanda Valentine.

Sans l'habituel effort minimal cette fois. Sans même chercher à dissimuler son ennui par un masque affecté de mélancolie.

— Non !

Clotilde avait haussé le ton. Franck pour la première fois lâcha du regard la Passat qui continuait de lui cligner de l'œil comme une dragueuse obsessionnelle.

Non ! répéta Clotilde dans sa tête. Quinze ans que je tiens le choc, quinze ans que je joue les démineuses, ma grande, vingt ans que je joue la copine cool, mon Franckie, celle qui ne se plaint jamais, celle qui a le sourire banane, la fofolle, la rigolote, celle qui dédramatise, celle qui recolle les morceaux, celle qui assure, celle qui tient la route, le volant du quotidien, en chantonnant pour que le trajet vous soit moins long. Et je vous demande quoi en retour ? Juste quinze minutes ! Quinze minutes sur vos quinze jours de vacances ! Quinze minutes sur tes quinze ans de vie, ma grande ! Quinze minutes sur nos vingt ans d'amour, mon chéri !

Quinze minutes, contre tout le reste, un quart d'heure de compassion pour mon enfance qui s'est ratatinée ici, sur ces rochers qui s'en contrefoutent, qui ont tout oublié et qui seront là encore dans mille ans. Quinze minutes dans une vie, c'est trop demander ?

Ils lui en accordèrent dix.

— On y va, papa ? insista à nouveau Valou.

Franck hocha la tête et la jeune fille marcha vers la Passat, longeant la balustrade, faisant claquer ses tongs sur le bitume, les yeux fouillant chaque coin de la route jusqu'à trois lacets plus haut comme pour chercher une trace de vie dans ce désert de pierres.

Franck se tourna vers Clotilde. La voix de la raison, comme toujours.

— Je sais, Clo. Je sais. Mais faut comprendre Valou. Elle n'a pas connu tes parents. Moi non plus. Ils sont morts il y a vingt-sept ans. Ils étaient disparus depuis près de dix ans quand on s'est connus, près de quinze ans quand Valou est née. Pour elle, ils sont des… (Il hésita, s'épongea le front d'un revers de main.) Ils… ils ne font pas partie de sa vie.

Clotilde ne répondit pas.

A la limite, elle aurait préféré que Franck la ferme et lui accorde les cinq dernières minutes de silence.

Maintenant, c'était foutu. Dans sa tête s'insinuait la comparaison mesquine avec Mamy Jeanne et Papy André, les parents de Franck, chez qui ils se rendaient un week-end sur quatre, chez qui Valou avait passé tous les mercredis jusqu'à ses dix ans, et courait encore se réfugier dès qu'on ne cédait pas à l'un de ses caprices.

— Elle est trop jeune pour comprendre, Clo.

Trop jeune...
Clotilde hocha pourtant la tête pour signifier qu'elle était d'accord.
Qu'elle écoutait Franck. Comme toujours. Comme souvent. De moins en moins.
Qu'elle adhérait à ses solutions toutes faites, en toute occasion.
Franck baissa les yeux et marcha à son tour vers la Passat.
Clotilde ne bougea pas. Pas encore.

Trop jeune...
Elle avait pesé cent fois le pour et le contre.
Valait-il mieux ne rien dire, ne pas impliquer sa fille dans cette vieille histoire d'accident ? Garder ça pour elle ? Pas de problème, elle avait l'habitude de ruminer les désillusions.
Mais de l'autre côté de la balance, il y avait le discours des psys, des magazines pour filles, des amies bonnes conseillères : une maman moderne devait jouer franc jeu, étaler sur la table les secrets de famille, faire exploser les tabous. Tout déballer sans se poser de questions.
Tu vois, Valou, quand j'avais ton âge, j'ai eu un très grave accident. Mets-toi juste à ma place une seconde. Imagine juste qu'on bascule tous les trois, qu'on disparaisse tous les deux, papa et moi. Que tu restes seule.
Pense juste à ça, ma grande... Peut-être que cela t'aidera à comprendre qui est ta mère. Pourquoi elle fait tout depuis pour que la vie lui glisse dessus sans la mouiller.
Si jamais ça t'intéresse.

Clotilde fixa une dernière fois la baie de la Revellata, les trois petits bouquets de serpolet mauve, puis se décida à rejoindre sa famille.
Franck était déjà assis derrière le volant. Il avait coupé le

son de l'autoradio. Valentine avait complètement baissé la vitre de sa portière et s'éventait avec le *Guide du routard*. D'un geste léger, Clotilde ébouriffa les cheveux de sa fille, qui râla. Elle força un éclat de rire et monta s'asseoir à côté de son mari.

Les sièges étaient brûlants.

Clotilde adressa à Franck un sourire désolé ; son masque de réconciliatrice, celui qu'elle avait hérité de Nicolas. C'était tout ce que lui avait légué son frère. Avec son cœur d'enclume et son râteau à histoires d'amour pourries.

La voiture démarra. Clotilde posa une main sur le genou de Franck. A la lisière de son short.

La Passat fila doucement entre mer et montagne. Sous le soleil au zénith, les couleurs semblaient presque trop intenses, saturées, comme sur un paysage de carte postale ancienne.

Les vacances, de rêve, en écran panoramique.

Tout était déjà oublié. Le vent soufflerait sur les bouquets de serpolet avant la fin de la nuit.

Ne pas se retourner, pensa Clotilde. Avancer.

Se forcer à aimer la vie ; se forcer à aimer sa vie.

Elle baissa la vitre et laissa le vent souffler sur ses longs cheveux noirs ; le soleil caresser ses jambes nues.

Raisonner comme dans les magazines, comme les copines, comme les vendeurs de bonheur en dix leçons.

Le bonheur, c'est simple, il suffit d'y croire !

Les vacances servent à ça, le ciel sans nuages, la mer, le soleil.

A y croire.

A faire le plein d'illusions pour le reste de l'année.

La main de Clotilde remonta un peu sur la cuisse de Franck, pendant qu'elle penchait la nuque pour offrir son

cou au ciel trop bleu, comme un décor factice. Un écran.
Un rideau tendu par un Dieu menteur.

Franck frissonna alors que Clotilde fermait les yeux. En
mode automatique. Déconnectant ses doigts de ses pensées.

Les vacances servent à cela aussi.
Les peaux bronzées, les corps nus, les nuits chaudes.
A entretenir l'illusion du désir.

3

Lundi 7 août 1989, premier jour de vacances,
ciel bleu d'été

Moi, c'est Clotilde.

Je me présente, parce que c'est la moindre des politesses, même si vous ne me la rendrez pas parce que je ne sais pas qui vous êtes, vous qui me lisez.

Ce sera dans des années, si je tiens bon. Tout ce que j'écris est top secret. Embargo total. Qui que vous soyez, vous êtes prévenu ! D'ailleurs, vous qui me lisez, malgré toutes mes précautions, qui pouvez-vous être ?

Mon amoureux, le bon, celui que j'ai choisi pour toute la vie, à qui je confierai tremblante au matin de ma première fois le journal intime de mon adolescence ?

Un connard qui l'a trouvé parce qu'à force d'être bordélique ça devait bien m'arriver ?

L'un des milliers de fans qui se précipitent sur ce chef-d'œuvre de la nouvelle petite génie de la littérature ? (moi !!!)

Ou moi... Mais moi vieille, dans quinze ans... Allez, disons même super vieille, dans trente ans. J'ai retrouvé ce vieux journal intime au fond d'un tiroir et je le relis comme une machine à remonter le temps. Comme un miroir rajeunissant.

Comment deviner ? Alors, dans le doute, j'écris, au pif, sans savoir entre quelles mains, quels yeux ce cahier tombera.

Pouf pouf…

Vous avez de beaux yeux, j'espère, de belles mains, un beau cœur, mon lecteur du futur ? Vous ne me décevrez pas ? Promis ?

Je commence par quelques mots sur moi, histoire de faire les présentations ? Car on va avoir le temps de se découvrir, mon lecteur de l'au-delà.

Clotilde donc. En trois indices :

Petit 1. Mon âge. Vieille déjà… Quinze ans. Waouh, ça file le vertige !

Petit 2. Ma taille. Petite encore… un mètre quarante-huit, ça, ça file le blues !

Petit 3. Mon look. Il craint à mort, d'après maman. C'est pas compliqué, l'effet recherché, c'est ressembler à Lydia Deetz, dans *Beetlejuice*. Si vous ne visualisez pas tout de suite son look gothique, mon lecteur de la planète Mars, ne paniquez pas : je vais vous laver la tête avec Lydia Deetz une ligne sur trois dans ce cahier vu que je suis fan absolue de cette fille. En clair, c'est l'ado la plus cool du monde avec ses dentelles noires, sa mèche en dents de dragon, ses grands yeux de panda… et en plus, elle parle aux fantômes ! J'ajoute, bel inconnu, qu'elle est jouée par Winona Ryder, qui n'a pas encore dix-huit ans et est juste la plus belle actrice du monde. J'ai voulu décrocher tous ses posters de ma chambre pour les afficher dans celle des vacances, mais maman a mis son veto aux punaises enfoncées à travers les cloisons du bungalow.

D'accord, d'accord, mon lecteur, je m'aperçois que mon petit 3, c'était un grand 3 ! J'en reviens à mon premier jour des vacances, alors… La grande aventure des Idrissi de Tourny dans la Fuego rouge de papa. Tourny, pour vous situer, c'est dans le Vexin, une plaine à betteraves coincée entre la Normandie et Paris, avec une rivière ridicule, l'Epte, dont les baratineurs du coin racontent qu'elle a provoqué plus de guerres et fait plus de morts que le Rhin. Nous, on habite au-dessus, au milieu de petites collines hautes comme trois pommes que les prétentieux du coin ont appelées le Vexin bossu. Ça ne s'invente pas !

J'ai longtemps hésité sur la façon dont j'allais vous raconter le grand départ pour la Corse, les bagages tassés dans le coffre alors qu'il fait encore nuit sur la Normandie, la route interminable, assise à l'arrière avec Nico qui reste dix heures à regarder les bagnoles, les arbres et les panneaux sans même avoir l'air de s'ennuyer. Le tunnel sous le Mont-Blanc et le repas rituel tarte-salade à Chamonix, le passage par l'Italie parce que, dixit papa, Gênes n'est pas beaucoup plus loin que Nice, Toulon ou Marseille mais que les Italiens sont jamais en grève. Oui, j'aurais pu vous raconter tout ça en détail mais je fais l'impasse. C'est un choix narratif, mon cher lecteur intergalactique. C'est comme ça !

Je me concentre sur le ferry.

Qui n'a jamais pris le ferry pour une île ne sait pas ce qu'est un premier jour de vacances.

Parole de Lydia Deetz !

La preuve par les quatre éléments.

L'eau, d'abord

Le ferry géant, jaune et blanc avec sa tête de Maure, d'abord c'est grandiose. Mais quand il ouvre la gueule, là, on rigole moins.

Papa du moins. Faut dire que rouler dix heures juste pour se faire engueuler à l'arrivée par une bande d'Italiens surexcités, je comprends que ça puisse énerver.

Destra

Sinistra

Des Italiens qui hurlent et qui moulinent des bras comme si papa prenait sa première leçon de conduite.

Avanti avanti avanti

Papa qui se retrouve à manœuvrer parmi des dizaines

d'autres conducteurs terrifiés, avec leurs remorques et leurs jet-skis dessus, leur coupé sport avec la planche qui dépasse, leur Renault Espace plein à craquer de bouées, de matelas, de serviettes, entassés si haut qu'on n'y voit rien derrière.

Avvicina avvicina

Les camions, les voitures, les camping-cars, les motos. Tout rentre ! Toujours. Au centimètre près. C'est le premier miracle des vacances.

Stop stop stop

Les Italiens des ferrys, quand ils étaient petits, c'étaient des champions des trucs à emboîter. Faire entrer trois mille voitures dans un bateau en moins d'une heure, c'est comme un jeu de Lego géant.

L'Italien sourit, lève un pouce.

Perfetto

La Fuego de papa est l'une des trois mille pièces du puzzle. Il ouvre sa portière en essayant de ne pas écorner la Corsa collée à gauche et rentre le ventre pour venir nous rejoindre.

La terre, ensuite

Le vrai truc se passe entre le moment où vous quittez vos habits pour vous coucher dans la cabine et celui où, quatre ou cinq heures après, vous vous relevez ; c'est un peu comme une mue. Comme un serpent qui change de peau.

Souvent, je suis la première à me glisser dans mes tongs ; un short, un tee-shirt *Van Halen*, des lunettes noires et zou… direction le pont.

Terre ! Terre !

Tout le monde se tient déjà contre les rambardes pour admirer la côte, de l'étang de Biguglia au cap Corse. Le soleil commence à flinguer de ses rayons laser tout ce qui bouge hors de l'ombre, et moi je file dans les couloirs du bateau pour renifler les odeurs inconnues. J'enjambe un grand type blond mal réveillé, allongé dans le couloir sur son sac à dos.

Trop canon ! La fille accrochée à lui dort encore, dos nu, crinière en désordre, une main enfouie sous la chemise ouverte de son Suédois.

Un jour, ce sera moi la fille au dos nu. Et j'aurai moi aussi mon routard mal rasé pour me servir de matelas avec des poils blonds sur le torse pour me servir de doudou.

Hein, la vie, tu ne me décevras pas, promis ?

Pour le moment, je me contente du parfum iodé de la Méditerranée. Adossée à la rambarde, du haut de mon mètre quarante.

A respirer la liberté sur la pointe des pieds.

Le feu, hélas
Mesdames, messieurs, veuillez regagner vos véhicules.
Le feu de l'enfer !

En vérité, mon lecteur des confins de la galaxie, je crois que l'enfer doit ressembler à ça : la soute d'un ferry. Il y fait au moins cent cinquante degrés et pourtant, ça se bouscule dans l'escalier pour y descendre. Comme si tous les gens morts sur terre à la même heure s'avançaient à la queue leu leu dans les entrailles d'un volcan en fusion. Subway to Hell !

Ça cogne à coups de chaînes et de métal hurlant ; les Italiens sont de retour, ils sont les seuls habillés, en pantalon et veste, les seuls à ne pas suer alors que tous les vacanciers déjà court vêtus dégoulinent et s'épongent.

On reste là une éternité, dans la fournaise, peut-être tous bloqués parce qu'un petit malin garé devant la porte ne s'est pas réveillé. Celui qui était arrivé au dernier moment la veille. Le routard blond suédois, si ça se trouve, qui nous emmerde tous à un tel point que lui, je l'adore déjà et que j'en veux un comme lui plus tard.

Les Italiens ont des allures de diables, il ne leur manque que le fouet. C'était un piège, on va tous crever là, dans le gaz carbonique, parce qu'un con a mis son moteur en route et que tout le monde a fait pareil sans qu'une seule voiture bouge.

Et puis la porte du ferry tombe dans un bruit de tôle fracassée. Un pont-levis qui cède.

Une armée de morts-vivants s'échappe vers le paradis.

A moi la liberté !

L'air, enfin

La tradition chez les Idrissi, c'est un petit déjeuner en terrasse sous les palmiers, place Saint-Nicolas devant le port de Bastia.

Papa nous offre la totale, les croissants, les jus de fruits pressés, la confiture de châtaigne. On a soudain l'impression d'être une famille. Même moi avec mon allure de hérisson gothique. Même Nico, qui a fait tourner un globe terrestre avant de partir et pointé son doigt au hasard pour savoir quelle langue parlerait la fille du camping avec qui il sortirait.

Oui, une famille, pendant vingt et un jours, trois semaines au paradis.

Maman, papa et Nicolas.

Et moi.

Il sera surtout question de moi dans ce journal, je préfère vous prévenir tout de suite !

Vous m'excusez ? Je file enfiler mon maillot.

Je vous retrouve très vite, mon lecteur des étoiles.

*
* *

Il ferma doucement le journal.

Perplexe.

Cela faisait des années qu'il ne l'avait pas ouvert.

Inquiet.

Ainsi, elle était revenue...

Vingt-sept ans plus tard.

Pourquoi ?

C'était d'une telle évidence. Elle était revenue remuer le passé. Gratter. Creuser. Chercher ce qu'elle avait laissé ici. Dans une autre vie.

Il s'y était préparé. Depuis des années.

Sans jamais parvenir à répondre à cette question.

Jusqu'où voudrait-elle descendre ? Jusqu'à quel niveau voudrait-elle vider les égouts ? Jusqu'à quelle profondeur voudrait-elle s'engager dans les galeries pourries des secrets de la famille Idrissi ?

4

Le 12 août 2016, 22 heures

— Mon père n'a pas tourné.

Clotilde avait reposé son livre et se tenait assise sur la chaise, ses pieds nus et ses ongles rouges fouillant le sable mêlé de terre et d'herbe. La baladeuse accrochée à la branche d'olivier au-dessus du salon de jardin de plastique vert faisait tituber la nuit. Ils disposaient d'un emplacement de quinze mètres sur dix, plutôt en retrait des autres, plutôt ombragé, pour compenser l'absence de sanitaires proches et la taille ridicule du bungalow loué pourtant pour trois adultes. Ici on vit dehors, mademoiselle Idrissi, avait assuré avec obséquiosité le patron du camping des Euproctes lorsqu'elle avait réservé cet hiver. Visiblement, Cervone Spinello n'avait pas changé.

— Quoi ? répondit Franck.

Il était en équilibre instable et ne se donna pas la peine de se retourner. Il avait étalé un journal sur le siège arrière afin de poser ses pieds nus dessus ; sa main gauche s'accrochait à l'une des barres de la Passat alors que la droite dévissait à grand-peine un boulon du coffre de toit.

— Mon père, continua Clotilde. Dans le virage de la Petra Coda, il n'a pas tourné. C'est le souvenir précis que j'en ai. Une longue ligne droite, un tournant serré, et mon père qui fonce droit dans les barrières de bois.

Seul le cou de Franck pivota. Sa main, elle, continuait de desserrer le boulon avec la clé, en aveugle.

— Qu'est-ce que tu veux dire, Clo ? Qu'est-ce que tu sous-entends ?

Clotilde mit du temps à répondre. Elle observait Franck. La première chose que faisait son mari, le soir du premier jour des vacances, était de démonter le coffre de toit et les barres sur la voiture. Il était capable de justifier son empressement en fournissant toute une liste d'arguments parfaitement rationnels, la consommation d'essence supplémentaire, la prise au vent, les pattes des barres qui marquent la carrosserie... Clotilde y voyait surtout un encombrement supplémentaire à caser dans leur carré de vacances. Et au fond même pas. Elle s'en fichait, de ce coffre de toit qu'il fallait poser, ranger, bâcher. Elle trouvait juste ça con ! S'emmerder à ça, retirer une à une les petites vis et les mettre dans des petits sachets avec des petits numéros correspondant aux petits trous.

Dans ces moments-là, Valou n'était pas du genre à jouer les pacificatrices, leur ado était déjà partie explorer le camping, évaluer la moyenne d'âge des vacanciers et recenser leurs nationalités.

— Rien, Franck. Je ne veux rien dire. Je ne sais pas.

Clotilde avait répondu d'une voix un peu lasse. Franck avait changé de trou et grognait contre le crétin qui avait trop serré les boulons.

Lui, hier.

L'humour selon Franck.

Clotilde se pencha en avant, fit défiler entre ses doigts les pages de son livre, *Temps glaciaires*, le dernier Vargas. Elle pensa stupidement que *Temps glacières* aurait été un titre plus approprié pour un best-seller de l'été.

L'humour selon Clotilde.

— Je ne sais pas, continua-t-elle. C'est juste une sensation étrange. En regardant la route, tout à l'heure, j'ai eu l'impression que même en roulant trop vite, même de nuit, mon père aurait eu le temps d'appuyer sur le frein, de braquer. Et cette impression, bizarrement, correspond au souvenir que je traîne dans ma tête depuis l'accident.

— Tu avais quinze ans, Clo.

Clotilde reposa le livre. Sans répondre.

Je sais, Franck.

Je sais que ce ne sont que des impressions fugitives ; que tout s'est joué en deux ou trois secondes… Mais écoute ça, Franck, si tu m'entends, tout au fond de ton cerveau. Si tu sais encore lire dans le creux de mes yeux.

C'est une certitude. Une certitude !

Papa n'a pas tourné. Il a foncé tout droit vers le précipice. Avec nous tous à l'intérieur !

Clotilde fixa un instant la lampe qui se balançait doucement au-dessus de sa tête, l'essaim de papillons de nuit qui grillaient leur vie éclair contre l'ampoule.

— Il y a autre chose, Franck. Lors de l'accident, papa a pris la main de maman.

— Avant le virage ?

— Oui, juste avant. Juste avant le choc contre la barrière, comme s'il avait compris qu'on allait s'envoler au-dessus du vide, qu'il ne pouvait pas l'empêcher.

Un léger soupir. Un troisième boulon céda.

— Tu veux dire quoi, Clo ? Que ton père se serait suicidé ? Avec vous tous dans la voiture ?

Clotilde répondit rapidement. Trop peut-être.

— Non, Franck. Bien sûr que non ! Il était en colère parce qu'on était en retard. Il nous emmenait voir un concert de polyphonies corses. C'était l'anniversaire de rencontre de mes parents, aussi. On sortait d'un apéritif avec toute la famille, ses parents, les cousins, les voisins. Non, ce n'était pas un suicide, bien sûr que non…

Franck haussa les épaules.

— C'est réglé, alors ! C'était un accident.

Il changea la clé de 12 de main.

La voix de Clotilde glissa comme un murmure. Comme pour ne pas réveiller les voisins. On percevait dans l'emplacement d'à côté le son lointain d'une série télévisée en italien.

— Il y a eu le regard de Nicolas, aussi.

Franck stoppa son mouvement. Clotilde précisa :

— Nicolas n'a pas eu l'air surpris.

— Comment ça ?

— Juste avant qu'on passe à travers la barrière, la seconde avant, quand on savait déjà que c'était fini, que plus rien ne pourrait arrêter la Fuego, j'ai lu dans les yeux de mon frère une expression bizarre, comme s'il savait quelque chose que j'ignorais, comme s'il n'était pas si étonné. Comme s'il avait compris pourquoi on allait tous mourir.

— Tu n'es pas morte, Clo.

— Si, un peu...

Elle fit tanguer son siège de plastique, le basculant un peu en arrière. A ce moment, elle aurait voulu que Franck descende et la prenne dans ses bras. Qu'il la serre contre lui, qu'il lui dise n'importe quoi. Qu'il se taise, même, mais qu'il la rassure.

Il fit sauter le quatrième boulon, puis attrapa le coffre de toit gris et vide sur son dos.

Façon Obélix, pensa Clotilde.

L'image la fit sourire. Dédramatiser, toujours.

Oui, à porter son menhir en plastique sur son dos, torse nu avec son pantalon de toile bleu, Franck ressemblait étonnamment à Obélix.

Sans le bide.

A quarante-quatre ans, Franck était encore un bel homme, un torse large, des muscles longs. Il y a près de vingt ans, elle avait craqué pour son sourire franc, son assurance rassurante, mais aussi pour sa carrure de crawleur compulsif ; ça avait aidé Clotilde à tenir, à l'aimer, à se convaincre que c'était le bon. Enfin, qu'il y avait pire, bien pire.

Bizarrement, maintenant qu'année après année, demi-kilo après demi-kilo, centimètre de tour de taille après centimètre, il avait pris ce ventre que même les plus beaux garçons finissent par prendre, elle s'en foutait. Ça ne rentrait plus vraiment en ligne de compte, le corps de son mec, alors que Franck s'en faisait une montagne, une colline au moins, une jolie colline arrondie autour de son nombril.

Obélix posa son menhir avec délicatesse.

— Faut pas que tu pourrisses tes vacances avec cette vieille histoire, Clo.

Traduction.

Faut pas que tu nous pourrisses les vacances avec ta vieille histoire, chérie.

Clotilde esquissa un sourire. Après tout, c'est Franck qui avait raison. Ils se l'étaient tous coltiné, en famille, son pèlerinage.

Une corvée.

Ouste, pliée.

Zou, oubliée !

Elle s'autorisa juste un dernier débriefing. Franck avait au moins cette qualité : avec lui, on pouvait parler sans fin de l'éducation des enfants. Donc de Valentine.

— Tu penses que je n'aurais pas dû en parler à Valou ? Lui montrer le lieu de l'accident ?

— Si. Bien sûr que si. Ce sont ses grands-parents. C'est important qu'elle...

Il se rapprocha de Clotilde tout en essuyant ses mains à une serviette qu'il avait décrochée d'un fil.

— Tu sais, Clo, je suis fier de toi. Que tu aies eu ce courage. Après ce que tu as vécu. Je sais d'où tu viens. Je ne l'oublie pas. Mais maintenant...

Il s'essuya les épaules, les aisselles, la poitrine, jeta la serviette en se penchant vers Clotilde.

Trop tard, pensa Clotilde. Trop tard, mon chéri.

Juste quelques secondes trop tard pour que la compassion de son mari ne sente pas à plein nez le mâle excité par les premières chaleurs. Le mâle civilisé qui prend tout de même le temps de remiser son coffre de toit et protéger la carrosserie de sa caisse avant d'aller trousser sa femelle.

— Maintenant quoi, Franck ?

Franck posa une main sur la taille de Clotilde. Ni lui ni elle n'étaient très habillés. La main remonta un peu sous son chemisier.

— Maintenant... on va se coucher ?

Clotilde se leva et recula d'un pas. Doucement. Sans le froisser. Sans lui laisser d'espoir non plus.

— Non, Franck. Pas tout de suite.

Elle avança, attrapa à son tour sa serviette au fil, ramassa sa trousse de toilette.

— J'ai besoin de prendre une douche.

Juste avant d'atteindre l'allée de terre, Clotilde se retourna une dernière fois vers son mari.

— Franck... Je ne crois pas qu'on ait survécu à l'accident.

Il la regarda bêtement, comme un lion qui vient de laisser la gazelle quitter le point d'eau sans même la pourchasser.

Sans comprendre ce que venait faire cette phrase dans la conversation.

Le camping était à peine éclairé. Après l'unique réverbère de l'allée B, celle où s'alignaient cinq chalets prestige finlandais posés là six mois plus tôt, Clotilde passa devant le dernier emplacement réservé aux tentes, squatté par un groupe de motards, allongés en cercle, bière à la main, Lumogaz en totem, motos parquées sous les arbres façon troupeau de pur-sang.

Comme un absolu de liberté.

Un parfum corsé de mélancolie.

Clotilde longea la parcelle ; une dizaine de têtes pivotèrent pour saluer le passage de la belle, dans un geste synchronisé d'ola fatiguée pratiquée à l'horizontale. La jupe de Clotilde lui arrivait à mi-cuisse et trois boutons ouverts de son chemisier dévoilaient les premières courbes de sa poitrine.

A quarante-deux ans, Clotilde se savait séduisante.

Petite, certes. Fluette. Mais avec des formes pile là où il faut, pile là où les hommes aiment les trouver. Depuis l'année de ses quinze ans, Clotilde avait pris à peine quatre kilos. Un dans chaque sein, un dans chaque fesse ! Plus jolie aujourd'hui qu'hier. Dans sa tête au moins ; dans les regards, souvent. Elle n'avait pas eu besoin de club de gym ou de piscine pour entretenir sa silhouette, elle était juste le résultat d'un parfait entraînement quotidien… Une maman saine dans un corps sain ! Poussage de Caddie chargé à bloc, sprint jusqu'à la sortie de l'école, flexion-extension devant le lave-vaisselle, le lave-linge, le sèche-linge…

A fond la forme !

Joindre l'utile à l'agréable à l'œil, hein, Franck.

Quelques minutes plus tard, Clotilde sortit de la douche, enroulée dans sa serviette de bain. Elle était seule dans les sanitaires à l'exception d'une ado très brune occupée à s'épiler les jambes avec un rasoir électrique qui émettait un bruit de grille-moustiques. De l'autre côté de la cloison de faïence, des rires bruyants de garçons accompagnaient un interminable rythme de techno.

Clotilde prit le temps de se regarder dans l'immense miroir qui courait sur tout le mur. De lisser ses longs cheveux noirs qui descendaient jusque sous sa poitrine. Ce camping la ramenait vingt-sept ans en arrière, à son même corps, à son même visage, devant le même miroir, lorsqu'elle avait quinze ans.

A ce corps de gamine qu'elle traînait à l'époque comme un boulet ; à cette fantaisie qui était alors son seul atout face aux garçons, sa seule arme. Dérisoire... un pistolet à eau !

5

Mercredi 9 août 1989, troisième jour de vacances,
ciel bleu marine

Désolé, mon mystérieux lecteur-voyageur intergalactique, je vous ai abandonné pendant deux jours, et je ne peux même pas me cacher derrière l'excuse d'être débordée : je bulle toute la journée. Je serai plus ponctuelle les jours prochains, promis. Le temps de prendre mes marques, de faire des repérages, d'observer, de me situer, comme une petite espionne, une anthropologue en mission, une voyageuse de l'an 2020 parachutée en 89.

Incognito…

Allô, ma galaxie ? Lydia Deetz au rapport. Journal de bord en direct d'une planète inconnue où il fait plus de trente-cinq degrés le jour et où les indigènes se baladent presque nus.

Pour tout vous dire, si je vous ai un peu délaissé, c'est parce que je ne savais pas par où commencer.

Où planter ma plume ?

Au milieu de notre camping, comme un étendoir, pile sur la terrasse du bungalow C29, celui où l'on revient chaque année depuis que je suis née ?

Chez Papé et Mamy, comme un étendard à tête de Maure, pile au centre de la cour de la bergerie d'Arcanu ?

Au milieu de la plage de l'Alga, comme un parasol ?

Pouf pouf…

Ce sera la plage de l'Alga ! Je vais vous peindre un tableau genre carte postale qu'on envoie rien que par méchanceté pour faire saliver les copines restées coincées dans les tours des Boutardes à Vernon.

Sable blanc. Eau turquoise. Peaux bronzées.

Et juste une petite tache noire.

Moi !

La petite Lydia-Winona, avec mon tee-shirt de bagnard, mes cheveux hérisson et mes tongs à tête de zombie. La fille complètement dingue qui garde son tee-shirt alors qu'il fait quarante degrés sur la plage ! Hein ? Avouez. Vous êtes en train de penser comme ma mère. Timbrée, la gamine…

Mais à vous, rien qu'à vous, mon confident secret, je veux bien vous expliquer.

Vous n'allez pas vous moquer ? Vous le jurez ?

En maillot, avec mon mètre quarante et mes petits nénés, j'ai l'air d'avoir dix ans. Alors garder mon tee-shirt de mort-vivant sur la plage, c'est le seul truc que j'ai trouvé pour me vieillir un peu. Histoire d'éloigner les gamines qui auraient l'idée de venir me demander de jouer aux pâtés de sable. C'est pas parce que je ne les fais pas, mes quinze ans, qu'ils ne sont pas là, derrière mes yeux, au fond de mon cœur, entre mes cuisses…

Alors j'enfile mon armure.

Je vous vois venir, vous allez me sortir le couplet sur la petite fille gâtée qui a trop de chance d'être en vacances dans ce coin de paradis et qui regarde tout ça avec dégoût, la montagne, la plage, la mer.

Alors, là, raté. Pas du tout.

Pas du TOUT !

J'adore tout, j'adore la plage, j'adore l'eau !

A la piscine de Vernon, je m'enfile des longueurs comme une folle jusqu'à en crever et couler sur place au fond, genre Adjani et son p'tit pull marine.

44

J'ai bu la tasse, tchin tchin.
T'avaler, que m'importe,
Si l'on me trouve à moitié morte[1].

Ils sont jolis, je trouve, les mots d'Adjani et de Gainsbourg. Lui, c'est un mec immortel... Il se tape clope sur clope, fille sur fille, et il écrira encore des chansons à tomber jusqu'à la nuit des temps.

D'ailleurs à propos d'eau, je vais vous faire une confidence... Depuis quelques mois, il m'arrive un truc étrange. J'ai des envies d'échanger le noir de Tim Burton contre le bleu. Ça m'est tombé dessus par hasard, il y a dix mois. Sans prévenir. Au cinéma.

Le Grand Bleu. La Méditerranée filmée en accéléré au ras de l'eau, le carillon d'Eric Serra, les façades blanches et turquoise des maisons grecques.

Paf ! En moins de deux heures, je suis tombée raide dingue des dauphins, et puis peut-être aussi un peu de leur copain humain, pas le Sicilien à lunettes, l'autre, le planeur des profondeurs aux yeux d'abysses...

Jean-Marc Barr...

Rien que de penser qu'en plongeant dans la Méditerranée je me baigne dans la même eau que lui, ça me rend toute chose. Il paraît que le film a été tourné ici, au large de la presqu'île de la Revellata.

Le noir comme carapace, mais le cœur peint en bleu.

Vous ne le répéterez pas, mon confident ? C'est important, je vous fais confiance. C'est ma vie que je vous confie.

Là, j'écris sur le sable. Celui de la plage de l'Alga. On dirait un croissant de lune qui a oublié que le jour s'est levé et qui se laisse grignoter par les clapotis d'une mer-pataugeoire bleu fluo, où les poissons vous filent entre les mains et les doigts de pieds.

---

1. Extrait de *Pull marine*, Isabelle Adjani et Serge Gainsbourg, MELODY NELSON PUBLISHING, 1983.

Des membres de la famille Idrissi, il n'y a que maman avec moi sur la plage. Papa est parti je ne sais où. Bizarrement, ici, quand il retrouve ses racines, ça lui donne la bougeotte ; alors que coupé d'elles, à la maison, il ne décolle pas du canapé. Nico traîne sûrement avec un essaim de filles autour de lui. Je ne vais pas être longue d'ailleurs, faudra que j'aille y jeter un œil. J'aime bien être au courant de ce que fricote mon grand frère.

Y a que maman avec moi sur la plage, et plein d'autres gens inconnus autour de nous. J'adore rester ainsi assise sur le sable avec mon cahier, à mater la vie des autres. Tenez, un exemple, à trois serviettes de moi, il y a une femme, très jolie, les seins à l'air mais pas pour les montrer : elle a un bébé affamé collé contre sa poitrine. Je trouve ça à la fois super émouvant et super dégoûtant. Comme un mélange bizarre des deux.

Maman la mate aussi, avec un air jaloux.

Maman est allongée sur la serviette d'à côté de moi, à cinq bons mètres tout de même.

Comme si j'étais pas sa fille.

Comme si elle avait honte de moi.

Comme si j'étais un défaut, le seul de ma maman parfaite.

Attendez une seconde, je me retourne, le corps en mode paravent, histoire que maman ne puisse pas venir lire la suite par-dessus mon épaule. Je vais vous faire son portrait en trois points. Du plus gentil au plus vilain.

Point 1. Maman s'appelle Palma, c'est un prénom d'origine hongroise, mes grands-parents viennent de là-bas, de Sopron, à quelques kilomètres de la frontière autrichienne. Des fois, je l'appelle Palma Mama.

Point 2. Maman est grande et belle. On dit aussi élancée, bien roulée, racée… Elle fait un bon mètre soixante-quinze en tongs, alors vous imaginez en soirée, perchée sur des talons aiguilles, avec de longues jambes de cigogne, une taille de colibri, un cou de cygne, de grands yeux étonnés de chouette effraie.

Il paraît que parfois les gènes sautent une génération.

Confirmation !

Les médecins qui se sont penchés sur mon cas sont formels, j'ai quasi fini ma croissance, je ne dépasserai jamais le mètre cinquante-cinq, comme des millions et des millions d'autres femmes, ont dit les docteurs pour me rassurer, et ils ont ajouté, puisque les gènes jouent à saute-génération, que si un jour j'ai une fille elle sera peut-être une plante grimpante comme ma maman. Ça promet ! Je préfère ne même pas y penser et passer direct au point 3.

Accrochez-vous.

Maman est emmerdante. Maman est méchante. Maman est chiante. Maman est sur sa serviette à cinq mètres de moi en train de lire *Le Diable en rit encore* et j'aimerais lui cracher tous ces mots que je cache dans mon cahier. Alors je vous le jure sur tous mes ancêtres corses qui dorment dans le cimetière de Marcone, je vous fais le serment de la plage de l'Alga, et vous en êtes le témoin, mon lecteur du futur…

Je ne veux pas devenir comme elle plus tard !

Je ne veux pas devenir une maman comme elle. Une femme comme elle. Une vieille comme elle.

Waouh !

J'ai été loin, là. Je lève la tête et je me rends compte que j'avais vraiment pas de quoi paniquer. Maman dort sur le ventre. Dos nu. Elle a dégrafé son soutien-gorge vert et il est tombé comme une méduse, écrasé par ses seins aplatis. Elle peut bien me prendre la tête avec mon tee-shirt, elle est pareille, maman, avec son déguisement. Son petit haut qu'elle ragrafe en jouant les pudiques dès qu'elle se redresse, au cas où un type pourrait voir un bout de sein. Et qu'elle pose son bouquin. Et qu'elle sprinte à petits pas vers la mer ; tu ne viens pas, chérie ? qu'elle me dit. Et qu'elle revient toute ruisselante ; elle est trop bonne, ma chérie, tu n'as pas trop chaud avec ton truc ? Et qu'elle se rallonge et fait semblant de s'intéresser à son livre qui lui fera toutes les vacances. Et qu'elle fait sauter à nouveau le haut pour bronzer le côté pile sans décoller le côté face.

Maman préférerait crever plutôt que d'avoir la marque des bretelles. Moi, avec la marque de mon tee-shirt, je connais déjà la bonne blague de la rentrée au lycée Aragon : « Hé, Clo, t'as fait le Tour de France cet été ? »

Ah ah ah... J'arrête pour aujourd'hui, parce que je vous vois venir avec votre analyse psychologique à deux balles... Allez, dites-le, avouez-le, puisque c'est ce que vous pensez...

Je suis jalouse de ma mère !

Pfff... Si ça vous fait plaisir.

Si vous saviez ce qu'elle vous dit, la petite rebelle noiraude. Elle est rusée, elle a son plan. Elle ne va pas se faire avoir, elle. Elle trouvera un amoureux avec qui elle s'amusera toute la vie ! Elle aura des bébés qu'elle fera rire jusqu'à ce qu'ils aient honte d'elle. Elle aura un boulot qui sera un combat permanent : boxeuse, dresseuse d'ours, funambule, exorciste.

Mon serment de la plage de l'Alga !

Ça vous va ? La prochaine fois, je vous parlerai de papa.

Mais là, faut que je vous laisse, maman a planqué ses seins sous son petit haut à bretelle molle, et s'approche de MA serviette. J'hésite entre faire ma gentille ou mordre. Je ne sais pas encore. Je vais improviser.

Bye...

*
*   *

Il referma le cahier.

Oui, incontestablement, Palma était une belle femme. Une très belle femme.

Elle ne méritait pas de mourir. Certainement pas.

Mais puisque le pire avait été commis, puisqu'elle ne pouvait pas ressusciter, il restait juste à faire en sorte que nul n'apprenne jamais la vérité.

6

Le 13 août 2016

9 heures

Clotilde était allée chercher une baguette, trois croissants, un litre de lait qu'elle tenait dans un sac au bout d'une main, un litre de jus d'orange dans l'autre, et s'était égarée.

Exprès.

Valou dormait encore. Franck était parti courir jusqu'au sémaphore de Cavallo.

Lors de l'été 89, Clotilde s'en souvenait, elle était chaque matin de corvée de petit déjeuner, elle traînait les pieds en allant chercher du pain frais à l'accueil, elle zigzaguait dans les allées du camping des Euproctes en espérant croiser quelqu'un, mais aucun ado n'était déjà réveillé de si bonne heure, alors elle inventait un chemin compliqué dans le labyrinthe du camping avant de rentrer. Aujourd'hui, à l'inverse, Clotilde avait coupé au plus court pour se retrouver face au bungalow C29. Celui où elle avait passé les quinze premiers étés de sa vie.

Elle ne reconnaissait que les volumes. La taille du bungalow. La surface de l'emplacement. Les arbres avaient poussé, de grands oliviers qui tordaient leurs troncs pour former une canopée au-dessus du chalet dont l'emprise au sol avait doublé : un store électrique, une terrasse, un barbecue, un salon

49

de jardin. Tout avait été modernisé par les bons soins du nouveau directeur des Euproctes, Cervone Spinello, qui avait repris avec un sens aiguisé des affaires le camping de son père Basile. Chaque nouveauté, un court de tennis, un toboggan aquatique, l'emplacement de la future piscine, confirmait à Clotilde qu'il ne restait presque rien du camping nature de son enfance, ce terrain ombragé qui fournissait seulement un lit pour dormir, de l'eau pour se laver, des arbres pour se cacher.

En observant plus en détail l'emplacement C29, Clotilde se fit la réflexion qu'elle ne l'avait jamais revu depuis l'accident. Dans les jours qui avaient suivi le drame, Basile Spinello avait apporté ses affaires à Calvi, dans sa chambre d'hôpital. Un grand sac contenant ses habits, ses minicassettes, ses livres. Tous ses objets personnels, sauf celui auquel elle tenait le plus : son cahier. Ce cahier bleu où elle avait inscrit ses états d'âme pendant ce mois d'été. Ce cahier abandonné sur un banc de la bergerie d'Arcanu.

Il l'avait oublié, ou égaré quelque part dans un couloir du centre hospitalier. Elle n'avait pas osé lui demander. Elle y avait beaucoup repensé à ce moment-là, dans l'avion qui la ramenait directement de l'Antenne médicale d'urgence de Balagne à Paris, puis Conflans, chez Jozsef et Sara, les parents de sa mère, qui l'avaient élevée jusqu'à sa majorité. Avec les années, elle aussi avait oublié ce cahier. Clotilde se fit la réflexion amusée qu'il l'attendait sans doute toujours quelque part, depuis près de trente ans, rangé dans le tiroir d'une armoire, glissé derrière un meuble, coincé sur une étagère sous une pile de livres jaunis.

Clotilde s'approcha du bungalow C29 en écartant les branches d'un olivier plus petit que les autres plantés face à la terrasse. Elle se souvenait qu'en 1989 il y en avait déjà un, de la même taille, devant sa fenêtre. Peut-être que Cervone faisait arracher les vieux arbres pour en replanter des neufs ?

— Vous cherchez ?

Un type était sorti du bungalow, casquette des Giants de

New York coincée au-dessus des tempes grisonnantes, tasse de café à la main. Souriant, étonné.

Clotilde aimait la convivialité simple des campings. Pas de barricades, pas de haies, pas de palissades. Pas vraiment de chez-soi. Juste un chez-nous vaguement délimité.

— Rien...

Un peu plus loin, dans l'allée, deux gamins jouaient au foot.

— Vous avez envoyé votre ballon sous le bungalow ? fit le Giant.

A son sourire, Clotilde devina qu'il aurait adoré la voir se mettre à quatre pattes devant la terrasse et trémousser ses fesses moulées dans son legging pour ramper sous le bungalow. A la réflexion, Clotilde détestait aussi cela dans les campings. L'absence des barrières. Le brouillage des repères. La convoitise ordinaire.

— Non. Des souvenirs plutôt. Je suis déjà venue en vacances ici, dans ce bungalow.

— Vrai ? Ça doit faire un bout de temps alors. On réserve ce chalet d'une année sur l'autre depuis huit ans.

— C'était il y a vingt-sept ans...

Giant se fendit d'un regard épaté qui sous-entendait un compliment muet.

Vous ne les faites pas.

Derrière lui, une femme apparut. Mug de thé entre deux doigts, cheveux frisés retenus par une pince en bois, paréo coloré accroché sur sa peau fripée. Souriante elle aussi.

Elle se posta à côté de son mari et s'adressa à Clotilde.

— Vingt-sept ans ? Ce bungalow, le C29, c'était donc votre adresse avant ? Excusez-moi, mais une idée me vient comme ça. Vous ne seriez pas Clotilde Idrissi ?

Sur le coup, Clotilde ne répondit rien. Des pensées idiotes se bousculaient. On n'avait tout de même pas posé de plaque mortuaire sur le bungalow : *Ici vécurent Paul et Palma Idrissi.* On ne racontait tout de même pas l'accident de ses parents

51

de génération en génération de campeurs depuis plusieurs décennies ?

Le bungalow maudit...

La femme souffla sur sa tasse et glissa une main sous le tee-shirt de son Giant.

Un message subliminal mais explicite.

Il est à moi, celui-là.

Le langage universel des corps et des gestes qui vivent à l'air libre le temps d'un été. On expose, on mate, on croise, on frôle... mais on ne touche pas, même si c'est là, à portée de main.

Elle but son thé, lentement, puis continua, enjouée. Ravie de jouer les messagères mystère.

— J'ai du courrier pour vous, Clotilde. Il vous attend depuis un bout de temps !

Clotilde faillit s'effondrer sur place pour la seconde fois en moins d'une minute. Elle s'accrocha à la branche la plus haute du bébé olivier.

— Depuis... vingt-sept ans ? bredouilla-t-elle.

La femme du Giant éclata de rire.

— Non, quand même pas ! On l'a reçu hier. Fred, tu vas me la chercher ? Elle est sur le frigo.

Giant entra puis ressortit en tenant une enveloppe. Sa femme se colla à nouveau à lui tout en déchiffrant l'adresse.

Clotilde Idrissi
Bungalow C29, camping des Euproctes
20260 La Revellata

Clotilde encaissa une troisième accélération cardiaque. Plus violente encore que les deux précédentes, à en arracher la branche d'olivier.

— On va pas vous demander vos papiers, fit le Giant en riant. On allait la porter à la réception, mais puisque vous êtes là...

Les doigts humides de Clotilde se refermèrent sur la lettre.

— Merci.

Elle continua de tituber dans l'allée de sable. Ses ballerines laissaient des courbes sinueuses derrière son passage, comme un patineur qui dérape sur un lac gelé. Ses yeux fixaient son nom, son prénom, l'adresse sur l'enveloppe. Elle reconnaissait l'écriture mais c'était impossible. Elle savait que c'était impossible.

Sans qu'elle le prémédite, sans même qu'elle y réfléchisse, Clotilde traversa le camping. Elle devait être seule pour ouvrir cette lettre et elle ne connaissait qu'un endroit assez secret pour cela. Secret et sacré. La grotte des Veaux Marins. Un trou dans la falaise auquel on accédait par la mer, ou directement du camping par un petit chemin de terre ; une caverne où, adolescente, elle s'était réfugiée mille fois pour lire, rêver, écrire, pleurer. Elle adorait écrire quand elle était jeune, elle était même plutôt douée, c'est ce que lui disaient ses profs, ses proches. Puis les mots s'étaient brusquement enfuis. Ce talent n'avait pas survécu à l'accident.

Elle descendit sans difficultés vers sa cachette. Le chemin de sable et de cailloux avait été remplacé par un escalier de pierre cimenté. Les parois de la grotte des Veaux Marins avaient été décorées de graffitis d'amoureux et de tags obscènes, parfumées d'odeurs de bière et d'urine. Peu importait. La vue sur la Méditerranée, à l'intérieur de la caverne, restait identique, vertigineuse, offrant l'illusion à l'occupant d'être un oiseau marin prêt à fondre d'un simple coup d'aile sur une proie se risquant à la surface de l'eau.

Clotilde posa son sac de courses, se recula un peu à l'intérieur de la grotte, s'assit sur les rochers frais, presque humides, et, lentement, déchira l'enveloppe. Tremblante, comme lorsqu'on ouvre la lettre d'un amoureux, même si, d'aussi loin qu'elle se souvienne, jamais elle n'avait reçu de déclaration enflammée par courrier. Elle était née quelques années trop tard. Ses soupirants l'avaient draguée par textos, par mails. C'était nouveau et follement excitant alors, les confidences numériques… et il ne lui en restait rien aujourd'hui. Pas une ligne, pas un billet glissé dans un livre.

Le pouce et l'index de Clotilde sortirent une petite feuille blanche pliée en quatre dans l'enveloppe, la déplièrent. C'était une lettre manuscrite, d'une écriture appliquée, comme celle des vieilles institutrices.

Ma Clo,

Je ne sais pas si tu es aussi entêtée aujourd'hui que tu l'étais quand tu étais petite, mais je voudrais te demander quelque chose.

Demain, lorsque tu seras à la bergerie d'Arcanu, chez Cassanu et Lisabetta, tiens-toi quelques minutes sous le chêne vert, avant qu'il fasse nuit, pour que je puisse te voir.

Je te reconnaîtrai, j'espère.

J'aimerais bien que ta fille soit là, elle aussi.

Je ne te demande rien d'autre. Surtout rien d'autre.

Ou peut-être uniquement de lever les yeux au ciel et de regarder Bételgeuse. Si tu savais, ma Clo, combien de nuits je l'ai regardée en pensant à toi.

Ma vie tout entière est une chambre noire.

Je t'embrasse.
P.

Des vagues frappaient le seuil de la grotte, comme si un Dieu l'avait creusée exactement à la bonne hauteur pour qu'elle soit éclaboussée d'embruns sans être inondée. Dans la main de Clotilde, la feuille tremblait davantage que la grand-voile d'un catamaran.

Il n'y avait pourtant pas de vent. Juste un matin calme et

déjà chaud, un soleil qui doucement commençait à risquer un œil inquisiteur jusqu'au plus profond de la caverne.

Je t'embrasse.
C'était l'écriture de sa mère.

P.
C'était la signature de sa mère.

Qui d'autre que sa mère pouvait l'appeler « *ma Clo* » ? Qui d'autre que sa mère pouvait se souvenir de ces détails ? De son costume de punkette gothique qu'elle n'avait plus jamais enfilé depuis l'accident.

De Beetlejuice. *Bételgeuse*, dans sa traduction francophone, Clotilde avait accroché le poster dans sa chambre à l'époque. C'est maman qui le lui avait offert pour ses quatorze ans, elle l'avait directement commandé de Québec. La traduction canadienne était tellement plus poétique que la version américaine.

Clotilde s'avança et observa le chemin qui descendait à la mer, puis au-dessus d'elle celui qui longeait la corniche jusqu'aux plages de l'Alga et de l'Oscelluccia. Au bout du sentier, une ado errait seule, téléphone portable à la main, peut-être cherchait-elle du réseau, ou à lire un message en douce, sans ses parents pour lorgner par-dessus son épaule.

Clotilde baissa à nouveau les yeux sur la lettre.

Qui d'autre que sa mère pouvait se souvenir de cette phrase qui obsédait Lydia Deetz ? Cette phrase culte de son film culte, cette phrase que Clotilde avait balancée à la figure de sa mère pour qu'elle lui foute enfin la paix, dans l'intimité et la brutalité d'une dispute, un soir où elles étaient seules toutes les deux ?

Leur secret. Entre mère et fille.

Sa mère voulait la traîner en ville le lendemain pour acheter des habits présentables, c'est-à-dire confortables, colorés, féminins ; Clotilde, avant de claquer la porte de sa chambre au nez de sa mère, lui avait jeté les paroles désespérées empruntées à Lydia Deetz. Cette réplique comme un résumé de sa vie d'adolescente.

Ma vie tout entière est une chambre noire. Une grande... belle... chambre... noire.

7

Vendredi 11 août 1989, cinquième jour de vacances,
ciel bleu luzerne

Mon père, je l'aime bien.

Je ne suis pas certaine qu'il y ait beaucoup de gens qui l'aiment bien, mon père, mais moi oui, trois fois oui.

Mes copines me disent parfois qu'il leur fait peur. Elles le trouvent beau, c'est certain, avec ses yeux noirs, ses cheveux corbeau, sa barbe taillée ras sur son menton carré. Mais justement, c'est peut-être ça, son assurance, qui crée une distance.

Vous voyez ce que je veux dire ?

Mon père est le genre sûr de lui, le genre à donner son avis en un seul mot définitif, son amitié en deux et à la reprendre en trois, le genre à fusiller du regard et à ne pas gracier. Le genre prof qui fiche la trouille, chef qu'on craint, qu'on respecte en même temps qu'on le déteste. Il est un peu comme ça, mon père, avec tout le monde... Sauf moi !

Moi je suis sa petite fille chérie, alors tous ses trucs qui marchent avec les autres, sa baguette de chef d'orchestre pour faire jouer tout le monde à son rythme, taratata ça ne prend pas avec moi.

Tenez, par exemple, prenez son boulot, il dit qu'il travaille dans l'environnement, l'agronomie, l'écologie, qu'il préserve les poumons verts de la planète... En vrai, il vend du gazon !

15 % du marché français passe par lui, il paraît que ça représente des milliers d'emplois en France et dans une dizaine de pays du monde, alors personne ne moufte quand il en parle, quand il dit qu'ils n'étaient qu'à 12 % du marché quand il a commencé chez Fast Green et qu'il compte bien grimper à 17 % avant l'an 2000. Les autres prennent l'air impressionné quand papa précise qu'à chaque minute qui passe l'équivalent d'un terrain de foot en France est regazonné, et que mine de rien, à la fin d'une journée, ça représente l'équivalent de la forêt de Fontainebleau. Ils ont même l'air épatés quand il dit que maintenant le pâturin des prés ou la fétuque ovine durette, celle des pelouses des pavillons de banlieue, il s'en fout, vu qu'il gère tout le marché des golfs de l'Ile-de-France et qu'il ne vend plus que de l'agrostide stolonifère, le top du top des brins d'herbe.

Moi ça me fait juste rire.

Un papa qui vend du gazon !

La grosse honte. Je lui ai dit plein de fois. Il aurait quand même pu trouver mieux pour faire rêver sa fille chérie ! Alors je saute sur ses genoux et je lui dis que je sais bien que c'est du baratin, ses histoires de graminées, et qu'en vrai il est espion, ou gentleman cambrioleur, ou agent secret.

My name is Grass.

Ray Grass.

Là, comme d'hab, papa n'est pas là. Personne n'est là à part moi.

J'écris seule, au bungalow C29, sous l'olivier. Nicolas est avec d'autres ados de la bande du camping, maman a pris la Fuego et est partie faire des courses à Calvi, papa est à la bergerie d'Arcanu, avec ses parents, ses cousins, ses amis d'ici.

Il entretient sa corsitude…

La corsitude de papa, par contre, personne ne rigole avec ça !

Paul Idrissi.

Perdu en Normandie, dans son Vexin bossu.

Personne ne rigole avec ça… sauf moi !

Parce qu'en vrai, la corsitude de papa, de septembre à juin, ça se résume à un rectangle jaune collé sur la lunette arrière de sa voiture. Le signe cabalistique de ralliement des Corses perdus sur le continent. Les francs-maçons, c'est un triangle. Aux Juifs on a imposé l'étoile.

Pour les Corses exilés dans le Nord, c'est un rectangle.

L'autocollant *Corsica Ferries*.

Pour vous expliquer, la corsitude de papa, elle le prend quand son autocollant jaune à l'arrière commence à se décoller, ce qui signifie que les jours rallongent et que les vacances approchent. Mon papa, il est un peu comme les gosses qui se mettent à croire au père Noël en décembre, les vieux qui se mettent à croire en Dieu quand on leur annonce le nombre de mois qu'il leur reste à vivre. Vous voyez ?

Oh ! Attendez, mon lecteur inconnu, je vous laisse juste une seconde pour lever les yeux, ça cavale devant moi dans le camping, je viens de voir passer Nicolas et Maria-Chjara, direction la plage de l'Alga, avec Cervone et Aurélia aux trousses, ainsi que toute la tribu, Candy, Tess, Steph, Hermann, Magnus, Filip, Ludo, Lars, Estefan… Je vous les présenterai, rassurez-vous. Chaque chose en son temps.

J'irais bien les rejoindre, mais non, je reste avec vous. Je suis sympa, vous ne trouvez pas, à préférer vous écrire comme on fait ses devoirs de vacances plutôt que de cavaler après la bande des grands ? Des grands qui m'ignorent, me snobent, me laissent, me délaissent, m'humilient, m'oublient… Je pourrais en aligner comme ça trois pages, tout un dictionnaire de synonymes, mais je vous épargne la tirade et je reviens à mon chapitre sur mon papa.

Sa corsitude aiguë, son envie du maquis qui le prend en juin comme on attrape un rhume des foins, je vous la fais en trois étapes qui deviendront autant d'engueulades familiales.

La première, ce serait sur l'autoroute après Paris, quand

papa nous ressort d'on ne sait où des cassettes de chansons corses à mettre dans la Fuego. La deuxième, ce serait une fois sur l'île, les premiers repas, la charcuterie du coin, le fromage et les fruits du cru, se fournir aux petits commerces, acheter de la coppa, du lonzu, du brocciu en disant du broutch, prétendre que tout le reste, tout ce qu'on fourre toute l'année dans le Caddie, c'est de la cochonnerie. La troisième, ce serait les visites interminables, en famille, les grands-parents, les cousins, les voisins, les conversations en langue étrangère et papa qui galère parce que je vois bien qu'aujourd'hui il parle mieux anglais avec les big boss de Fast Green que corse avec ses potes, mais il s'accroche, mon papounet. C'en est attendrissant, même si on ne comprend rien, avec Nicolas, ou juste en pointillé, ça cause politique, du monde qui tourne de plus en plus vite et qui rétrécit comme s'il perdait des morceaux en route, et de leur île qui, elle, ne bouge pas, dans l'œil du cyclone, qui observe juste avec étonnement l'humanité s'agiter. Papa fait des efforts pour suivre, comme le pratiquant d'une religion qui pense qu'apprendre ses prières et les réciter une fois par an suffit pour aller au paradis. Mais moi qui le vois tous les jours, mon Grass Ray Grass de papa, je peux vous affirmer qu'il n'est pas plus corse que moi, pas plus corse que n'est musulman un musulman qui boit de l'alcool, que n'est catho un catho qui ne salue Marie que le jour de son baptême, de son mariage et de son enterrement.

Papa, c'est un Corse en short.

Il n'aimerait pas qu'on lui dise ça. Même moi. Même si je suis la seule qui pourrait oser.

Mais non.

Ça le vexerait.

Et j'en ai pas envie.

Je l'aime mieux que maman, mon papa. Peut-être parce qu'il m'aime bien aussi. Peut-être parce qu'il n'a jamais rien dit de mal à propos de ma tenue de Gothic Lydia. Peut-être

60

parce qu'il aime bien ma tenue noire, peut-être parce qu'elle lui rappelle celle des femmes corses.

La comparaison s'arrête là...

Le noir pour les vieilles Corses, c'est le costume de la soumission. Pour moi, c'est celui de la rébellion. D'ailleurs, je me demande bien quelle sorte de femme en noir mon père préfère ? Les deux, mon capitaine ? La soumission en public et la rébellion en privé. Une façon de posséder un trésor qu'on garde pour soi. Un oiseau qu'on met en cage.

Comme tous les hommes, je crois.

Vouloir une mère, une ménagère, une cuisinière... mais vous détester de l'être devenue.

Ça me donne cette impression, la vie de couple, du haut de mes quinze ans.

Voilà, j'arrête pour aujourd'hui. Je pense que vous en savez assez sur papa. J'hésite à rejoindre les autres à la plage ou à prendre un livre. C'est bien, un livre... Ça vieillit, de lire un livre, je trouve.

N'importe où, sur la plage, sur un banc, devant une tente. Ça intrigue.

Avec rien qu'un livre ouvert sur une serviette, vous passez du statut de petite-conne-toute-seule-qui-n'a-pas-d'amis-et-qui-se-fait-chier à celui de petite-rebelle-peinarde-dans-sa-bulle-et-qui-vous-emmerde.

Encore faut-il choisir le bon bouquin.

J'ai trop envie d'avoir un livre culte, comme pour mes deux films, *Beetlejuice* et *Le Grand Bleu*, vous voyez, le genre de livre qu'on relit mille fois et qu'on fait lire aux garçons qu'on rencontre pour savoir si c'est le bon, s'il a la même sensibilité.

J'en ai pris trois dans ma valise.

Trois trucs de fous, il paraît.

L'Insoutenable Légèreté de l'être
Les Liaisons dangereuses
L'Histoire sans fin

OK, je vous vois venir, tous les trois sont déjà sortis au cinéma. C'est vrai, j'admets, je les ai pris un peu exprès, parce que j'ai bien aimé les films... et qu'une fois que je les aurai lus, je pourrai toujours raconter que j'ai vu le film APRÈS et que j'ai été HYPER DÉÇUE de l'adaptation ! Trop rusée, la fille, non ?

Lequel des trois je prends en premier ?

Pouf pouf...

C'est décidé, je file à la plage avec *Les Liaisons dangereuses* sous le bras.

Parfait !

Trop mortels, Valmont et la marquise de Merteuil. Trop craquants, l'affreux John Malkovich et le petit Keanu Reeves.

A très vite, mon lecteur de l'au-delà.

*

* *

De l'index, il essuya la larme qui perlait au coin de son œil, avant de refermer le journal.

Même après des années, il ne parvenait toujours pas à lire ce prénom sans être bouleversé.

Ce prénom qui traînait dans ce journal comme un fantôme.

Un fantôme inoffensif.

C'est ce qu'ils avaient tous cru.

8

Le 13 août 2016, 14 heures

— C'est son écriture !

Clotilde attendait une réponse.

N'importe laquelle.

En vain.

Les lèvres de Franck étaient occupées à téter le goulot de plastique de la bouteille d'Orezza, un litre, à peu près autant que ce qu'il venait de transpirer par tous les pores de sa peau. Il se contenta finalement d'une vidange aux trois quarts et versa le reste de l'eau sur son torse nu.

Franck avait couru jusqu'au sémaphore de Cavallo, neuf kilomètres aller-retour. Pas mal pour une reprise, surtout sous trente degrés. Il prit le temps d'étendre son tee-shirt trempé de sueur.

— Comment peux-tu en être certaine, Clo ?

— Je le sais, c'est tout.

Clotilde s'était adossée au tronc tordu de l'olivier. Elle tenait toujours l'enveloppe à la main, les yeux rivés sur son nom.

Clotilde Idrissi.

Bungalow C29, camping des Euproctes

Elle n'avait aucune envie de parler à Franck des cartes postales de son enfance envoyées par sa mère qu'elle relisait parfois, des carnets de correspondance annotés et signés qu'elle avait conservés depuis le collège, des photos d'avant avec des mots écrits derrière. De ces fantômes qui ne laissent que des griffes. Elle se contenta de murmurer entre ses dents :

— Ma vie tout entière est une chambre noire. Une grande... belle... chambre... noire...

Franck s'avança à un mètre d'elle, le torse ruisselant. Le soleil faisait briller ses cheveux blonds et ras. Tout opposait Franck à la nuit, à l'obscurité, à l'ombre. Il y a des années, c'est ce qu'elle avait tant aimé chez lui. Qu'il la ramène vers la lumière.

Il tira une chaise de plastique et s'assit face à elle, yeux dans les yeux.

— OK, Clo, OK... Tu m'avais raconté, je n'ai rien oublié. Tu étais fan de cette actrice quand tu avais quinze ans, tu t'habillais comme elle en hérisson gothique, tu te comportais comme la pire des ingrates avec tes parents. Tu m'as fait regarder ce film, *Beetlejuice*, quand on s'est rencontrés, tu te souviens ? Tu avais arrêté l'image sur cette phrase balancée par cette ado, « Ma vie est une chambre noire », tu m'avais même souri en me disant qu'on la repeindrait tous les deux de toutes les couleurs de l'arc-en-ciel...

Franck se souvenait de ça ?

— Je crois que ta Winona Ryder a dû rester bloquée ainsi en statue sur son écran près de deux heures, à nous regarder faire l'amour sur le canapé.

De ça, surtout...

— OK, Clo, celui ou celle qui t'a envoyé cette lettre te fait une sale blague.

Une blague ? Franck avait bien dit « une blague » ?

Clotilde relut les mots qui la troublaient le plus.

Demain, lorsque tu seras à la bergerie d'Arcanu, chez Cassanu et Lisabetta, tiens-toi quelques minutes sous le chêne vert, avant qu'il fasse nuit, pour que je puisse te voir.

Je te reconnaîtrai, j'espère.
J'aimerais bien que ta fille soit là, elle aussi.
Je ne te demande rien d'autre. Surtout rien d'autre.

Cette visite chez ses grands-parents paternels était prévue le lendemain soir. Franck s'obstinait à vouloir expliquer l'irrationnel.

— Oui, Clo. Un type te fait une sale blague. Je n'ai aucune idée de qui il est ni de pourquoi il la fait, mais...

— Mais ?

Cette fois, Franck posa une main sur un genou de Clotilde, avant de la fixer à nouveau. Le complice avait déjà disparu, c'était à nouveau le prêcheur qui parlait, le donneur de leçons avec son chapelet de morale et ses arguments imparables. Un prof patient face à son élève bornée. Elle ne supportait plus cette suffisance.

— OK, Clo, je vais m'y prendre autrement. Le soir de l'accident, le 23 août 1989, tu en es certaine, vous étiez tous les quatre dans la voiture, toi, ton père, ta mère et Nicolas.

— Oui, bien entendu.

— Personne n'a pu sauter avant que la Fuego bascule dans le précipice ?

Clotilde repassa devant ses yeux les images gravées, à vif, depuis le drame. La Fuego lancée comme une bombe dans la ligne droite. Le virage serré. Son père qui ne braque pas.

— Non, personne, impossible.

Franck alla droit au but. C'était sa force. Il ne croyait qu'en deux qualités : rationalité et efficacité.

— Clo, tu es absolument certaine que ton père, ta mère et ton frère sont morts dans cet accident ? Tous les trois ?

Pour une fois, dans sa tête, Clotilde le remercia pour son absence de tact.

Oui, elle était absolument certaine.

Les corps déchiquetés dans la carcasse de la Fuego la hantaient depuis près de trente ans. Les corps de ses parents broyés sous les mâchoires d'acier, le goût du sang mêlé à l'odeur d'essence, les secours qui arrivent sur les lieux de l'accident et identifient les trois cadavres, transportés à la morgue et rangés dans des tiroirs pour que la famille anéantie leur rende une dernière visite... L'enquête sur l'accident... L'enterrement... Le temps qui pourrit tout, rien ne revit, ne refleurit, jamais...

— Oui, ils sont morts tous les trois, il n'y a aucun doute.

Franck posa une deuxième main sur un deuxième genou et se pencha vers elle.

— OK, Clo. Alors l'affaire est close ! Un petit plaisantin te fait une farce pas drôle, un ancien amoureux ou un Corse jaloux, peu importe, mais va pas te mettre dans la tête autre chose.

— Comment ça, autre chose ?

Clotilde se sentait hypocrite, fragile, faux cul, au point de se mentir à elle-même.

Parfois, la franchise de Franck simplifiait les choses.

— Te mettre dans la tête que ta mère pourrait être vivante. Et que c'est elle qui t'a écrit.

Et pan !

La peau laiteuse de Clotilde, luisante de crème solaire, rougissait pourtant.

Bien entendu, Franck.

Bien entendu.

Qu'est-ce que tu vas imaginer ?

— Bien entendu, Franck, s'entendit-elle affirmer. Ça ne m'a jamais traversé l'esprit.

Faux cul ! Hypocrite ! Menteuse !

Franck évita d'insister.

Il avait gagné, la voix de la raison s'imposait, pas besoin d'en rajouter.

— Alors oublie, Clo. C'est toi qui as voulu revenir en

Corse. Je t'ai suivie. Alors maintenant, oublie et profite des vacances.

Oui, Franck.
Bien entendu, Franck.
Tu as raison, Franck.
Merci, Franck.

Dans la minute qui suivit, Franck proposa une virée à Calvi. La cité-citadelle était à moins de cinq kilomètres, moins de dix minutes de route si on ne se retrouvait pas coincé derrière un troupeau d'ânes ou de camping-cars.

Franck partit enfiler une chemise propre, Valou battait des mains rien qu'à entendre le mot Calvi, synonyme de rue commerçante aux touristes agglutinés, de port de plaisance aux yachts alignés, de plages aux serviettes collées. En observant Valou filer dans le bungalow pour enfiler une robe serrée, se recoiffer pour dégager son front, sa nuque et ses épaules cuivrées, se rechausser de fines sandales de cuir tressé argentées, rayonnante à l'idée de retrouver la civilisation, et pas n'importe quelle civilisation, cette civilisation bronzée et friquée qui la fascinait, Clotilde ne put s'empêcher de se demander ce qui avait cloché entre elles.

Valentine et elle avaient été complices jusqu'à ses dix ans. Une petite fille princesse-délire et sa maman foldingue. Exactement comme elle se l'était promis.

Des jeux idiots, des fous rires, des secrets partagés.

Elle s'était juré de ne jamais devenir une maman aigrie, une maman casse-rêve, une maman en noir et blanc. Et tout avait foiré sans même qu'elle s'en aperçoive. Elle n'avait pas regardé du bon côté. Clotilde s'attendait à affronter une ado rebelle, celle qu'elle avait été ; elle s'y était préparée en ne laissant faner aucune de ses valeurs, aucun de ses rêves. En restant la même.

Tout faux !

Elle se retrouvait aujourd'hui face à une ado sage et moderne qui la regardait comme une vieille chose démodée avec ses idéaux d'un autre âge. Aujourd'hui, la maman rigolote au mieux l'indifférait, au pire lui faisait honte.

Valou avait déjà attrapé un sac à main à franges émeraude assorti à sa jupe et attendait devant la Passat. Franck était déjà assis au volant.

— Tu es prête, maman ?

Pas de réponse.

Une voix d'ado excédée. Habituée. Excédée quand même.

— Maman ! On y va !

Clotilde ressortit du bungalow.

— Franck, tu as pris mes papiers ?

— Pas touché.

— Ils ne sont pas dans le coffre.

— Pas touché, répéta Franck. Tu es certaine que tu ne les as pas rangés ailleurs ?

OK, pensa Clotilde, je suis le vilain petit canard sans cervelle de la famille, mais je ne suis pas encore complètement déconnectée.

— Oui !

Clotilde se revoyait très précisément ranger son portefeuille dans le petit coffre-fort en fonte incrusté dans le placard de l'entrée, avant d'aller prendre sa douche.

Franck avait relevé ses lunettes de soleil sur son front, tapotait nerveusement sur le volant, tout juste s'il n'appuyait pas frénétiquement sur le klaxon.

— S'ils n'y sont pas, asséna-t-il, c'est forcément que tu...

— Je les ai rangés dans ce foutu coffre hier soir et je ne l'ai pas ouvert depuis !

Dans un élan d'énervement, Clotilde se retourna, hissa sa valise sur le lit et éparpilla les affaires.

Rien.

Elle ouvrit les tiroirs, passa sa main sur les étagères les plus hautes, glissa les yeux sous le lit, les chaises et les meubles.

Rien.

Rien.

Rien dans le coffre de toit, rien dans la boîte à gants.

Franck et Valou se taisaient maintenant.

Clotilde retourna au coffre.

— Je les avais mis dans cette putain de boîte de conserve inviolable. Quelqu'un les a pris...

— Ecoute, Clo... Il y a une clé, un code, et nous seuls...

— Je sais ! Je sais ! Je SAIS !

~

Clotilde n'aimait pas le sourire de Cervone Spinello. Elle ne l'avait jamais aimé. Elle se souvenait qu'elle détestait déjà Cervone quand il était enfant, ado, à vouloir diriger leur bande au prétexte que son père était le directeur du camping.

Menteur. Crâneur. Calculateur.

Quelques années plus tard, avec les pleins pouvoirs, quatre-vingts hectares ombragés avec vue sur mer à gérer, cela donnait quelque chose comme :

Obséquieux. Prétentieux. Vicieux.

Tout le contraire de Basile, son père.

— Je suis désolé, Clotilde ! se justifiait Cervone. Je n'ai pas encore eu le temps de venir te voir. Il faudra qu'on trouve un moment pour...

Elle coupa court aux intentions d'apéritifs, d'hommages larmoyants à ses parents et d'évocation de souvenirs vieux de vingt-sept ans, en expliquant la disparition de son porte-feuille qui, pour elle, ne pouvait s'expliquer que par un vol.

Cervone fronça ses larges sourcils noirs.

Emmerdé. C'était déjà ça...

Il attrapa un trousseau de clés et, en sortant de l'accueil

69

du camping, héla un grand type qui arrosait le parterre de fleurs.

— Orsu, tu viens avec moi.

Cervone accompagna son ordre d'un geste de la main, doigt pointé vers l'allée, comme on le fait pour marquer son autorité sur un animal pourtant obéissant. Un geste de petit chef. L'autre ne broncha pas et le suivit. Clotilde eut un mouvement de recul lorsqu'il se retourna.

Orsu mesurait plus de un mètre quatre-vingt-dix. Sa large barbe mal taillée et d'épais et longs cheveux frisés lui dévoraient le visage, mais pas assez pour dissimuler une infirmité sur tout le côté gauche : un œil fixe, une joue atrophiée, presque creuse, une peau flasque du menton au cou, une épaule tordue, un bras qui se balançait le long de son corps comme une manche vide à laquelle on aurait cousu un gant de plastique rose, une jambe raide.

Inexplicablement, Clotilde fut davantage troublée qu'effrayée. Elle prit d'abord sa réaction d'empathie envers ce géant handicapé pour une forme de pitié, une déformation professionnelle peut-être, mais autre chose la troublait, un sentiment qu'elle ne parvenait pas à identifier. Alors qu'Orsu les précédait de trois mètres, Cervone glissa à l'oreille de Clotilde :

— Je ne pense pas que tu puisses te souvenir de lui. Orsu n'avait que trois mois lors de ce maudit mois d'août. Il n'a pas eu de chance depuis. On l'a gardé, c'est comme ça ici, on n'abandonne pas les chèvres à trois pattes. Aux Euproctes, il s'occupe un peu de tout, on le surnomme Hagrid. C'est plus gentil que méchant.

Tout dérangeait Clotilde dans la confidence de Cervone.

Le tutoiement alors qu'elle ne l'avait pas revu depuis vingt-sept ans.

Parler d'Orsu comme d'un chien qu'on recueille.

Cet air de pape bienveillant alors que Clotilde n'arrivait pas à se défaire de l'image du petit con persécutant les lézards, les grenouilles et toutes les autres bêtes innocentes passant entre ses doigts de tortionnaire boutonneux.

Ils furent bientôt quatre à se pencher sur le minuscule coffre du bungalow. Seule Valou s'était assise sur une chaise, écouteurs dans les oreilles, et se peignait les ongles des pieds. Cervone ne se gênait pas pour lui reluquer les cuisses.

Vicieux, obséquieux, prétentieux, corrigea Clotilde dans sa tête. Elle avait le bon tiercé, mais dans le désordre. Orsu, son immense carcasse repliée devant le cube d'acier, essayait des clés de sa seule main valide, observait la serrure, vérifiait le pêne, la gâche, les cylindres. Cervone contrôlait par-dessus son épaule.

— Désolé, Clotilde, finit par trancher le directeur du camping. Il n'y a aucune trace de forçage. Tu es vraiment certaine que ton portefeuille se trouvait à l'intérieur ?

Le cerveau de Clotilde bouillonnait. Ils s'étaient donné le mot ? Franck et Cervone, son homme et le type qui la dégoûtait le plus au monde. Clotilde se contenta de hocher la tête. Cervone médita.

— Il y avait de l'argent ?

— Un peu…

— Votre fille avait le code ?

Direct aussi, Cervone. A côté de lui, Franck était diplomate.

— Oui, mais…

Clotilde allait protester, mais Valou derrière eux s'était redressée.

— Si j'avais voulu voler du fric à mes parents, c'est le portefeuille de papa que j'aurais piqué.

Cervone éclata de rire.

— Bonne réponse, mademoiselle. On va considérer que ça t'innocente.

Clotilde détesta plus que tout le sourire complice que

Valou échangea avec le patron du camping. Franck, dans leur dos, semblait simplement énervé.

— Et alors, qu'est-ce qu'on fait ? Puisque ma femme vous dit que ce portefeuille était dans ce foutu coffre ?

Merci, Franck !

Cervone haussa les épaules.

— D'une façon ou d'une autre, si vous n'avez plus vos papiers, vous devrez aller à la gendarmerie. A partir de là, Clotilde, tu peux porter plainte si tu veux...

Il se fendit d'un sourire ambigu et ajouta :

— Ne t'attends pas à retrouver Cesareu à la gendarmerie de Calvi. Ton vieux copain a pris sa retraite depuis pas mal d'années. Je ne sais pas sur qui tu vas tomber, les flics maintenant, ils font trois ans ici avant de repartir sur le continent.

Hagrid observait toujours le coffre. S'acharnait. Vérifiait chaque mécanisme de la serrure. Ne semblait pas comprendre. Clotilde le remercia intérieurement de ne pas se contenter des apparences.

Elle était persuadée d'une chose.

Ce portefeuille était rangé là hier.

Quelqu'un l'avait pris.

Pourquoi ?

Qui ?

Quelqu'un qui possédait le code ou la clé de ce coffre.

9

Samedi 12 août 1989, sixième jour de vacances,
ciel de nuit bleue

Vous savez quoi ?

Il se passe enfin quelque chose dans mon petit coin de Corse perdu. J'ai quelque chose de neuf à vous raconter dans mon journal ! De neuf et de détonant... J'espère que vous allez aimer ma façon de raconter les histoires.

Vous êtes prêt, mon lecteur inconnu ?

Tout a commencé par un grand BOUM. Précisément à 2 h 23 du matin. Je le sais parce que la détonation m'a réveillée et que j'ai immédiatement regardé ma montre. J'ai glissé un œil dehors, vers la mer, la presqu'île de la Revellata, la Balagne jusqu'au plus haut sommet, le Capu di a Veta. Rien ! Puis je me suis rendormie.

Au petit matin, c'était l'effervescence dans le camping. Les gendarmes interrogeaient des touristes plus étonnés que paniqués, feignant de ne pas remarquer le grand sourire accroché au visage des Corses du coin.

Le complexe hôtelier, la marina *Roc e Mare*, avait sauté dans la nuit.

Pour vous donner quelques précisions géographiques, la pointe de la Revellata, c'est une petite presqu'île de cinq kilomètres de long et d'un kilomètre de large, presque entièrement sauvage à l'exception de son phare du bout du monde, du petit port de Stareso, de deux ou trois villas blanches, du camping des Euproctes qui se niche en plein milieu, sous les oliviers, avec un accès direct par un petit sentier abrupt à deux plages de poche, celle de l'Alga au sud-est, celle de l'Oscelluccia au nord-est. Côté ouest, il n'y a rien, à part la falaise. On descend direct à pic vers la grotte des Veaux Marins et l'anse de Recisa, une crique de cailloux squattée par les véliplanchistes.

Pour vous donner quelques précisions économiques, presque tout ce petit coin de paradis appartient à un seul homme. Mon grand-père ! Cassanu Idrissi. Même s'il se contente d'habiter avec toute sa famille la bergerie d'Arcanu, dans la montagne, un coin isolé avec juste un chemin raide ou une route goudronnée pour y monter, une grande antenne pour capter la télé, de vieilles pierres, un immense chêne vert au milieu de la cour et toutes les odeurs du maquis qui s'accrochent aux murs. Pas de chichis, pas de piscine, pas de court de tennis, le seul luxe, c'est la vue incroyable sur la baie de la Revellata. Même le camping appartient à mon Papé Cassanu. Basile Spinello, le patron, c'est son copain, il s'occupe de le gérer avec une règle d'or : pas de murs ou presque, seulement des douches et des toilettes, des emplacements nus pour planter des tentes, une poignée de bungalows en bois, juste de quoi loger l'été les cousins qui reviennent du continent, les amis, quelques touristes fréquentables. La terre de Papé Cassanu, ses quatre-vingts hectares, il en prend soin comme d'une femme qu'il ne veut pas partager, qu'on peut admirer mais pas posséder, qui ne prendra pas une ride, jamais ; parfumée de ciste et de cédrat, maquillée de l'indigo des orchidées sauvages, celles que Mamy Lisabetta adore.

Sauf que…

Si vous avez bien fait attention, vous aurez noté que j'ai dit « presque » quand j'ai dit que tout le coin appartenait à Papé

Cassanu. Presque, ça veut dire qu'il lui manque quelques petits coins de rochers face à la mer, au-dessus de la plage de l'Oscelluccia et en particulier quatre mille mètres carrés dont a hérité un vague cousin, il y a quelques siècles. Du coup, cette enclave dans le domaine de mon Papé est devenue la seule zone constructible de toute la presqu'île. Les enchères ont grimpé en flèche et un promoteur a commencé à faire pousser un complexe hôtelier au milieu des rochers rouges. Un Italien de Portofino, d'après ce qu'on raconte. Un truc grand luxe, intégré à la couleur de la pierre, avec terrasse sur la Méditerranée, petit port privé, chambres trois étoiles, jacuzzi et tutti quanti. Ils ont commencé à construire en mars, sauf qu'illico les associations corses de défense de l'environnement ont porté plainte, rapport à la loi Littoral ! Je vous avoue que je n'ai pas tout saisi, mais Papé Cassanu est capable de parler des heures de ça avec papa ; apparemment, l'enclave est constructible, puisque située à plus de cent mètres de la mer, mais les défenseurs de l'environnement ont fait aussitôt valoir la protection des espaces naturels remarquables, rapport à la qualité des paysages, à leur intérêt écologique, à une procédure d'inscription du site, de préemption par le Conservatoire du littoral... Bref, imbroglio total.

Constructible, pas constructible, la marina ? Personne n'en sait rien. Ça se résume à une bataille d'avocats, de journalistes, de fonctionnaires, et sans doute aussi à de gros paquets de billets sur la table et sous la table. Mais pendant ce temps, les briques de la résidence *Roc e Mare* étaient empilées les unes après les autres sur la dalle de béton coulée par des ouvriers italiens. Tout doucement, sans attendre le jugement qui peut-être déclarerait la construction illégale, dans des années, presque sous le nez de Papé Cassanu. Le nez qu'il a plutôt poilu et chatouilleux, je peux vous le confirmer.

Jusqu'à cette nuit, 2 heures du matin. BOUM !
Un grand trou dans la dalle de béton, ou ce qu'il en reste.

Les ouvriers au petit matin n'ont trouvé qu'un gros tas de gravats.

La suite, c'est Aurélia qui me l'a racontée. Aurélia, c'est la fille de Cesareu Garcia, l'adjudant de la gendarmerie de Calvi. Entre nous, on ne peut pas dire que je l'aime beaucoup, Aurélia. Elle a deux ans de plus que moi et elle s'y croit un peu avec ses grands airs sérieux, du genre c'est la loi et c'est comme ça et sinon je vais le dire à mon papa. On dirait qu'elle n'a pas eu d'enfance, qu'elle a tiré le double six dans le jeu de l'oie de sa vie et qu'elle est passée par-dessus les premières cases. Je plains son futur mari, si jamais elle en trouve un. C'est pas gagné pour elle, Aurélia, les garçons la regardent encore moins que moi, c'est vous dire ! Y compris Nicolas, et pourtant, je suis prête à parier que la pauvre, elle craque pour mon grand frère. C'est pas vraiment qu'elle est moche, elle a des yeux ronds et noirs comme des olives et de gros sourcils qui se touchent presque en haut de son nez et lui donnent un air encore plus sévère... C'est plutôt qu'elle est emmerdante. L'inverse de moi, si vous voulez : je fais trop jeune et elle, trop vieille. C'est pas pour ça que ça crée une solidarité entre nous deux, oh non, croyez-moi, plutôt une compétition, je dirais. Deux façons de s'adapter... Peut-être qu'on se retrouvera dans des années et qu'on verra qui a gagné.

Mais sur ce coup-là, au matin du grand BOUM, j'étais très contente qu'Aurélia me dise, avec sa voix pincée et ses grands airs :

— Mon père est allé voir ton grand-père, Cassanu. Tout le monde sait que c'est lui qui a fait sauter la marina.

— ?????????

— Mais personne ne dira rien, bien entendu. L'omerta... L'omerta, dit mon papa. Tout le monde ici doit quelque chose à ton grand-père, Basile en premier, le patron du camping, ils étaient à l'école ensemble. Tu te rends compte, ils posent une bombe, on sait que c'est lui et personne ne dit rien.

Ça m'amusait d'imaginer son petit papa (enfin son gros papa, parce que Cesareu, il faut le voir, il pèse le poids d'un taureau corse) monter dans sa petite camionnette de gendarme pour aller causer à mon Papé, en sueur, les genoux tremblants, comme une petite souris allant négocier un coin de grange face au chat de la maison.

Je l'ai mouchée.

— Il n'y a pas de preuves contre mon Papé. Ton père a dû te dire ça.

— Oui, il me l'a dit.

J'ai enfoncé le clou.

— Et puis ceux qu'ont posé les bombes, ils ont raison, non ? C'est plus joli, la Corse, sans le béton. Si on attend la fin du procès, les magouilles, l'administration, ils auront mille fois le temps de la défigurer, la Revellata et tout le reste de l'île, tu crois pas ?

Aurélia n'a pas d'opinion. Jamais.

Mais là, elle m'a tout de même répondu.

— Si. Mon père m'a dit ça aussi, que Cassanu a eu raison de faire ça. Même s'il n'avait pas le droit.

Là, c'est elle qui m'a mouchée.

J'y ai repensé toute la journée. J'ai même croisé Papé en grande conversation avec Basile Spinello à l'entrée du camping, avec des allures de comploteurs qui ne font pas vraiment peur. Quelques voitures de gendarmerie circulaient. On parlait de l'explosion à la radio, un peu. Et tout fut confirmé à la fin de la journée. Personne n'avait rien vu, rien entendu. Affaire classée ! La baie de la Revellata retournera aux goélands, aux chèvres, aux ânes, aux sangliers et aux euproctes. Ce soir, je suis restée de longues minutes dans la grotte des Vcaux Marins à regarder la mer et le soleil se coucher sur la baie de la Revellata.

Trop belle en rouge et or.
Trop fière, j'étais.
Tant que mon Papé sera là, elle restera ainsi, ma baie.
Sauvage, préservée, rebelle.
Comme moi !
Pour toujours, hein, mon lecteur du futur, pour toujours,
promettez-le-moi.

*
* *

Pour toujours…
Quelle petite sotte !
Il referma le cahier.

10

Le 13 août 2016, 16 heures

Les ouvriers, torse nu, souffraient de la chaleur. Immobiles, courbés sur leur pelle, assis au volant d'un bulldozer à l'arrêt, grillant une cigarette à l'ombre pour les plus chanceux. A croire que tous observaient sans y croire les fondations des murs de béton dans les rochers, comme s'il s'agissait d'une entreprise démentielle, d'une œuvre de titan. Un palais imaginé par un roi fou, impossible à bâtir, ou alors l'hiver, la nuit, pas sous cette canicule.

— C'est le futur quatre-étoiles, fit Valou à l'arrière de la Passat en frappant des mains comme une enfant excitée.

Franck conduisait calmement, concentré sur la route, paupières plissées. Le soleil l'aveuglait d'un flash dans les yeux à chaque nouveau tournant. Clotilde se retourna vers sa fille.

— Le quoi ?

— Le futur quatre-étoiles. La marina *Roc e Mare*. Un vieux projet que Cervone Spinello a dépoussiéré. Ce sera une sorte d'extension du camping des Euproctes. Y a tous les plans à l'accueil. Il doit être livré avant l'été prochain. Trop classe ! Piscine, spa, fitness, chambres à 300 euros la nuit avec terrasse privée et descente directe à la mer.

Clotilde laissa un instant son regard traîner vers le chantier. Sur un immense panneau masquant une partie des travaux, estampillé des logos de l'Europe, de la Région et du département, s'étalait une photographie d'un somptueux complexe hôtelier, haut de quatre ou cinq étages. Même niché dans les rochers, on ne verrait que lui à des kilomètres à la ronde, de la mer ou de la route littorale.

Un étrange sentiment envahissait Clotilde, sans qu'elle puisse réellement le définir. Depuis des années, elle s'était efforcée d'oublier cette pointe de rochers inhabitée, cette route dangereuse, ce précipice mortel. Sans y parvenir. Bizarrement, revenue sur les lieux du drame, chaque tournant, chaque nouvelle perspective sur ce décor de paradis l'emportait loin de l'accident ; avant l'accident plus précisément. Vers toutes les années, tous les étés avant le drame, même si elle n'en avait que des souvenirs flous, même s'il ne lui restait de ses vacances d'enfance que la certitude d'avoir adoré cette île, ces paysages, ces parfums, cette nature qui allait pourtant la trahir. La Corse était comme elle, une orpheline. Belle et solitaire. Elle avait été arrachée à sa famille il y a vingt millions d'années, au continent, aux Alpes, à l'Estérel, pour dériver en Méditerranée.

Valou insistait, se tordant le cou pour détailler les premières fondations du futur palace.

— Cervone m'en a glissé deux mots quand il a vu que ça m'intéressait. J'aurai seize ans l'année prochaine, peut-être même que je pourrai y travailler.

Cervone...

Clotilde ressentit un douloureux électrochoc. Sa fille appelait déjà ce salaud de directeur de camping par son prénom ! Ce bétonneur-flambeur-dragueur qui avait vingt-cinq ans de plus que Valou.

Elle contre-attaqua sans même réfléchir.

— Je ne comprends même pas qu'on puisse laisser construire une telle horreur.

Valentine capitula sans répliquer, se contentant de faire

courir son regard du panneau à la nature vierge, comme si elle imaginait déjà l'hôtel sorti de terre.

Les pires ados sont ceux qui refusent l'affrontement.

Clotilde revint à la charge. Sournoise.

— Tu pourras toujours demander ce qu'il en pense à Papé Cassanu, ton arrière-grand-père. On va dîner chez eux demain soir.

— Pourquoi ?

— Pour rien.

— C'est un vieux Corse indépendantiste poseur de bombes ? Comme dans *Mafiosa* ?

— Tu verras.

— Et il a quel âge, l'arrière-grand-padre ?

— Il aura quatre-vingt-neuf ans le 11 novembre.

— Et il habite toujours dans sa bergerie du bout du monde ? Ils n'ont pas de maisons de retraite, en Corse ?

Clotilde ferma les yeux.

Ils parvenaient à la corniche de Petra Coda, le lieu précis où la Fuego avait basculé.

Plus personne ne parla. Un air de disco passait à la radio. Franck hésita à baisser le son mais ne le fit pas.

Sur le bord de la route, il n'y avait plus aucune trace des trois bouquets de serpolet.

~

La brigade de proximité de la gendarmerie de Calvi, à l'entrée de la ville, disposait d'une vue unique sur la Méditerranée et la presqu'île de la Revellata. A croire qu'il fallait aux femmes de gendarme des logements de fonction dignes d'une résidence de haut standing, vue panoramique et pieds dans l'eau, pour qu'elles acceptent de suivre leur mari sur cette terre de tous les dangers.

Clotilde entra seule, laissant Franck continuer en voiture et déposer Valentine sur le port de Calvi. Elle l'appellerait pour qu'il vienne la chercher dès qu'elle aurait terminé, ce ne serait pas long. Juste le temps de déclarer la perte des papiers.

Le gendarme qui la reçut était jeune, sportif, blond et rasé ras du crâne au menton. Son bureau était décoré de divers fanions et écharpes de clubs de rugby.

Auch. Albi. Castres...

Aucun club corse.

— Capitaine Cadenat, fit le gendarme en tendant la main à Clotilde.

Après l'avoir écoutée, le flic glissa vers elle la déclaration de vol de papiers d'identité avec un air désolé face à la surenchère de paperasse à remplir. Il avait un franc sourire qui n'avait rien de militaire. Plutôt de bidasse détaché chez les gendarmes et content d'échapper au service militaire.

Clotilde lui relata les circonstances du vol, le coffre fermé, le portefeuille néanmoins disparu, l'absence d'effraction. Au-dessus du sourire butineur du gendarme s'envolèrent deux yeux papillons, iris bleu et paupières affolées.

Le gendarme se leva, observa le phare de la Revellata qui se trouvait dans la perspective directe de sa fenêtre. Le capitaine de gendarmerie possédait une carrure fine et élancée de trois-quarts aile.

— Cervone Spinello ne va pas être content qu'on débarque chez lui. Généralement, il préfère régler les affaires de son camping lui-même. Mais si vous tenez à ce que j'enquête...

Clotilde hocha la tête.

Oui, elle voulait. Rien que pour emmerder Cervone.

Le trois-quarts repositionna d'un geste maniaque le fanion du CA Brive accroché au mur.

— Pour tout vous avouer, mademoiselle, je ne suis en poste que depuis trois ans et j'ai encore du mal à comprendre la façon dont ça fonctionne, ici. Je suis du Sud, pourtant... Cadenat... Drôle de nom pour un flic, je sais, mais pas pour un Biterrois. Jules Cadenat, mon arrière-grand-père, était le plus puissant deuxième ligne de France avant la guerre. Je me plains pas d'avoir été affecté à Calvi, remarquez, je suis même devenu quadrilingue maintenant, français, anglais, occitan et corse ! C'est une chouette île. De chouettes gens. Y a juste qu'ils sont vraiment nuls en rugby !

Il éclata de rire tout en vérifiant les documents que Clotilde venait de remplir.

Nom de famille
Baron
Nom de jeune fille
Idrissi
Prénom
Clotilde
Profession
Avocate. Droit des familles

Il posa la question suivante presque par réflexe.

— Vous êtes corse ?

— Oui. De cœur, je crois.

— De la famille de Cassanu Idrissi ?

— Je suis sa petite-fille.

Cadenat marqua un temps d'arrêt.

— Ah…

Le papillon s'était posé sur un cactus ! Le trois-quarts se figea tel un flic devant qui on prononce le nom de Vito Corleone. L'instant d'après, il tamponnait d'une poigne énergique les documents administratifs. Le dernier coup d'encre resta suspendu en l'air. Le flic leva lentement le regard vers Clotilde. Un regard de compassion. Le papillon avait quitté le cactus pour une rose.

— Putain que je suis con.

— Pardon ?

Le capitaine bafouilla tout en jouant avec le tampon encreur entre ses doigts.

— Vous êtes la…

Il cherchait le mot juste. Clotilde devina ceux qu'il ne voulait pas prononcer.

La survivante.

La miraculée.

L'orpheline.

— Vous êtes la fille de Paul Idrissi, parvint tout de même à enchaîner le gendarme. Votre père est mort dans l'accident de la route à la Revellata, ainsi que votre mère et votre frère.

Les pensées de Clotilde se bousculaient. Cet Occitan n'était en poste dans l'île que depuis trois ans. L'accident s'était déroulé vingt-sept ans auparavant... Depuis, des dizaines d'autres accidents, tout aussi mortels, avaient dû se produire sur ces routes serpentantes et venimeuses. Alors, pourquoi ce jeune flic connaissait-il précisément le...

Le gendarme interrompit le flux de ses pensées.

— Le sergent est au courant que vous êtes là ?

Le sergent ?

Cesareu ?

Cesareu Garcia ?

Clotilde se souvenait assez précisément de ce gendarme qui avait conduit l'enquête sur l'accident de ses parents. Cesareu Garcia. De son calme bonhomme, de sa pudeur délicate dans les questions qu'il lui avait posées sur son lit d'hôpital. De son physique aussi épais que sa voix était douce. Deux chaises pour s'asseoir et une boîte entière de kleenex pour s'éponger le front et le cou pendant les trois heures qu'avait duré l'entretien à l'Antenne médicale d'urgence de Balagne.

Elle se souvenait aussi de sa fille, bien entendu, une des ados de la bande du camping des Euproctes, Aurélia Garcia, la rabat-joie de la tribu.

— Non, répondit-elle enfin. Je ne crois pas. Cervone Spinello m'a appris qu'il était en retraite.

— Oui... depuis quelques années. Je suppose que vous vous souvenez de lui. On n'oublie pas un physique comme le sien ! Il aurait fait un pilier de mêlée d'enfer, si ces abrutis de Corses savaient qu'un ballon peut aussi être ovale. Pour vous dire, depuis sa retraite, il continue de prendre dix kilos par an.

Le trois-quarts s'approcha plus encore de Clotilde. Le papillon tremblait, comme s'il se méfiait d'une plante jolie, mais carnivore.

— Mademoiselle Idrissi, il faut que vous alliez le voir.

Clotilde le fixa en retour, sans comprendre.

— Il habite à Calenzana. C'est important, mademoiselle Idrissi. Il m'a beaucoup parlé de cet accident avant de quitter la brigade. Il a continué d'enquêter sur ce drame, après, des années après. Il faut aller lui parler, mademoiselle. Cesareu est un type bien. Bien plus malin que les gens d'ici ne le croient. A propos de l'accident, il a... comment vous dire...

— Quoi ? fit Clotilde en haussant le ton pour la première fois.

Le papillon battit une dernière fois des ailes avant de s'envoler.

— Il a une théorie.

11

Il ouvrit le cahier.
Il n'aimait pas ce qu'il allait lire.
Il le fallait pourtant.
Pour nourrir sa haine.

*
* *

*Dimanche 13 août 1989, septième jour de vacances,
ciel bleu de nuit*

Ce soir, c'est bal.
Je vous préviens tout de suite, j'en suis pas la reine !
Je suis installée un peu à l'écart, un peu dans l'ombre,
assise dans le sable, mon livre posé sur les genoux.
Faut voir ça…
Quand je parle de bal, c'est juste une boum improvisée
dans le camping avec trois guirlandes et le gros lecteur de
cassettes qu'Hermann a emprunté à son père, posé sur une
chaise en plastique. Nicolas a ramené les cassettes de chansons du top 50 qu'il a enregistrées directement à la radio, on
a même droit aux jingles et aux pubs entre les tubes.
Surtout un.

THE tube !

Le tube dont fort heureusement, mon lecteur du futur, tu n'as jamais entendu parler car il va disparaître des mémoires aussi vite qu'il les a vampirisées cet été.

Un truc de fou. On appelle ça la lambada.

Plus qu'une chanson, c'est une danse. Ça consiste pour le garçon à fourrer sa cuisse entre celles de la fille. Contre son minou, pour dire les choses clairement.

Vrai de vrai.

Qu'il y en ait un qui essaye avec moi, tiens…

Ça risque pas d'arriver, remarquez. Quel garçon de mon âge pourrait en avoir envie ? Avec une naine comme moi… C'est pas son bas-ventre qu'il collerait contre mon minou, c'est son genou ! Alors je reste là sur mon coussin de sable habillée en sorcière et je lis *Les Liaisons dangereuses*.

Version camping.

Basile Spinello vient de passer et de dire de baisser un peu la musique.

— Oui, papa, a fait Cervone, son fayot de fils.

Je suis d'accord avec Basile.

La musique est une pollution. La musique gaspillée comme ça, je veux dire, pas celle qui va directement de vos oreilles à votre cerveau par le fil d'un Walkman. La musique qui part dans le vide, qui s'échappe dans la nature, qui la pollue autant que les papiers gras, les mégots de cigarettes, ou même que les gravats de la marina *Roc e Mare*. C'est comme un manque de respect à la beauté, celle qu'il ne faut surtout pas déranger, ni même partager. Il faut juste l'apprécier.

Seule.

La beauté, c'est un secret. En parler, c'est la violer.

Pour moi, la Corse, c'est ça…

Il faut l'aimer et la laisser en paix.

Basile a compris.

Tout comme mon Papé Cassanu.
Mon père aussi, peut-être.

A peine Basile parti, son fils a remonté le son.
Tu lambadas, nous lambadons, vous lambadez…
En rythme.
Y a bien une quinzaine d'ados.
La Mano ou Nirvana, ils ne connaissent même pas ; et ce qui me rend dingue, c'est que dans un an ou deux ils trouveront ça génial parce que tout le monde trouvera ça génial.
J'ai mon cahier ouvert, posé sur *Les Liaisons dangereuses*, mais personne ne le voit. Je peux écrire tranquille. Je me suis dit qu'aujourd'hui j'allais vous présenter la tribu. Va falloir suivre parce que c'est un peu compliqué. Je vais donner une lettre à chaque membre de la bande pour que ce soit plus simple.

D'abord, il y a mon frère Nicolas, accroupi à côté du poste radio, on va dire que c'est Valmont parce que c'est un beau gosse dans son genre et qu'il a un sacré succès avec les filles, avec son petit air cool, à ne se fâcher avec personne. J'ai même une théorie là-dessus. Si on aime tout le monde, c'est qu'on n'aime personne. Donc oui, mon grand frère Nicolas, je le vois bien en Valmont, à tomber amoureux de toutes les filles de la terre avec la sincérité d'un petit ange malheureux incapable de n'en aimer qu'une seule.
Nicolas, c'est N.

A côté, la fille qui s'agite sur *Billie Jean,* c'est Maria-Chjara. Elle, je vous ferai son portrait en détail plus tard, car cette petite allumeuse mérite bien un chapitre entier. Mais pour l'instant, juste histoire de faire les présentations, je la verrais bien en marquise de Merteuil. La courtisane manipulatrice du roman. Vous avez compris, je vous fais pas un dessin, je déteste Maria-Chjara, mais j'en aurais au moins pour toute une nuit blanche rien qu'à aligner assez de mots pour vous expliquer à quel point.

Maria-Chjara, c'est M.

Celle qui danse à contretemps, seule, aussi seule que moi mais moi je ne le montre pas, vous la connaissez déjà, c'est Aurélia Garcia, la rabat-joie. La fille du gendarme, hou la la, la musique est trop forte, hou la la, je vais appeler papa, hou la la la, la lambada mon Dieu mon Dieu, hou la la, les garçons mais non mais non... Elle se gratte les sourcils, sourit bêtement et doit rêver d'un prince charmant qui verrait des étoiles dans le reflet de son appareil dentaire... Bon courage, ma vieille !

Aurélia, c'est A.

Y a d'autres filles, Véro, Candy, Katia, Patricia, Tess, Steph, mais je passe, je passe aux mecs, du moins ceux qui m'inspirent pour écrire des mots méchants. Les autres, Filip, Ludo, Magnus, Lars, Tino, Estefan, ils sont juste normaux, c'est-à-dire mignons, buveurs de bières, rigoleurs de blagues lourdes et mateurs de filles normales.

Donc ils ne me voient pas.

Estefan, avec ses cheveux blonds portés en catogan et son accent occitan, rêve d'être médecin du monde et de s'engager en Éthiopie, Magnus de tourner le quatrième épisode de *Star Wars*, Filip de décoller de Cap Canaveral à bord de Columbia, mais rien que vous décrire ces mecs canon me fout le bourdon, alors laissez-moi me défouler sur les autres.

D'abord, il y a Cervone Spinello, qui est en train de négocier avec mon grand frère pour mettre la musique encore plus fort. « Je t'assure, Nico, c'est pas grave, papa dira rien. » Je vous ai déjà un peu parlé de lui. Ce crétin est persuadé qu'un jour c'est lui qui dirigera le camping, alors il se comporte déjà comme le dauphin. Attention, je ne parle pas des dauphins du *Grand Bleu* qui me rendent dingue, non, mon lecteur du futur sans culture, je parle du dauphin qui est aussi le fils aîné d'un roi et qui attend son tour pour gouverner. Généralement, ce dauphin-là est incompétent et un con pédant. Les deux vont souvent ensemble quand t'as du pouvoir. Cervone est comme ça. Sera comme ça.

Cervone, c'est C.

J'enchaîne et je termine par le cyclope. Je l'appelle comme ça non pas parce qu'il s'en grille six à la fois (ah ah ah) mais parce que vous pourrez le regarder autant que vous voudrez, vous ne verrez jamais de lui qu'un œil. Hermann, le cyclope donc, se promène toujours de profil et ne regarde que dans une direction. Maria-Chjara.

Si vous voyez Maria-Chjara, ne cherchez pas trop loin, vous verrez le profil d'Hermann tourné dans sa direction. Si Maria-Chjara était le soleil, Hermann ne serait bronzé que d'un côté. Sinon Hermann est allemand, mais faut reconnaître qu'il baragouine pas trop mal le français et l'anglais. Ça doit être un *kolossal* surdoué chez lui, le genre programmé pour cartonner au lycée pendant les dix mois de l'année et inadapté à la société pendant les deux mois d'été.

Hermann, c'est H.

Vous avez tout suivi ?

Je résume avec un schéma de géométrie amoureuse, façon liaisons dangereuses pour les nuls. Y a un cercle, enfin deux cercles, dont N (Nico) et M (Maria-Chjara) sont les centres. Les ados normaux, ceux dont je ne vous ai cité que le prénom, se répartissent dans les cercles. Les filles dans le cercle de N, les garçons dans le cercle de M.

A (Aurélia) et C (Cervone) aimeraient entrer dans le cercle. H (Hermann) aimerait tracer direct une droite vers M (Maria). Mais la grande question n'est pas là. La grande question est : les cercles vont-ils s'intersecter, s'unir, se superposer ?

N ∩ M ?
N ∪ M ?
N – M ?

Réponse bientôt, ne raccrochez surtout pas, on a abandonné la lambada pour le slow. Les guitares de Scorpion pleurent en jurant qu'elles *still loving you*. J'écoute, j'admire, les cassettes de Nico sont des modèles de manipulation. Il a programmé ce slow qui tue juste après *Wake me up*, le rock de Wham ! monté sur ressorts. Les filles sont trempées, la sueur leur coule des reins aux fesses et les chemisiers collent aux tétons. Trop malin, mon frangin !

Je me recule doucement, presque dans le noir, je n'ai besoin que d'une lueur pour continuer d'écrire.

Les couples se forment.

Steph avec Magnus, Véro avec Ludo, Candy avec Fred, Patricia hésite entre Estefan et Filip, Katia attend que sa copine choisisse, c'est le grand supermarché de l'été. Servez-vous, c'est en solde, dépêchez-vous, tout s'arrête fin août.

Mes fesses reculent encore de quelques centimètres vers la nuit. Si un de ces types venait me proposer de danser, je l'enverrais chier. Et j'en pleurerais ensuite jusqu'au matin.

Pas de danger !

Le beau George Michael est de retour avec *Careless Whisper*.

Dans mon coin sombre, je m'amuse, je m'amuse, je m'amuse.

Vous m'écoutez, mon confident ? Je m'AMUSE ! Autant qu'une petite souris dans son trou.

Le premier cercle vient de s'écarter, mon Nico vient de lâcher Tess, une Suédoise, sans même jeter un regard à Aurélia qui lui tendait les bras. Maria-Chjara vient de lâcher le bel Estefan. Le roi et la reine du bal sont enfin prêts à se rencontrer.

C'est parti, la marquise de Merteuil s'avance vers Valmont.

Un pas, deux pas, trois pas sous les lampions.

Il n'y a plus de cercles, juste des couples d'ados éparpillés sous les pleurs du saxo.

Juste deux points qui se rejoignent.

Maria-Chjara porte une robe blanche qui change de couleur à chaque ampoule sous laquelle elle marche avec une lenteur calculée.

Bleu jaune rouge bleu jaune rouge bleu jaune rouge

Nicolas se tient sous le dernier spot rouge de la guirlande qui ondule entre les branches des oliviers.

Bleu jaune rouge bleu jaune

Elle n'est plus qu'à dix mètres de Nicolas, et soudain, Maria-Chjara s'arrête.

Jaune

Peut-être a-t-elle senti un regard.

Maria-Chjara s'écarte des lampions, sa robe n'est plus éclairée que d'une lueur de lune.

Blanche

Je m'attendais à tout sauf à ça, Maria-Chjara tourne le dos à mon frère et tend ses bras nus, ses seins humides, sa taille mouillée que deux mains de garçon suffiraient à entourer... à Hermann.

Le cyclope n'en croit pas ses yeux.

12

Le 14 août 2016

Demain, lorsque tu seras à la bergerie d'Arcanu, chez Cassanu et Lisabetta, tiens-toi quelques minutes sous le chêne vert, avant qu'il fasse nuit, pour que je puisse te voir.

Ces quelques mots, rédigés d'une écriture qui ressemblait tant à celle de sa mère, tournaient en boucle dans la tête de Clotilde.

De plus en plus vite.

Demain... pour que je puisse te voir...

Elle luttait contre deux sentiments contradictoires, l'impatience et la peur, celle qui électrise et tétanise la veille d'un premier rendez-vous amoureux.

Demain... indiquait le message.

Dans moins de deux heures maintenant. Ils étaient invités ce soir à la bergerie d'Arcanu, pour dîner chez ses grands-parents. Qui l'attendrait, là-bas ? Qui la verrait ?

Clotilde hésitait devant le miroir des sanitaires. Laisser tomber ses longs cheveux sur ses épaules, ou bien les relever en un chignon strict. Elle n'osait pas formuler la troisième hypothèse, les coiffer en sorcière, les ébouriffer en hérisson, comme elle le faisait lorsqu'elle avait quinze ans. Tout se mélangeait sous son crâne. Elle tenta de se concentrer pour se souvenir de la bergerie de ses grands-parents, la poussière de la grande cour ensoleillée, le chêne vert géant qui avait dû encore étendre son ombre, la mer qui se cachait derrière chaque bâtiment de terre sèche construit à flanc de versant... mais les mots suivants de la lettre se superposaient aux bribes de souvenirs.

Je te reconnaîtrai, j'espère.
J'aimerais bien aussi que ta fille soit là.

Clotilde avait demandé à Valou de faire un effort, d'enfiler une jupe longue et un haut peu décolleté, de nouer ses cheveux, d'éviter le chewing-gum et les Ray-Ban. Elle avait accepté en rechignant, sans même chercher à discuter la raison pour laquelle elle devait laisser tomber sa tenue de touriste pour aller rendre visite à un arrière-grand-père de quatre-vingt-neuf ans et une arrière-grand-mère de quatre-vingt-six.

Les sanitaires étaient déserts, à l'exception d'Orsu qui passait la serpillière. Il se déplaçait lentement, attrapant l'immense seau de son bras valide à chaque nouvelle douche qu'il nettoyait. Clotilde avait remarqué qu'il lavait chaque bloc sanitaire toutes les trois heures, au même rythme que les autres tâches dont il avait la charge, l'arrosage, le ratissage, l'arrachage, l'éclairage... L'esclavage !
Clotilde lui adressa un sourire auquel il ne répondit pas. Elle colorait le coin de ses yeux d'eye-liner, pour leur donner une profondeur orientale, noire, une touche gothique peut-être, même si elle refusait de se l'avouer, quand deux adolescents entrèrent derrière elle.
Baskets crottées aux pieds, casque de VTT à la main, protections fluo aux genoux et aux coudes, ils se dirigèrent directement vers les toilettes et ressortirent quelques instants plus tard. Ils fixèrent avec dégoût leurs propres traces de boue sur

le carrelage mouillé. Le plus grand des deux s'arrêta, comme s'il se tenait devant des sables mouvants infranchissables, puis se tourna vers Orsu.

— C'est crade !

L'autre avança prudemment pour ne pas glisser, contournant les traces de terre humides pour aller souiller un autre coin des sanitaires.

— T'es chiant, Hagrid. Pourquoi tu ne fais pas les chiottes tôt le matin, ou la nuit, quand personne n'a besoin d'y aller ?

Le plus grand renchérit. Il avait treize ans maximum et un caleçon de marque qui dépassait de son short de cycliste moulant.

— C'est vrai, quoi, Hagrid, c'est comme ça que ça marche. A l'école, au bureau de mon père, dans la rue même. Ramasser les poubelles, nettoyer la merde, on fait ça quand les gens dorment ou sont partis.

Et le plus petit d'en rajouter, douze ans maxi et tee-shirt Waikiki XXL qui lui tombait sur les fesses.

— C'est ça le boulot, Hagrid. Le service aux usagers, le respect du client, le sens du tourisme. Tu comprends, Hagrid, les chiottes doivent être nickel et tu dois être invisible. La merde doit disparaître comme par magie. On ne devrait même pas savoir que tu existes.

Orsu ouvrait des yeux apeurés. Clotilde n'y lisait aucune haine, juste de la peur. La peur de ces deux petits cons, de ce qu'ils pourraient dire, rapporter. Peut-être même la peur de les voir déçus.

Clotilde hésita. Plus jeune, elle aurait foncé tête baissée.

Elle estima son temps de réaction à trois secondes avant de se tourner vers le plus grand. Trois secondes… Avant de dégainer, elle se fit la réflexion qu'elle n'avait pas tant vieilli.

— C'est comment, ton nom ?

— Heu… Pourquoi, madame ?

— C'est comment, ton nom ?

— Cédric.

— Cédric comment ?

— Cédric Fournier.

— Et toi ?

— Maxime. Maxime Chantrelle.

— OK, je verrai ça plus tard.

— Vous verrez quoi, madame ?

— Si je porte plainte...

Les deux garçons se regardèrent. Sans comprendre. Porter plainte contre ce type parce qu'il ne passait pas correctement la serpillière ? Ça dérapait. Ils ne voulaient pas en arriver jusque-là...

— Porter plainte pour outrage à salarié dans l'exercice de ses fonctions, insulte à caractère discriminatoire (elle posa ostensiblement les yeux sur le bras raide d'Orsu), abus d'autorité envers un tiers.

— Vous rigolez, madame ?

— Maître, pas madame. Maître Baron. Avocate du droit de la famille, cabinet IENA et associés, à Vernon.

Les deux se regardèrent à nouveau. Consternés.

— Filez !

Ils disparurent.

Orsu ne répondit pas à son sourire. Tant pis. Clotilde retourna vers son miroir, fière de la frousse collée aux petits cons, observant le géant barbu du coin de l'œil droit, celui déjà souligné de noir. Orsu demeura un moment sans bouger puis plongea la serpillière dans son seau, et immédiatement il en ressortit une autre, propre.

L'œil noir de Clotilde se bloqua, immobile, comme grippé ; un violent vertige la saisit, elle s'accrocha des deux mains au bloc sanitaire, laissant tomber l'eye-liner dans le lavabo.

Des gouttes noires coulaient sur l'émail immaculé.

Clotilde essayait de reprendre sa respiration, de se calmer, de rembobiner la scène qu'elle venait d'observer et de repasser au ralenti ce geste anodin d'Orsu. Jeter une serpillière sale dans le seau et en retirer une seconde, propre.

Impossible, impossible, impossible.

Le trait noir d'eye-liner glissait lentement jusqu'au trou au fond de la vasque, tel un serpent rejoignant son repaire.

Un geste anodin.

Orsu d'ailleurs lui tournait déjà le dos et effaçait à l'aide du balai-brosse, tenu à une main, les traces de pas des deux jeunes crétins.

Un geste irréel... venu de l'au-delà.

Elle devenait folle.

~

— Tu es superbe, Valentine...

Cervone Spinello se tenait à l'accueil du camping des Euproctes, portable à la main, saluant les entrants et les sortants comme un pion décontracté surveillant la sortie du lycée. Sa femme, Anika, derrière le guichet, dans un anglais parfait, renseignait des touristes scandinaves qui avaient posé devant le comptoir leur sac à dos deux fois plus lourd et épais qu'elles. Anika était grande, souriante, élégante ; aussi raffinée et attentionnée qu'affairée. Anika était à la fois le cœur et le poumon du camping des Euproctes, son supplément d'âme, sa sainte protectrice. Cervone n'en était que le curé.

Valentine s'arrêta et se retourna vers le directeur du camping.

— Merci.

Elle désigna du doigt ses cheveux retenus par un sage foulard, sa jupe longue qui lui tombait sur les chevilles, puis murmura sur le ton de la confidence :

— Je suis en service commandé. Dans deux heures, on va dîner chez les aïeux.

— Cassanu et Lisabetta ? A la bergerie d'Arcanu ?

Valentine confirma d'un sourire frondeur, passa sa main dans ses cheveux pour coincer une mèche rebelle sous le tissu saumon et fixa l'affiche qui présentait les plans de la marina *Roc e Mare*.

— D'ailleurs, d'après maman, mieux vaut éviter de parler de votre palace devant Papé.

Derrière eux, Anika s'était levée pour faire visiter des emplacements libres aux Suédoises pliées en deux sous le poids de leurs bagages. Cervone rangea son portable dans sa poche et prit Valou par l'épaule, la fit pivoter d'un quart afin qu'elle se retrouve face à une grande carte de la Corse. Le doigt du directeur du camping traversa la Méditerranée pour s'arrêter au milieu du grand bleu.

— Tu sais quel est le troisième aéroport d'Espagne, après Madrid et Barcelone ?

Valou secoua négativement la tête, sans saisir où Cervone voulait en venir.

— Palma ! Palma de Majorque. La capitale des Baléares. Les Baléares, Valentine, cinq mille kilomètres carrés, un million d'habitants et dix millions de touristes. Deux fois plus petites que la Corse et quatre fois plus de visiteurs... Et pourtant, je peux te le dire, les Baléares n'ont pas le quart des atouts de notre île, deux plages et trois grottes, une montagne qui ne dépasse pas mille cinq cents mètres. (Son doigt continua de courir sur l'azur de la carte.) Alors Valentine, peux-tu me dire pourquoi une île en Méditerranée attire, crée des emplois et des richesses, et une autre rien de rien ?

— Je... je ne sais pas.

— Tu sauras ce soir. T'auras rien à demander. Tu auras juste à écouter ton grand-père.

— Mon arrière-grand-père.

— Oui... c'est vrai. Tu sais que Cassanu était l'un des meilleurs amis de mon père ?

Il se tourna vers l'entrée du camping, tendit le bras, leva la main, pointa l'index vers l'horizon.

— Regarde. Droit devant.

Valentine scruta la presqu'île de la Revellata qui se détachait de la mer comme un autre immense doigt, vierge de tout bijou.

— Que vois-tu, Valentine ?

Elle hésita.

— Rien.

Cervone exulta.

— Tout à fait, rien ! La Corse est un paradis, une des plus belles îles du monde, un don du ciel, et qu'en ont-ils fait ? Rien ! Observe cette presqu'île sublime. Qu'en ont-ils fait ? Rien. A part la confisquer comme des vieux qui planquent leur trésor sous leur matelas. Ils nous ont fait perdre cinquante ans. Tu sais quelle est la plus grande entreprise de la Corse ?

Valentine secoua négativement la tête et bafouilla.

— Heu… Non.

Le patron du camping, excité, lui attrapa le bras.

— Un supermarché ! Tous les jeunes foutent le camp et il reste pourtant encore plus de 10 % de chômeurs sur l'île. A cause de ces soi-disant défenseurs de la Corse. Ces exilés se retrouvent à bosser à Marseille ou en région parisienne. Des réfugiés économiques qui dépriment toute l'année en attendant de revenir passer un mois d'été en famille dans leur île et pleurent toutes les larmes de la Méditerranée quand ils repartent. C'est comme ça qu'ils aident la Corse ? C'est comme ça qu'ils aiment les Corses ?

Il leva une dernière fois les yeux vers la presqu'île, avant de les poser sur l'affiche punaisée dans le hall du camping.

— La marina *Roc e Mare*, précisa-t-il. Un vieux projet avorté qu'on a ressorti des cartons. J'ai mis des années à pouvoir acheter ce terrain. Trente emplois permanents une fois le chantier terminé. Le triple l'été…

Cervone passa une main sur la joue de Valentine.

— Ce n'est pas une promesse en l'air, il y en aura un pour toi. Tu l'as bien mérité, tu es une exilée toi aussi. Et pas n'importe laquelle. Tu es l'héritière. (Il s'approcha de son oreille, et chuchota presque :) Et je te promets, cette fois, ton aïeul ne dira rien.

Valentine tenta de s'éloigner, il la retint d'une discrète pression sur l'épaule.

— Tout le monde craint Cassanu ici. Encore aujourd'hui. C'est lui le patron.

Il lâcha enfin l'adolescente, souffla dans ses mains et agita les doigts, comme s'il dispersait une poudre magique, avant de continuer.

— Tout le monde ici craint Cassanu Idrissi. Tout le monde sauf moi. Je vais te faire une confidence, Valentine : ton Papé, je l'ai ensorcelé. Il exauce la moindre de mes volontés.

~

La traînée visqueuse d'eye-liner avait presque disparu dans le trou du lavabo, ne laissant derrière elle que la trace de bave grise d'un long mollusque rampant. Clotilde peinait à reprendre ses esprits. En se tenant un peu sur le côté, elle pouvait, tout en fixant le miroir, observer le reflet d'Orsu dans son dos. Après avoir nettoyé les toilettes les plus éloignées d'elle, il renouvela son rituel.

Laisser tomber la serpillière sale dans le seau d'eau mousseuse et en sortir celle qui trempait depuis quelques minutes. L'essorer de sa seule main valide en la coinçant entre ses genoux. L'accrocher au bout du balai-brosse.

Clotilde ferma les yeux.

L'image n'avait pas disparu. Elle était là, familière. Un seau, un balai-brosse, un sol mouillé.

Sauf que ce n'était pas celle des sanitaires du camping, mais celle de la cuisine de la maison de Tourny, en Normandie, celle où Clotilde avait passé les quinze premières années de sa vie.

Sauf que ce n'était pas Orsu qui se penchait sur son balai, mais sa maman.

101

Palma leur avait enseigné sa technique comme un vieux secret de famille. A son fils Nicolas, à son mari pourtant peu concerné par les tâches ménagères, à sa fille, Clotilde. Elle.

Faire le ménage avec deux serpillières ! En laisser toujours une à tremper pendant qu'on salit l'autre. Puis inverser, pour éviter de perdre du temps à la tordre jusqu'à ce que le jus noir devienne gris clair. Cette vieille technique héritée dont ne sait où qui était devenue une habitude familiale, une façon de faire naturelle, presque un rituel.

Orsu connaissait ce rituel ; le pratiquait.

Clotilde ouvrit les yeux, se força à raisonner de façon rationnelle.

Orsu utilisait cette technique comme des centaines de milliers d'hommes et de femmes dans le monde, qui font le ménage et qui connaissent cette combine. Elle ne devait pas perdre la tête, se laisser abuser par des coïncidences ridicules. Elle devait se contrôler, laisser le moins de place possible à l'émotion, comme lorsqu'elle devait instruire un dossier qui la touchait, obtenir une pension alimentaire conséquente pour une femme qui se retrouvait seule avec ses mômes, convaincre le mari de vendre la maison qu'il avait construite de ses petites mains bricoleuses pour diviser la somme en deux logements décents, négocier ensuite la garde partagée.

Elle devait se concentrer.

Ce soir, lors du dîner avec ses grands-parents à la bergerie d'Arcanu. Surmonter son émotion, poser les bonnes questions.

Demain, lorsqu'elle rencontrerait Cesareu Garcia. Clotilde avait eu le gendarme en retraite au téléphone, il y a quelques heures, mais il n'avait rien voulu lui dire. « Demain, Clotilde, demain. Pas par téléphone. Viens demain quand tu veux. Chez moi, à Calenzana. Je ne bouge pas. Je ne bouge plus. »

Orsu s'éloignait en boitant avec son seau et son balai. Clotilde, malgré ses efforts, ne parvenait toujours pas à se calmer. Au-delà de la coïncidence affolante des deux serpillières (l'anecdote aurait fait hurler de rire n'importe laquelle de ses copines, se força-t-elle à dédramatiser), elle continuait de ressentir comme des coups de poignard les insultes des gamins envers Orsu. Le simple fait qu'ils l'appellent Hagrid la mettait hors d'elle. Peut-être était-ce seulement dû à son handicap, au fait que Cervone l'exploite pour faire tourner son camping ; ici, dans ce décor, cette île, ce peuple qu'elle avait tant idéalisé.

Clotilde consulta sa montre.

Ils avaient rendez-vous à la bergerie dans moins d'une heure.

Quelqu'un l'attendait là-bas. Quelqu'un qui espérait la reconnaître.

Tout en adressant au miroir une grimace qu'elle espérait ressemblante à celle d'une adolescente boudeuse un peu rebelle, elle révisa intérieurement les quelques lignes du message. Comme une prière. Comme les instructions qu'on confie à une espionne, qu'elle doit apprendre par cœur, car elle sait qu'il s'agit d'une mission mortelle.

Je ne te demande rien d'autre. Surtout rien d'autre.

Ou peut-être uniquement de lever les yeux au ciel et de regarder Bételgeuse. Si tu savais, ma Clo, combien de nuits je l'ai regardée en pensant à toi.

La minuterie des sanitaires venait de s'éteindre, plongeant le bloc dans une légère pénombre.

Ma vie tout entière est une chambre noire.

Franck apparut dans l'encadrement de la porte.
— On y va, Clo ?

Je t'embrasse.
P.

13

Lundi 14 août 1989, huitième jour de vacances,
ciel de rose bleue

C'est moi !

Vous vous souvenez, je vous ai laissé en plan avec mes ados l'autre fois, sur un air de lambada.

Vous ne m'en voulez pas ?

Je dis mes ados parce que je m'inclus dans la tribu, même si je ne me suis pas attribué de lettre…

M, N, A, C, H, Maria-Chjara et Nicolas, Aurélia, le cyclope, Cervone, les autres… La grande affaire des histoires de cœur. Je vous rassure, vous n'avez rien raté, rien de neuf pour l'instant, seulement des travaux d'approche timides. Je vous tiens au courant s'il se passe quelque chose.

Mais peut-être que vous ne le trouvez pas très sérieux, mon bouquet de flirts ? Des amourettes que même les amoureux concernés auront oubliées lorsqu'ils seront adultes.

Alors j'ai pensé à vous, je vais vous raconter une histoire d'amour compliquée, malheureuse, tortueuse, comme vous aimez.

Une histoire d'adultes.

Un homme et une femme.

Mon père et ma mère.

Ça allait plutôt bien entre eux depuis le début des vacances, enfin ce n'est pas que d'habitude ça va mal entre eux, ce n'est pas non plus que ça va bien. Disons que ça va rien. Papa rentre tard, maman l'attend, ils parlent des travaux dans la maison, des courses du lendemain et des poubelles à sortir, ils sortent aussi à deux parfois, sans doute aussi qu'ils font l'amour ces fois-là. Mais, depuis les vacances, ça va mieux, en tous les cas pour ce que j'en vois, un petit bisou dans le cou, un petit « T'es jolie, ma chérie », un petit éclat de rire qui blesse pas. A choisir, je dirai que c'est surtout papa qui fait des efforts pour recharger les batteries de leur libido. Et là paf...

Patatras. La cata...

Je vous explique, papa et maman se sont rencontrés en Corse il y a une éternité. Maman faisait le tour de l'île à moto avec des copines. Papa, lui, habitait ici, chez ses parents, au-dessus de la presqu'île, à la bergerie d'Arcanu. Je ne connais pas les détails de leur romance, mais je sais seulement qu'ils se sont rencontrés là, à la Revellata, le 23 août 1968, le jour de la Sainte-Rose.

Du coup, chaque 23 août, c'est leur anniversaire de rencontre. Ce jour-là, papa, obligé, se fend d'un bouquet, selon les années de roses rouges symboles de l'amour passionné, de roses blanches symboles de l'amour pur, de roses orange symboles du désir... Mais aucun, d'après la légende familiale, n'est aussi beau que celui qu'il cueillit à maman le premier été, un bouquet de fleurs d'églantier, la rose libre et sauvage qu'aime tant maman. La *Rosa canina*.

Chaque année, le 23 août, d'aussi loin que je me souvienne, papa et maman s'offrent une parenthèse et vont passer la soirée à la *Casa di Stella*, la meilleure table d'hôtes entre Calvi et Porto, avec terrasse romantique sous les oliviers, cuisine au feu de bois, veau corse braisé, pavé de mérou grillé, muscat Casanova pétillant à volonté. On peut y accéder directement à pied par un raidillon au-dessus de la bergerie d'Arcanu. Ils dorment sur place, au gîte, je suppose qu'ils doivent réserver une chambre nuptiale, avec un lit en bois brut, une vasque de marbre sur un guéridon, une baignoire à l'ancienne au milieu de la pièce et une immense baie vitrée ouverte sur la Grande Ourse. Du moins je l'imagine comme ça. Pour tout vous avouer, je crois que j'adorerais qu'un amoureux un jour m'emmène là-haut, à la *Casa di Stella*, la maison des étoiles… Ça m'arrivera, je vous en prie, dites-moi que ça m'arrivera ?

Fin de la parenthèse.

Le bonheur nuptial de mes parents au balcon de la Voie lactée, c'était avant.

Cette année, badaboum.

Ça a commencé par des affiches collées un peu partout dans le camping et sur la route. Un concert de polyphonies corses. Le 23 août, à 21 heures. Le groupe s'appelle A Filetta, il est super connu, paraît-il. Ils tournent dans le monde entier et là ils se produisaient tout près, à la chapelle Santa Lucia, dans un village quasi abandonné, Prezzuna, au-dessus de Galéria.

Papa s'est fendu d'un travail d'approche assez lourdingue.

Uno, je traîne devant les affiches.

Deuzio, je raconte que c'est le meilleur groupe de la planète et je vous passe en boucle leurs cassettes.

Tertio, j'évoque, j'esquisse, je suggère du bout des lèvres à Palma Mama que l'anniversaire de rencontre, on pourrait le faire cette année un autre jour, la veille de la Sainte-Rose, ou le lendemain. La Saint-Fabrice ou la Saint-Barthélemy…

Comme je vous disais, la cata. Patatras.

Palma Mama n'a même pas dit non, elle a juste répondu : « Si tu veux. »

Pire que tout, comme réponse ! Depuis, elle tire une tête, vous verriez. Elle joue sa rose embocalée, comme celle du Petit Prince. Droite, fière et vexée. Toutes épines dehors.

Ma mère est une fleur terriblement orgueilleuse.

Du coup, de là où je vous parle, au huitième jour des vacances, nous nageons en grand suspense. Grossièrement, je vois deux options.

La première, probable, Palma Mama parvient à faire suffisamment culpabiliser papa pour qu'il renonce à son concert. Même si jamais je ne le lui dirais, même sous la torture, je soutiens maman sur ce coup-là ! Solidarité féminine oblige.

La seconde, papa ne cède pas et on entre en guerre froide, au moins jusqu'au ferry, et peut-être même au-delà.

Deux options, et tout en vous écrivant, j'en entrevois une troisième, pire encore que les deux autres. Qu'ils nous entraînent dans leurs histoires, Nicolas et moi. Que papa se vexe vraiment à son tour, qu'il nous fasse le coup de la sortie en famille, de nos origines insulaires à enraciner, de notre ouverture à la culture corse en pestant contre le crin-crin habituel qui passe sur la FM, et tu chantes chantes chantes, ce refrain qui te plaît, en haussant encore le son de la guitare et des voix d'A Filetta...

Ça peut vous sembler futile comme histoire, presque comique cette obsession.

Mais ne riez pas, mon lecteur du futur.

On est têtus chez les Idrissi.

C'est le destin de notre famille qui va se jouer le soir du 23 août... pour une connerie !

*

*   *

Pour une connerie, répéta-t-il.

Quatre morts.

Trois hommes et une femme.

Pour une connerie.

14

Le 14 août 2016, 19 heures

Franck conduisait lentement. Non pas par peur de se perdre, il n'y avait qu'une route s'aventurant dans la montagne vers la bergerie d'Arcanu, mais parce qu'à chaque lacet supplémentaire le précipice qui mordait le bitume devenait plus profond.

Clotilde, assise sur le fauteuil passager, tête contre vitre, ne voyait ni goudron ni rambarde, juste le vide, la portière de la voiture semblait une fenêtre sur le néant, une cabine flottant dans le ciel, reliée d'un sommet à l'autre par un câble invisible. Un câble pouvant rompre à tout instant.

La bergerie d'Arcanu se situait un peu plus haut encore. On pouvait l'atteindre directement par un sentier, en moins de cinq cents mètres, mais la route serpentait sur près de trois kilomètres.

— Tout droit, glissa Clotilde à Franck. Tu ne pourras pas la rater, la bergerie est la seule maison.

Franck s'engagea sur l'étroite voie bitumée face à lui, dépassant l'unique panneau de direction, *Casa di Stella. 800 mètres*. L'écriteau de bois était planté au milieu d'un petit parking de terre d'où partaient quelques sentiers de randonnée. Valentine avait baissé sa vitre à l'arrière ; le parfum de pin emplissait la voiture, mêlé aux odeurs changeantes du maquis. Thym, romarin, menthe sauvage…

Les images s'invitaient dans le cerveau de Clotilde sans même qu'elle les convoque, chaque nouveau virage dévoilant un nouveau paysage, si familières pourtant, un immense pin laricio dominant de presque deux mètres tous les autres arbres, les ruines d'un ancien moulin à châtaignes surplombant le lit d'une rivière de cailloux, un âne solitaire broutant l'herbe d'une prairie sans barrière. Rien n'avait changé depuis trente ans, comme si les hommes avaient patiemment entretenu les lieux à l'identique. Ou qu'à l'inverse ils avaient définitivement abandonné le coin.

A l'exception des Idrissi.

Trois tournants plus haut, ils croisèrent un premier être humain. Une vieille femme marchait au bord de la route, côté montagne, voûtée, vêtue de noir, semblant porter le deuil de tout un village qui aurait basculé dans le gouffre en la laissant survivre seule. Franck ralentit, se serra plus encore vers le gouffre. Pas assez sans doute. La femme leur jeta d'abord un regard sombre, comme stupéfaite qu'une voiture inconnue puisse s'aventurer ici. Quand ils l'eurent dépassée, Clotilde aperçut dans le rétroviseur la vieille pointer ses doigts vers eux tout en marmonnant des insultes entre ses dents. A moins qu'il ne s'agisse d'incantations maléfiques. A cet instant, Clotilde eut la certitude que la sorcière ne les avait pas pris pour des touristes égarés s'aventurant sur son territoire ; elle les connaissait, elle les avait reconnus, et ses gestes et mots de malédiction s'adressaient bien à eux.

A elle.

La sorcière disparut de sa vision dès le virage suivant.

Quelques centaines de mètres plus loin, après un léger replat, une allée de graviers sur la gauche pénétrait presque par surprise dans la vaste cour de la bergerie. De nouvelles images se décollèrent du vieil album de souvenirs de Clotilde pour venir flotter devant ses yeux. La ferme d'Arcanu, que tout le monde désignait par le simple mot de bergerie, se résumait à trois bâtiments de pierres grises et sèches formant un U ouvert sur les pentes de la Balagne : une longère où habitaient les Idrissi, une grange et un vaste hangar où dormaient les bêtes. Toutes les fenêtres percées au nord offraient aux hommes, chèvres et moutons une vue panoramique sur la Revellata et la Méditerranée. Au centre de la ferme, la vaste cour de terre n'était colorée que de quelques haies d'églantiers et de parterres d'orchidées sauvages, les fleurs préférées de Mamy, donnant l'impression que rien d'autre ne pouvait pousser dans l'ombre du chêne vert tricentenaire planté au cœur de la propriété.

Clotilde tourna la tête vers la grange. Le banc était toujours là. Ce tronc fendu où elle écoutait de la musique, ce soir du 23 août 1989, la Mano Negra hurlant dans ses oreilles, le cahier ouvert sur ses genoux, avant que Nicolas ne l'appelle.

Clo, tout le monde t'attend. Papa va pas...

Etrangement, parmi toutes ces bulles qui remontaient du passé, ce fut celle de son cahier oublié sur ce banc qui mit le plus de temps à exploser. Qui l'avait ramassé ? Qui l'avait ouvert ? Elle ne se rappelait quasiment pas les mots, les phrases, rien de ce qu'elle avait écrit à l'époque ; elle se souvenait seulement de son intention, souvent méchante, cynique, cruelle. Avant de rencontrer Natale du moins. Si quelqu'un avait trouvé ce cahier, il avait dû la prendre pour la pire des garces ! Elle aurait adoré le relire aujourd'hui. Sa pire crainte, lors de l'été 89, était que son père ou sa mère ne le découvre. Ne le lise. Elle avait au moins échappé à cette honte-là... N'importe qui avait pu violer son intimité en se plongeant dans les lignes de ce carnet intime, après l'accident, après son retour sur le continent. N'importe qui sauf ses parents !

Cassanu et Lisabetta attendaient sur le pas de la porte. Même si Clotilde ne les avait pas revus depuis vingt-sept ans, ils ne lui semblèrent pas beaucoup plus vieux que dans ses

souvenirs. Elle avait toujours entretenu avec eux une correspondance, régulière. Quelques cartes postales, un faire-part
de naissance, quelques photos toujours accompagnées de
quelques mots. Rien de plus. Ses grands-parents paternels
avaient renoncé depuis longtemps à mettre le pied sur le
continent, et Clotilde avait eu besoin de temps avant d'oser
retourner sur les lieux de l'accident.

Ce fut Lisabetta qui les embrassa, les enlaça, les serra
dans ses bras. Pas Cassanu, qui se contenta d'une poignée
de main à Franck, d'abord ; d'une accolade à Clotilde et
Valou, ensuite.

Ce fut Lisabetta qui les pria d'entrer, de faire comme chez
eux, moulina un flot de paroles ininterrompu, pas Cassanu,
que la conversation semblait déjà fatiguer.

Ce fut Lisabetta qui leur fit visiter la longère, une succession de pièces aux mêmes murs de pierres sèches, reliées
entre elles par d'immenses poutres apparentes, pas Cassanu,
qui se contenta de les attendre assis devant la table dressée
sous la pergola de la cour.

D'autres clichés jaunis planaient dans les brumes de la
mémoire de Clotilde. Ces placards sous l'escalier de bois où
elle avait joué à cache-cache tous les étés avec Nicolas, cette
immense cheminée qu'elle n'avait jamais vue allumée mais où
elle imaginait qu'on pouvait faire cuire un requin entier, cette
vue sur la mer de chaque fenêtre de chaque étage, et maman
qui lui criait de ne pas se pencher, le grenier haut comme
une cathédrale où ils se réfugiaient avec d'autres cousins ou
gamins du coin pour le meubler de couvertures, de matelas
et de draps punaisés aux poutres. Tantôt palais des fantômes,
tantôt boudoir à câlins.

Les vraies photos, celles dans les cadres sur les murs, n'étaient
pas accrochées il y a vingt-sept ans. Clotilde reconnut Cassanu,
Lisabetta, papa, parfois en gros plan, parfois en tout petit avec la
montagne ou la mer en arrière-plan. Elle se reconnut aussi, avec
Nicolas, elle en tenue de baptême et son frère en communiant ;

sur une autre, ils escaladaient tous les deux un pont génois au-dessus d'un torrent. Elle n'avait aucun souvenir du lieu ou de l'année où cette photographie avait été prise, elle s'en fichait, elle laissait simplement l'émotion la submerger.

Il n'y avait pas de photo de maman.

Aucune, elle chercha.

Sur plusieurs clichés par contre, le plus souvent derrière Cassanu et Lisabetta, Clotilde reconnut la sorcière aux doigts crochus, celle qu'ils avaient dépassée au bord de la route en montant à la bergerie. Un peu plus bas, punaisées sur le cadre, elle repéra des photos qu'elle avait envoyées il y a des années, elle et Franck sur le pont Rialto à Venise, Valentine sur un tricycle, tous les trois, bonnet sur la tête, posant en hiver devant le Mont-Saint-Michel. Clotilde se laissait hypnotiser par les images, passant de l'une à l'autre, invitant dans sa tête les générations à se croiser.

Ce fut Lisabetta qui les pressa d'aller s'asseoir, qu'il était déjà tard. Papé semblait assoupi sur sa chaise quand ils ressortirent dans la cour. Lorsqu'ils furent tous assis sous la pergola, ce fut pourtant Cassanu qui parla et Lisabetta s'effaça, entre cuisine et terrasse, entre pain à couper et vin corse à déboucher, entre charcuterie à apporter et eau fraîche à verser.

Le repas parut interminable. Après avoir évoqué trop vite les souvenirs communs, les sujets de conversation s'étiraient comme une ressource rare qu'on veut économiser pour la faire durer, et Clotilde ne pouvait s'empêcher de fixer le soleil qui descendait vers la mer, telle une immense pendule accrochée au bout de leur table.

Tiens-toi quelques minutes sous le chêne vert, avant qu'il fasse nuit, pour que je puisse te voir.

Avant qu'il fasse nuit...

Le ciel rougissait, moins que Clotilde lorsqu'elle se leva. Lisabetta venait de desservir le dessert.

— Excusez-moi. Excusez-moi un instant, bafouilla-t-elle.
Elle prit la main de Valou.

— Viens, ne pose pas de questions. Viens. Juste quelques minutes.

~

Franck et Cassanu étaient demeurés seuls à table.

Lisabetta avait débarrassé les couverts et les plats avec une célérité inaccoutumée, laissant les hommes devant deux verres et une bouteille d'eau-de-vie de cédrat, avant de disparaître mystérieusement. Cassanu esquissa un sourire en regardant sa montre.

— Lisabetta va nous rejoindre dans vingt minutes, expliqua le vieil homme. Ma femme est une hôtesse parfaite, vous avez pu le constater. Mais elle est prête à renier toutes les traditions de l'hospitalité corse, sur trois générations, pour ne pas rater *Plus belle la vie...*

La scène parut improbable à Franck. Perdu à cinq cents mètres d'altitude, à trois kilomètres de toute autre habitation, au cœur de la Corse...

Plus étrange la vie.

Cassanu était un type intelligent, à l'esprit étonnamment vif, qui semblait encore alerte physiquement. Un type comme il les aimait. Comme il aimerait rester, malgré les années qui passent. Droit, déterminé, raide au besoin ; des mains solides pour construire une famille, un visage carré pour y ranger en ordre ses convictions, un crâne bien dur pour ne pas en changer.

Franck trempa ses lèvres dans l'alcool de cédrat et observa Clotilde, à une cinquantaine de mètres d'eux, debout avec Valou sous le chêne vert.

— Je ne sais pas ce qu'elle fabrique, confessa-t-il à Cassanu.

Sa gêne sonnait comme une excuse. Cela sembla amuser Cassanu.

— Elle retrouve son enfance. Plus loin que ça encore, ses

racines. Clotilde a beaucoup changé depuis la dernière fois que je l'ai vue.

Franck avait en mémoire les clichés surréalistes de sa femme adolescente. Les cheveux en hérisson. Toute la panoplie de croque-mort. A l'époque, la rebelle gothique avait sans doute eu du mal à se fondre dans le décor local.

— Je suppose.

Cassanu leva son verre. Entre hommes. Un peu comme s'il s'agissait d'un rite initiatique pour être accepté chez les Idrissi.

— Que faites-vous dans la vie, Franck ?

— Je travaille à Evreux. Une petite ville à une heure de Paris. Je coordonne le service espaces verts.

— Vous avez commencé jardinier ?

— Oui... Et j'ai grimpé, petit à petit. Je me suis accroché, comme une espèce de glycine, de lierre ou de gui... C'est à peu près ce que les collègues doivent penser de moi.

Cassanu fixa encore Clotilde et Valou, sembla méditer, peut-être pensait-il à son fils qui lui aussi avait suivi des études d'agronomie avant de finir représentant en gazon. Le vieux Corse continua.

— Vous savez pourquoi, il y a près de cinquante ans, j'ai baptisé ce camping, le premier de tout le nord-ouest de l'île, les Euproctes ?

— Aucune idée.

— Ça devrait vous intéresser. L'euprocte, c'est une petite salamandre, une espèce endémique de l'île, qui vit près de l'eau, sous les rochers, qui aime le calme pour dormir le jour. C'est aujourd'hui une espèce protégée. Sa présence, c'est un marqueur de la qualité de l'eau, mais pas seulement, c'est aussi un indice de la tranquillité d'un endroit, l'absence de bruit, de mouvement, d'intrus, d'une sorte d'équilibre, si vous voulez, depuis la nuit des temps. On trouvait des centaines d'euproctes, entre Arcanu et le camping, jusqu'à la baie de la Revellata.

— Et maintenant ?

— Et maintenant ils foutent le camp... comme tout le monde.

Franck hésita, vida la moitié de son verre, puis décida de tester un peu le vieux bonhomme.

— Pas vraiment comme tout le monde. J'ai plutôt l'impression que ça se construit dans le coin. Le camping, la marina *Roc e Mare.*

Cassanu se contenta de sourire. Rien ne trembla, ni ses mains, ni sa voix.

— En soixante-dix ans, Franck, le prix du foncier dans ce coin de cailloux posé sur la mer a augmenté de 800 %. Depuis l'annonce de la construction de la marina, il a encore doublé. Près de 5 000 euros le mètre carré. Alors oui, Franck, tout le monde fout le camp. Et ça continuera tant que les Corses n'obtiendront pas un statut de résident. Pour un type qui va acheter une fortune un appartement de cette marina et venir y habiter deux mois dans l'année, ce sont trente jeunes du coin qui ne trouveront pas de logement. Trop cher ! Même si on leur propose de faire la plonge dix week-ends par an dans le palace.

Cassanu avait légèrement élevé le ton. Franck n'était pas d'accord avec le raisonnement du patriarche. La Corse n'avait pas le privilège de la spéculation foncière. Et les belles maisons, les belles bagnoles, les yachts et les jets privés, ça le faisait plus fantasmer que râler, même s'il ne pourrait jamais se les payer. Justement parce qu'il ne pourrait jamais se les payer.

Il ne répliqua pas pourtant, il n'avait aucune envie de se fâcher avec le grand-père de sa femme. Le type le plus puissant du coin, d'après ce qu'on racontait.

Il se tourna vers le chêne vert.

— Tu viens, Clo ?

— Oui, j'arrive.

Doucement, à l'horizon, la boule de feu tombait dans la Méditerranée.

~

115

Valou geignait.

— On fait quoi, maman ?

— On reste, encore un peu.

— Jusqu'à quand ?

— Jusqu'à ce qu'il fasse nuit.

Négligeant ostensiblement les soupirs de sa fille, Clotilde jeta une nouvelle fois un lent regard panoramique sur le paysage qui les entourait. Légèrement surélevée sur la butte où poussait le chêne vert, elle bénéficiait d'une vue à trois cent soixante degrés.

Tiens-toi quelques minutes sous le chêne vert, avant qu'il fasse nuit, pour que je puisse te voir.

Est-ce que l'auteur du message l'observait, les observait, elle et Valou ?

Qui ?

Où ?

Elle pouvait être vue d'un million d'endroits ; de n'importe quel point de la montagne qui formait un vaste amphithéâtre, à l'est et au sud ; par n'importe quel voyeur dissimulé quelque part dans le maquis et disposant d'une paire de jumelles. A moins que le voyeur ne se tienne plus près, derrière l'une des fenêtres de la bergerie, de la grange sur sa droite, du hangar sur sa gauche, ou d'une des cabanes de berger dispersées dans les prairies en pente douce vers les hauteurs de la Balagne.

N'importe qui.

N'importe où.

— On y va, maman ?

Le soleil s'était définitivement noyé. C'était fichu, le voyeur ne se manifesterait pas. Il continuerait peut-être de les observer, s'il disposait de lunettes infrarouges.

116

Débile ! Elle devenait folle. Cassanu et Lisabetta devaient se demander ce qu'elle fichait plantée là. Franck allait la maudire toute la soirée de l'avoir abandonné à table avec son grand-père.

— Oui, Valou, tu peux y aller.

Dans la montagne, en direction de la presqu'île et le long de la baie de Calvi, des lumières commençaient à s'allumer. Clotilde n'était qu'une fourmi dans un champ qui lui semblait infini, effrayée par les lucioles. Une ombre passa soudain à l'entrée de la bergerie, s'arrêta, la fixa, avant de disparaître dans l'ombre de la grange. Clotilde eut seulement le temps de reconnaître la sorcière, la vieille femme qui les avait maudits sur la route et avait resurgi sur les photos en compagnie de Cassanu et Lisabetta.

Quelques étoiles brillaient déjà au-dessus des montagnes, comme des cabanes de berger mal arrimées qui se seraient envolées.

Je ne te demande rien d'autre. Surtout rien d'autre.

Ou peut-être uniquement de lever les yeux au ciel et de regarder Bételgeuse. Si tu savais, ma Clo, combien de nuits je l'ai regardée en pensant à toi.

Laquelle de ces étoiles était Bételgeuse ? Elle n'en avait aucune idée.

Quelqu'un, quelque part, cherchait-il réellement à contempler cet astre en même temps qu'elle ? En communion, le regard tourné dans la même direction, tel Saint-Exupéry cherchant des yeux l'astéroïde de son Petit Prince ?

Sa mère ?

Ça n'avait aucun sens.

Bouger, se raisonna Clotilde. Rejoindre Franck, s'excuser, parler encore un peu, filer, oublier.

Le chien surgit de la route et pénétra dans la cour au moment exact où Clotilde allait descendre la butte pour rejoindre la pergola. Dans la pénombre, elle ne distingua pas la couleur exacte de son pelage, mais l'animal avait la corpulence d'un labrador. Un chien de berger, sans doute... Clotilde aimait les chiens, comme les animaux en général. Elle ne ressentait aucune peur face à eux ; dans une autre vie, elle aurait adoré être vétérinaire. D'ailleurs, pourquoi s'effrayer de ce chien qui courait vers elle ? Cassanu allait appeler son molosse avant qu'il ne lui saute sur les genoux ou ne bave sur sa robe. Son grand-père imposait son autorité sur tous les Corses à trente kilomètres à la ronde, ce n'est pas son chien qui allait lui désobéir.

Cassanu Idrissi ne prononça pourtant pas un mot, ne fit pas un geste.

A l'instant où le chien s'approchait de la main que Clotilde lui tendait, une nouvelle ombre se détacha de l'entrée de la bergerie. Une ombre massive, qui leva un bras en direction du chien. Un seul bras indiquant des ordres précis.

Orsu !

La seconde suivante, Clotilde entendit sa voix.

— Stop, Pacha. Ici, au pied.

Le chien s'arrêta net, ne la toucha pas. Il avait l'air particulièrement doux, avec des yeux farceurs à faire tourner les chèvres en bourrique. Pourtant, sans que son corps puisse résister, Clotilde s'adossa d'abord au tronc du chêne, puis lentement, centimètre après centimètre, glissa, comme si ses jambes ne pouvaient plus la porter, pour se retrouver assise sur l'herbe, tremblante.

Pacha l'observait, étonné, hésitant à lui lécher un bras ou une joue pile à la hauteur de sa truffe.

— Pacha, au pied, répéta Orsu.

Pacha.

Ce nom continuait de cogner dans les parois du crâne de

Clotilde, mais ce n'était pas un labrador qui le portait, c'était un petit bâtard au pedigree indéfinissable que sa mère lui avait offert pour son premier Noël. Elle n'avait pas un an.

Pacha.

SON chien.

Pendant les sept premières années de sa vie, Clotilde l'avait porté dans ses bras, promené en poussette, gavé en cachette de carrés de chocolat et de morceaux de sucre. Pacha l'avait accompagnée partout, comme une peluche vivante qui ne la quittait même pas à l'heure de la sieste ou la nuit, qui dormait sur son lit, qui se couchait en boule à côté d'elle à l'arrière de la Fuego. Puis, un jour, Pacha avait sauté par-dessus la barrière. Sans doute cela s'était-il passé ainsi. Il n'était pas là quand elle était rentrée de l'école avec maman. Il n'était jamais revenu. Elle ne l'avait jamais revu. Elle ne l'avait jamais oublié.

Orsu siffla, cette fois, et le chien, enfin, fila vers son maître.

Une coïncidence ? se força à raisonner Clotilde pour calmer ses pensées affolées. Encore une coïncidence ? Des milliers de chiens en France devaient s'appeler Pacha…

Le labrador qui s'éloignait n'avait pas plus de dix ans. Il était donc né des années après que sa famille avait disparu dans l'accident. Presque vingt ans plus tard. Pourquoi alors lui donner le nom d'un bâtard de Normandie ? D'un bâtard disparu en 1981 ? D'un bâtard qui n'avait jamais mis les pieds en Corse, puisque les parents de maman le gardaient chaque été ? D'un bâtard dont Cassanu, Lisabetta et Orsu devaient ignorer l'existence ?

Clotilde aperçut Franck se lever sous la pergola. Valou s'était installée un peu plus loin, les écouteurs fluo de son portable dans les oreilles, assise sur le banc de bois.

— On y va, Clo ?

Telle mère, telle fille, devaient penser Cassanu et Lisabetta. Sa grand-mère sortit à l'instant de la bergerie et embrassa Orsu comme s'il était son fils.

— On y va, répondit Clotilde.

Pas facile de refuser. Pas facile de s'attarder. A se tenir ainsi seule sous le chêne, Clotilde n'avait pas démontré un sens aigu de la famille.

Ma vie tout entière est une chambre noire.

Dans *Beetlejuice,* la jeune Lydia Deetz possède le pouvoir de parler aux fantômes. Peut-être Clotilde possédait-elle également ce don ?

Avant. Lorsqu'elle avait quinze ans.

Elle l'avait perdu, aujourd'hui. Elle n'était entrée en contact avec aucun fantôme ce soir.

A part celui de son chien.

Son bâtard.

Réincarné en labrador.

15

Lundi 14 août 1989, huitième jour de vacances,
ciel bleu de lin

J'admets. C'est rare que je vous écrive deux fois dans la même journée. Généralement, je prends le stylo le matin, quand tout le monde dort encore, ou le soir, bien cachée dans ma grotte des Veaux Marins, à la lueur de ma loupiote, bouffée par les moustiques rien que pour vous, mon lecteur des étoiles.

Ce matin, vous vous souvenez, je vous ai écrit pour vous parler de la grande affaire, papa qui tente de négocier avec maman un concert de polyphonies corses à la place du repas d'anniversaire à la *Casa di Stella*. Maman qui ne dit rien. Rien du tout. Pire que tout. Nico et moi qui observons les dommages collatéraux.

Boum ! Les premières bombes ont été larguées sur l'île de Beauté.

Je vous raconte ?

C'est parti ! Toute la sainte famille Idrissi s'est retrouvée cet après-midi dans la rue Clemenceau de Calvi, la grande rue commerçante, pour… comment pourrait-on appeler ça ? Une partie de poker ? J'ai l'impression que c'est un peu ça, une vie de couple. Une partie de poker.

De poker menteur.

Imaginez une rue étroite, en pente, bondée, pire que le Mont-Saint-Michel un week-end de Pâques.

C'est Calvi. Cet après-midi.

Maman traîne, regarde, s'attarde, accélère, toujours un peu devant, ou loin derrière. Juste un peu plus longue devant les vitrines que d'habitude. Juste un peu moins causante. Pendant ce temps-là, papa cuit au soleil sur la rampe de Pardina, au pied de l'escalier qui monte à la citadelle, tuant comme il peut le temps avec Nicolas, à prendre quelques photos du port en contrebas, à admirer les yachts, à mater les Italiennes. Maman semble aiman-tée devant la boutique de chaussures. Elle décolle enfin, à regret, pour s'arrêter presque en face, devant Benoa, un magasin de fringues corses, classe, super originales. Des bouts de tissu qui ont l'air de valoir une fortune, posés sur des mannequins de plastique pas forcément mieux foutus que ma mère.

Moi j'observe. The Cure dans les écouteurs. Je passe *Boys don't cry*, *Charlotte Sometimes* et *Lovecats* en boucle. Je m'en fous. J'ai mon objectif, tout là-haut.

Je crois qu'on a mis une heure à monter jusqu'aux rem-parts, et maman ne disait toujours pas un mot. Le premier qu'elle prononce, c'est juste avant le pont-levis à l'entrée de la ville fortifiée, devant la stèle qui prétend que Christophe Colomb est né ici (ils me font trop rire, les Corses, parfois !).

— Tu as l'appareil photo ?

Bien vu, maman. Le sac en bandoulière sur l'épaule de papa est ouvert. Aucune trace du Kodak autour de son cou. Mon papounet bafouille, jette des regards idiots en contrebas vers la rampe de Pardina.

— Merde.

J'adore papa mais là, il les accumule depuis ce matin. Maman hausse les épaules alors qu'il redescend déjà à toute vitesse, un œil sur les touristes en dessous pour guetter si l'un d'eux ne se baisse pas pour ramasser un truc noir. Maman ne l'attend pas, elle fait un pas sous la voûte de pierre et se tourne vers moi avant l'entrée de la citadelle.

— Tu voulais aller chez Tao, Clo. Alors go !

Elle avance.

Go chez Tao, alors !

A ce moment-là, mon lecteur perplexe, je vous accorde deux petites lignes d'encadré explicatif : Tao, c'est un restau-bar-boîte situé tout en haut de la citadelle de Calvi. Méga connu ! Méga branché ! Méga peuplé ! Je vous vois venir alors... Pour quelle foutue raison ai-je envie d'aller prendre une grenadine ou une menthe à l'eau chez Tao ?

Réponse A : parce que tous les plus mignons et les plus friqués des jeunes trous du cul en vacances en Corse s'y retrouvent ?

Réponse B : parce que le plus grand chanteur baladin du monde, Jacques Higelin, a écrit ici pour son pote la plus belle chanson du monde, *La Ballade de chez Tao* ?

Voilà, je vous laisse deviner.

Go chez Tao !

On est déjà assises sur nos sièges en skaï rouge devant une petite table ronde lorsque papa revient, essoufflé.

— Tu l'as ? fait maman.

Elle a commandé une piña colada.

— Non, aucune trace...

A ce moment-là, normalement, maman va préciser la marque de l'appareil, le mois et l'année où on le lui a offert, son prix d'achat estimé, sa valeur affective, maman a un code-barres à la place du cerveau.

Sauf que Nico parle le premier.

— T'es vraiment sûr, papa, qu'il n'est pas dans ton sac à dos ?

Papa cherche alors dans son sac, pousse les verres, vide sur la table le contenu bordélique, des clés, des stylos, un bouquin, une carte routière, des cigarettes, un sac de plastique, jusqu'à dénicher tout au fond... l'appareil photo !

123

— Il était dans ton sac ?

Maman n'en revient pas. Pas de danger qu'elle s'excuse pour autant.

— Faut dire, avec un tel bordel.

Papa encaisse. Machinalement, maman trie les objets éparpillés sur la table, les clés et le reste, jusqu'à s'étonner de la présence d'un sac plastique, entre une crème solaire et les lunettes de soleil.

Un sac Benoa.

Elle l'ouvre, déplie avec délicatesse le paquet, découvre, incrédule, une robe courte, décolletée en V, dos nu ; des dizaines de roses rouges sont imprimées sur le tissu noir. Précisément la robe devant laquelle elle s'était arrêtée ! Papa a même glissé au fond du paquet un bracelet et un collier assortis, couleur rubis.

— C'est pour moi ?

Ben oui c'est pour toi, maman ! Et papa l'a jouée trop classe en faisant semblant d'avoir oublié son Kodak pour courir te la chercher.

Maman file dans les toilettes enfiler la robe, ressort, les fines bretelles noires se perdent sur ses épaules cuivrées ; ses seins, ses hanches, ses cuisses arrondissent le tissu léger, de la georgette il paraît (comment un nom de tissu aussi ringard peut-il devenir aussi excitant une fois porté par une femme aussi sexy ?). Même les serveurs du bar de chez Tao se retournent sur maman, alors qu'ils ont dû en voir passer, des femmes aux formes bien moulées dans des robes mini-mini. Je fredonne rien que pour moi le mantra de Tao, devenu un hymne par le miracle de la mélodie d'Higelin.

Vivez heureux aujourd'hui, demain il sera trop tard.

Avant de s'asseoir et de croiser ses jambes nues sous la table, maman se fend du bout des lèvres d'un merci. Pas même un bisou sur la joue. Pas même un « T'es un chou ». Pas même un « Tu m'as bien eue sur ce coup-là ».

La vache !

Elle assure, Palma Mama.

Totale maîtrise.

Moi, un mec me fait ce coup-là, je craque tout de suite, je lui saute au cou même s'il m'a fait les pires crasses avant. Elle non, elle laisse juste son regard filer vers les affiches de concert collées sous le bar, traîner sur celle des sept chanteurs d'A Filetta, chemise noire et main sur l'oreille.

Totale maîtrise ! Se laisser désirer.

Laisser espérer. Dévoiler un peu, le bas d'une jambe, le haut d'une poitrine, mais garder la main, chaude ; la tête, froide. Congeler les émotions. Ne jamais se donner entière. Jamais. Ne jamais se donner sincère. Obliger l'autre à miser... toujours plus.

La vie de couple, une partie de poker.

O, mon lecteur du futur, jamais je ne pourrai jouer à ce jeu-là ! Je me ferais rouler par le premier beau gosse venu. Je ne possède rien de cette confiance qu'affichent les autres filles, cette certitude que je peux tirer les ficelles, moi aux manettes et les mecs comme des pantins au bout du fil.

Je ne suis pas de la race des Palma Mama, des Maria-Chjara, parce qu'il faut que je vous parle d'elle aussi, y a du nouveau...

J'aime papa, et plus encore après le coup de la robe Benoa.

Mais j'admire maman... Vous ne le répéterez pas, hein, promis ?

J'aurais trop la honte si elle lisait ça.

Alors je vous livre mon pronostic, là tout de suite, pour la Sainte-Rose, le soir du 23 août.

Polyphonies corses ou repas romantique à la *Casa di Stella* ?

Je mise tout sur Palma Mama !

*
* *

Il leva les yeux au ciel et fixa les étoiles.

Bien entendu. Bien entendu, tout aurait été si différent si Palma Idrissi avait gagné.

16

Le 15 août 2016

Calvi n'avait pas changé, c'est d'abord ce qu'avait pensé Clotilde. Même citadelle de granit coiffant la baie, mêmes villages accrochés à la Balagne, même train de la plage jusqu'à L'Ile-Rousse.

Calvi comptait simplement davantage de touristes que dans son souvenir. Le contraste était saisissant entre le camping des Euproctes perdu dans le maquis, la bergerie d'Arcanu au cœur de la montagne, et cette foule entassée au bord de l'eau, ces familles tournant en rond dans des parkings surchauffés avant de se résoudre à aller se garer plus loin et revenir à pied, cette marée humaine descendant des ruelles comme une lave vivante, coulant de la citadelle pour se répandre sur les quais, les terrasses, les plages. Comme si accueillir des millions de visiteurs sur cette île ne changeait rien à sa quiétude, à la tranquillité des coins préservés, comme si cette invasion estivale ne devait pas inquiéter Cassanu et les autres amoureux de la Corse sauvage, puisque plus les touristes étaient nombreux et plus ils s'entassaient dans les mêmes lieux.

D'ordinaire, Clotilde n'aimait pas la foule, mais en ce début d'après-midi, elle la trouva rassurante. Le nombre imposait l'anonymat. Le brouhaha imposait le silence.

Depuis hier soir, elle avait tant parlé. D'elle. Des siens.

Avec Franck d'abord, sur la route du retour jusqu'au camping des Euproctes. Clotilde avait détesté son petit sourire de vainqueur. Admets-le, Clo, tu as beau être restée plantée sous le chêne avec Valou, m'avoir laissé en plan avec ton grand-père, personne n'est venu. Ton mystérieux correspondant t'a posé un lapin !

Mais oui, Franck, bien entendu, continue... Aucune soucoupe volante ne s'est posée dans la cour de la bergerie, aucun fantôme n'est sorti de terre, rien, rien que moi et ma fille face à la montagne vide.

Du coup, Clotilde n'avait même pas osé aborder avec son mari la nouvelle coïncidence qui l'obsédait, à laquelle elle ne voyait aucune explication logique.

Pacha.

Le nom du chien d'Orsu.

Le nom de son chien. Celui de son enfance.

Un nom qui, si elle allait au bout de son raisonnement sans qu'on lui oppose le refrain « Ce n'est pas possible, ma vieille », avait été donné à ce chiot, il y a une dizaine d'années, par quelqu'un qui avait connu Pacha. L'avait aimé. Avait pleuré sa disparition. Et puisque ce n'était pas elle, une seule solution s'imposait.

Seule sa maman pouvait avoir baptisé ce chien Pacha.

Il y a moins de dix ans. Vingt ans après l'accident, vingt ans après sa mort.

Ce n'est pas possible, ma vieille !

Franck avait garé la voiture devant la barrière fermée du camping et avait embrassé Clotilde sur la joue en la serrant un instant dans ses bras. Rien d'affectueux dans ce geste, avait-elle pensé. Seulement une accolade respectueuse entre deux joueurs après une partie de tennis. Leur couple se réduisait-il à une compétition ? Un set à zéro pour Franck.

Si Clotilde avait détesté cette condescendance de Franck, cette politesse à laquelle se force un supérieur avec un employé borné, elle avait moins aimé encore le sourire de Cervone Spinello, ce matin, à l'accueil du camping. Lorsqu'elle l'avait abordé, il collait l'affiche d'une soirée *eighties* sur la plage de l'Oscelluccia.

— Je t'offre un café, Clotilde ?

Non. Merci.

— Ta fille est superbe, Clo.

Connard !

— Elle me rappelle ta mère, elle possède sa classe, sa...

Un mot de plus et...

Clotilde s'était calmée. Grâce à sa profession d'avocate, elle avait petit à petit appris à maîtriser ses pulsions, à affronter les pires minutes des pires procès, quand la mauvaise foi d'un client dépasse les bornes du défendable, et qu'il faut le défendre, pourtant. Clotilde s'adressait à Cervone pour obtenir des renseignements précis. Rien à redire sur ce point, le patron du camping l'avait renseignée, avec une précision professionnelle. A propos d'Orsu...

Orsu était orphelin. Né d'une mère célibataire morte d'épuisement, de solitude et de honte, puis élevé par sa grand-mère, Speranza, la vieille sorcière vêtue de noir qu'ils avaient croisée hier sur la route puis à la bergerie. Speranza travaillait depuis toujours à la bergerie d'Arcanu, s'occupait du ménage et de la cuisine, de la traite des bêtes et de la cueillette des châtaignes. Elle faisait presque partie de la famille Idrissi et Orsu avait grandi dans ses jupes, à Arcanu.

En puisant au plus profond de ses souvenirs d'enfance, Clotilde parvenait à se rappeler, lorsqu'ils passaient la journée à la bergerie, avec Nicolas, une ombre apportant les plats, passant le balai, ramassant les jouets derrière eux. Elle se rappelait avec un peu plus de précision un bébé de quelques mois, qui restait presque toujours immobile dans le parc installé à l'ombre du chêne, entouré de peluches abîmées et d'animaux en plastique sales et décolorés. Un bébé muet. Maigre. Bizarre.

Orsu ?

Ce nouveau-né chétif était devenu ce géant, cet ogre, cet ours ?

Dès ses seize ans, Cervone l'avait embauché pour travailler au camping, parce que personne n'en voulait plus, et surtout pas l'école. Par pure bonté. Par amitié pour Cassanu. Par pitié, oui, si tu veux, Clo, par pitié, c'est exactement ça, si on veut vraiment nommer les choses.

Par pitié.

Connard !

Clotilde n'avait plus la force de varier les insultes crachées par ses pensées, son cerveau était saturé, de souvenirs étonnamment précis qui resurgissaient à chaque virage, à chaque rencontre, à chaque conversation, et qui entraient en collision avec tout ce qu'elle vivait depuis hier, comme si une vérité inavouable se dissimulait derrière, une vérité qu'elle n'avait pas su deviner en 1989, du haut de ses quinze ans.

Vingt-sept ans plus tard, elle avançait en piétinant dans la rue Clemenceau. La foule grouillante de l'artère commerçante de Calvi l'apaisait. Son regard se perdait dans la vitrine de chaussures de Lunatik, s'attardait sur les colliers de la bijouterie Mariotti, sur les robes de chez Benoa. D'autres images remontaient à la surface, un de ces souvenirs disparus qui s'était d'abord traduit par une vague réminiscence, l'impression d'avoir déjà vécu la même scène, avant que le voile se déchire et que le film repasse devant ses yeux avec netteté. La rue de Calvi, sa mère qui traînait comme elle aujourd'hui, devant les boutiques, son chéri qui lui offre la robe noire à roses rouges et les bijoux rubis sur lesquels elle avait flashé.

Celle, ceux qu'elle portait le jour de l'accident.

Clotilde mesurait seulement aujourd'hui toute la portée du geste de son père, offrir à sa femme la tenue dans laquelle elle allait mourir, sa parure pour l'au-delà, la plus séduisante qui soit pour le dernier regard amoureux. N'était-ce pas la plus belle preuve d'amour ? Choisir ensemble le costume de sa mort comme on choisit celui de son mariage.

A force de traîner devant la boutique de Benoa, Valou l'avait rejointe. Il était rare que Clotilde fasse les boutiques, encore plus rare qu'elle les fasse avec sa fille. Mais par le miracle du temps suspendu des vacances, elle se retrouvait avec sa fille, les yeux fixés sur la même robe de viscose anthracite, comme des complices excluant du jeu l'homme de la famille, Franck, qui attendait adossé au mur du parvis de l'église Sainte-Marie, dix mètres plus haut. Ça leur ressemblait si peu, cette division sexuée de la maison, papa au foot avec le grand, maman aux soldes avec la petite. C'est au moins l'avantage des familles à enfant unique, pensa Clotilde, rendre impossible cette pernicieuse parité genrée.

Les touristes ruisselants peinaient sur la pente de la citadelle, cherchant l'ombre. Malgré la foule, personne n'avait eu l'idée, depuis l'été 89, d'installer un ascenseur. Passé le pont-levis, Clotilde hésita un instant à proposer à Franck et Valentine d'aller boire un verre chez Tao, mais elle trouva aussitôt l'idée ridicule : le pèlerinage sur les pas de son adolescence avait ses limites et Valou n'avait sans doute jamais entendu la moindre chanson d'Higelin. Clotilde préférait se perdre dans le dédale des rues de la citadelle. Jusqu'à perdre Franck.

Il les rejoignit neuf minutes et sept textos plus tard, à la terrasse de l'A Candella, une placette ombragée, avec vue panoramique sur le port entre les feuilles des oliviers. Lorsque Clotilde vit Franck apparaître le long des remparts, devant la tour du Sel, une main dans le dos cachant maladroitement son sac Benoa, elle en oublia pour un instant la ronde des mystères qui dansaient la salsa du démon autour d'elle. Franck avait fait l'aller-retour jusqu'à la boutique de prêt-à-porter féminin. Deux cents mètres de dénivelé au pas de course. Comme son père jadis !

Ado, elle se souvenait n'avoir pas su faire le tri dans ses sentiments, entre la fierté pour l'attention délicate de son père, l'admiration du fin jeu de séduction de sa mère et la jalousie comme un grand chapeau posant une ombre sur le tout. Elle avait rêvé alors, elle s'en souvenait maintenant, de jouer le même jeu. D'être la victime consentante d'un homme farceur. Elle ne s'en sortait pas si mal, au final. Franck avait encore le goût pour ces surprises-là, parfois.

Savoir surprendre l'autre, pensa Clotilde, la clé numéro un d'un couple qui dure.

Même si Franck l'avait fait avec moins de discrétion que papa jadis, moins de mise en scène, moins de fantaisie, à ne pas fournir d'explication à son départ précipité, à tenir grossièrement le sac Benoa dans son dos.

Ne pas faire la fine bouche, la clé numéro deux d'un couple qui dure.

Franck poussa les verres de grenadine et posa le sac sur la table.

— Pour toi, ma chérie.

Sa chérie, celle vers qui Franck avançait le sac, c'était Valou.

— Je suis certain qu'elle va t'aller à ravir, ma belle.

Eclipse totale. L'orage aurait pu tomber sur la citadelle, un tsunami emporter tous les yachts amarrés dans le port, un coup de vent arracher les parasols et les drapeaux...

Le salaud. Le triple salaud !

Clotilde pestait toujours en silence que Valou revenait déjà des toilettes, la robe anthracite enfilée à la hâte sur son maillot de bain. Sexy, moulante, parfaite.

— Merci, papa. Je t'adore.

Valou embrassait papa en y mettant de la conviction. Clotilde encaissait. Ils auraient dû faire deux gosses en fin de compte, l'enfant unique est une connerie, un piège pour le couple. Oui, deux gosses, un chacun.

Se faire piquer son mec par sa propre fille, elle touchait le fond.

Vie de merde ! Envie de tuer !

Valou s'était levée et se tenait sur le parapet, avec en toile de fond la baie grouillante de Calvi, tendant son appareil photo. Et un selfie pour faire enrager ses copines ! Cadeau de mon petit papa chéri.

Surréaliste. VDM VDM VDM.

Et ce goujat de Franck qui continuait de lui sourire en dévorant leur fille des yeux, qui passait sa main sous la table comme pour se gratter les couilles en douce.

Et qui en sortait un autre sac Benoa !

— Pour toi aussi, ma chérie.

Le salaud. L'adorable salaud !

Certes, Franck n'était pas au niveau de son père, jadis, du coup de l'appareil photo oublié, mais sa mise en scène à double détente tenait tout de même la route.

Clotilde se sentit chavirer. Pourquoi fallait-il qu'elle soit si vulnérable ?

Ne pas faire la fine bouche.

Se rendre pulpeuse, humide, sensuelle.

Et embrasser son homme, sans retenue.

Ne pas faire la fine bouche...

Faire taire la petite voix qui lui répétait que tout se déroulait comme il y a vingt-sept ans. Même lieu, même histoire, même scène de famille. Cette robe que son homme venait de lui offrir, comme son père l'avait offerte à sa mère... c'était peut-être celle dans laquelle elle allait mourir.

Quelques heures plus tard, revenue au camping des Euproctes, seule dans les sanitaires, sans même Orsu pour passer la serpillière ou d'ados pour brailler du rap, elle enfila la robe de viscose et se regarda dans le miroir. Le constat fut sans appel. Si elle devait porter cette robe le dernier jour de sa vie, elle ne serait pas une morte aussi sexy que sa mère !

Le tissu tendu bâillait à la hauteur de ses seins pas assez volumineux, flottait sur ses hanches pas assez dessinées, recouvrait jusqu'aux genoux ses cuisses pas assez longues.

Elle n'était définitivement pas à la hauteur de sa mère.

Et Franck pas à la hauteur de son père.

Ils étaient morts trop tôt pour l'élever. L'élever au sens le plus pur, la hisser à leur hauteur.

Pourquoi ?

Pourquoi étaient-ils morts ?

Peut-être l'apprendrait-elle demain.

Cesareu Garcia, le gendarme en retraite qui n'avait rien voulu lui révéler au téléphone, l'attendait dans la matinée. « Vingt-sept ans que tu attends la vérité, Clotilde, avait-il dit avant de raccrocher. Tu peux bien attendre encore quelques heures supplémentaires. »

17

Mardi 15 août 1989, neuvième jour de vacances,
ciel bleu de méduse échouée

Allô, allô ? Ici la plage de l'Alga, en direct.

Chacun sa serviette.

La mienne est noir et feu avec de jolies petites croix blanches alignées, et je peux vous dire qu'avoir déniché une serviette de plage *Master of Pupetts* de Metallica, c'est un sacré exploit ! Celle de Nico, c'est une serviette rouge vif avec l'écusson Ferrari jaune, à peu près aussi ringarde que celle de Maria-Chjara, un coucher de soleil orange intense derrière l'ombre chinoise d'un palmier et de deux amoureux tout nus enlacés. Celle d'Hermann, posée entre celle de Nico et de la Chjara, est blanche et noire avec un B géant et un nom imprononçable barrant le tout. *Borussia Mönchengladbach.* Le top du glamour ! Mais on ne peut pas retirer ça au cyclope, il est rapide et réactif, car il n'était pas le seul à vouloir poser sa serviette à côté de celle de la belle Italienne. Le jeu des serviettes sur la plage, c'est comme celui des places dans une classe. Jouer des coudes pour se retrouver assis à la bonne table, à côté de la bonne personne.

Moi je m'en fiche. Comme d'hab, je me tiens en retrait, un peu plus haut sur la plage, à la limite de l'ombre des pins maritimes, les genoux et les fesses planqués sous mon tee-shirt trop grand. De là, je domine la plage, je distingue toutes les nuances de bleu de l'eau qui devient bêtement transparente quand on y plonge, les gouttes incroyables de turquoise entre le bleu profond des colonies de posidonies. Sans oublier tout un écosystème d'êtres humains à observer.

Si je tourne les yeux vers la pointe de la Revellata, je vois encore les ruines de la marina *Roc e Mare* qui a sauté il y a trois jours. Toujours aucune nouvelle de l'enquête sur l'explosion, j'ai eu beau cuisiner Aurélia, la fille du gendarme, rien ! D'ailleurs, elle m'énerve toujours autant, celle-là, à se balader sur la plage avec son air supérieur, tout habillée elle aussi. Je déteste qu'on puisse penser qu'on se ressemble. Que j'ai un point commun avec cette fille qui marche dans le sable comme si c'était son tour de garde, comme si le bord de mer lui appartenait, comme s'il y avait un temps de stationnement limité pour les serviettes et qu'elle le contrôlait, qu'elle vérifiait que les gosses rebouchent bien les trous de leur château de sable avant de s'en aller, qu'elle espionnait tout le monde avec ses yeux de faucon pèlerin. Avant d'aller tout rapporter à son père.

Je ne lui ressemble pas, rassurez-moi ! Je suis l'inverse d'Aurélia, vous êtes d'accord ?

Je ne juge pas, moi.

Je ne condamne pas.

J'analyse simplement, j'apprends. Je me documente sur les plaisirs qui me sont encore interdits.

J'emmagasine, la théorie au moins. Pour plus tard. Quand je serai grande.

Pile face à moi, Maria-Chjara a retourné sa peau caramel sur sa serviette orange et a tendu une main vers Hermann, en aveugle, comme si elle ne savait même pas qui était son voisin de plage, et qu'elle s'en fichait. Dans sa main, il y a un tube de crème solaire. Pas un mot, pas un regard. Juste un geste, explicite, celui de faire sauter dans son dos la fermeture de son haut de maillot et de coller ses gros seins contre la serviette, de planquer ses tétons dans le tissu-éponge. Exactement comme maman, qui se tient plus loin, avec des copines du camping. Parents d'un côté, ados de l'autre, c'est la loi de la plage.

Palma Mama emporte toujours son gros sac, sa bouteille de Contrex, son gros livre sans lequel elle ne sort jamais, elle doit en être à la page 12, j'ai vérifié, le marque-page n'a pas bougé depuis une semaine.

Papa n'est pas là. La plage, il déteste. Il doit traîner à Arcanu, avec son père, les cousins, les amis, entre Corses... N'empêche, les autres années, papa faisait un effort pour mettre les pieds dans le sable, tapait la balle avec Nico, construisait un château avec moi (bon, ça, d'accord, c'était il y a longtemps), allait piquer une tête, dormait une heure en tenant la main de maman.

Pas cet été ! Papa et maman continuent de se faire la gueule pour le concert de polyphonies le jour de la Sainte-Rose ; comme s'il en voulait à maman ou que maman n'avait toujours pas digéré. Si un jour j'ai un amoureux, je ne voudrais pas finir comme eux.

Je tourne la tête, la plage est un théâtre, une scène de dix mille mètres carrés avec des centaines d'acteurs de tous les âges et de toutes les couleurs...

Mon regard se pose sur un jeune couple. Une serviette pour deux.

Je veux être comme eux !

Le couple ressemble à des dizaines d'autres. C'est pas si difficile, le bonheur ! Suffit d'avoir vingt ans, ce qui arrive à tout le monde, vous êtes d'accord. Suffit d'être beau une fois à poil, ce qui arrive à presque tout le monde à vingt ans, et surtout une fois bronzé. Une fille et un gars, et ça se regarde dans les yeux comme dans un miroir, et ça se tient la main, et ça se caresse, et ça admire le cul de l'autre lorsqu'il se lève pour aller se baigner, et ça se sourit, ça rit même, ça fait attention à l'autre, ça doit avoir vaguement conscience que ces moments-là, faut pas les gâcher parce que ce sont les plus beaux et qu'ils ne reviendront pas. Alors ça savoure, ça s'enamoure, ça s'aime, tout simplement.

Mon regard remonte la plage comme on remonte le temps.

Je trouve ce que je cherche. Un couple de trente ans.

Lui n'est pas mal, sportif, à quatre pattes, presque enterré dans l'immense piscine de sable qu'il creuse avec ses gamins crémés et chapeautés, deux et quatre ans. Il a l'air d'adorer ça, davantage même que les gamins. Elle lit, distraitement, et de temps en temps elle lève la tête et les observe. Heureuse. Elle rajuste l'élastique du chapeau sous le menton du petit blond, tend une bouteille fraîche avec une tétine, écarte une mouche.

Elle veille.

Sexy jusque dans le moindre geste. On sent qu'elle est là où elle voulait être. Qu'elle a obtenu ce qu'elle voulait obtenir. L'apogée. Le sommet.

Elle surveille.

Parce que tout ce qu'elle possède, son mari bien dévoué, ses enfants bien élevés, son corps bien roulé, elle veut le garder.

Comme si tout ça était éternel !

Tu rêves, ma vieille !

Mon regard glisse encore, je n'ai que l'embarras du choix, je me pose quelques mètres plus loin.

Ils ont quarante ans. Peut-être cinquante.

Elle lit, vraiment. Concentrée. Les dernières pages d'un gros pavé. Lui, à côté, s'ennuie. Il est pourtant encore pas mal, grand, grisonnant, quelque chose dans le regard de puissant. Il regarde ailleurs. Une plage, ça ne manque pas de jolies choses sur lesquelles poser les yeux.

Ou bien, je choisis un autre couple. Le même, même âge,

mais inversé. Lui est allongé sur le côté, tournant le dos au soleil, à l'ombre d'un parasol, le ventre un peu gras glissant doucement sous lui comme un ballon dégonflé. Elle à côté, encore superbe, s'emmerde. Elancée, élégante ; maquillée, soignée. Elle regarde ailleurs. Son regard se pose sur des gosses qui jouent au loin. Les siens doivent être déjà trop vieux, ou pas assez pour leur avoir offert des petits-enfants. Elle s'emmerde, résignée à attendre ainsi, tout le reste de sa vie.

Elle va être longue, la pente à redescendre, ma grande...

Le temps passe. Mon regard glisse. Je cherche un long moment avant de trouver les spécimens rares que je cherche.

Ils ont soixante-dix ans, quatre-vingts peut-être. Je n'entends pas ce qu'ils se disent mais ils se parlent, c'est certain. Il doit lui demander si elle n'a pas trop chaud, elle doit lui demander s'il veut son livre, ses lunettes, sa casquette. Et puis, d'un coup, ils se lèvent.

Je n'aime pas leurs corps nus. Moi, si j'avais comme eux la peau ridée, les os apparents qui semblent la percer, la chair comme trop lourde, agglutinée dans le menton, le cou, le ventre, les fesses, je me planquerais.

Mes mains se tordent dans mon tee-shirt.

Ces deux vieux me fascinent, à se tenir ainsi la main en entrant dans l'eau, à ne même pas hésiter à avancer, à ne même pas frissonner sous la morsure de l'eau, à coller un instant leurs lèvres l'une sur l'autre et à s'éloigner, vers les voiliers, dans un crawl impeccable et coordonné.

— Tu mates les vieux, maintenant ?

J'ai levé les yeux.

C'est Cervone. Cervone Spinello. Bermuda, chemise à fleurs, baskets. Lui non plus, je ne l'ai jamais vu en maillot. La plage, l'ai-je entendu crâner une fois, je l'ai toute l'année rien que pour moi. Alors l'été, je la laisse aux blaireaux.

Depuis combien de temps était-il là ? Depuis combien de temps m'observait-il ? Moi, ma mère, les autres mères, les autres ados ? Comme pris en faute, mon regard remonte la plage, comme si je pouvais rembobiner tout ce que je viens de voir et revenir au point de départ.

Trois serviettes hideuses.

Nicolas a toujours le cul posé sur le cheval cabré de sa serviette Ferrari, lunettes de soleil sur les yeux, ni crème ni chapeau, comme s'il se fichait des dégâts que le soleil pourrait faire sur sa jolie peau musclée. Maria-Chjara se tient toujours cambrée sous les caresses gélatineuses d'Hermann, les yeux braqués sur les ados torse nu qui jouent au volley un peu plus loin, Estefan et ses rêves de toubib, Magnus et ses rêves d'Oscar, Filip et ses rêves d'étoiles. Le jeune Allemand passe et repasse la crème sur le dos de la belle Italienne, attaque la cinquième couche, hésitant à s'aventurer ailleurs, à glisser ses doigts sur le rebord des courbes dorées sous l'élastique tendu du bas du maillot, vers la naissance de la poitrine posée sur le haut du maillot dégrafé.

Pauvre petit cyclope…

Je crois qu'il est temps que j'aie une vraie conversation avec vous. Que je vous révèle qui est Maria-Chjara.

Ça va vous plaire !

*

*   *

Il referma le cahier et laissa filer entre ses doigts une poignée de sable de la plage de l'Alga. Après tout, il était logique de lire ce journal sur le lieu du crime. Puisque tout avait commencé ici, ce jour-là.

Indéniablement, Clotilde possédait un grand talent pour peindre les sentiments. A quinze ans, c'en était même étonnant. A croire que ce récit n'avait pas été écrit par elle ; ou par elle, mais des années plus tard, avec recul et maturité. Ou que son récit avait été réécrit, comme une photo retouchée, même s'il ne contenait aucune rature, même si l'encre, comme le reste, avait séché.

18

Le 16 août 2016

« 19, rue de la Confrérie, avait précisé au téléphone Cesareu Garcia. Derrière l'église de Calenzana. Tu ne peux pas te tromper. »

Etrange. Au 19, rue de la Confrérie s'élevait une bâtisse à la façade délabrée dont le crépi jauni se décollait, dévoilant des trous laissés par des briques grises mal scellées, des encadrements de fenêtre ajourés que des volets cloués et troués peinaient à masquer.

« Ne frappe pas avant d'entrer, avait ajouté le gendarme en retraite, je ne t'entendrai pas. Pousse la porte et traverse la maison sans trop faire attention à mon bordel de vieil ours, je t'attendrai dans le jardin derrière. Dans la piscine. »

La piscine...

Clotilde s'était imaginé une villa somptueuse, un peu au-dessus du village, avec véranda, bain de soleil, parasol et transat. Un peu comme celle exposée sur les affiches accrochées partout le long de la route, qui annonçaient un concert *eighties* le lendemain soir à la discothèque le Tropi-Kalliste, plage de l'Oscelluccia.

Clotilde se reconcentra et poussa la porte, traversa deux pièces aussi minuscules qu'encombrées, une cuisine moisie qui sentait les figatelli grillés et un salon presque entièrement occupé par un lit convertible tellement défoncé qu'il semblait ne plus jamais pouvoir être replié en mode canapé. Des rideaux déchirés volaient devant la porte du jardin tout au bout de la pièce, Clotilde les écarta avec un peu de dégoût, comme on déchire une toile d'araignée tissée sur un meuble condamné.

— Entre, Clotilde.

Clotilde baissa les yeux vers la voix qui semblait sortir d'une bouche d'égout.

Le jardin était encore plus petit que la pièce qu'elle venait de quitter, barré par trois palissades et presque réduit à une dalle de béton à laquelle on accédait par trois marches. Dans le ciment était percé un trou d'un mètre de diamètre. La taille d'un puits. Et dans le puits trempait Cesareu. Seuls en sortaient ses épaules de taureau, son cou épais et sa tête coiffée d'une casquette *Tour de Corse 97*.

Sa piscine ?

Un hippopotame coincé dans un marigot asséché.

— Approche. Prends une chaise, Clotilde. Moi je ne sors pas de mon trou d'eau avant que ce putain de soleil ne soit passé derrière les murs du jardin.

Elle s'installa sur un fauteuil en plastique.

— Je suis comme un cachalot, continua le gendarme. Une baleine échouée. Dès que la température monte au-dessus des vingt-cinq degrés, j'ai besoin d'être hydraté. De bouger le moins possible, sinon je crève !

Clotilde l'observait, incrédule. Cesareu passa son doigt sur le cercle de béton.

— Du sur-mesure, ma belle... Creusée pile à la dimension de mon tour de taille... Eh oui, ma jolie, le sergent Garcia a encore pris du poids depuis la dernière fois que tu l'as vu.

Elle se contenta de sourire. Oui, elle se souvenait. Bien entendu, tout le monde dans le coin surnommait Cesareu

Garcia « sergent », jamais personne ne l'avait appelé par son véritable grade. Capitaine ? Lieutenant ? Adjudant ?

— C'est bien que tu sois venue.

— Je ne sais pas...

— Moi non plus, en fait.

Ça commençait bien. Cesareu ne prononça pas un mot de plus, il semblait s'endormir doucement dans son bain. A moins que ce ne soit une vieille ruse d'éléphant de mer. La laisser venir pour ne pas devoir briser lui-même la glace.

Après tout, si c'est ce qu'il attendait...

— Comment va votre fille, Cesareu ? Ça me ferait bizarre de la revoir. Dans ma tête, Aurélia a encore dix-sept ans alors qu'elle doit avoir plus de quarante aujourd'hui. Pile deux ans de plus que moi.

— Elle va bien, Clotilde. Elle va bien. Elle est mariée, tu sais. Depuis des années.

Mariée ?

Quel type avait bien pu accepter de partager sa vie avec cette rabat-joie ?

Depuis des années ?

Le pauvre gars !

— Elle a des enfants ?

Le cachalot aspergea sa face rougie.

— Non.

— Désolée.

— Tu peux l'être. Ça me fait vraiment chier de ne pas être grand-père.

Cesareu se redressa un peu. La ligne de flottaison s'abaissa au niveau de ses tétons. Clotilde imagina qu'il était assis au fond du puits sur une sorte d'escabeau et qu'il avait fait grimper ses fesses d'une marche.

— Alors, Cesareu ? C'est quoi, votre grand secret ?

Cesareu observa longuement le jardin de poche, les palissades, la porte ouverte de la maison et les rideaux volants, comme si la DST y avait installé des micros.

— Tu sais, ma jolie, parce que tu es sacrément jolie, Clotilde, je pense que je ne suis pas le premier à te le dire depuis ton retour sur l'île. Tu l'étais déjà à l'époque, remarque, mais tu ne le savais pas encore. Le charme d'une fille, c'est comme le bonheur, les miracles, les grigris et toutes ces autres conneries, suffit d'y croire pour que ça marche. D'y croire vraiment, d'y croire connement, comme les fakirs qui marchent sur le feu sans se brûler, si tu vois ce que je veux dire.

Clotilde ne chercha même pas à dissimuler son agacement. Elle secoua la main comme pour chasser une mouche invisible, se leva et tourna autour du trou, se positionnant dans le dos du sergent.

— Pourquoi m'avez-vous fait venir, Cesareu ?

Le gendarme coincé dans son tub ne pouvait plus qu'entendre Clotilde et deviner son ombre fine, suffisante pour éteindre les étoiles scintillant à la surface du puits. Il tenta de se contorsionner, puis renonça.

— Tu te souviens, Clotilde, c'est moi qui étais chargé de l'enquête à l'époque. Moi seul. Il y avait une sacrée pression, tu peux me croire. Trois morts en plein été, même si les Corses conduisent comme des dingues, c'est rare. Très rare. Sans oublier que ton papa n'était pas n'importe qui. Le fils de Cassanu Idrissi. Je ne sais pas si tu te rends compte. A l'époque, Cassanu possédait la moitié de la commune, et les communes de Corse, tu sais ce qu'on dit, elles sont plus grandes que les cantons du continent, elles vont de la ligne de crête à la ligne d'horizon, on peut y faire du ski alpin l'hiver et du ski nautique l'été.

Clotilde le coupa, cassante.

— C'était un accident, non ?

— Oui, un accident, bien entendu. Un accident et tout le monde est content.

D'un coup, le sergent se leva. Son corps obèse éclaboussa le ciment alors qu'il remontait à l'aide d'une échelle scellée à la paroi du puits dont le niveau avait baissé brusquement, semblant presque à sec. Un minuscule slip rouge disparaissait sous les plis de son ventre comme s'il portait un string à l'envers, le cache-sexe sur ses fesses et une ficelle pour le reste. Sans même se sécher, il entra dans la maison, grogna tout en semblant déplacer les meubles, « Où est-ce qu'Aurélia a encore rangé ce foutu dossier ? », puis en ressortit quelques secondes plus tard, un peignoir ouvert sur les épaules et une chemise cartonnée dans la main. Il prit une chaise de plastique qu'il tira vers l'ombre de la palissade et tendit le dossier à Clotilde.

— Ouvre.

Clotilde posa la chemise sur ses genoux, l'ouvrit, tourna la première page.

Un nom. Une immatriculation. Une date de naissance.

Fuego. Modèle GTS. 1233 CD 27. Mise en circulation le 03/11/1984.

Des photos de la carcasse d'une voiture.

En couleur.

Un toit éventré. Des pneus carbonisés. Gros plans sur des éclats de verre.

Clotilde retint un haut-le-cœur.

— Continue, Clotilde. Continue avant que je t'explique.

Plusieurs pages encore.

Des rochers rouges. Trois cadavres étendus sur les rochers. Du sang. Du sang partout.

Une autre page.

Un nom, Paul Idrissi, né le 17 octobre 1945, décédé le 23 août 1989.

Une dizaine de photos, des détails des clichés précédents, des agrandissements, un visage tuméfié, un bras tordu en équerre, un torse dissymétrique, un cœur écrasé dans un étau.

Une autre page, Nicolas Idrissi, né le 8 avril 1971, mort le 23 août...

Clotilde ne put en lire davantage. Elle bloqua d'abord la remontée de bile dans sa gorge, tenta de baisser à nouveau les yeux vers le dossier, puis brusquement se précipita vers la piscine circulaire, s'agenouilla, et vida ses tripes.

Cesareu lui tendit un mouchoir en papier.

— Désolée, s'excusa Clotilde.

— Tu peux. Ils annoncent trente-sept degrés aujourd'hui. Et le service d'entretien de ma piscine est en vacances jusqu'au 21 août.

Le regard de Clotilde se posa sur l'épuisette à feuilles adossée à la palissade. Le sergent la retint par l'épaule.

— Laisse tomber, Clotilde. Je déconne, je m'en fous. C'est de ma faute, mais je voulais que tu ailles au bout… Jusqu'à…

— Jusqu'aux photos de maman ?

Cesareu hocha la tête. Toujours agenouillée, Clotilde leva vers le gendarme un regard de Marie Madeleine contemplant le Christ ressuscité.

— Maman n'est pas morte. C'est ça ?

Elle l'avait deviné. C'était évident. Les indices étaient tellement évidents, convergents. Cette lettre explicite qui évoquait la chambre noire, la serpillière d'Orsu, le labrador baptisé Pacha. Autant de mystères qui ne pouvaient s'expliquer que par la présence de sa mère, ici, vivante. Cesareu Garcia connaissait la clé pour résoudre l'équation impossible : comment Palma Idrissi avait-elle pu survivre à l'accident ?

— Ma mère n'est pas morte ? répéta-t-elle.

Cesareu la regarda comme si elle avait blasphémé.

— Qu'est-ce que tu racontes, Clotilde ? (Il avait l'air sincèrement navré.) Ne va surtout pas te mettre ça en tête, ma pauvre. Il n'y a aucun doute là-dessus. Ta mère est décédée dans le ravin de la Petra Coda, avec ton père et ton frère. Tu les as vus mourir sous tes yeux. J'ai vu leurs cadavres moi aussi, la pire expérience de ma vie, comme des dizaines d'autres témoins. Non, bien entendu, ce n'est pas pour t'annoncer que ta mère est revenue d'entre les morts que je t'ai fait venir.

146

Clotilde serra les lèvres pour ne pas craquer. Ne pas pleurer.

Articuler.

— Al... alors ?

— Observe la page suivante. Après les photos.

Clotilde reprit le dossier, sauta la page de Nicolas mais eut la force de regarder celle de sa mère, six clichés de son corps déchiqueté, six agrandissements de la photo de son cadavre, comme écartelé, avant de tourner la feuille.

La tôle froissée remplaça la chair broyée. Elle découvrit des photos de la Fuego. Entière d'abord, puis les clichés fouillaient l'intimité de la carcasse, du moteur, de l'habitacle. Clotilde observa sans comprendre des gros plans d'une courroie de transmission, d'un arbre à cames, d'une barre de direction, d'un triangle de suspension, d'un câble de frein. Du moins est-ce ce qu'elle supposait. Elle n'avait dû ouvrir un capot qu'une fois dans sa vie, en plein hiver, pour nettoyer des bougies encrassées, et, ce jour-là, elle s'était épatée elle-même à se repérer presque d'instinct dans cet immense casse-tête d'acier.

Elle délaissa le dossier pour se tourner vers le gendarme, ses yeux se trouvaient à la hauteur exacte de son ventre. Clotilde eut l'impression que le corps du sergent continuait de fondre au soleil, de dégouliner, qu'il ne mentait pas et que s'il restait trop longtemps hors de son trou d'eau, il se transformerait en une mare de chair gélatineuse et visqueuse.

Le dégoût. Un immense dégoût bouillonnait à nouveau dans son estomac. Elle hurla presque.

— Nom de Dieu, où voulez-vous en venir ?

— Cette dernière page, Clotilde, ces dernières photos, elles ne sont pas officielles. Si tu vérifies la date, tu verras qu'elles ont été prises quelques semaines après l'accident, alors que l'enquête était officiellement close. J'ai attendu que tout se calme pour demander à un copain d'examiner ce qui restait de la Fuego. En toute discrétion. Ibrahim tient un garage à Calenzana. On se connaît depuis l'enfance. C'est un type clean, même s'il n'est pas assermenté par le juge.

— Pourquoi avoir attendu tout ce temps ?

Il sourit.

— Je t'ai dit, il y avait une sacrée pression, Clotilde. Le fils, le petit-fils, la bru de Cassanu Idrissi, je ne sais pas si tu te rends compte. C'était remonté jusqu'au député Pasquini et au président Rocca Serra. Alors on s'est contenté de confier l'affaire à un pauvre type chargé de bâcler l'enquête. Moi. Le sergent Garcia. Une enquête dont le dernier mot était déjà écrit. ACCIDENT.

Clotilde tentait de repousser les images de la Fuego qui éventrait la barrière, plongeait dans le vide, rebondissait trois fois, tuait trois fois.

Un accident, bien entendu. Où ce flic obèse voulait-il en venir ?

— Regarde la troisième photo, Clotilde. C'est la crémaillère de direction. Et, aux extrémités, les biellettes de direction et les rotules.

Elle ne voyait rien d'autre qu'une tige de fer, une pièce de métal conique et un gros écrou.

— C'est l'une des rotules qui a lâché. D'un coup. Au moment où ton père a voulu braquer, juste avant le ravin de la Petra Coda.

Son père n'avait pas tourné.

Elle revoyait encore la Fuego lancée comme une balle. Ce n'était pas un suicide. Seulement la direction qui avait lâché. Sa voix se radoucit.

— Donc, c'était un accident ?

— Oui, comme je te l'ai dit, c'est dans le rapport officiel, juste avant le mot FIN. Une rotule de direction a sauté. La seule coupable, c'est la bagnole. Sauf que d'après mon pote Ibrahim…

Des gouttes épaisses perlaient de son bide, pas de sueur, de graisse.

— Sauf que d'après mon pote, répéta-t-il, la défaillance de la rotule n'était, comment te dire… pas naturelle.

— Pas naturelle ?

Il se pencha vers elle. Le ventre posé comme un tablier sur ses genoux.

— Je vais être plus précis, Clotilde. J'y ai repensé des centaines de fois depuis, j'en ai discuté avec Ibrahim, j'ai détaillé les clichés et les pièces à conviction. Et à force, ma conviction s'est forgée.

— Accouchez, merde !

— La direction a été sabotée, Clotilde ! L'écrou de la rotule a été dévissé, juste assez pour être certain qu'avec les vibrations elle sauterait, au bout de quelques virages, que la biellette de direction tomberait d'un coup et que le conducteur se retrouverait avec un volant tournant dans le vide et un véhicule brusquement incontrôlable.

Clotilde demeura silencieuse.

Doucement, elle se leva puis posa ses fesses sur le ciment mouillé. Les bras autour des genoux, recroquevillée. Prostrée.

Cette fois, c'est l'ombre du pachyderme qui vola le soleil de Clotilde. Il s'était lui aussi levé.

— Je devais te le dire, Clotilde.

Elle avait froid. Elle tremblait. Le puits l'attirait. Pourvu qu'il n'ait pas de fond. Qu'elle puisse couler pour l'éternité.

— Merci, Cesareu.

Elle laissa passer un long silence avant de prononcer un autre mot.

— Qui… qui d'autre est au courant ?

— Une seule personne… La seule qui devait savoir. Ton grand-père, Clotilde. J'ai donné une copie de tout le dossier à Cassanu Idrissi.

Elle se mordit les lèvres. Au sang.

— Qu'est-ce qu'il a dit ?

— Rien, Clotilde. Rien du tout. Il n'a eu aucune réaction.

Comme s'il l'avait toujours su. C'est ce que j'ai pensé alors. Qu'il l'avait toujours su.

Le sergent n'ajouta rien d'autre. Il mit un temps infini à fermer son peignoir, observa la surface souillée de sa piscine, puis plus lentement encore se dirigea vers l'épuisette rangée contre la palissade. Il se tourna une dernière fois vers Clotilde.

— Passe voir Aurélia, ça lui fera plaisir.

Passer voir cette garce ? Quelle idée !

— Elle n'est pas loin. Tu dois te souvenir du chemin. Elle habite la Punta Rossa, sous le phare de la Revellata.

Les mots se mélangeaient, pris dans un tourbillon. Le puits était une marmite où Cesareu les avait jetés.

Cette garce d'Aurélia.

La Punta Rossa.

Le phare de la Revellata.

Cesareu souleva sa casquette comme pour mieux planter ses yeux dans ceux de Clotilde.

— Je m'attendais à ce que tu sois surprise, ma belle. Moi aussi, on me l'aurait dit il y a vingt-sept ans, je ne l'aurais pas cru. Mais oui, Aurélia habite là-bas. Depuis tout ce temps. Tu sais ce que ça signifie, ma jolie, pas besoin de te faire un dessin. (Il laissa tout de même le temps à Clotilde de régler la mire de ses souvenirs.) Aurélia vit avec Natale.

Clotilde tangua au-dessus de la piscine de béton. Elle venait de tomber dans ce puits sans fond pour la seconde fois en moins de quelques minutes. Et cette seconde fois l'asphyxiait encore plus que la première.

Plus douloureuse.

O combien plus douloureuse.

19

Mercredi 16 août 1989, dixième jour de vacances,
ciel bleu de fée

Il était une fois…
Il était une fois une petite princesse calabraise.
Maria-Chjara Giordano.
Ça commence comme dans un conte car Maria-Chjara est
une vraie princesse. Elle est née trois ans avant moi, la même
année que mon frère, en 1971, dans le petit village de Pia-
nopoli, près de Catanzano en Italie.
Son père dirige la plus grande entreprise de ramassage de
chou brocoli de la Calabre, c'est la spécialité là-bas paraît-il, le
chou brocoli à jets verts. Il a déjà soixante ans et soixante millions de lires sur son compte en banque lorsqu'elle naît ; son
père est beau, un vieux beau, comme on dit, c'est-à-dire
qu'il n'a plus de beau que ses yeux bruns et sa chevelure
bouclée et argentée ; sa mère a dix-neuf ans de moins que
son mari, et dix-neuf centimètres de plus, sans les talons ;
elle est mannequin pour Ungaro et actrice pour des séries B
tournées à Cinecittà, dont aucune n'est jamais passée en
France. J'ai surveillé, vous pensez.
Mieux arrosée que les choux-fleurs de papa, Maria-Chjara
a vite poussé.
Plus vite que moi en tout cas. L'année de ses quinze ans,

elle dépassait déjà le mètre soixante-dix. Elle avait un peu ralenti les années suivantes, pour culminer au mètre soixante-quinze, mais les centimètres qui n'avaient pas pu allonger davantage ses cuisses, son dos ou ses chevilles s'étaient épanouis ailleurs, gonflant sa poitrine, arrondissant ses hanches, bombant son cul. Un petit miracle d'harmonie, des courbes d'héroïne de BD italienne, celles que papa planque dans la bibliothèque entre Tintin et Astérix. Une fille créée par Manara.

Ce genre de nana...

Papa Giordano, sans doute pour oublier l'odeur du chou brocoli et profiter un peu des dix-neuf centimètres de sa starlette, avait acheté une villa sur les hauteurs de la Revellata pour y revenir tous les étés. La petite princesse calabraise, unique héritière, s'ennuyait seule dans son palais de pierre, et de temps en temps, puis de plus en plus souvent, de plus en plus longtemps, le 4 × 4 Suzuki de son papa la déposait entre la plage de l'Alga et le camping des Euproctes pour qu'elle s'amuse avec des amies de son âge. Des amies... et des amis.

Cet été 1989, papà et mamma Giordano étaient partis faire le tour de la Sardaigne dans leur yacht, amarré toute l'année dans la baie de Calvi, et princesse Chjara, du haut de sa toute fraîche majorité, leur avait fait comprendre qu'il était hors de question qu'elle s'emmerde avec eux pendant un mois dans une prison flottante de trente mètres sur dix.

Elle se débrouillerait seule. Et son père avait déposé les clés de la villa au creux de sa main.

Chjara ne baratinait pas.

Elle se débrouillait très bien seule.

Danser mieux que Kaoma la lambada. Chanter mieux qu'Eros Ramazzotti *Una storia importante*. Réciter mieux qu'Agnese Nano les répliques de *Cinema Paradiso,* baisers compris.

Programmée pour devenir star !

Briller dans la galaxie avant que toutes les étoiles ne filent. Séduire ou périr !

Maria-Chjara. L'histoire d'une princesse...

Je suis toujours là dans l'ombre, sur mon bout de plage, limite pinède, avec les épines qui me rentrent dans les fesses, *Les Liaisons dangereuses* ouvertes sur mes genoux. Maria-Chjara s'est levée d'un coup de sa serviette ombres chinoises et Hermann le cyclope est resté les mains poisseuses en l'air, à caresser le vide.

Pas assez speed, Hermann... Ah ah ah !

Maria-Chjara s'est levée comme ça, sans remettre le haut de son maillot. Elle est allée commander un Coca à l'autre bout de la plage, et toute la plage s'est retournée sur elle. Je vous le jure, de mon point d'observation un peu en surplomb, le spectacle était saisissant, comme un champ de tournesols suivant la course d'un soleil, mais en mille fois accéléré. Avec les coquelicots, les bleuets et les épis de blé qui se tordent eux aussi la tige.

Je fais exprès de baisser les yeux sur mon livre.

Je me suis trompée, en fait.

Valmont, ce n'est pas mon frère ! Valmont, c'est Maria-Chjara.

Le séducteur libertin, dans le roman au XVIIIe siècle, ne pouvait pas être une femme, question d'époque. Mais aujourd'hui, bien sûr que oui ! Les filles qu'on respecte, qu'on admire sont celles qui assument, qui assurent, qui font ce qu'elles veulent de leur corps et de leur cœur, qui font ce qu'elles veulent des mecs.

Putain, moi, j'en suis loin !

Maria-Chjara est vierge. C'est le bruit qui court. Dans les tentes, sur la plage, sous les douches des filles et dans les chiottes des garçons. Faut dire qu'elle l'a quasi crié au haut-parleur, punaisé sur le panneau d'affichage du camping.

Je suis vierge… et j'entends bien ne pas le rester.

Maria-Chjara a fait le vœu de non-chasteté.

Elle l'a presque annoncé comme un concours de pétanque, un tournoi de ping-pong ou une soirée loto. Elle va s'offrir un mec. Pour la première fois. Un seul ! Avant la fin de l'été.

Et depuis, Maria-Chjara se balade en string, seins à l'air, pour aller chercher sa boule de glace pistache, sa baguette, son *Jeune et Jolie*. Kaprisky dans *L'Année des méduses*, pour vous donner un aperçu.

Là, elle revient déjà avec son Coca.

Trois pas en avant, ralentir, nuque en arrière, une gorgée, avancer, corps cambré, tortiller des reins, onduler le bassin, laisser couler quelques gouttes l'air de rien, s'essuyer la peau sucrée d'un revers de main.

Continuer.

Avec tous les hommes allongés à ses pieds, les pelles des papas qui se figent au-dessus des châteaux de sable, les canettes de bière glacée qui se collent aux lèvres, les ballons de volley qui roulent sans aucun mec pour courir après. Estefan, Magnus, Filip, foudroyés !

Saleté !

Je ne peux pas m'empêcher de l'admirer…

De la jalouser…

De la détester.

De haïr ces regards des hommes sur sa poitrine qui défie les lois de la pesanteur.

Je suis mal barrée, même si j'ai une théorie là-dessus. Vous voulez la connaître ? Après tout, je ne vous demande pas votre avis, ça va me défouler de vous la balancer ! Sortir avec une fille qui a des petits seins, une fille avec qui on veut faire sa vie je veux dire, une fille comme moi par exemple, c'est de l'investissement à long terme. Du garanti trente ans. Un choix qu'on ne regrettera pas après des décennies de couple, alors que les gros seins finiront forcément par décevoir, par déchoir. C'est une évidence, non ? Une évidence mathématique, physique ! En conséquence, même si cette petite bombe de Maria-Chjara a pris de l'avance sur moi, je finirai par la rattraper, à mon rythme, au petit trot.

Suffit d'être patiente.

Haut les petits cœurs, haut les petits culs, hauts les petits seins !

On en reparle, Chjara ?

Dans longtemps, très longtemps, car pour l'instant, c'est toi qui fais grimper les enchères. Haut, très haut.

La belle Italienne est déjà retournée sur sa serviette après en avoir fait le tour trois fois comme une chatte méfiante. Cervone, planqué lui aussi sous les pins, n'en perd pas une miette, la main comme collée à la résine du tronc. Le cyclope s'est bloqué en mode égyptien tourné vers sa déesse (Bastet, la déesse chatte, mon lecteur ignare !) et même mon Nico, mon bel indifférent derrière ses Ray-Ban, cette fois, s'est fendu d'un imperceptible mouvement de cou.

Foutu, lui aussi.

Il était une fois...

Il était une fois une petite princesse qu'a la braise...

Vous savez où.

*

*   *

Il regarda l'affiche, hésita à la déchirer.

A quoi bon, il y en avait tant d'autres, des dizaines le long de la route.

Ce soir. 22 heures. Plage de l'Oscelluccia. Discothèque le Tropi-Kalliste.

Il y serait.

Pas pour entendre chanter Maria-Chjara.

Pour la faire taire.

20

Le 16 août 2016, 15 heures

L'affiche avait été scotchée partout, jusque sur les portes des sanitaires, les barrières du parking et le local à poubelles. Valentine s'arrêta devant celle face à leur emplacement. Elle avait enroulé un paréo autour de sa taille et faisait claquer ses tongs contre sa plante des pieds comme s'il s'agissait de talons aiguilles sur le parquet d'une salle de bal ; la baguette de pain coincée sous son bras lui donnait des airs de majorette. Clotilde se tenait à côté de sa fille, pressée ; elle portait le reste des courses, et les pamplemousses, oranges, melons et demi-pastèque pesaient une tonne dans les sacs plastique au bout de chacun de ses bras.

Valentine leva le menton et lut.

Soirée eighties
22 h Discothèque le Tropi-Kalliste
Plage de l'Oscelluccia

Sur l'affiche, de la mousse multicolore débordait d'une immense piscine posée sur la plage. Une fille en maillot de bain en jaillissait sous une pluie de paillettes dorées.

— Il paraît que c'est une ancienne gloire du camping, insista Valou en fixant la fille. Tout le monde ne parle que de ça. Elle passait ses vacances ici et, depuis, elle est devenue une vraie star en Italie.

Etonnée, Clotilde délaissa les yeux pétillants de Valou pour se concentrer sur l'affiche. Le visage de la sirène était méconnaissable sous le maquillage appuyé, son corps parfait était semblable à celui de milliers d'autres qui s'affichent au moindre clic sur Internet en tapant *starlette* ou *bikini*, mais son nom de scène explosa comme un nouvel éclat de souvenir d'enfance.

Maria-Chjara.

Les anses de plastique des sacs bourrés d'agrumes cisaillaient les doigts de Clotilde.

— Cervone m'a même dit que tu la connaissais, maman ! Que vous aviez passé cinq ou six étés ensemble ici. Que mon oncle Nico la connaissait bien aussi.

Tiens, tu te souviens que tu as une famille, maintenant ?

Clotilde avait vaguement entendu parler de Maria-Chjara depuis août 1989. Elle l'avait reconnue une fois, il y a près de vingt ans, dans un téléfilm italien qui passait sur la 3, dans un second rôle, une fille roulant à vélo, jupe au vent, dans les rues de Lucca. Elle avait aussi lu son nom et reconnu son visage lors de son séjour à Venise avec Franck, il y a seize ans, avant la naissance de Valou. Un vieux CD à 4 euros dans un bac de disques en promo : des couleurs flashy, des chansons inconnues. La renommée de Maria-Chjara était sans doute très relative, y compris en Italie.

— Tu sais, Valou… Elle avait dix-huit ans alors. Elle doit être devenue très… démodée.

Valentine s'en fichait. C'est le prétexte qui comptait.

— Tu n'as pas envie de la revoir ?

La plage de l'Oscelluccia se situait juste au-dessous du camping des Euproctes, on y accédait directement par un sentier en pente raide qui longeait la mer. Clotilde observa l'affiche, la mousse, la piscine, le bikini, avec autant d'envie que s'il s'agissait de l'annonce d'une corrida.

— Tu plaisantes ?

— Si je t'accompagne, maman ? Moi j'y vais pour l'ambiance et toi pour ta copine.

La petite maligne…

Clotilde allait lui répondre « Plus tard, ma chérie, on verra ça plus tard, je vais d'abord poser ces sacs de fruits qui vont finir par me décrocher les deux bras », lorsque Franck apparut dans son dos. D'un geste naturel, il prit des mains de Clotilde les sacs de courses, sans un mot de plus, sans effort apparent, sans avoir même l'air d'y penser.

Galant. Viril. Le mec parfait. De quoi tu te plains, ma vieille ?

— Qu'est-ce qui se passe, mes jolies ?

Valentine expliqua, la fiesta à la playa, la star de la pointe de la Revellata, la copine d'enfance de sa mama…

— Tu irais, toi ? demanda Franck en se tournant vers Clotilde. Ça t'amuserait de revoir cette nana ?

Pourquoi pas ? Pourquoi pas, après tout ?

Franck posa sa main sur les épaules de sa fille.

— Hors de question que tu ailles seule à cette fête sur la plage. Mais si ta mère t'accompagne…

— Merci, papa.

Et cette ingrate sauta au cou de son père ce héros, sans un merci pour sa mère qui allait supporter la nuit des *eighties,* du début de soirée aux démons de minuit. Une éternité qu'elle n'avait pas remis les pieds en boîte de nuit.

Le reste de la journée, Clotilde n'y pensa plus. De la plage au bungalow, du transat à la serviette, la tête noyée dans la Méditerranée ou sous la douche, trois questions tournèrent en boucle. Elle se donnait jusqu'au soir pour arrêter trois réponses définitives.

Oui ou non.

Joindre son grand-père d'abord, Cassanu Idrissi, et provoquer une réunion de famille avec Mamy Lisabetta, peut-être même cette sorcière de Speranza, et son petit-fils Orsu. Convoquer le chien Pacha aussi, installer tout ce beau monde sous le chêne vert de la cour d'Arcanu et mettre sur la table cette révélation qui lui rongeait le sang : ses parents n'avaient pas été victimes d'un accident, la direction de la Fuego avait été sabotée.

Réponse : OUI, même si la forme de la convocation restait à déterminer.

Parler à Franck ensuite. Parler des révélations de ce flic. Lui montrer les photos de l'écrou de cette saloperie de rotule de direction, demander son avis, ses conseils, lui savait reconnaître tous ces trucs en métal sous un capot.

Réponse : NON ! Hors de question de subir à nouveau ses sarcasmes, sa pitié agacée, au mieux ses solutions binaires, aller porter plainte ou laisser tomber.

Faire un tour à la Punta Rossa enfin, par le sentier des douaniers de la Revellata, l'air de rien, histoire de se balader jusqu'au phare, de profiter de la vue panoramique, comme des dizaines d'autres touristes, et pourquoi pas d'y croiser Natale, occupé à repriser un filet, à fumer sur le bord de sa terrasse, à regarder le monde tourner.

Réponse : NON. Définitivement NON !

~

Les enceintes crachaient des *Life is life* saturés, ce qui ne perturbait pas la foule qui répondait en chœur, sans besoin de répétition.

La la la la la

Clotilde et Valou s'avancèrent parmi les danseurs agglutinés sur la petite plage de l'Oscelluccia. Encastrée entre deux langues de rochers, la petite crique était un autre de ces coins de paradis cosy confisqués par Cervone Spinello. Les pierres et cailloux du sentier, au fur et à mesure qu'on se rapprochait de la mer, semblaient avoir été concassés par des milliers de pieds de touristes pressés d'atteindre l'eau et s'être réduits, été après été, à un sable grossier, dont la finesse, selon un cercle touristique vertueux, dépendait de l'intensité de la fréquentation.

Si, de la plage, on ne distinguait pas encore les murs en construction de la future marina *Roc e Mare*, il était impossible de rater le Tropi-Kalliste, la paillote nichée plein nord, avec terrasse, bar et plancher de bambous, le tout sans doute démontable rapidement en cas d'avis de tempête ou de visite d'un nouveau préfet zélé. Le jeu de mots signé Cervone évoquait à la fois la chaleur tropicale de la nuit sous les décibels et le nom antique de la Corse, *Kalliste...* la plus belle ! La discothèque se réduisait à cette paillote sur laquelle on avait accroché des spots et des lasers qui éclairaient jusqu'à la lune, de grandes enceintes posées directement dans le sable, un plancher flottant de dix mètres sur dix sur lequel dansait moins du quart de la foule, et exceptionnellement ce soir, une scène surélevée, à deux mètres de hauteur, tout en longueur, telle une piste de défilé de mode ou un large plongeoir. D'ailleurs, sous l'estrade, une grande piscine gonflable avait été installée, éclairée bleu fluo et gardée par trois bodyguards noirs figés qui ne semblaient guère apprécier les chœurs d'Opus.

Life is life

La la la la la

Pour une fois, Cervone avait desserré le cordon de sa bourse, même si à 7 euros l'entrée, 9 euros le mojito et 15 euros la cruche de Pietra, il devait rentrer dans ses frais.

Relax, ordonna Frankie Goes to Hollywood au public déchaîné. Clotilde évalua la foule à deux ou trois cents personnes. De tous âges. Des adolescents qui semblaient connaître par cœur ces chansons ringardes, du temps de leur biberon ; des adolescentes hystériques dont certaines semblaient déjà ivres ; des couples aussi, et quelques groupes de vieux.

De vieux par comparaison au public majoritaire.

De vieux de son âge.

— J'y vais, maman !

Clotilde observa sa fille sans comprendre.

— Y a Clara, Justin, Nils et Tahir. Là, devant. J'ai mon portable. Tu me textotes quand on part ?

Valou disparut dans la foule.

S'il se passait la moindre chose, s'il l'apprenait seulement, Franck allait la massacrer. Pas sa fille, sa femme !

Clotilde s'en foutait.

Que Valou s'amuse... Mon Dieu qu'elle s'amuse ! Que pouvait-il lui arriver ?

Elle s'éloigna un peu des danseurs, s'avança vers la mer, évita quelques corps allongés, comme échoués avec la marée. Une barque flottait à quelques mètres de la plage, amarrée à un anneau de fer rouillé vrillé dans les rochers. De la torche de son téléphone portable, Clotilde éclaira la coque écaillée du bateau de pêche.

L'*Aryon*.

On distinguait à peine encore le A, le Y et le N ; elle seule semblait encore capable de déchiffrer ce nom. La coque semblait pourrie, l'amarre élimée, la dérive fendue. Ni rame, ni voile, ni moteur. Le bateau ressemblait à un animal fugueur auquel on aurait passé une laisse autour du cou et qu'on aurait oublié là. C'est du moins l'impression que ressentit Clotilde, retenant les larmes qui lui venaient face à cette nouvelle épave abandonnée sur la route de son voyage en nostalgie.

La musique avait cessé soudain. L'obscurité avait un instant recouvert la plage, avant qu'un laser vert ne fusille la foule et que le stroboscope ne les transforme en zombies épileptiques.

Maria-Chjara apparut sur l'estrade, vêtue d'une longue robe fuseau, pailletée, plutôt sobre à l'exception d'un décolleté étudié.

Un air de synthétiseur rythma ses quelques premiers pas de danse.

Oho oho oho oho

Avant que ses lèvres ne se collent au micro pour entamer les premières notes de *Future Brain*, le tube planétaire de Den Harrow, le roi de l'italo disco des années quatre-vingt… définitivement oublié depuis.

Que Clotilde croyait !

Oho oho oho oho, scanda la foule.

Les tubes ringards sont éternels.

Depuis qu'elle était revenue en Corse, Clotilde n'était pas retournée sur cette plage de l'Oscelluccia. Trop de questions la hantaient. Pourquoi, puisque ce bout de plage paradisiaque appartenait toujours à Cassanu Idrissi, son grand-père avait-il autorisé Cervone à y installer cette boîte de nuit sordide ? Pourquoi cette barque flottait-elle abandonnée et rouillée ? Pourquoi tolérer ce bruit comme une mauvaise drogue, cette foule fascinée, ces lumières d'hypnose ? Pourquoi le silence n'avait-il pas gagné ? S'il ne gagnait pas ici, plage de l'Oscelluccia, où pourrait-il gagner ?

Oho oho oho oho

Pourquoi un grand méchant loup ne s'était-il pas approché de cette maison de paille posée sur la plage, un loup pote avec son grand-père, pas même besoin de cagoule et de bombe, de jerrican et de briquet, il suffisait de souffler dessus. Il suffisait d'un peu de vent, ce vent qui, au lieu de balayer la paillote, transportait les décibels jusqu'à Calvi.

Maria-Chjara enchaînait. Sous les spots, sous les ombres et les lumières, sous le maquillage, il était impossible de lui donner un âge.

Quarante-cinq ans. Exactement. Clotilde savait.

162

Maria-Chjara assurait. Les titres défilaient. Italiens, anglais, français, espagnols.

Valou apparaissait, disparaissait.

Clotilde s'ennuyait.

Après un *Tarzan boy* éternisant les *ho ho ho* des chœurs ensablés, à en réveiller tous les mammifères du sanctuaire Pelagos jusqu'à Monaco, la lumière se calma soudain, les synthés s'éloignèrent et Maria-Chjara murmura au micro avec un accent italien appuyé :

— Je vais vous chanter une chanson qui se chante sans rien. Sans instrument. Seulement ma voix. C'est une chanson que vous connaissez sûrement, elle s'appelle *Forever Young*, mais je vous demande cette fois de ne pas la chanter avec moi. Sauf ceux qui le peuvent (elle envoya à la foule un sourire qui ressemblait à un baiser). Je vais la chanter en corse. Pour vous. *Sempre giovanu.*

Une poursuite blanche s'arrêta sur Maria-Chjara. La chanteuse italienne fermait les yeux, laissant sa voix nue aller défier les vagues, monter plus haut encore, à en faire pleurer la lune.

Sempre giovanu

Portée par un timbre de soprano d'une pureté que nul n'aurait pu imaginer, la mélodie devenait hymne, la foule frissonna dans le noir, sans même un rire de frousse, comme un petit miracle, comme si chacun avait compris que la chanteuse n'acceptait tout ce cirque que pour qu'on lui accorde ces quatre minutes-là, qu'on la laisse en paix le temps de sa prière, de son credo a cappella.

Sempre giovanu

Une parenthèse.

Qui se referma.

Le son de la boîte à rythmes explosa avant même que Maria-Chjara n'ouvre les yeux, avant même que la dernière octave ne soit soufflée par ses lèvres entrouvertes, suivie d'une

insipide note de synthé que pourtant tous les plagistes recon-
nurent au premier accord.

La transe après le frisson.

La robe de Maria-Chjara venait de tomber. Elle se retrouvait, comme par enchantement, en maillot de bain.

Blanc. Immaculé. Serré.

Boys boys boys, hurla la foule avant même que la bande
enregistrée ne démarre.

Maria-Chjara reprit, ondula, sourit, avança, se recula, prit
trois pas d'élan.

Boys boys boys.

Plongea.

Et resurgit de la piscine sous la scène, sous une averse de
paillettes, cheveux collés, maquillage délavé, fond de teint
raviné, peu importait, l'essentiel était ailleurs : son haut de
maillot mouillé glissait, affolant, transparent, exactement le
même que celui de la légende, presque une marque déposée.

Boys boys boys, répétait à l'infini Maria-Chjara. On lui
avait apporté un autre micro, un grand ballon de plastique
arc-en-ciel, des canons soufflaient de la mousse. La chanteuse
tendit la main pour envoyer des baisers, et susurrer :

— *Come with me.*

Selon un ballet savamment organisé, les trois bodyguards
s'écartèrent enfin et une pluie de vêtements vola sur la plage.
Ils furent bientôt cent dans la piscine de poche à chanter
pour la millième fois *Boys boys boys.*

Summertime Love.

Les plus audacieuses firent sauter les hauts de maillot.

Pas Maria-Chjara.

A croire qu'elle n'avait plus l'âge.

Seuls les tubes ringards ne vieillissent pas.

~

— Je suis une amie de Maria-Chjara. Une amie d'enfance.

Le grand black n'avait pas l'air convaincu.

La foule dansait toujours à l'autre bout de la plage, sur des airs de techno qui n'avaient plus grand-chose à voir avec les *eighties*.

On reste encore, maman ?

Oui, un peu, avait répondu Clotilde au texto inquiet de sa fille après la dernière chanson de l'Italienne. C'était il y a vingt minutes. Elle attendait depuis tout ce temps devant la caravane garée sur le parking de terre qui faisait office de coulisse. Non pas qu'elle se soit retrouvée coincée dans une file d'attente de groupies sous le Velux, Clotilde était seule, mais la porte restait fermée et le gardien ne voulait rien entendre.

— Frappez à la porte, au moins. Dites-lui qu'il y a une fan qui veut lui parler, ça lui fera plaisir.

Le bodyguard esquissa un sourire, ou eut pitié. Il finit par cogner à la cloison de tôle.

— Madame Giordano. Pour vous...

Maria-Chjara sortit une tête quelques secondes plus tard. Elle avait enfilé un peignoir sur ses épaules et une serviette sur ses cheveux. Pas une trace de maquillage, de fond de teint ou de gloss. Elle se tourna vers Clotilde en se contentant d'entrebâiller la porte.

— Oui ?

Elle était encore belle. Clotilde ne s'y attendait pas. Liftée sans doute, liposucée, bistourisée et siliconée, mais ça lui allait bien. Comme une voiture customisée, pensa Clotilde, un peu vulgaire, mais originale, fière de sa différence, fière d'attirer les regards. D'admiration ou de gêne, elle s'en foutait. Monstre ou icône, quelle importance ?

— Tu me files une tige ?

Le vigile bodybuildé qui devait avoir vingt-cinq ans de moins qu'elle sortit nerveusement une cigarette, l'alluma en se donnant des airs de John Wayne tremblotant, l'approcha des lèvres de Maria-Chjara sans savoir où foutre les yeux.

Un petit garçon timide devant sa maîtresse.

— Alors comme ça, fit Maria-Chjara en s'adressant enfin à Clotilde, t'es ma dernière fan ? Et tu crois que je vais t'ouvrir ma porte ? N'y compte même pas, ma belle, je ne suis pas comme toutes ces suceuses de bites qui se sont transformées en broute-minous quand les mecs ont commencé à leur tourner le dos.

Elle éclata de rire.

Il y avait quelque chose de félin dans ses gestes, dans ses griffes, dans ses yeux effilés. Même si Clotilde détestait le mot, « cougar » la décrivait avec justesse.

Ou tigresse.

— Je suis Clotilde. La sœur de Nicolas. Nicolas Idrissi, tu te souviens ?

Maria-Chjara plissa les yeux, donnant l'impression de chercher au plus profond de sa mémoire. Clotilde aurait pourtant juré que dès qu'elle avait croisé son regard, la chanteuse l'avait reconnue. Une infime pression de ses doigts sur la porte de la caravane, une crispation de son pouce et de son index sur le métal cloqué.

Maria-Chjara secoua la tête.

— Je vois pas. Un ex ?

Elle avait l'air sincère. A croire que Berlusconi engageait ses figurantes pour leur talent d'actrices. Clotilde regretta de n'avoir pas pensé à emporter de photos de Nicolas.

— Eté 89. Et les cinq autres avant.

Maria-Chjara souffla la fumée à la figure du vigile, coinça une mèche humide sous sa serviette, laissa le peignoir glisser sur sa nuque, dévoilant une rose tatouée, prisonnière de ronces noires rampant jusqu'à son épaule et son bras.

— Eté 89 ! s'étonna la starlette. Eh bé ma poupée, ça ne nous rajeunit pas. J'étais une bombe alors, une bombe gourmande, les mecs c'était un peu comme les réglisses dans une boîte de Haribo, alors dans le lot, ton frérot...

L'année de ton dépucelage, ma chatte ! Me la fais pas, ça ne s'oublie pas !

— Un grand blond. Gentil. L'été de la lambada. Il dansait moins bien que toi.

Maria-Chjara cracha son mégot. L'ongle rouge de son pouce écaillait nerveusement la peinture de sa loge en tôle.

— Désolée, ma grande. J'ai cinq mille fans sur Petits-copains-d'avant. Et je te parle que de ceux qui m'ont fait grimper dans leur lit, pas de tous les puceaux qui m'ont tripotée.

Elle mentait. Clotilde n'avait pas le choix. Elle prit une large inspiration, remplissant d'air ses poumons, avant de souffler jusqu'à faire s'envoler cette maison de fer.

— Je te parle de celui qui est mort, Maria. Celui qui est mort sur la route de la Revellata. Le soir où vous deviez faire ça, toi et mon frère Nicolas, pour la première fois.

L'ongle rouge se brisa. Net.

Pas le sourire de Maria-Chjara, froid.

Grand prix d'interprétation de la Mostra. Chapeau bas !

— Je suis désolée. Je vois pas. Je suis crevée, là. Reviens plus tard. Bye.

21

Jeudi 17 août 1989, onzième jour de vacances,
ciel de Grand Bleu

Le port de Stareso, c'est un quai de béton et trois mai-sons. Longtemps, à ce qu'il paraît, ce port de poche sous le phare de la Revellata était quasi interdit au public parce qu'il abritait une petite base scientifique travaillant sur la recherche marine en Méditerranée. Mais depuis cet été, ils ont ouvert le site pour accueillir quelques visiteurs, quelques plongeurs, quelques pêcheurs, et même, une fois par semaine, une quinzaine de marchands ambulants qui viennent vendre leurs produits locaux sur la digue.

Maman ne pourrait pas rater ça. Maman adoooooore les marchés.

Elle adore jouer sa belle au chapeau, flâner, traîner, s'inté-resser, s'enthousiasmer, discuter, pester, repartir, regretter, revenir, négocier, marchander, acheter, regretter. Pendant la semaine à Marrakech, l'année de mes douze ans, j'ai cru mourir de honte, dans le souk, à ne pas sortir de notre riad pendant une semaine. Et ce matin au petit déjeuner, erreur fatale, j'ai accepté d'accompagner maman au marché. On en a pour la matinée ! Quand j'en ai eu marre de me faire bousculer par les vacanciers, et même écraser les pieds par une poussette qui nous a refusé la priorité, je me suis installée sur le seul banc. Plein soleil. Tenue de camouflage. Ecouteurs et Manu Chao dans les oreilles, et pour changer, le journal sur les genoux, *Corse-Matin,* dont le titre en gras m'a trop intriguée.

TOMBÉ DU BATEAU ?

Un dénommé Drago Bianchi est porté disparu, un entrepreneur niçois, d'après les quelques lignes que j'ai lues sur la une. On a retrouvé son yacht mais pas lui, juste sa canne à pêche qui trempait toujours dans l'eau sans rien au bout. Le type avait fait fortune dans le BTP, le genre d'homme à transformer le béton en or. Peut-être qu'il s'est trompé de formule, que tout l'or qu'il avait dans les poches est redevenu béton et qu'il a coulé à pic. Les autres faits divers de l'île dans le journal m'ont vite saoulée, je préfère admirer le paysage devant moi.

Je vous le décris ? Je vais essayer de trouver les mots.

Face à moi donc, il y a un petit bateau de pêche, bleu et blanc, qui ressemble davantage à une grosse barque qu'à un chalutier. Pas de voiles, juste un moteur, des nasses en fer empilées un peu partout, et surtout des filets, vert d'eau, qui forment un immense cocon sur la digue dans laquelle une chenille géante au corps de bouées jaunes est emprisonnée. Lorsque le filet sera démêlé, peut-être que le plus grand papillon au monde s'en échappera.

Le pêcheur serait bien capable de ça.

Près d'une heure que je le mate derrière mes lunettes de Lolita.

Je vous le décris lui aussi ? Je vous ai déjà parlé du *Grand Bleu* ? Vous voyez Jean-Marc Barr, l'homme-dauphin avec toutes les nuances de bleu imprimées dans ses yeux, des abysses aux étoiles, telles deux billes de verre qui contiendraient tout l'univers ? Eh bien devant moi se tient son sosie. Un pêcheur aussi magnétique que lui : même tondeuse passée il y a trois jours sur sa tête ronde de bébé, du crâne au menton, même poésie dans le regard. Le même, je vous dis !

169

Aussi rêveur, aussi ailleurs. Sauf que lui visiblement ne passe pas ses journées en apnée sous l'eau, il les passerait plutôt au-dessus. Lui s'occupe les mains, bosse, dénoue avec constance sa saleté de filet alors que le soleil le cuit.

J'attends.

Il a quoi ? Maxi dix ans de plus que moi ?

J'attends, comme une petite coquine, j'attends que le soleil le rôtisse à point, j'imagine ses bras bronzés faire passer son tee-shirt trempé par-dessus sa tête, ses muscles humides tordre le textile, ses mains se...

— Approche.

Il m'a parlé. Putain... Grillée !

— Approche, répète-t-il. J'ai besoin de toi. D'un conseil. Viens voir.

Vous auriez fait quoi à ma place ?

Jouez pas au plus malin, mon lecteur du futur. Pareil que moi, bien entendu ! Alors j'ai posé mon livre et mon Walk-man, relevé mes lunettes sur mon front et j'ai mis un pied sur son bateau Playmobil.

— J'ai besoin de ton avis. Regarde, tu en penses quoi ?

Et là, même si vous ne me croyez pas, je m'en fous, l'homme-dauphin en était bien un, comme si je l'avais lu quelque part sur son visage et que lui l'avait capté. Oui, un truc genre télépathie, la même façon de communiquer que les cétacés, par sonar, direct de cerveau à cerveau. D'accord, de mon banc à son bateau, il y avait moins de cinq mètres, mais on débute... Avec mon homme-dauphin, on s'entraînera, on s'améliorera, on finira par communiquer d'un océan à l'autre.

— Dis, tu regardes ?

Il me montre une petite affiche bleue peinte sur du contre-plaqué où trois silhouettes sombres de dauphins sont tracées sur une mer pailletée.

Safari marin – nage avec les dauphins
Tous les jours jusqu'à fin août

L'Aryon
Port de Stareso
04 95 15 65 42
— Tu en penses quoi ?
— C'est bien.

Pour tout vous dire, son affiche, elle est carrément pompée sur celle du *Grand Bleu*, il s'est pas foulé, Besson pourrait même lui coller un procès.

Et puis j'ajoute :
— Sauf que c'est du baratin.

J'aime bien la provoc. L'homme-dauphin reste bloqué sur le sphinx à tête de mort imprimé sur mon tee-shirt. Il me fait une grimace de poète-voyageur qui se cogne à un mur de verre.

— C'est ce que tu pensais en lisant ça ?
— Ouais.

Il passe les deux mains sur son visage, en étau, comme pour l'aplatir, sauf qu'il reste toujours aussi parfait, des courbes de fruit rond à croquer. J'adore quand sa bouille se déchire d'un sourire.

— Merde. C'est pour ça que je t'ai demandé. C'est des sirènes comme toi que je veux attirer. (Deux litchis clignotent au-dessus de ses lèvres en tranche de pastèque.) Des sirènes qui rêvent de nager avec les dauphins ! En pleine mer.

J'observe, incrédule, mon pêcheur de sirènes. L'hameçon est un peu gros !

— Vous rigolez ?

Il confirme. Il éclate de rire. Je l'avais deviné avec une seconde d'avance grâce à la télépathie.

— Non, pas du tout. Il y a des milliers de dauphins en Méditerranée. Et des centaines, au large de la Corse. Les croisiéristes de Porto, Cargèse, Girolata te promettent de les croiser en longeant la réserve naturelle de Scandola, mais vu la densité de rafiots, t'as pas une chance sur cent d'apercevoir

171

une nageoire. Les dauphins préfèrent les bateaux de pêche, pour bouffer les filets et voler les poissons.

— Vous en avez déjà croisé ?

Il hoche la tête comme si c'était une évidence.

— Comme tous les pêcheurs de Méditerranée. Mais en règle générale pêcheurs et dauphins sont pas copains-copains.

J'ai roulé les mêmes yeux que maman quand elle marchande sur le marché.

— Mais vous, si ! Et vous allez me raconter que vous les avez apprivoisés.

— Ce n'est pas bien difficile. Ce sont des animaux intelligents qui savent reconnaître le bruit d'un bateau, la voix d'un être humain. Il faut juste un peu de patience pour gagner leur confiance.

— Et vous, vous avez gagné leur confiance ?

— Oui…

— Je vous crois pas !

Il me sourit encore. Je crois qu'il aime bien que je lui tienne tête. Je crois qu'il dit la vérité. Je crois que mon pêcheur est un petit enfant qui a passé sa vie à rêver de dauphins, tout seul dans sa chambre, et qui a fini par les trouver, les approcher, les aimer. Je crois que…

— Tu as raison, Clotilde. Il ne faut jamais faire confiance tout de suite. A personne.

Waouh, en plus, il connaît mon prénom !

— Ton Papé a dû t'apprendre ça. Il faut du temps pour s'apprivoiser.

— Mon Papé ?

— Tu es la petite-fille de Cassanu, non ? Les Idrissi sont plutôt connus par ici, tu sais. Et toi, tu passes encore moins inaperçue, avec ton déguisement.

Mon déguisement ? A défaut de cheveux ou de poils de barbe, je lui aurais bien arraché les cils… S'il n'avait pas eu de si beaux yeux pour les protéger.

Mon déguisement !

Forcément, il n'a jamais vu *Beetlejuice,* ce plouc ! Jamais mis les pieds dans un cinéma, jamais ouvert un livre, rien d'autre ne compte pour lui que ses poissons, que sa passion... Mon Dieu, ça existe vraiment, des hommes comme ça ?

Je l'agresse.

— Il a quoi, mon déguisement ?

— Rien. Mais je ne suis pas certain que tu puisses approcher les dauphins avec une tête de mort sur ton tee-shirt.

— Vous préférez quoi ? Un soleil fluo ? Un nuage rose ? Des petits anges dorés ?

— Parce que tu as tout ça sous ton tee-shirt ? Tu caches vraiment toutes ces couleurs ?

L'enfoiré ! Il m'a démasquée en trois mots échangés. Comme une gamine privée de goûter qui a encore le Nutella autour des lèvres.

Je prépare ma riposte quand le bateau se met à tanguer.

— Elle ne vous embête pas ?

J'y crois pas !

C'est ma mère. Sans gêne, elle est montée sur le bateau et elle s'incruste dans la conversation.

Et à partir de ce moment-là, tout change.

Lui d'abord.

C'est comme s'il n'y avait plus que ma mère sur la barque, Palma Mama, avec son air effrayé de biche posée sur un radeau, à se pendre les talons dans le filet, à coincer sa robe contre un panier, à pousser des petits cris de souris effrayée.

Comme s'il m'avait déjà oubliée.

Pire même.

Comme s'il ne m'avait invitée que pour attirer ma mère sur son petit navire. J'avais bien vu le gros hameçon mais je n'avais rien compris. Je ne suis pas le poisson, juste l'appât !

Un ver de terre !

Un ver de terre pour attirer ma mère.

— Ne lui racontez pas d'histoires avec vos dauphins, minaude Palma Mama en baissant les yeux vers l'affiche *Grand Bleu*. Sous ses airs de petite rebelle, c'est un cœur chamallow.

Un chamallow, maintenant ! C'est tout ce que ma mère a trouvé à accrocher à son hameçon à elle.

Je la hais !

— Je ne plaisante pas, madame Idrissi, répond le pêcheur de rêves. Aussi étrange que ça paraisse, les dauphins sont mon véritable business. Un couple et leur portée se sont installés au large de la Revellata. Ils ont confiance en moi. Je peux vraiment emmener votre fille les voir, si elle en a envie.

Ma mère s'est assise. Jambes nues serrées. Je vois bien qu'elle tente de croiser le fer avec les yeux laser du marcheur d'étoiles.

— C'est à elle qu'il faut demander.

Elle croise les jambes.

Moi je croise les bras, boudeuse. Conne. Nulle.

Ça dure un bout de temps.

— Une autre fois peut-être ! conclut-elle en se levant. On y va, ma chérie ?

On y va.

Lui n'ajoute rien, mais il n'a pas besoin.

Il tend sa main à celle de maman pour l'aider à rejoindre le quai. Il pose son autre main sur la taille de maman, et elle prend appui sur l'épaule nue et bronzée de son chevalier. Pour finir le ballet, maman s'offre un grand écart de la barque au quai, jupe remontée, jambes en compas. Comme une danse improvisée qu'ils auraient déjà pratiquée.

— Si Clotilde change d'avis, je peux vous recontacter ?

— Avec plaisir, madame Idrissi.

— Palma. Appelez-moi Palma. Madame Idrissi, prononcé ici, on dirait un prénom de reine mère.

— De princesse plutôt.

Elle glousse comme une dinde, la princesse. Mais faut reconnaître qu'elle a de la répartie.

— Mais les princesses ne deviennent presque jamais

174

reines, ajoute-t-elle. Ce sont les dauphins qui deviennent rois... n'est-ce pas, monsieur... monsieur ?

— Angeli. Natale Angeli.

Sur la route du retour, je rumine ma certitude.

Comme une révélation.

Oui, ma mère est capable de tromper mon père.

De le tromper avec cet homme-là.

Natale. Natale Angeli. Un roi pêcheur de sirènes, de princesses et de dauphins.

Alors que... ces derniers mots, j'ai tant de mal à les écrire.

Je m'en fous après tout !

Personne ne les lira. Je le sais bien, mon lecteur du futur, que vous n'existez pas.

Alors que... alors que c'est moi qu'il aime. C'est moi qui l'aime.

Je l'ai su au premier regard.

Ne vous moquez pas de moi, je vous en supplie. Ne vous moquez pas de moi, c'est sérieux, sérieux à pleurer toutes les larmes sur ce cahier.

J'aime Natale.

J'aime pour la première fois.

Et aucun autre homme ne pourra jamais rien contre ça.

*

*   *

Il referma la page gondolée du cahier et resta assis un moment.

Jusqu'ici, on entendait des échos de la musique techno qui s'élevait de la plage de l'Oscelluccia.

Il avança un peu dans l'allée pour mieux l'écouter.

22

Le 17 août 2016

Franck regarda sa montre.

Qu'est-ce qu'elles fichaient ?

Le vent de mer portait des sons de musique électronique dont on ne percevait que la percussion sourde de basse, répétitive, obsédante, comme si une peau de tambour avait été tendue face à la mer et que chaque vague la frappait. Une rythmique sans fin.

Boum boum boum boum...

Dans le camping, tout le monde dormait pourtant. Franck devait l'admettre, portes et fenêtres fermées, le bruit était presque inaudible dans les bungalows, les mobile homes et les chalets finlandais. Tant pis pour les campeurs ! La disco, c'était peut-être une façon supplémentaire de les faire fuir et de remplacer les emplacements par des locations en dur qui multipliaient par dix la rentabilité de la parcelle.

Qu'est-ce qu'elles fichaient ? Clotilde ne dansait tout de même pas sur cette soupe techno ?

Franck attendit encore presque une demi-heure, à errer dans le camping, à uniquement croiser quelques ombres, d'autres insomniaques, promeneurs de chien, retraités allergiques à David Guetta, parents inquiets.

La torche du portable de Clo éclaira le bout du chemin à 3 h 04 très exactement. Franck aurait pu le jurer à un flic, à la minute près, il consultait l'horloge de son portable en quasi continu. Il la reconnut aussitôt qu'elle passa sous le réverbère à l'entrée de leur emplacement.

— Où est Valou ?

Franck s'en voulut sur le coup de n'avoir posé aucune autre question, même pour la forme : alors la soirée ? alors cette Italienne ? alors cette boîte au bord de la mer ?

Mais Clo était seule.

Elle avait l'air épuisée. Les yeux tirés. La démarche fatiguée. Comme prête à s'effondrer sans rien raconter, sans rien expliquer. Demain, demain, là je suis crevée. Franck n'aima pas cette attitude, cette nonchalance, presque un mépris. Il détesta cette impression d'être mis hors jeu et d'avoir encore à se justifier.

— Où est Valou ? répéta-t-il.

Clotilde s'écroula sur une chaise. Il l'emmerdait, ça se voyait.

Les mots de sa femme sortirent parce qu'il le fallait. Lentement, traînant les pieds.

— Elle est restée. Avec des copines. Des copines du camping. Elles remonteront ensemble.

— Tu te fous de ma gueule ?

Ces mots, les siens, étaient sortis comme ça, sans calcul ; au sprint. Et il en avait tout un peloton derrière.

— Elle a quinze ans, bordel ! T'es inconsciente ou quoi ?

Un peloton d'exécution.

Il la fusilla du regard.

— J'y vais. Je vais la chercher.

Clotilde n'avait pas réagi que Franck s'enfonçait déjà dans la nuit.

~

Clotilde dormait lorsque Franck revint.

Du moins, elle était allongée, sous les draps, enroulée dans son tee-shirt *Charlie et la chocolaterie*.

Yeux clos.

Elle avait laissé la fenêtre du bungalow ouverte, Franck n'osa pas la refermer. Il se déshabilla rapidement, dans la semi-pénombre, colla son corps à celui de sa femme.

— C'est bon, Valou est couchée.

Lèvres serrées.

Franck posa sa tête sur l'épaule nue de Clo, fit ramper une main sous elle, emprisonna son sein gauche.

Cœur cousu.

Il le sentait respirer contre sa paume, l'écho de la techno par la fenêtre ouverte lui donnait l'illusion de l'entendre battre, amplifié un million de fois.

— Je suis désolé, Clo. Je suis désolé de t'avoir parlé comme ça. J'ai juste eu peur pour Valentine. Y avait des gars bourrés en bas. Du shit. La plage, la mer, les rochers.

Le cœur se calma, lentement, alors que la musique accélérait.

Lèvres entrouvertes, enfin...

— Qu'est-ce qu'elle a dit ?

— Valou ? Rien. Elle était déjà surprise d'avoir pu rester aussi tard, je crois.

Boum boum boum boum.

Dehors.

Yeux grands ouverts, cette fois.

Clotilde se tourna doucement, les planta dans les siens, à ras d'oreiller.

— T'as juste eu peur, c'est rien. On n'en parle plus. T'es... t'es un père formidable.

Les mains de Franck s'aventuraient sous le tee-shirt, la plus audacieuse gravit l'autre sein.

— Et un mari nul ?

Elle le laissa faire, la caresser, gonfler doucement son cœur de désir, sa bouche de soupirs, son ventre de plaisir, avant que ne sautent une à une les dernières coutures et qu'elle ne lui murmure :

— Tais-toi, idiot !

Ils firent l'amour en silence. Pour ne pas être entendus. De dehors, de Valou, comme si c'était eux les ados.

Trop vite.

Clotilde se referma presque aussitôt ensuite.

Dos tourné. Drap froissé. Corps plié.

Franck débandait.

Clotilde lui échappait.

Est-ce que tout était écrit dès le départ ?

Il repensa à leur première rencontre, il y a près de vingt ans, une soirée costumée chez un ami commun, tous les deux fraîchement séparés, elle déguisée en Morticia Addams et lui en Dracula. Sans cette ressemblance morbide, Clotilde ne l'aurait sans doute même pas remarqué. A quoi tient une vie ? A un masque que l'on porte ou pas ? Jusqu'à la veille de la soirée, il avait cherché un costume de Peter Pan dans lequel il aurait pu rentrer...

Le sexe de Franck n'était plus qu'un truc mou, humide, laid, qu'il aurait aimé arracher. Les rencontres naissent de coïncidences, continuait-il de penser. D'un jet de dés. Si des couples tiennent ainsi, après que le hasard les a réunis, c'est donc que cela aurait pu tout autant marcher avec une autre fille, si le destin l'avait décidé. C'est donc qu'une histoire d'amour ne vaut pas plus qu'une autre, que mille autres vies auraient été possibles, peut-être meilleures, peut-être pires. Au fond, pensait Franck en fixant par la fenêtre le carré de ciel sans étoiles, les seules vraies histoires d'amour sont celles où l'un des deux triche au départ, trafique le hasard, se déguise, enfile le bon costume, porte le bon masque, attend des années avant de le faire tomber. Le temps que l'autre soit habitué, conditionné, piégé.

— Et ta belle Italienne ? demanda doucement Franck au dos tourné.

— Belle. Encore belle…

Il délirait. Clo était seulement préoccupée. Perturbée. Leur couple s'en remettrait. Il devait tenir le cap. Son doigt remontait le long de la colonne vertébrale de sa femme.

— Belle, continua-t-elle. Mais bizarre. Elle ne se souvient pas de Nicolas.

Son doigt zigzaguait un peu.

— Vingt-sept ans plus tard ? Tu trouves ça bizarre ? Et toi ? Tu te souviens de tes amis ? De tes amis quand tu avais quinze ans ici ?

Elle hésita.

— Non, tu as raison.

Franck arrêta la course de son doigt, un peu avant la nuque de Clotilde, déçu.

Il savait qu'elle mentait.

23

Samedi 19 août 1989, treizième jour de vacances,
ciel bleu de l'encre de tes yeux

Cher lecteur du futur,
Je vous écris une carte postale de Corse, une brève carte postale, car pour tout vous avouer, ces jours-ci, j'ai davantage à faire qu'à vous écrire.
Je suis trop occupée.
A ne rien glander. Juste à rêver.
Alors je me force, après vous avoir abandonné pendant deux jours, je vous donne des nouvelles, un peu comme la seule fois où je suis partie en colo, dans le Vercors, et que ma mère m'avait glissé des enveloppes timbrées pour toute la famille, avec obligation d'écrire, aux tatas, aux tontons, aux cousins…
Alors, si c'est obligé…

Chers tous,
Je suis toujours en Corse.
Ici tout va bien, je m'amuse bien, j'ai plein de copains.
Un amoureux aussi. Depuis avant-hier.
Un pêcheur de dauphins. Je pense à lui tout le temps.
Il ne le sait pas. Il ne le saura jamais. Il ne m'aimera jamais.
Peut-être qu'il aimera ma mère à la place.

Ma vie n'est rien qu'un immense malentendu.
Sinon, tout se passe bien.
Je vous embrasse.
Clo

Oui, je sais, c'est court... Désolée !

Depuis deux jours faut dire, depuis que Natale m'est tombé dessus, depuis que mon cœur tangue au rythme de sa barque, j'ai un peu décroché de la tribu d'ados et de leurs tribulations. Je vois passer de loin Maria-Chjara, c'est bizarre, elle a peint ses fesses en bleu, couleur jean, jusqu'au ras des cuisses, avec les poches, la braguette, les franges, c'est hyper ressemblant, on dirait du vrai tissu sauf que ce n'est pas possible parce que je ne vois pas comment elle aurait pu faire rentrer son joli petit cul dans un short aussi mini-mini, aussi serré, moulant comme une seconde peau... Les mecs la suivent comme des chiens errants qui ne pourraient pas s'empêcher de la renifler... L'odeur de la peinture fraîche. Maria-Chjara les surveille dans son petit miroir-rétroviseur et joue la Petite Poucette qui sème ses soutifs et ses culottes dans la grande forêt, comme un jeu de piste pour son armée de prétendants, sa dizaine de petits ogres affamés.

Maria-Chjara n'a toujours pas perdu sa virginité, mais elle a annoncé qu'elle remontait dans l'avion pour Bari le 25 août, et confirmé qu'elle abandonnerait son pucelage avant de rejoindre la piste de décollage. Dans six jours. Histoire de faire grimper encore de quelques degrés la température sous le crâne de ces petits mâles affolés par leur puberté.

Vous voulez mon avis ? Mon favori, celui qui a une longueur d'avance, est celui qui court le moins vite. Qui laisse les autres se fatiguer. Mon frère Nicolas ! Je prends les paris, c'est lui que Maria-Chjara choisira. Le moment venu. Elle le sait. Il le sait. Ça le rend un peu orgueilleux, mon frangin. Limite donneur de leçons, limite con.

Mais je ne suis pas objective.

Je suis amoureuse.

Je veux revoir Natale. Je veux qu'il m'embarque. Je veux qu'il me remarque.

Je ne savais pas que ça pouvait exister, regarder un homme un quart d'heure, échanger trois mots, et ne plus penser à rien d'autre qu'à lui, jour et nuit.

C'est ça l'amour, dites-moi ?

Souffrir à en crever pour un homme qui n'en a rien à foutre de vous, qui doit déjà m'avoir oubliée, qui ne m'a abordée que pour approcher ma mère.

Dites-moi ?

D'ailleurs, maman aussi possède une longueur d'avance sur papa, ils ont parlé hier de la soirée du 23, ça a négocié dur et papa a cédé, on prendra tous ensemble l'apéritif chez les grands-parents à la bergerie d'Arcanu avant que mes parents montent à la *Casa di Stella* fêter leur anniversaire de rencontre.

Tous les cousins iront au concert d'A Filetta... Sauf nous.

Maman a gagné, elle aura droit à son bouquet de fleurs d'églantier pour la Sainte-Rose. Elle aussi ça la rend un peu orgueilleuse, limite conne. Mais au moins on échappera aux polyphonies, c'est une certitude maintenant.

Je vous raconterai, mais avant, il faut que je vous parle du 19 août.

De ce qui s'est passé, ce 19 août 1989... Aujourd'hui.

Loin, très loin d'ici.

Près, tout près du cœur de maman.

Un truc de fou.

*
* *

Le 19 août 1989... repensa-t-il.

Après ce jour, nulle part dans le monde, rien ne serait jamais comme avant, même si personne n'avait vraiment

183

mesuré la portée de ce jour-là. Les plus grandes révolutions, celles qui bouleversent l'humanité, avancent masquées.

Le 19 août 1989. L'aube d'un monde nouveau.

Tout le monde s'en foutait, pourtant, tout le monde était en vacances.

Tout le monde s'en foutait ce jour-là, tout le monde sauf Palma.

24

Le 17 août 2016, 10 heures

— Je t'attendais, Clotilde. Je pensais même que tu viendrais avant. Que c'est moi que tu voudrais revoir en premier.

Clotilde observait la mer à travers la vaste baie vitrée de la villa Punta Rossa. Le point de vue était toujours aussi vertigineux. La maison donnait l'impression d'être accrochée à la falaise et qu'il suffisait d'ouvrir la porte-fenêtre pour plonger dans la Méditerranée. En pivotant et en fixant la verrière opposée, c'est l'ensemble des crêtes de la Balagne que l'on découvrait, Notre-Dame de la Serra au premier plan, le Capu di a Veta au second, et le Monte Cinto au dernier.

Une merveille intemporelle.

Seul Natale avait vieilli.

Bien vieilli.

Elle fit quelques pas sur l'estacade qui s'avançait au-dessus des rochers de la Punta Rossa, veillant toutefois à ne pas être aperçue des quelques touristes qui se tenaient près du phare. Elle avait raconté à Franck qu'elle allait voir les flics à la brigade de Calvi, pour demander au capitaine Cadenat s'il avait du nouveau pour son histoire de portefeuille. Après tout, elle n'avait menti qu'à moitié, une fille de flic vivait ici, du moins quand elle ne prenait pas son service à l'Antenne médicale d'urgence de Balagne. Aurélia Garcia était devenue infirmière au Centre hospitalier de Calvi, commençait tôt, ne rentrerait pas avant midi.

Natale lui avait proposé un café. Elle avait accepté.
Natale traînait.
Briser la glace prendrait du temps.
Clotilde laissait le vent ébouriffer ses cheveux. Elle était bien, sur la terrasse. Elle n'avait aucune envie de retourner à l'intérieur de la villa. D'ordinaire, pensa-t-elle, les maisons sont banales de l'extérieur, des pavillons jumeaux dans des lotissements standardisés, des appartements semblables, même dans les quartiers les plus bourgeois. Mais derrière ces façades maussades se cachent des intimités dévoilées, des pièces où chaque objet posé, chaque cadre accroché, chaque livre exposé révèle une identité. Avec goût. Avec âme.
Tout l'inverse de la Punta Rossa !
L'étrange chalet posé sur les rochers rouges, uniquement bâti de bois et de verre, avait été élevé par Natale, planche après planche, vitre après vitre, lorsqu'il avait à peine vingt ans ; il ne pouvait être occupé que par un être d'exception, au moins aux yeux des randonneurs qui découvraient la bâtisse du haut du sentier des douaniers. Chaque détail avait été pensé avec originalité, des coquillages incrustés dans les piliers aux dauphins sculptés dans les poutres. La villa Punta Rossa avait mille fois été prise en photo, googlisée et facebookée, Clotilde avait pu le constater toutes ces années passées à taper *Punta Rossa* sur un moteur de recherche et à rêver, à fantasmer sur cette petite merveille d'architecture… et sur son bâtisseur. Pourtant, quel randonneur aurait pu soupçonner que dans ce chalet se dissimulait le plus kitsch, le plus banal, le plus douteux des décors intérieurs ? Au-dessus de cubes Ikea déclinés sous les formes les plus diverses, bibliothèque, meuble télé, buffet, tabourets, table basse, quelques affiches tentaient de colorer la blancheur laquée du mobilier :

baisers de Klimt, leçons de piano de Renoir, nymphéas de Monet.

— Ton café, Clotilde.

Natale lui avait dit qu'il était un peu pressé. Il prenait son service à 11 heures. Il était chef du rayon poissonnerie du Super U de Lumio.

— Me regarde pas comme ça, Clotilde.

— Comme quoi...

— Comme si t'étais déçue... Par tout ça. Par moi.

— Pourquoi ? Pourquoi serais-je déçue ?

— N'en rajoute pas.

Il s'éloigna et revint quelques secondes plus tard avec un verre à la main, un gobelet de la taille d'un dé à coudre, empli à ras d'un liquide rose.

Liqueur ou médicament ?

Natale devait avoir un peu plus de cinquante ans. Clotilde le trouvait toujours beau. Plus beau encore qu'à vingt-cinq ans. Désabusé. Mélancolique. Presque cynique. Elle quitta la terrasse pour le rejoindre dans la villa. Une photo d'Aurélia était accrochée au-dessus d'un buffet à vitre coulissante où s'exposait une collection de coquetiers, de ronds de serviette et de boîtes à thé. Clotilde fixa ostensiblement le cliché. Aurélia souriait. Robe griffée. Peau bronzée. Sourcils épilés.

— Je ne suis pas déçue, Natale, c'est juste que je n'aurais jamais cru.

— Moi non plus.

Il se retourna. Son dé à coudre était déjà vide, puis plein. Clotilde avait repéré la bouteille cette fois, et pas sur l'étagère de l'armoire à pharmacie.

Alcool de myrte. 40°, caves Damiani.

Clotilde ne pouvait pas en rester là. Pas après toutes ces années.

— Natale...

Trop tard pour reculer. Elle détourna les yeux du portrait d'Aurélia.

— Natale, je peux bien te le dire maintenant, il y a prescription, comme on dit. Tu sais, toutes ces années, même si on ne s'est jamais écrit, téléphoné, contactés, tu étais là pourtant. Tu m'as accompagnée. Je ne te parle pas de l'été 89 du haut de mes quinze ans, de nos balades en bateau, de la baie de la Revellata. Je te parle d'après. De ma vie d'après. Tu étais la preuve que tout est possible, Natale. Comment te dire... Une sorte de boussole, qui indiquerait un cinquième point cardinal, quelque part du côté des étoiles.

La réponse cingla.

— T'aurais pas dû, Clotilde. Je ne le méritais pas... C'est ça la vie, voir ses idoles d'adolescence vieillir avant soi. Les voir te décevoir. Les voir crever avant toi.

Au point où j'en suis, pensa Clotilde. Autant vider jusqu'au bout le vieux coffre à jouets.

— N'empêche, j'étais amoureuse de toi...

Un nouveau dé à coudre se vida.

— Je sais... Mais tu avais quinze ans.

— Ouais. Et je collectionnais les têtes de mort. Je m'habillais comme un zombie. J'aimais les fantômes.

Natale se contenta de hocher la tête, Clotilde continua.

— Toi tu étais amoureux de ma mère. Ça me rendait folle. Rien que pour mon père.

Natale s'approcha de Clotilde. Il sembla hésiter à poser une main sur son épaule.

— Tu détestais trop ta mère. Et tu aimais trop ton père. En toute logique, ça aurait dû être l'inverse, mais à quinze ans tu ne comprenais pas tout.

Clotilde se recula, presque jusqu'à l'estacade. Le sous-entendu de Natale l'avait surprise.

Tu ne comprenais pas tout.

— Qu'est-ce que tu veux dire ?

— Rien, Clotilde. Rien. Ça ne sert à rien d'éclairer les vieilles zones d'ombre. Laisse tes parents dormir en paix.

Le regard de Natale délaissa la Méditerranée, se tourna vers la montagne, pour se perdre jusqu'au Capu di a Veta.

— Je ne détestais pas ma mère, continua Clotilde. J'étais jalouse, c'est tout. C'était si ridicule quand on y pense. Si ridicule face à ce qui s'est passé.

Un instant, les yeux de Natale s'allumèrent et Clotilde eut l'impression d'avoir à nouveau quinze ans. Natale lui répondit tout en détournant le regard.

— Tu étais stupide, surtout ! Tu me plaisais bien avec tes habits noirs, ton look d'adolescente rebelle, ton cahier et tes livres que tu serrais sous ton bras. Une insoumise, comme moi. Dans un autre genre, dans une autre couleur.

D'autres mots cognaient dans la tête de Clotilde, des mots prononcés par Natale dans une autre vie sur la plage de l'Oscelluccia, des mots qu'elle n'avait jamais oubliés.

On est de la même race, Clotilde. Les pêcheurs de rêves contre le reste du monde.

Natale remplit un nouveau dé à coudre, s'installa dans un affreux fauteuil en velours aubergine, puis continua.

— J'ai vu *Beetlejuice* depuis… J'ai revu *Edward aux mains d'argent* aussi. J'ai repensé à chaque fois à toi. Cette folle de Lydia Deetz qui parlait aux fantômes. Tu es toujours aussi dingue de Winona Ryder ?

Pas qu'un peu, mon amoureux !

— Carrément. Je l'ai revue dans *Black Swan* avec ma fille Valentine. Il y a cinq ans. Elle n'a pas aimé, ni le film, ni les actrices. Moi j'ai adoré.

Un nouveau dé à coudre. Ça commençait à faire beaucoup, même si la ligne de flottaison du flacon des caves Damiani n'avait pas tant baissé. Clotilde enchaîna ; des bribes de complicité revenaient.

— Tu sais que Winona Ryder n'avait pas dix-huit ans quand elle est tombée amoureuse de Johnny Depp, qui en avait presque trente. Ils sont restés ensemble quatre ans. Se sont fiancés. Johnny Depp était tellement fou amoureux qu'il s'était fait tatouer *Winona Forever* sur le bras, tu le crois, ça ?

Natale ne répondit rien. C'était déjà une forme de réponse, surtout quand on connaissait la suite de l'histoire, la rupture de Winona et Johnny. Johnny qui modifie son tatouage, à défaut de pouvoir l'effacer, et le transforme en *Wino Forever*...

« Ivrogne pour toujours ».

Les mythes de l'adolescence.

Y croire, décevoir, déchoir.

Les mythes qui se noient dans le myrte.

Natale n'avait plus rien à dire.

Clotilde, si. Elle n'allait pas abandonner la partie si facilement. Elle observa Natale assis dans le fauteuil trop bas pour lui ; pas sûr qu'il puisse se relever pour aller vendre des bulots et des cabillauds dans son rayon surgelés.

— J'ai revu Maria-Chjara, hier soir. Elle chantait plage de l'Oscelluccia.

— Je sais. Difficile de rater les affiches.

— Elle chantait plutôt bien, d'ailleurs. J'ai revu l'*Aryon* aussi.

— Je me doute, il est toujours amarré. Faut croire que lui aussi s'accroche.

Natale tenait son mini-verre, vide, comme s'il n'avait plus assez de force pour le remplir.

— J'ai revu Cervone aussi. A vrai dire je le vois tous les jours, je loge au camping des Euproctes. Orsu aussi, même si je ne l'avais pas reconnu. Papé Cassanu forcément, Mamy Lisabetta. Je ne me souvenais pas non plus de Speranza, mais...

— Tu cherches quoi, Clo ?

Te provoquer. Te faire réagir. Eclater cette bouteille de myrte contre les murs et te faire basculer dans la Méditerranée pour te dessaouler. Te parler de tous ces mystères qui me tordent le ventre, te demander de m'aider, toi, toi le seul en qui j'ai confiance.

— La vérité ? Ça te va, ça, Natale ? La vérité ! Je peux tout te déballer là, si tu veux. Tout ce qui ne va pas depuis que je suis revenue à la Revellata. Le sergent Garcia, ton beau-père, qui m'apprend que la direction de la Fuego de mes parents a été sabotée. On m'a volé mes papiers aussi, dans le coffre fermé de notre bungalow. Sans effraction. C'est impossible mais ça s'est pourtant produit. Et ça paraît presque normal à côté du reste. Les lettres. Tu vas me prendre pour une folle toi aussi, mais tant pis ! J'ai reçu des messages de l'au-delà. Des messages de Palma.

Natale tremblait. Sa main posa le dé à coudre sur la table la plus proche. Comme s'il le brûlait.

— Répète ça.

— Une lettre, elle m'attendait au bungalow C29. Déposée là il y a une semaine. Une lettre que seule ma mère a pu m'écrire. (Elle se força à rire.) Un coup à se mettre à croire aux fantômes, tu ne trouves pas, Natale ? Si seulement j'avais encore le don de Lydia.

Natale se leva. Il s'avança avec détermination, comme brusquement dessaoulé.

— Ils existent, Lydia…

— Lydia ?

— Clotilde, je veux dire Ils existent.

— Qui ?

— Les fantômes.

Non, visiblement, il n'avait pas dessaoulé.

— Je vais te faire une confidence, Clotilde. Un truc que je n'ai jamais osé raconter à personne, encore moins à Aurélia ou à son père. Si j'habite dans cette maison comme une prison, si je vis avec Aurélia, si j'ai renoncé un à un à tous mes projets, c'est à cause des fantômes. A cause d'un fantôme en particulier. C'est toi qui avais raison, Clotilde, ou Lydia, comme tu veux. Les fantômes existent. Et ils nous pourrissent la vie ! Je sais bien que tu vas me prendre pour un dingue, mais je m'en fiche. Maintenant, faut que tu y ailles. Aurélia rentre ce midi. Je ne pense pas qu'elle aimerait te trouver là.

Hors de question.

Natale se foutait de sa gueule !

— Qu'est-ce que tu fiches avec elle ? Et ne viens pas me parler des fantômes.

Il leva les yeux et, par la baie vitrée, fixa la croix en haut du Capu di a Veta.

— C'est amusant, Clotilde. Tu as vieilli plus que moi, au fond. C'est toi qui aujourd'hui ne crois plus à l'étrange, à l'irrationnel. Malgré tous les signes. Mais puisque tu ne veux pas entendre parler de ce fantôme, je vais simplement te dire que j'avais mes raisons de céder aux avances d'Aurélia. De bonnes raisons, des raisons impérieuses.

La brève étincelle dans ses yeux s'était définitivement éteinte.

— Tu sais, continua-t-il, les couples de raison, ceux qui commencent sans attirance, sans illusions sont ceux qui durent le plus longtemps. Pour une raison simple, Clotilde. Une raison implacable. Parce qu'on n'est pas déçu ! Parce que ça finit par être mieux que ce à quoi on s'attendait. Qui peut dire ça d'une histoire d'amour, hein ? Qui peut dire ça d'une passion ? Que c'est mieux à la fin qu'au début ?

Une voix hurla dans la tête de Clotilde. Au secours ! Pas toi, Natale, pas toi. N'importe qui a le droit de me sortir ce discours, n'importe quel connard… mais pas toi !

Des années, quand tout allait mal, elle avait pensé à lui. A Natale Angeli, un pêcheur de sirènes, un apprivoiseur de dauphins, un homme qui croyait aux étoiles, à son rêve aussi grand que l'océan. Capable de transmettre cette foi à une gamine. Capable de lui faire croire que tout n'est pas foutu d'avance.

Natale Angeli.

Qui pose le dé à coudre dans lequel il a noyé ses illusions et qui va prendre son service au Super U. Toujours ce même regard craintif, d'une vitre à l'autre, comme un euprocte coincé dans un vivarium, entre *mare* et *monti*, comme s'il ignorait de quel côté les fantômes allaient surgir pour l'emporter.

— Et toi, Clotilde, t'es heureuse en couple ?

Et pan ! Qu'est-ce qu'elle croyait ?

A jouer les donneuses de leçons, un peu orgueilleuse, limite conne.

La gamine rebelle, les têtes de mort, les cheveux corbeau.

Qu'est-ce qu'elle croyait ?

Que Natale n'était pas déçu, lui aussi ?

25

Samedi 19 août 1989, treizième jour de vacances,
ciel bleu de Prusse

C'est bizarre.

On est dans l'après-midi et les gens sont devant la télé. Enfin, certains.

Scotchés comme s'il était arrivé quelque chose de grave. J'ai essayé de mater en passant dans l'allée à travers le carreau du mobile home des Italiens, ceux qui ont installé un écran géant, construit un escalier de ciment devant leur porte, une allée de carrelage et un petit mur planté de pensées et de géraniums autour de leur emplacement. Ils vivent ici neuf mois par an.

Rien. Je ne remarque rien de spécial sur l'écran.

Enfin si, mais des images banales, pas du tout celles d'un attentat ou d'une guerre qui vient de se déclarer. Vous n'allez pas le croire : je vois des gens en train de pique-niquer, sur des petites nappes de tissu, dans un pré, et autour d'eux des collines vallonnées.

C'est ça que les gens regardent ! D'autres gens en train de manger !

Enfin, un journaliste prend la parole mais je n'entends pas ce qu'il dit, je peux juste lire le texte qui défile sous lui.

« En direct de Sopron. »

Sopron ?

Vous, forcément, ça ne vous fait pas bondir, mais moi si... C'est juste dingue de lire ce nom. Sopron, c'est le nom d'une petite ville hongroise, soixante mille habitants, située à côté de la frontière autrichienne d'après ce que je sais. N'allez pas penser que je suis hyper calée en géographie, c'est juste que Sopron, si vous vous souvenez, c'est la ville d'où est originaire ma famille, du côté de ma mère.

Dingue, non ? Je vous avais prévenu.

Pour quelle fichue raison toutes les caméras de la planète se sont-elles donné rendez-vous à Sopron ?

Je sprinte, croyez-moi, je sprinte, j'arrive au C29, chez nous.

Tout le monde est au 25, à côté, chez les Allemands, Jakob et Anke Schreiber, les parents d'Hermann.

Tout le monde est au 25 parce qu'il y a la télé. Pas chez nous.

— Qu'est-ce qui se passe, mam...

Palma Mama me fait chut du doigt. Personne ne se retourne, ils sont tous sur leur chaise en plastique à fixer l'écran et toujours ces familles en jogging qui bouffent des cuisses de poulet et boivent de la bière. C'est quoi ce délire ? Qu'est-ce qui se passe en Hongrie ?

La résurrection de Sissi ?

La fin du monde ?

Une soucoupe volante est tombée sur la nappe de pique-nique avec dedans des mini-aliens grands comme des fourmis ?

Il me faudra de longues minutes pour que je comprenne pourquoi le monde entier a les yeux braqués sur ces ploucs qui déjeunent. Les ploucs, ce sont des Allemands en vacances en Hongrie. Des Est-Allemands, je précise. Et les collines, elles sont autrichiennes.

Vous avez pigé ?

Pas tout à fait ? Alors je vous fais tout le topo.

Ce 19 août 1989, les autorités hongroises ont décidé d'ouvrir les frontières. Celles du rideau de fer. Pour les Hongrois, c'était déjà le cas depuis quelques semaines, et en général, ils rentrent chez eux après avoir fait un petit tour à l'Ouest. Mais cette fois, ils ont fait sauter la frontière pour tout le monde, sans distinction de nationalité. Opération grille ouverte ! Pendant exactement trois heures, de 15 à 18 heures, le temps d'organiser un gigantesque pique-nique, un pique-nique paneuropéen, comme ils disent. Les militaires se sont croisé les bras.

Alors la rumeur a enflé et les Allemands de l'Est ne se sont pas fait prier.

Plus de six cents d'entre eux, qui se trouvaient par hasard en vacances dans ce coin de Hongrie, ont passé la frontière avant que les grilles ne se referment. Et eux, d'après ce que disent les journalistes, ils ne sont pas près de rentrer.

Ils insistent, les journalistes, c'est historique, c'est la première brèche dans le mur entre l'Ouest et l'Est, même si c'est juste un test pour voir comment les Russes vont réagir.

C'est tout vu.

Aucune réaction.

Gorbatchev s'en fout.

Les seuls énervés, si je me fie à la télé, ce sont les dirigeants est-allemands. Ils ont repassé les images du grand patron de la RDA, Erich Honecker, qui a l'air très en colère. Et devant toutes les télés, en direct de Berlin-Est, il continue de brailler, la main sur le cœur, le doigt sur la couture, la visière de la casquette coincée entre le pouce et l'index, une armée de la Stasi hochant la tête derrière lui :

Le Mur de Berlin tiendra encore au moins cent ans !

Die Mauer bleibt noch 100 Jahre !

Il répète ça.

Die Mauer bleibt noch 100 Jahre !

Comme une vérité historique.
A retenir, à réciter, à graver.
Die Mauer bleibt noch 100 Jahre !
En lettres d'or dans le grand bêtisier de l'histoire.

*
* *

Il récita à nouveau dans sa tête, presque amusé.
Die Mauer bleibt noch 100 Jahre.

26

Le 19 août 2016

Il faisait déjà presque une chaleur irrespirable sous les bungalows, dès que les rayons passaient au-dessus des branches d'olivier pour chauffer le cube de tôle telle une boîte de conserve oubliée en plein soleil. Clotilde aimait cuire ainsi, façon cannelloni au bain-marie. Elle adorait traîner au lit seule, sentir la température monter jusqu'à devenir insupportable, jusqu'à tremper son corps de sueur. Il ne manquait que la douche ou mieux encore la piscine pour s'y jeter à peine réveillée.

Franck était déjà parti courir. Valou dormait encore, son papa attentionné lui avait réservé la chambre à l'ombre jusqu'à midi. Petite chérie…

Sauf que c'était elle, Clotilde, qui se sentait comme une ado excitée. Ses doigts firent à nouveau glisser les touches du clavier de son téléphone portable. Elle relut les trois lignes, le message était arrivé dans la nuit. A 4 h 05.

Content de t'avoir revue.
Tu es devenue très belle, Clotilde, même si je te préférais en Lydia Deetz.
Sans doute parce que depuis, j'ai appris à vivre avec les fantômes.
Natale

Elle prit le temps de lire et relire les trois lignes, de peser chaque mot de sa réponse.

Contente de t'avoir revu.
Tu es toujours aussi beau, Natale, même si je te préférais en chasseur de dauphins.
Depuis, j'ai appris à vivre sans les fantômes.
Clo

Un délicieux sentiment d'euphorie la berçait. Natale n'avait plus grand-chose à voir avec l'homme dont elle avait gardé précieusement le souvenir, mais bizarrement, le sentiment de déception disparaissait doucement, s'évaporait. Un peu comme si une idole de son adolescence, n'importe quel chanteur au corps parfait exposé sur un poster en papier glacé, descendait de son affiche, et que chacune de ses imperfections le rendait plus séduisant encore. Plus humain. Plus aimable.

Clotilde se souvenait d'un Natale qui la rendait folle. Un fantasme inaccessible du haut de ses quinze ans. Aujourd'hui, elle découvrait un homme fragile. Tous ses rêves ébréchés. Mal compris. Mal aimé. Mal marié.

Toujours libre, en résumé !

Toujours libre ! Clotilde, du fond de son lit, trouva l'expression paradoxale. Natale était toujours libre... parce qu'une femme lui avait volé sa liberté. Elle éclata de rire toute seule. Au fond, toutes les amoureuses sont des voleuses de liberté. Elles rêvent de croiser le prince charmant... pour le séquestrer dans une cave.

Elle posa le téléphone sur la table de chevet et replongea dans un demi-sommeil, s'enroulant dans les draps chauds et humides comme on se couvre d'une serviette dans un hammam.

Combien de temps s'était écoulé lorsque la voix de Franck la fit sursauter ?

— Merci pour le petit déjeuner.

Plus d'une demi-heure !

Clotilde se réveilla d'un bond, accepta le bisou de Franck sur son front. Sueur contre sueur, celle des efforts de Franck pour grimper en petite foulées jusqu'à Notre-Dame de la Serra et celle de Clotilde à paresser sous la fournaise.

Elle peinait à capter la raison de ce baiser rare.

Merci pour le petit déjeuner ?

Elle se leva, étonnée.

La table était dressée !

Pain frais, croissants ; café, thé, bols et miel. Jus de fruits et confitures.

Franck ? Franck avait mis la table pour l'épater ! Son « Merci pour le petit déjeuner », c'était une formule ironique pour l'inviter à se lever ? Lui, le sportif courageux, secouait la feignasse mollassonne ?

Le regard de Clotilde croisa le téléphone portable sur le chevet avec un soupçon de culpabilité.

Ne pas tout gâcher...

A son tour, elle posa un baiser dans le cou de Franck.

— Merci.

Franck eut l'air étonné.

— De quoi ?

— De ce petit déjeuner royal. Il ne manque que la rose dans son soliflore.

Franck eut l'air cette fois parfaitement abruti.

— Ce n'est pas toi ?

— Non... Je dormais.

— Et moi, j'arrive juste.

Leurs deux regards incrédules se dirigèrent en même temps vers le rideau de la chambre de leur fille.

Valou ?

Qu'elle ait pu avoir cette attention pour ses parents paraissait plus difficile à croire que l'intervention discrète d'elfes de maison. Franck en eut la confirmation, sous la forme d'un grognement d'outre-tombe dès qu'il tira le rideau de la chambre de l'adolescente.

Ni Valou, ni Franck, ni elle...

Qui alors ?

Clotilde avait enfilé une liquette et détaillait la table dressée, troublée par des détails qu'elle n'avait tout d'abord pas remarqués. Elle ne comptait pas trois bols, couverts et serviettes posés sur la petite table de camping, mais quatre. Ce nombre n'avait cependant aucune importance comparé aux autres coïncidences.

Franck sortait de la chambre de Valentine, Clotilde lui fit remarquer un verre rempli de jus de fruit rose-orangé et le bol blanc disposé à côté.

— Nicolas se plaçait toujours ici, en bout de table. Il buvait invariablement au petit déjeuner un jus de pamplemousse et un bol de lait.

Franck ne répondit pas, Clotilde continua, désignant une tasse et une cafetière encore fumante.

— Papa se mettait en face, là. Vidait un café noir.

Une bouilloire, deux sachets.

— Maman et moi, nous prenions du thé. Elle avait aussi acheté des confitures au marché du port de Stareso, figue et arbouse.

Doucement elle fit pivoter les pots placés à côté de la bannette de pain.

Figue et arbouse.

Clotilde posa sa main sur la table, instable.

— Tout est là, Franck. Tout est là. Comme il y a...

Franck leva les yeux au ciel.

— Comme il y a vingt-sept ans, Clo ? Comment peux-tu te souvenir des parfums de la confiture que vous preniez au petit déjeuner il y a vingt-sept ans ? De la marque du thé ? De...

Clotilde le fixa, presque méchamment.

— Comment ? Ce sont les derniers moments que j'ai vécus avec ma famille ! Ce sont les derniers repas que l'on a pris ensemble. Ils ont hanté mes nuits depuis, des milliers de nuits, et des milliers de jours, les fantômes de maman, papa et Nico se sont assis à côté de moi, à ma table de petit déjeuner, tous ces matins où j'étais seule, où tu étais déjà loin, au boulot. Alors oui, Franck, je m'en souviens. De chaque détail.

Franck battit rapidement en retraite. Une ruse. Pour mieux changer d'angle d'attaque.

— OK, Clo, OK. Mais admets qu'il ne s'agit que d'une coïncidence. Du thé, du café, du jus de fruit, des confitures locales. Neuf familles sur dix avalent ça au petit déjeuner.

— Et la table ? Qui a mis la table ?

— Je n'en sais rien. Peut-être que Valou nous joue la comédie. Ou toi. Ou moi ? Ou que c'est juste une mauvaise blague. Une attention délicate de ton ami Cervone, ou de son dévoué Hagrid. Après tout, il semble t'adorer.

Clotilde sursauta en entendant le surnom d'Orsu. Elle résista à l'envie de balancer un grand coup dans les quatre pieds d'alu, de tout exploser dans une gerbe de café froid et de beurre fondu.

Le calme de Franck l'insupportait plus encore.

— Quelqu'un veut te faire repenser au passé, Clo. Ne rentre pas dans ce jeu-là. Ne cherche même pas à savoir qui...

Clotilde n'écouta même pas la suite des arguments de son mari. Elle venait de découvrir, sur une chaise, un journal plié en deux :

Le Monde. Celui d'aujourd'hui.

Elle l'observa comme s'il allait prendre feu.

— Et... ce journal ?

— Pareil, continuait Franck. Une mise en scène. Je suppose que chaque matin, tes parents lisaient le journal, comme tout le monde en vacances.

— Non, jamais !

— Alors, tu vois. Le mystérieux serveur a commis une erreur. Cela prouve que...

— Jamais, coupa Clotilde. Jamais mes parents ne lisaient le journal en vacances. Sauf une fois. Une seule fois. Papa était allé chercher *Le Monde* à la maison de la presse de Calvi et l'avait rapporté avant même que maman ne se réveille. Il l'avait glissé sur sa chaise. C'est le dernier petit déjeuner que nous ayons pris en famille. Notre dernier repas à quatre. Le lendemain, papa est parti trois jours faire de la voile avec des cousins vers les îles Sanguinaires, il n'est revenu que le 23, le jour de l'accident.

Franck observait sans comprendre le quotidien qui traînait sur le fauteuil.

— Le 19 août 1989, les Hongrois ont fait sauter pour la première fois le rideau de fer. A Sopron, sur la frontière autrichienne, la ville natale de ma mère. Pour la première fois de sa vie, maman a lu le journal, le journal que lui avait apporté mon père. Celui du 19 août, Franck, le 19 août, comme aujourd'hui. Cela ne peut pas être une coïncidence ! Et pourtant...

— Et pourtant quoi ?

Un instant, Clotilde eut l'impression que Franck lui jouait la comédie, qu'il était au courant de tout, que personne d'autre que lui n'aurait pu dresser cette table sans la réveiller. Elle chassa cette idée stupide et continua comme si elle n'avait pas entendu son mari.

— Et pourtant, personne d'autre ne pouvait être au courant. Personne d'autre que Nicolas, maman, papa et moi. C'est une histoire de famille, une anecdote de rien du tout. Papa l'avait acheté tout seul sans rien préméditer, maman a lu l'article en cinq minutes, une demi-page, puis elle a posé le journal sous le barbecue et on l'a brûlé à midi. Personne ne pouvait connaître ce détail. Personne à part un de nous quatre. Tu comprends, Franck ? Celui qui a posé ce journal sur la chaise de ma mère est forcément un de nous quatre. Un de nous quatre vivant.

— Ce n'est pas la chaise de ta mère, Clo…

Si, allait répondre Clotilde. Si, allait-elle hurler.

Valou le fit avant elle.

— Vous avez pas fini de vous engueuler ?

Elle était debout, emmitouflée dans un peignoir Betty Boop, cheveux ébouriffés et traits tirés. Elle s'installa à table, à la place du fantôme de Nicolas. Tira le bras pour attraper le journal, un autre pour porter le café à ses lèvres et grimaça.

— Dégueu. Il est froid !

Clotilde l'observait, consternée.

— Faut relever les empreintes, Franck.

Il soupira. Il couvait sa fille des yeux et regardait sa femme comme si elle était folle. Comme si l'une avait définitivement pris la place de l'autre, sa jeunesse, sa beauté, sa joie de vivre… sa raison.

Sa fille ouvrit le pot de confiture d'un mouvement de poignet énergique, croqua le pain à pleines dents, croquait la vie à pleines dents, s'apprêtait à dévorer la journée avec un bel appétit, une grasse matinée, une table de petit déjeuner ensoleillée. Des vacances dorées. Une vie rêvée ! Et pourtant, Clotilde n'arrivait pas à se défaire de cette idée : Valou profanait chaque objet qu'elle touchait. Détruisait par chacun de ses gestes un ordre secret, sacré.

Franck avait raison ; elle devenait folle.

~

— Votre mari n'est pas là ?

— Non, il est parti plonger dans le golfe de Galéria.

Le capitaine Cadenat avait mis plus de trois heures à venir. Franck avait abandonné après moins d'une heure d'attente. Le gendarme avait précisé au téléphone qu'il ne comprenait rien à cette histoire de table de petit déjeuner mais qu'il viendrait quand même, avant tout pour définitivement solder cette histoire de portefeuille volé. Il avait vaguement enquêté. Sans rien trouver. Aucun indice, aucun début de piste.

Il tournait depuis moins de deux minutes autour du bungalow.

— Et votre fille ?

— Elle a dû partir, elle participe à une sortie canyoning.

Cervone Spinello se tenait à côté ; le directeur du camping confirma d'un signe de tête. La moitié des ados du camping étaient partis en minibus pour l'après-midi dans les gorges du Zoïcu.

— Je ne vois pas ce que je peux faire d'autre, madame Baron.

Relever les empreintes, crétin ! Puis les comparer avec toutes celles des touristes dans ce camping, puisque c'est forcément l'un d'eux qui m'a fait cette blague. Interroger des témoins, tous ceux qui sont passés devant mon bungalow ce matin. Et surtout arrêter de me prendre pour une débile mentale.

Le trois-quarts de rugby exilé sur l'île de Beauté la regardait, les bras ballants. A tous les coups, Cervone l'avait briefé. L'accident il y a vingt-sept ans, les souvenirs qui reviennent, la survivante qui perd un peu la boule.

Cervone posa une main sur l'épaule du gendarme. La virilité entre mâles. La connivence de troisième mi-temps entre le sportif assoiffé et celui qui paye la tournée.

— Je vous offre un verre avant que vous repartiez ?

Le gendarme rugbyman ne refusa pas.

En les voyant s'éloigner, Clotilde comprenait qu'elle ne pourrait pas compter sur l'aide de la police, ni de personne d'autre. Qu'elle devrait se débrouiller seule. Seule, même si elle avait une longue série de rendez-vous à planifier d'urgence, de témoins à rencontrer, questionner, faire parler.

Cette garce de Maria-Chjara qui lui avait claqué la porte de sa loge au nez, comme si elle avait croisé un fantôme.

Son grand-père Cassanu qui, depuis le début, était au courant pour le sabotage de la voiture de ses parents.

Natale. Natale qui lui aussi avait un fantôme à lui présenter.

Plus les mystères s'épaississaient et plus Clotilde était persuadée que la solution se trouvait dans ses souvenirs, ses souvenirs de l'été 1989, mais elle n'en avait conservé que des bribes, des impressions, des flashs, passés depuis par le filtre de ses cauchemars. Comment leur faire confiance ? Elle avait besoin de souvenirs concrets, de faits tangibles, de témoins fiables. Elle aurait tout donné pour avoir conservé son journal intime, celui dans lequel elle avait tout consigné cet été-là. Celui qu'on ne lui avait jamais rendu.

Pourquoi ?

Elle avait besoin d'un point de départ, d'un bout de fil pour dénouer le reste de la pelote, d'un début de film bien réel pour que le reste des images suive. Et elle savait où le trouver !

Clotilde fixa à nouveau la table du petit déjeuner. Un peu plus loin dans l'allée, Orsu, râteau et pelle à la main, l'observait, comme s'il attendait pour débarrasser. Comme s'il savait. Comme s'il avait tout vu mais ne pouvait rien dire.

Cela attendrait. Ce n'était pas Orsu qui détenait les preuves. Ni Maria-Chjara. Ni Cassanu.

Eux aussi attendraient.

Clotilde pestait de ne pas y avoir pensé avant. A cent pas d'elle, deux allées et trois mobile homes, se trouvait archivée toute la mémoire des Euproctes. Tous les faits et gestes. Tous les visages. Tous les regards.

Cinquante ans d'histoire.

Restait à convaincre le gardien du musée de lui ouvrir ses grimoires.

27

Samedi 19 août 1989, treizième jour de vacances,
ciel bleu de fièvre

Mine de rien, mon confident invisible, ou mine de crayon, celui que je tiens à la main, c'est la troisième fois que je vous écris aujourd'hui. L'effervescence autour de Sopron semble retombée, les grilles du rideau de fer se sont refermées et tant mieux pour ceux qui sont restés du bon côté, Palma Mama est repartie bronzer sur la plage dès qu'ils ont arrêté de passer à la télé des images de ses collines austro-hongroises pour les remplacer par un plateau de géopolitologues, et moi je suis descendue dans ma grotte des Veaux Marins pour y attendre que le soleil se couche. Je ne vous l'ai pas encore précisé, mais les veaux marins sont des sortes de phoques, mais en plus frileux, qui aiment l'eau à vingt-cinq degrés et se dorer sur les rochers... Du coup, ils ont tous été tués, y a des années, et moi je squatte chez eux ! Il faut seulement escalader quelques rochers pour trouver cette caverne qui sent un peu le pipi, la cendre et les algues salées, et où la mer vient vous lécher les pieds. De là, on peut tout voir sans être vu, à part des pêcheurs qui viennent ramasser des langoustes, des cigales de mer ou des oursins.
Moi je suis plutôt comme ceux-là.
En mode oursin.

Avec juste l'envie de jeter des mots comme ça, en vrac. Même pas de faire des phrases, je n'en ai plus la force. Je laisse cela aux autres, ceux qui ont des choses à dire, les journalistes du *Monde* qui racontent qu'un rideau se déchire à l'autre bout du monde ; ceux de *Corse-Matin* qui parlent toujours de cet entrepreneur de BTP niçois, Drago Bianchi, dont on a retrouvé le corps cette fois, du moins un corps dans ce qui restait de ses habits. Il serait passé sous un ferry dans la baie d'Ajaccio.

— Ça ne va pas, Clotilde ?

Je vois d'abord dépasser un bout de canne à pêche, puis tout au bout, je découvre Basile Spinello. Le patron du camping. Le copain de Papé.

A la limite, je veux bien lui parler à lui. Et vous raconter après. A la limite.

— Qu'est-ce qui ne va pas, Clotilde ?

— ...

— Ça te ressemble pas, Clotilde, la mélancolie. En tout cas pas de la montrer.

Il a dû prononcer une phrase magique. Je ne sais pas pourquoi, je lui raconte ma vie.

— Je suis amoureuse.

— C'est de ton âge, ma grande.

— Justement non. Je ne suis pas amoureuse d'un connard de mon âge.

— Tu penses à qui en particulier, quand tu parles d'un connard de ton âge ?

— ...

— Mon fils ? Cervone ?

— Pas qu'à lui !

Basile éclate de rire. J'aime bien son grand rire de mammouth à décoller les stalactites de ma grotte.

— Tu sais, ma belle, me fait-il en clignant d'un œil, les Corses n'ont qu'un défaut : ils aiment leur famille. C'est un principe intangible...

Il s'arrête là, mais je vois bien ce qu'il n'ose pas dire.

Les Corses aiment leur famille, c'est un principe intangible. Mais quand t'as un fils con, t'as un fils con !

Basile fait diversion.

— Tu es amoureuse de qui alors ?

Ça sort presque contre ma volonté.

— Natale Angeli.

— Ah !!!

— Tu le connais ?

— Oui... T'aurais pu tomber plus mal. Natale est pas trop fainéant, pas trop idiot, pas trop laid. Un fils de bonne famille aussi. Son père, Pancrace, a longtemps été le grand patron de la clinique de Calvi, avant de divorcer et de filer en ouvrir une autre sur la Riviera. On raconte qu'Antoni Idrissi, ton arrière-grand-père, lui a offert mille mètres carrés sur la Punta Rossa en échange d'un pontage aorto-coronarien qui lui a fait gagner cinq ans de vie. Natale s'est fâché avec son père lors du divorce de ses parents, mais ici, la famille c'est la famille, et avant de partir pour l'Italie, Pancrace a laissé la Punta Rossa à son fils. Les gens par ici prennent Natale pour un doux illuminé avec sa villa Punta Rossa construite sous le phare et ses histoires de dauphins. Ils le considèrent comme un idéaliste un peu baratineur. Mais si tu veux mon avis, je crois que Natale cache son jeu, la joue rêveur pour ne pas faire peur. Son projet de sanctuaire des dauphins, avec balade en mer pour voir les cétacés de près, ça peut marcher. Natale est sincère, les gens le sentent, les gens sont prêts à payer cher pour ça. La sincérité. L'authenticité. Ouais, ma grande, ton Natale est un peu un chercheur d'or qui aurait trouvé le bon filon et qui continuerait de siffloter comme si de rien n'était, histoire de ne pas voir tout le monde rappliquer. Mais Natale est aussi un vieux célibataire, beaucoup trop vieux pour toi, ma Clo.

Basile me dit ça avec un air attentionné, hyper attendrissant.

— Je sais… je sais. Mais c'est un mec comme lui que je voudrais.

— Tu le trouveras. Si t'es patiente. Si tu sais attendre. Sans trop revoir tes ambitions à la baisse.

— Il m'a proposé d'aller voir les dauphins, demain matin, au large de la Revellata.

— Dis oui alors. Fonce ! Peut-être d'ailleurs qu'il a besoin de toi.

— De moi ? Pourquoi ?

— Réfléchis bien. T'es tout sauf idiote. Pourquoi aurait-il besoin de toi ? Et de ta maman sûrement aussi.

Basile est déjà au courant du plan drague entre Natale et ma mère ? Suis-je conne à ce point ? C'est sous mon nez, tout le monde le sait et je ne vois rien ?

— Réfléchis, Clotilde. Natale a un grand projet. Un sanctuaire pour ses dauphins, avec pour les étudier, les préserver, les soigner, une maison de la mer genre musée des cétacés. Un bâtiment écolo à insérer dans l'environnement marin. Réfléchis, quel est le métier de ta mère ?

— Architecte…

— Et à qui appartient le terrain pour son sanctuaire ?

— Mon grand-père…

— Exact, à mon copain Cassanu. Je le connais bien, ce vieux fou. Le projet de Natale Angeli peut tenir la route, mais Cassanu est méfiant, prudent. Il ne sera pas facile à convaincre, il n'aime pas trop le changement.

Si je suis, Natale se servirait de moi et de maman pour amadouer Papé ?

Ou bien Basile délire…

— Papé a raison de se méfier, t'es bien d'accord avec moi, Basile ? Même si je ne viens ici qu'une fois par an, je suis raide dingue de ce coin, les Euproctes, la plage de l'Oscelluccia, la pointe de la Revellata. Je voudrais que tout soit toujours pareil quand je reviens chaque été, que personne n'ait le droit d'y toucher les onze autres mois de l'année.

Comme dans *La Belle au bois dormant,* zou, un coup de baguette magique pour endormir tout le monde quand je pars en septembre, et je les réveille seulement en juillet.

— Tout change pourtant, Clotilde. Toi aussi, tu verras. Tu changeras. Plus vite que le paysage.

— C'est pas obligé. Toi Basile, t'as pas changé.

Basile apprécia.

— Non, c'est vrai ! Mais c'est un défaut plus qu'une qualité. Le grand défaut des Corses peut-être, ne pas savoir changer. J'ai ça en commun avec ton Papé. Le respect, l'honneur, la tradition. Mais tout bougera quand même, malgré nous. Parce qu'on n'est pas éternels, lui et moi. Après moi, tout basculera. (Son œil balaya d'un mouvement circulaire le panorama, jusqu'aux tentes du camping dont on devinait le mât.) Et pour tout t'avouer, je préférerais ne plus être là pour voir ça.

Sauf qu'il était encore là.

Et qu'il voyait déjà ça.

Sur le petit chemin qui surplombait la grotte pour descendre jusqu'à la mer, une procession d'ados passait, pressée d'arriver avant que le soleil ne soit couché. Maria-Chjara marchait en tête, toute de dentelle blanche vêtue, Hermann suivait, en mode cyclope, un poste radio sur l'épaule braillant *You're My Heart, You're My Soul* de Modern Talking ; la radio changeait d'épaule selon les slaloms de Maria sur le sentier. Cervone et Estefan, derrière, tiraient un petit chariot avec des packs de bière. Nicolas traînait un peu à l'écart. Aurélia surgit avec à peine quelques mètres supplémentaires de retard sur mon frère. Puis passèrent Tess, Steph, Lars, Filip, Candy, Ludo…

Le troupeau transhumait vers la plage de l'Alga, je présumais.

*
* *

Il ferma le cahier et posa sa paume sur la pierre froide de la grotte.

Basile avait eu raison de laisser le cancer du côlon l'emporter.

Depuis, les abrutis avaient conquis le paradis.

28

Le 19 août 2016, 15 heures

Tout va bien
Valou

Au texto était jointe une photo de Valentine casquée, harnachée d'un baudrier, perchée avec un groupe d'ados audessus d'une spectaculaire cascade. Clotilde n'avait aucune raison de s'inquiéter, l'activité canyoning était encadrée par des moniteurs confirmés et Valentine était une fille sportive. Pourtant elle n'arrivait pas à chasser complètement le pressentiment qui la tiraillait, qu'elle mettait sur le compte de ces mystères accumulés, cette étrange et sournoise pression autour d'eux. Franck, parti pour la journée à plonger au large de Galéria, avait au moins raison sur un point. Elle ne devait pas ruminer. Elle devait avancer.

Elle marcha sur le petit chemin de graviers roses qui menait au mobile home A31, réputé le mieux entretenu du camping. Le propriétaire des lieux avait poussé l'aménagement de son emplacement jusqu'à poser des panneaux solaires sur le toit, un récupérateur d'eau et une petite éolienne perchée en haut d'un mât, juste à côté du drapeau allemand.

Jakob Schreiber était le plus ancien résident du camping des Euproctes. Il y était venu pour la première fois avec sa femme, au début des années soixante, avec un sac à dos chacun et une moto pour deux. Puis il y était revenu, dans les années soixante-dix, avec une Audi 100 et une tente canadienne pour trois. Leur fils Hermann n'avait pas trois mois. Ils revinrent ensuite chaque année, louèrent pour la première fois le mobile home A31 en 1977, l'achetèrent en 81. Ce furent les meilleures années, celles où Jakob personnalisa son lopin, cultiva son jardin, monta une véranda. A partir des années quatre-vingt-dix, l'histoire s'écrivit en sens inverse. D'abord Jakob et Anke passèrent à nouveau leurs vacances à deux, dès qu'Hermann eut dix-neuf ans et resta dans leur appartement de Leverkusen pour travailler deux mois l'été chez Bayer. Puis à partir de 2009, lorsque Anke ferma définitivement les yeux à la Klinikum, Jakob continua de revenir aux Euproctes, plus de trois mois par an. Seul cette fois.

Tout comme il existe dans les villages un vieil érudit qui en conserve l'histoire, dans les entreprises un vieux documentaliste qui en conserve les archives, il existait dans le camping un vieux touriste qui en conservait les images.

Près de soixante étés, depuis 1961.

Les plus belles images, Jakob en avait fait don aux patrons, elles étaient affichées à l'accueil, au bar, sous la pergola ; des images en noir et blanc, des photos de bikinis d'antan, de danse sur la plage en pantalons pattes d'eph, de soirées foot franco-allemandes de 1962 à 2014, de sourires d'enfants, de barbecues géants… Jakob Schreiber était un passionné de photo. Tendance maniaque et obsessionnelle. Avec le temps, il était devenu un témoin presque muet.

Jakob Schreiber fit entrer Clotilde avec une courtoisie un peu démodée. La plupart des murs de son mobile home étaient couverts de grands pêle-mêle sur lesquels des centaines de photos étaient accrochées, sans ordre apparent. Le premier réflexe de Clotilde aurait été de fouiller au hasard du regard pour rechercher les années qui l'intéressaient. Elle se retint par politesse.

— Monsieur Schreiber, j'aimerais retrouver des photos. Toutes celles de l'été 89.

— Celui de l'accident de vos parents et de votre frère ?

Jakob s'exprimait avec un accent allemand prononcé. Parlait fort, pour couvrir la radio, une station allemande qui ne diffusait aucune musique, seulement la voix monocorde d'un animateur.

— Je comprends, je comprends.

Et tout en parlant, il se précipita sur son téléphone portable pour appuyer sur les touches. Cela dura plus de trente secondes, au point que Clotilde hésita à lui rendre son impolitesse et à se lever pour trouver directement sur les murs les clichés qu'elle cherchait.

— Désolé, mademoiselle Idrissi, fit Jakob alors qu'elle allait se lever. Je ne suis qu'un veuf retraité avec des manies de petit garçon. Connaissez-vous « Qui veut gagner des millions dans son salon ? » ?

Clotilde secoua négativement la tête.

— C'est le même jeu qu'à la télévision, mais adapté à la radio. Il faut s'abonner avec son téléphone, télécharger une application. Ensuite, l'animateur pose des questions, vous devez répondre en moins de trois secondes, un délai trop court pour chercher la solution sur Internet... Taper A, B, C ou D. Si vous avez bon, vous continuez. Il n'y a que pour les trois dernières questions que vous n'avez aucune proposition.

— On gagne vraiment un million si on a tout bon ?

— Oui, il paraît. Tout est payé par la pub. Le programme cartonne en Allemagne, des centaines de milliers de connectés. Mais je ne suis jamais allé au-delà de la dixième question, comme l'immense majorité des Allemands.

— Et là ?

— J'en suis à la neuvième, on atteint le second palier à la douzième. Mais j'ai du temps, la prochaine question ne sera pas posée avant quinze minutes. La pub, je vous dis ! Alors été 89, c'est bien cela ?

Jakob se leva. Le septuagénaire semblait encore assez alerte. Il entra dans la seconde pièce du mobile home.

— La chambre d'Hermann, expliqua-t-il. Je l'ai transformée en studio photo à partir des années quatre-vingt-dix.

Des dizaines de boîtes archives, toutes étiquetées et numérotées, étaient parfaitement rangées sur des étagères.

Eté 61.

Eté 62...

Et ainsi de suite jusqu'en 2015. Les dernières années étaient archivées dans plusieurs dossiers.

— Je prends plusieurs centaines de photos par an, expliqua Jakob. Surtout depuis le numérique. Mais même avant, je vidais déjà quelques dizaines de pellicules chaque été. Allons-y, 89...

Il monta sur un tabouret, tira la boîte archive et se retourna vers Clotilde.

— Si vos parents n'étaient pas morts dans un accident, mais assassinés, y a toutes les chances que la tête de l'assassin soit sur l'un de ces clichés.

Elle crut d'abord qu'il était sérieux, avant que le vieil Allemand ne lui sourie.

— Et moi je serais le témoin à éliminer... Mais je me doute que vous venez seulement par nostalgie. Ça arrive parfois, d'anciens touristes qui me demandent de vieilles photos, pour un mariage, un anniversaire.

Il regarda à nouveau son téléphone portable. C'était presque un toc, car la radio continuait de diffuser une série de jingles en allemand ; puis il ouvrit le carton.

Le temps d'une seconde, Clotilde crut que Jakob allait mourir, là, devant ses yeux, terrassé par une crise cardiaque.

～

Valentine attendait son tour pour se jeter dans le vide. Ça n'avait pas l'air bien sorcier. Il fallait d'abord descendre en rappel les sept premiers mètres, rester suspendu sur la petite plateforme à mi-cascade, puis respirer un grand coup, se pincer le nez et sauter. Le bassin au-dessous, la plus large des piscines naturelles des gorges du Zoïcu, était profond de trois mètres d'après les moniteurs.

Nils et Clara étaient déjà descendus. Il restait seulement Tahir devant elle.

Valentine ne pouvait pas savoir. Peut-être valait-il mieux d'ailleurs.

Valentine ne pouvait pas savoir que le mousqueton auquel était fixé le baudrier, celui dans lequel passait la corde qui la retiendrait, était sur le point de céder. Qu'au moindre mouvement trop brusque, la sécurité ne fonctionnerait pas et qu'il lâcherait.

Valentine observa le vide avec une excitation qui ne laissait aucune place à l'appréhension. De la plateforme, Tahir venait de sauter dans la cascade. Son cri presque animal avait laissé place à un grand éclat de rire dès qu'il avait refait surface.

Du pur bonheur. Valentine rimait avec adrénaline.

Valentine ne pouvait pas savoir que le matériel qu'on lui avait confié, quelques minutes avant son départ, avait été saboté.

C'était son tour.

Jérôme, le moniteur de canyoning, posa sa main sur son poignet, la guida vers le vide tout en passant la corde autour de sa taille.

~

Le carton était vide.
Eté 89.
Un dossier creux.
Aucune photo, aucun négatif.

217

— Je... je ne comprends pas, balbutia Jakob.

Il passait sa main dans le carton comme pour vérifier qu'il n'y avait pas de double fond. C'en était presque comique. Il remonta sur le tabouret, tira les cartons voisins pour vérifier que rien n'était tombé derrière, sans rien trouver.

Il ouvrit les cartons d'à côté, sans renoncer, en grognant des *Scheiße* et des *Verdammte*. Le vide dans ce dossier, c'était comme si toute une vie bien rangée avait été chamboulée, comme si le contenu de toutes ces boîtes d'archives allait à son tour s'envoler, tel un jeu de dominos qui basculent les uns sur les autres. Clotilde hésita à dire à Jakob de laisser tomber. Que ce n'était pas son rangement qui était en cause, qu'il n'avait commis aucune erreur. Que, simplement, ces archives avaient été volées. Qu'un fantôme était passé par là.

Comme pour son portefeuille dans le coffre, comme pour ce courrier de sa mère, comme pour la table du petit déjeuner.

— Je ne comprends pas, répétait à l'infini Jakob.

Un jingle à la radio sembla enfin le sortir de son impasse obsessionnelle : l'animateur de « Qui veut gagner des millions dans son salon ? » allait reprendre.

Dixième question.

Jakob se figea soudain. L'animateur posa une question incompréhensible, avec un débit de voix surréaliste, puis claqua plus vite encore les propositions :

A, Goethe, B, Mann, C, Kafka, D, Musil.

Ein, Zwei, Drei...

Un cling explosa du portable de Jakob !

— *Ya, Antwort B,* seul Thomas Mann a séjourné au sanatorium de Davos, aucun doute !

Sa jubilation le laissa euphorique quelques instants encore, avant que le carton posé à ses pieds ne le ramène à la triste réalité.

— Peut-être que je perds la boule, mademoiselle Idrissi.

Je passe mes journées à ranger ces foutus dossiers, et le jour où l'on m'en demande un…

— Ce n'est pas grave, monsieur Schreiber. Comme vous l'avez dit, seulement de la nostalgie.

— Je dois devenir fou. Pourtant vous avez vu, Fräulein, je l'entretiens, cette *verdammte* de mémoire.

A la radio, l'animateur confirma, *Antwort B, Thomas Mann,* avant un nouvel interminable tunnel de publicité.

Clotilde se leva.

Elle se cognait à un nouveau cul-de-sac. Restait à interroger Maria-Chjara et Cassanu. Retourner interroger le sergent Cesareu Garcia également ou, mieux, même, avoir une conversation avec Aurélia, sa fille.

Cling.

Cette fois, le message provenait du portable de Clotilde.

Natale.

Elle se sentit rougir jusqu'aux oreilles et, dans un réflexe de gamine surprise à parler à son amoureux, elle coupa son téléphone. Plus tard. Elle lirait son message plus tard. Pourquoi pas à l'abri dans sa grotte des Veaux Marins ?

— Je vous le répète, ce n'est pas grave, monsieur Schreiber.

L'Allemand grattait les rares cheveux gris qui lui restaient sur la tête.

— Si vous n'êtes pas trop pressée, je pourrai retrouver tout ce que vous cherchez sur le cloud.

— Le quoi ?

— Le cloud. C'est une espèce d'espace de sauvegarde sur Internet. Ça m'a pris des années, mais j'ai scanné toutes les photos depuis 1961 et je les ai stockées dans ce bunker virtuel. Vous imaginez, si ma *Landhaus* brûlait ou était emportée par une tempête ? Sur le cloud, les fichiers sont archivés pour l'éternité, comme une concession à perpétuité dans un cimetière. Il me faut juste une bonne connexion Wi-Fi, une clé USB, et je devrais pouvoir vous retrouver tout ça.

Clotilde ne connaissait pas grand-chose à l'informatique,

mais il lui semblait difficile que le fantôme invisible errant dans le camping puisse également s'introduire dans les nuages pour y dérober des fichiers gardés par les anges.

Elle reprenait espoir.

— Faut que j'aille avec mon ordinateur portable à l'accueil, précisa Jakob, c'est là où la connexion est la plus puissante. Je demanderai à Cervone Spinello de me faire une place ce soir. Ici, j'ai une HP pour les imprimer. Si tout va bien, vous aurez vos photos demain matin. Ça ira ?

Clotilde hésita à lui sauter au cou.

Elle se retint. La radio continuait de brailler des jingles débiles. Elle se prit à espérer que l'animateur pose une nouvelle question, pour lui offrir un prétexte de laisser là le retraité.

De se précipiter. De rallumer son téléphone portable et de courir lire le message dans sa caverne.

A la radio, pour la première fois, une chanson passait.

— Je vous offre un thé, mademoiselle Idrissi ?

~

Jérôme assurait la descente de Valentine. Il avait passé la corde de rappel autour de sa taille et lâchait du mou par petits à-coups, dizaine de centimètres par dizaine de centimètres.

La routine. Elle assurait, la gamine. Valentine.

Un beau brin de fille qui n'avait pas froid aux yeux.

Il contrôla la descente du regard. Encore cinq mètres et elle atteindrait la plateforme du haut de laquelle elle pouvait lâcher la corde et se jeter dans la cascade, tel qu'on leur avait enseigné, bien raide, droite comme un bâton, pour que les pieds pénètrent dans l'eau d'abord, pour ne pas se fracasser le dos ou la nuque sous l'impact.

La petite Valentine était vraiment jolie.

Jérôme se déconcentra, un bref instant. Qu'il l'ait été davantage n'aurait pourtant rien changé.

Il sentit d'abord la corde mollir, comme si elle ne supportait plus aucun poids. Puis dans la même seconde il la vit pendre dans le vide, tel un long serpent qui se serait échappé.

Et le corps de Valentine tomber.

Pas comme un bâton. Tomber, en boule, tête en dessous, comme une pierre recroquevillée.

29

Samedi 19 août 1989, treizième jour de vacances,
ciel bleu de Schtroumpf farceur

Heure : minuit pile
Lieu : camping des Euproctes, plage de l'Alga, loin des parents
Ordre du jour : le complot 23 août 1989
Présents : tous ceux que le comploteur en chef a invités

Attention, mon confident invisible, il s'agit d'un plan, d'un plan secret, alors je vous raconte tout parce que j'ai confiance en vous, mais personne d'autre ne doit savoir !

Juré craché ?

D'accord, y a toutes les chances que vous lisiez ce journal bien après le 23 août 1989, mais on ne sait jamais, peut-être que vous le lirez après l'an 2000 mais qu'on aura inventé un truc genre machine à remonter le temps qui vous permettrait de revenir en 1989, quelques jours avant le complot, et d'intervenir…

Je vous rassure, c'est pas non plus un plan mortel.

Le cerveau de la bande, c'est Nicolas. Oui, mon frère ! Le petit Nico, qui cache son jeu. Tout gentil devant les parents, devant les adultes, devant les filles. Mais toutes les manigances, c'est lui. L'inspirateur, le concepteur, le réalisateur, c'est lui.

Pour résumer, Nicolas a un plan pour le soir de la Sainte-Rose.

Tout est calé. Le coup parfait. Le timing a été organisé façon répétition générale du braquage du plus grand casino de Las Vegas.

A partir de 19 heures...
Apéritif chez Papé Cassanu et Mamy Lisabetta, à la bergerie d'Arcanu, avec les parents, les cousins, les voisins.
Entre 20 et 21 heures...
Les parents partent dîner à la *Casa di Stella*. Y dorment. Ne se réveillent que tard le lendemain matin, amoureux.
A partir de 21 heures...
La quasi-totalité des Corses vivant dans la baie de la Revellata, et en particulier ceux buvant et mangeant à Arcanu, vident les lieux pour se rendre au concert de polyphonies à l'église Santa Lucia, au cœur du maquis. Et vu la taille de la chapelle, ils n'ont pas intérêt à être en retard s'ils veulent avoir une place assise pour écouter A Filetta.
Après 21 heures, en résumé :
Freedom !
Freiheit !
Libertad !
Libertà !

C'est la seule fenêtre de tir de toutes les vacances sans les parents, a prévenu Nico en prenant un accent de mafioso. Faudra pas la laisser passer. Dès que les adultes auront le dos tourné, Nico a prévu une virée jusqu'à la plus grande boîte de nuit du coin, la Camargue, sur la route de la pinède après Calvi. Alors Nico échafaude, envisage, anticipe, planifie. Il ne lui reste plus qu'à composer son commando, comme dans *Mission impossible*, à choisir les autres ados qui s'entasseront dans la Fuego.

Les pauvres, les débiles, les idiots.

Ils ne comprennent pas que comme dans tous les films

de hold-up, le seul but du cerveau de la bande est de les rouler dans la farine, qu'il y a un plan secret derrière le plan secret. L'objectif de Nicolas n'est pas d'emmener quatre ados boutonneux se trémousser sur la piste de danse de la Camargue. Nico n'en a rien à faire de la boîte de nuit, de la soirée mousse et de la lambada. Le seul trésor qu'il veut dérober, le seul diamant dont il veut s'emparer ce soir-là, c'est celui dissimulé dans le string de Maria-Chjara.

Le 23 août, le grand soir, celui du passage à l'acte, celui du premier lot de la grande tombola.

Il le sait.

Elle le sait.

Ils le savent.

C'est ça, leur plan secret.

Le secret de la Sainte-Rose. Nicolas a toujours aimé tout faire comme papa.

Et moi ?

Merci, mon lecteur du futur, de t'inquiéter de moi... Tu es bien le seul.

Et moi ? Et moi et moi et moi ?

Comme d'hab...

Je me contente du rôle du témoin muet. Celle qui se tait. Qui se contente de ruminer toute la nuit alors que demain elle se lève à l'aurore pour suivre un baratineur qui lui fait croire qu'elle va nager avec les dauphins. Le témoin qui sait tout mais qui ne dit rien, vous voyez, dans le film, celui trop curieux, qui se fait buter.

Du haut de mes quinze ans.

Je suis trop jeune pour les accompagner, je sais, Nicolas me l'a fait comprendre sans même avoir à en rajouter.

Il me fait chier...

A la limite, je voudrais qu'avant le soir du 23, juste avant, ils se fassent gauler.

*
*   *

Il referma le cahier et se leva.

Il ne devait pas se déconcentrer. Petit à petit, Clotilde s'approchait de la vérité.

Il ne pouvait plus se contenter d'observer, il devait agir.

Faire.

Faire taire.

30

Le 19 août 2016, 18 heures

Pour la cinquième fois, Clotilde essayait d'obtenir une réponse de l'hôpital.

— Répondez, s'il vous plaît. Répondez !

Elle se tenait contre l'olivier, les larmes aux yeux, le dos lacéré, le cœur au bord de l'explosion. Cela dura plus de dix minutes à maudire un répondeur, à taper 1, puis 2, puis #, puis *, à tomber dans le mauvais service, à insulter une infirmière qui n'y pouvait rien, ne savait rien, qui allait essayer de lui repasser l'accueil.

Bip bip bip…

— Passez-moi ma fille, merde…

Un standardiste l'avait mise en attente lorsqu'elle reçut le double appel.

Franck. Enfin.

— Franck ? Tu es où ?

La réponse de son mari lui parut plus méprisante que celle d'un chirurgien réputé qu'on dérangerait pour un bouton d'acné.

— A l'hôpital de Calvi ! Avec Valentine.

— Comment elle va ?

Réponds, bordel, réponds-moi !

— Je suis avec Cervone Spinello. C'est lui qui a emmené

Valou, en urgence, dans le 4 × 4 Touareg du camping. Cervone a essayé de te joindre pendant près d'une heure, il tombait à chaque fois sur ta boîte vocale. Merde, Clo, pourquoi ton téléphone était-il coupé ? T'es irresponsable ! Je t'avais laissé Valentine. Tu étais où ?

Elle était restée une heure à parler avec Jakob Schreiber, oubliant qu'elle avait éteint son téléphone. Impossible de se dépêtrer du vieil Allemand, il ne parlait que de lui et de son fils Hermann, de sa réussite, le cyclope était devenu ingénieur à la filiale santé de Bayer, HealthCare AG, marié à une chanteuse d'opéra, père de trois enfants blonds comme toutes les générations de Schreiber depuis Guillaume II. Elle était même repartie avec le numéro de portable du fiston. Hermann était un autre des témoins de l'été 89.

— Tu étais où ? répéta Franck.

Rester concentrée. Ne pas craquer. Après tout, Franck était lui aussi demeuré injoignable. Personne ne savait où il se trouvait, c'était Cervone qui avait dû se charger de Valou. Clotilde redemanda, sans hausser le ton :

— Comment va Valentine ?

Franck semblait ne rien entendre... mais lire dans ses pensées.

— Heureusement, Cervone est parvenu à me prévenir ! Il a fini par avoir quelqu'un au standard du club de plongée, qui a réussi à contacter le moniteur sur le bateau. Ils m'ont fait remonter, ils ont ramené tout le monde illico à Galéria, les quinze personnes qui avaient payé leur spot. J'ai foncé tête baissée. J'étais à dix mètres sous l'eau quand Valentine est tombée, Clo. Toi tu étais au camping, et pourtant c'est moi qui...

Réponse à tout ! Sauf à sa seule question. Cette fois, la voix de Clotilde explosa.

— Comment va Valou, merde ?

— Tu t'inquiètes pour elle, maintenant ?

La pointe d'ironie dans la voix de Franck eut l'effet d'une goutte d'acide sulfurique tombée sur son cœur.

Enfoiré ! Dis-moi seulement comment va ma fille !

— S'il te plaît, Franck, supplia Clotilde.

Tu as eu ce que tu voulais ! Tu les as entendus, les sanglots dans ma voix. Alors c'est bon, réponds-moi.

— Elle va bien, concéda Franck. Elle souffre seulement de quelques contusions, aux coudes et sous la voûte plantaire. Jérôme, son moniteur de canyoning, ne tarit pas d'éloges. Elle a su se remettre en position bâton sans paniquer, en moins de quelques secondes. Un saut de dix mètres, sans une égratignure. Elle est douée. Peu de filles s'en seraient sorties comme elle, peu de garçons aussi. Tu as une fille extraordinaire, tu sais. Exceptionnelle. Belle. Courageuse. La tête sur les épaules.

N'en rajoute pas, Franck, le message est passé. Ta petite chérie est parfaite. Alors faut que sa mère arrête de l'emmerder.

— Vous revenez quand ?

— Pas tout de suite. Les toubibs veulent tout de même la garder un peu au repos. Y a une tonne de papiers à remplir aussi. Cela aurait pu être grave, Clo, terriblement grave, un drame... Tu ne te rends pas compte !

Si... salaud !

~

Clotilde aperçut la Passat garée devant le bungalow alors qu'elle revenait de la douche. Il était près de 20 heures. Elle accéléra le pas alors que Valentine stoppait le sien. Clotilde prit sa fille dans ses bras, sans réfléchir, sans calculer. Son visage arrivait tout juste à la hauteur du cou de cette grande perche de Valou, mais ça ne l'empêchait de répéter : « Ma petite fille, ma pauvre petite fille, Dieu merci tu n'as rien. »

Valentine semblait plutôt gênée.

— T'es toute mouillée, maman.

Clotilde s'écarta enfin de sa fille. Sa serviette enroulée autour d'elle avait trempé le tee-shirt Adidas de Valou. Rien de méchant.

— Je vais me changer...

Moins de deux minutes plus tard, Valentine avait troqué son tee-shirt contre un top vert fluo, son jogging coupé aux mollets contre une jupe mi-cuisse ; noué ses cheveux dans un chignon habilement déstructuré, maquillé lèvres et yeux.

— Je vais rejoindre les autres.

Elle avait frôlé la mort et, visiblement, s'en foutait. La mort n'était sans doute pour elle qu'une vieille dame à qui il fallait dire bonjour avec politesse quand on la croisait ; une vieille dame qu'elle ne reverrait jamais. A quinze ans, on est immortel.

— Qui ça, les autres ?

— Tahir, Nils, Justin. Tu veux leurs papiers d'identité ?

Clotilde ne répondit rien. Une nouvelle fois, elle peina à repousser ce pressentiment, cette impression de danger qui rôdait autour d'eux.

Franck s'était servi une Pietra. Il semblait marqué par les heures passées à l'hôpital. Pourtant, Clotilde n'arrivait pas à ressentir de véritable compassion. Elle n'avait toujours pas digéré ses allusions au téléphone. A la réflexion, il n'avait pas le monopole de l'angoisse, son cœur s'était tout autant soulevé que celui de Franck quand elle avait appris l'accident de Valou. Elle s'était tout autant rongé les sangs. Elle peinait encore à se calmer, qu'est-ce qu'il croyait ?

Franck alignait les bonbons verts, rouges et bleus à Candy Crush tout en répondant avec détachement aux questions de Clotilde, comme on le fait après une journée de boulot épuisante.

Oui, le mousqueton avait lâché, non, on ne savait pas pourquoi, apparemment le matériel était usé mais ils n'avaient rien remarqué avant lors de la vérification, non, le moniteur de canyoning n'était pas en cause, au contraire, il avait plutôt assuré, oui, ils étaient tous vraiment désolés, mais ça peut arriver, non, il n'avait pas envie de faire un scandale, de porter plainte ou d'aller plus loin, oui, tout se terminait bien, une bonne nuit par-dessus et on n'en parlait plus.

Les mots cognaient encore dans la tête de Clotilde.

Irresponsable. Tu ne te rends pas compte ? Tu étais où ?

Cette fois, après avoir lancé ses poignards, Franck les avait laissés plantés ; une fois l'émotion passée, il n'avait pas eu un mot d'excuse. Elle avait retenu ses larmes. Elle se souvenait de cette phrase lue quelque part. *Femme qui pleure devant son amoureux obtient de lui tout ce qu'elle veut ; femme qui pleure devant un homme qui ne l'aime plus est foutue.*

Elle hésita, puis se lança.

— On est certain que c'est un accident ?

Franck laissa d'un coup exploser en confettis ses confiseries censées s'aligner par trois. En moins d'un demi-tour de tête, toute son attitude, du ton de sa voix à son regard, était passée de la lassitude à l'agressivité.

— Tu veux dire quoi ?

— Rien... C'est seulement le cumul des coïncidences. Cette chute de Valou, un mousqueton qui lâche. Il y a six jours, mes papiers, volés... Ce matin, la table du petit déjeuner.

— Arrête !

Il posa son téléphone portable avec violence sur la table de camping, à en faire trembler les pieds de plastique enfoncés dans la terre et soulever une fine poussière.

— Arrête ! Ta fille a failli mourir, Clo, alors redescends sur terre et arrête de délirer avec tes vieilles histoires, avec tes vieux courriers, avec tes amis perdus et retrouvés. Putain, Clotilde, arrête ce cirque ou je vais craquer.

La chaise en plastique valsa quand il se leva.

Franck perdait ses nerfs. Chez lui, c'était très inhabituel.

Sans doute parce qu'il était à bout, parce qu'avoir cru sa fille morte, ou paralysée à vie, était également très inhabituel.

Parce qu'elle aussi aurait dû être dans un tel état post-traumatique ?

Une mère indigne ?

Franck attrapa son portable, le glissa dans sa poche, s'éloigna.

— Un détail aussi. Quand tu vas prendre ta douche, n'oublie pas ton téléphone sur le lit.

Merde !

Immédiatement, Clotilde repensa aux textos de Natale. Elle avait échangé quelques messages avec lui avant d'aller prendre sa douche, après avoir été rassurée sur l'état de santé de sa fille. Clotilde devait revoir Natale demain ; il avait invité un fantôme à prendre le thé, c'étaient ses termes, un fantôme qui ne voulait parler qu'à Lydia Deetz. Leurs échanges n'avaient rien de très compromettant, mais Franck n'était pas idiot et chaque phrase était sous-tendue par un sous-entendu.

Clotilde était, elle aussi, capable de perdre ses nerfs. De mordre, s'il le fallait.

— Mon téléphone oublié sur le lit ? Tu l'as ouvert, tu as fouillé ?

— Pourquoi, tu as quelque chose à cacher ?

Avait-il osé ?

Franck fit trois pas dans l'obscurité.

— Ils organisent un poker au bar. Il y a quelques habitués, Cervone m'a invité. Je crois que je vais y aller.

Avant de définitivement disparaître dans la nuit, il se retourna.

— Pour la dernière fois, Clotilde, je t'en supplie, oublie ! Occupe-toi de ta fille. Occupe-toi de ton mari. Occupe-toi de ce qui se passe aujourd'hui. Et tout le reste, oublie !

31

Dimanche 20 août 1989, quatorzième jour de vacances,
ciel bleu d'abysses

C'est un baratineur. Les hommes sont tous des baratineurs.
C'est de l'arnaque, c'est du flan, c'est juste un plan.
Pour me piéger.

Et l'*Aryon* qui continue de tanguer, Natale qui continue
de causer, il est intarissable sur les dauphins, les bélugas,
les narvals, les marsouins, tous les cétacés de Méditerranée,
leur milieu naturel, leur intelligence qui n'est pas une légende,
leur capacité à apprendre. Il m'explique comment on fait
pour les trouver avec un mot compliqué, l'*upwelling* ! En
français, cela signifie qu'il faut dénicher un coin d'océan où
l'on trouve à la fois un grand fond et un fort courant marin
qui, si j'ai bien compris, pousse l'eau en surface et permet
une remontée des eaux profondes… et des nutriments. Même
si les courants bougent tout le temps, les dauphins sont des
malins et savent les repérer. Natale aussi ! Et en particulier
le plus important, le courant liguro-provençal, qui, coup de
bol, passe à moins de dix kilomètres au large de la Revellata.

Qui pourrait gober ça ?

Pas moi, en tout cas. Il en trouvera, des nanas pour avaler ça, pour croire qu'on va vraiment plonger au milieu des
dauphins, des nanas habillées dans des tenues Hello Kitty,

des bikinis Barbie et des casquettes Minnie. Mais moi, malgré son regard de pirate, ses muscles de baroudeur et son sourire de naufrageur, il m'aura pas. D'ailleurs, il m'avait dit de changer ma tenue, histoire de ne pas effrayer ses cétacés apprivoisés, eh bien, il a vu que je ne suis pas du genre à changer d'uniforme. J'ai enfilé un jean noir, un tee-shirt des *Dents de la mer* et une casquette *Shark*. Plus équipée pour draguer les requins que les dauphins.

On est arrivés au cœur de son sanctuaire. Je sentais juste davantage de vent sur mes joues, peut-être davantage de tangage. Derrière nous, le phare de la Revellata n'était plus qu'un cure-dent planté dans une île flottante. Natale a coupé le moteur de l'*Aryon* et s'est mis à prier, ou tout comme.
Une prière que je connaissais.

Une fois que tu es là, dans le silence, tu y restes.
Et si tu décides que tu veux mourir pour elles
Rester avec elles pour l'éternité
Alors elles viennent vers toi et jugent l'amour que tu leur
portes.

J'ai continué à réciter. Natale avait l'air impressionné.

S'il est sincère
S'il est pur
Et si tu leur plais

Je l'ai laissé terminer.

Alors elles t'emmèneront pour toujours[1].

---

1. Dialogues extraits du film *Le Grand Bleu* réalisé par Luc Besson (© 1988, Gaumont).

C'était assez dingue tout de même, je ne sais pas si vous imaginez, réciter ainsi les paroles du *Grand Bleu* au milieu de rien à part la mer partout.

Natale s'était allumé une cigarette. Sans m'en proposer. Comme un signe supplémentaire que je n'étais qu'une gamine à ses yeux.

— On ne va pas attendre longtemps, m'a-t-il glissé entre deux bouffées. Tu connais l'histoire du Petit Prince ? Quand il apprivoise le renard ? Tu te souviens du plus important ?

— …

— Venir tous les jours à la même heure, afin de pouvoir s'habiller le cœur. Tu vas voir, ma princesse, les dauphins sont comme les renards quand on les apprivoise. Eux aussi s'habillent le cœur et viennent toujours à la même heure. Tiens…

Et doucement, il tend le doigt sur sa gauche.

Je ne vois rien. C'est du baratin. C'est encore du baratin quand il me prend la main et la guide dans la direction voulue.

— Là… Ne bouge plus…

Ils sont là, mon Dieu… Je les ai vus.

Oui, comme je vous le dis, comme je vois à l'instant où je vous le raconte ce stylo et cette page, je les ai VUUUUUS !

Quatre dauphins, deux grands et deux plus petits, je n'ai pas seulement vu des bouts d'ailerons, je les ai vus nager et sauter, plonger, resurgir, replonger.

Et j'ai pleuré.

Je vous jure, je me suis effondrée en larmes, comme une idiote, pendant que Natale leur parlait, leur lançait du poisson. Je frottais mes yeux comme pour le cacher et je matais en douce mes doigts prendre la couleur charbon de mon mascara inondé.

— Tu es affamé, mon Orophin ? Laisses-en un peu à ta chérie ! A tes petits ! Allez, Idril, attrape. Galdor et Tatië, bougez-vous un peu.

Je vous jure, les quatre dauphins étaient à moins de trois mètres, à pousser leurs petits cris. On n'était pas dans un marineland ou un parc à la con, on était chez eux, seuls au monde, et ils étaient là, à réclamer un autre seau de poissons gelés.

— Tu veux les rejoindre ?

Je l'ai regardé de mes yeux charbon noyés, plus stupide que jamais.

— Je peux ?

— Bien sûr, si tu sais nager...

Tu parles si je sais nager.

J'ai fait sauter le jean noir dans lequel je cuisais, le tee-shirt aux grandes dents, et Natale n'a pas pu s'empêcher de sourire en me découvrant en bikini. Un sourire qui n'avait rien de pervers, plutôt celui du papa qui découvre que sa petite fille a gardé son déguisement de princesse sous son pyjama.

Je n'ai pas attendu qu'il ait le temps de détailler les reflets bleu indigo de mon maillot, les paillettes saphir et les petites fleurs ornées de perles.

J'ai plongé.

Je les ai même touchés. Les bébés surtout, Galdor et Tatië.

Vous ne me croyez pas ? Je m'en fous, je l'ai vécu ! J'ai passé ma main sur leurs nageoires, ma paume sur leur peau lisse en essayant d'en sentir les micro-déformations, j'ai regardé sous l'eau lorsque, d'un coup de queue, ils filaient à dix mètres de profondeur, je les ai vus remonter en deux ondulations, je les ai frôlés lorsqu'ils sautaient et s'éclaboussaient. Ce n'est même pas un rêve, mon lecteur du futur, c'est au-delà... Au-delà de tout ce qu'on peut vivre.

J'ai nagé avec les dauphins !

— Viens, me dit Natale en redémarrant le moteur, il faut que je te montre quelque chose.

*
* *

Le soleil venait de se coucher derrière les bungalows de l'allée C.

Il ferma le cahier et observa la photo de l'été 61 accrochée au-dessus du bar. Il était temps d'en terminer. De définitivement faire taire le passé ; d'en rassembler les traces en bûcher, de le brûler, d'en disperser les cendres.

Comme s'il n'avait jamais existé.

32

Le 19 août 2016, 20 heures

— Votre bière, Herr Schreiber.

Marco, le jeune serveur du bar des Euproctes, s'était assuré de la fraîcheur de la bouteille avant de servir la Bitburger à Jakob. Le patron en commandait huit packs chaque été, à usage unique du plus vieux client du camping, une sorte de privilège impérial remontant au temps de Bismarck.

— *Danke.*

L'Allemand n'avait même pas levé les yeux de son ordinateur. Schreiber était le genre exact de client que ne supportait pas Marco. Le client qui se croit intéressant. Qui vous sourit avec un petit air méprisant, qui vous explique le pourquoi du comment, et notamment que c'était mieux avant, les serveurs d'avant, les expressos d'avant, les motos d'avant, la mer Méditerranée d'avant... Il n'y a qu'une chose qu'on ne pouvait pas reprocher à Jakob Schreiber : à plus de soixante-dix ans, il conservait une énergie et une curiosité de jeune homme, à vous démontrer la supériorité des boules de pétanque en carbone sur les boules en inox, la supériorité de l'argentique sur le numérique, de la bière brassée à la main sur l'industrielle.

Ses journées au camping étaient organisées avec la rigueur d'un 4-4-2 de la Mannschaft. Une partie de pétanque le matin, entre dix et vingt photos dans l'après-midi, et trente-trois centilitres de bière le soir. Une invariable hygiène de vie.

A croire qu'il passerait encore une bonne vingtaine d'étés à les faire chier...

Pas le genre à participer à la partie de poker entre touristes dans la pièce d'à côté.

Devant l'écran pourtant, ce soir-là, Jakob s'énervait. A son âge, l'inattendu était contre-indiqué. *67 % des éléments copiés*, indiquait la barre grise qui se colorait lentement en vert fluo. Des fichiers clignotaient à toute vitesse sur son ordinateur, comme dans les nouvelles séries policières où défilent autant d'images dans un générique que pendant tout un épisode de Derrick. Au goût de Jakob, ça n'allait pas encore assez vite. Il avait calculé qu'il devait extraire quelque huit cents photos du cloud, toutes celles de l'été 89, conservées en 300 dpi. Son vieil ordinateur portable ramait, ou bien la connexion Wi-Fi du bar des Euproctes laissait à désirer.

Téléchargement achevé dans 11 minutes, affichait l'écran, mais l'annonce ressemblait à une publicité mensongère, à l'attente estimée dans une file ou dans un bouchon au point mort. La trotteuse de la montre de Jakob, par contre, avalait sans ralentir les tours de cadran.

21 h 12.

La prochaine question de « Qui veut gagner des millions dans son salon ? », la dernière de la journée, serait posée dans moins d'une demi-heure.

73 % des éléments copiés.

Il patienta, agacé, le nez levé sur les cinq posters qui décoraient les murs du bar, six clichés qu'il avait offerts à Cervone Spinello et jadis à son père Basile, sans réclamer en retour aucun autre privilège que de se faire servir sa bière, des bretzels, et des Knackers directement importés de Rhénanie.

Etés 1961, 71, 81, 91, 2001.

Jakob appréciait, avec une fierté non dissimulée, ces cinq

clichés qui offraient une vision synoptique du temps qui passe, des premières tentes canadiennes aux igloos autodépliants, des duvets sur la plage aux matelas autogonflants, des feux de bois aux barbecues autocuisants. Alors qu'il s'y attendait le moins, le téléchargement s'accéléra d'un coup, passa de 76 % à 100 % avant qu'il ait le temps de terminer sa Bitburger.

Scheiße !

Il la vida cul sec, attrapa une poignée de bretzels dans une main et son ordinateur sous le bras, son étui de boules dans l'autre car il ne se séparait jamais de ses Prestige Carbone 125 Demi-dure qui selon l'Allemand valaient leur poids en or. Les mauvaises langues prétendaient qu'Herr Schreiber dormait avec ses boules de pétanque sous le matelas, comme la princesse au petit pois.

La nuit tombait. Les criquets cachés dans les oliviers annonçaient la fin de la journée comme mille muezzins perchés dans autant de minarets. Dans le vacarme, dans la pénombre, Jakob Schreiber ne prêta pas attention aux bruits de pas derrière lui. Il marchait vite et de façon déterminée.

Ses pieds confortablement protégés dans ses chaussettes, et ses chaussettes solidement sanglées dans ses sandalettes de cuir, auraient été capables de retrouver le bungalow seuls. Ils l'avaient déjà fait d'ailleurs, une fois, le jour où Jakob avait vidé d'un coup les huit packs de Bitburger, avec des touristes de toutes les nationalités possibles, le 8 juillet 90, le soir de la victoire de l'Allemagne à la Coupe du monde. Hermann et Anke étaient encore là alors. Il avait passé le reste de l'été à boire des Pietra Pression et s'était juré de ne plus jamais se laisser aller à une telle générosité. Il y a deux ans, c'est seul dans son mobile home qu'il avait assisté à la nouvelle victoire de son pays. Cette fois, il n'avait même pas décapsulé une bouteille pour célébrer le but de Mario Götze en prolongations.

Hermann et Anke n'étaient plus là.

Dès que Jakob ouvrit la porte du mobile home, il posa ses boules de pétanque au pied de la table et alluma le transistor. Il avait le temps de se préparer, la radio diffusait encore des publicités, la douzième question ne serait pas posée avant neuf minutes. Il s'installa devant la table du salon et alluma l'ordinateur portable. Il cliqua sur le dossier *Eté 89*, distrait, tout en pensant aux questions 9, 10 et 11 auxquelles il avait répondu avec une facilité qui le déconcertait lui-même. Pourtant, depuis sept ans qu'il écoutait cette émission, jamais il n'avait dépassé la dixième… La petite Clotilde Idrissi lui portait peut-être chance ? Dès la dixième question, il avait gagné une encyclopédie Brockhaus en vingt-quatre volumes, qu'il possédait déjà en trois exemplaires, soit soixante-douze livres volumineux à caser chez lui, et il avait sérieusement envisagé d'en apporter une série ici, dans sa résidence secondaire de vingt-huit mètres carrés.

La douzième question correspondait au troisième palier, celui auquel moins d'un joueur sur un million accédait, d'après les statistiques fournies par le site. On n'y gagnait pas d'argent, mais une entrée VIP à la Pinakothek, le monumental ensemble de musées munichois, avec visite des allées interdites au public, participation aux ateliers de restauration, et surtout, on laissait avant de partir son buste, modelé par un sculpteur plasticien pour qu'il soit exposé dans une salle spéciale. Jusqu'à présent, seuls dix-sept Allemands aux crânes bien pleins étaient ainsi entrés dans la postérité.

Jakob était à une question de devenir le dix-huitième…

Distraitement, il fit défiler les photographies de l'été 89. Les souvenirs des visages restaient étonnamment précis. Il reconnut facilement la petite Clotilde, Nicolas Idrissi, Maria-Chjara Giordano, Aurélia Garcia, Cervone Spinello, un peu moins ceux qui n'étaient venus qu'un été, mais quelques prénoms lui revenaient, Estefan, Magnus, Filip. Il fit défiler rapidement les photographies de paysages, d'adultes, de scènes de vie pour se concentrer uniquement sur celles des ados.

Que l'on ait volé ses clichés, car on les avait volés, il n'y avait pas de doute, l'inquiétait. Il y avait forcément un rapport avec le retour sur l'île de Clotilde Idrissi, sans qu'il comprenne lequel. Une chose après l'autre, se raisonna-t-il, il devait rester concentré sur le concours, il se pencherait sur les photos ensuite.

Plus concentré que jamais.

Trop pour entendre, devant son mobile home, le bruissement des graviers.

L'animateur radio annonça qu'il poserait la fameuse douzième question dans moins d'une minute. Alors que la main droite de Jakob serrait le téléphone portable, sa main gauche trembla légèrement et, comme pour ne pas trop laisser le trac l'envahir, se crispa sur la souris pour continuer de dérouler le diaporama.

L'été 89 défilait. La plage de l'Alga au coucher du soleil, la grotte des Veaux Marins au petit matin, une partie de pétanque, les ados en train de danser, l'accueil du camping, le parking.

Noch 30 Sekunden, prévint le transistor.

Jakob fronça les yeux, quelque chose l'intriguait sur le cliché.

Il n'entendit pas la porte du bungalow lentement pivoter.

Noch 15 Sekunden.

Jakob, comme hypnotisé, scrutait les quelques voitures garées dans le camping des Euproctes dont, reconnaissable entre toutes, la Fuego rouge des Idrissi. Celle qui allait s'écraser moins de vingt-quatre heures plus tard sur les rochers de la Petra Coda. *23 août 1989,* précisait la légende du cliché, mais ce n'est pas la voiture qui intriguait le vieil Allemand, c'était l'ado qui la fixait, avec le regard de celui qui...

Noch 5 Sekunden.
... le regard de celui qui savait à l'avance ce qui allait se passer.

Noch eine Sekunde.
Jakob ferma les yeux, le pouce légèrement relevé, pour uniquement se concentrer sur la question que l'animateur débita avec le débit d'une MG 08. Trois secondes pour répondre.
Antwort A, Mönchengladbach, B, Kaiserslautern, C, Hamburg, D, Köln.

Ein
Jakob connaissait la réponse !

Zwei
Il n'avait aucun doute, même s'il était d'un naturel prudent. Il entrevit comme dans un rêve son doigt se poser sur l'écran, valider la bonne réponse, les journalistes le contacter, son nom sur trois colonnes s'étaler dans le journal de son quartier.
Dans la grande allée de la Neue Pinakothek, en bronze, son crâne exposé.

Drei
Ce fut l'avant-dernière image que son cerveau visualisa.
Jamais Jakob n'atteindrait le troisième palier.
Son pouce s'arrêta à quelques millimètres de l'écran tactile, juste à l'instant où l'étui de *Prestige Carbone 125 Demi-dure* s'écrasa sur sa tempe droite. Jakob s'effondra, et avec lui la table, l'ordinateur portable, le téléphone.
Dans l'étroit couloir du bungalow A31, en sang, son crâne explosé.

Les yeux de l'Allemand, avant de se fermer, noyés par la source écarlate qui jaillissait de son front, fixèrent une dernière image affichée sur l'ordinateur tombé à côté de lui, à quelques centimètres de son visage.

Toujours la même photo, celle de la Fuego garée sur le parking et de celui qui observait le véhicule comme s'il savait que sa direction, le soir même, allait lâcher. Cet ado qu'il connaissait, qu'il avait encore croisé ce soir, qui lui avait serré la main, qui lui avait même demandé pourquoi il souhaitait une connexion Wi-Fi à une heure aussi tardive.

Cervone Spinello.

~

Il hésita de longues minutes, de trop longues minutes.

Faire disparaître les photographies serait un jeu d'enfant, il suffisait de les supprimer, de sortir avec l'ordinateur portable, de le balancer dans n'importe quel conteneur à poubelles, il n'en resterait aucune trace, aucune preuve. Faire disparaître les boules de pétanque ne serait pas plus compliqué. On ne retrouverait jamais l'arme du crime.

Mais faire disparaître le corps du vieil Allemand ?

Profiter de la nuit ? Profiter du silence ?

Trop tard, c'était déjà trop tard.

Dehors, dans l'allée A, un groupe bruyant marchait, sans doute une des tables de poker qui avait terminé la partie et rediscutait bluff, chance de cocu et tapis désespérés. D'autres suivraient, chaque table allait se vider.

Il devait trouver une autre idée. Maintenant que tout était terminé, il avait besoin de calme.

33

Il essuya le sang sur ses mains, sur les boules de pétanque, les taches écarlates sur le sol du mobile home, marcha, s'éloigna, attendit de trouver un réverbère suffisamment isolé avant de reprendre le journal.

Rouge, tout était rouge.

A l'exception de ce cahier, de ses mots bleus, d'un bleu profond.

*

* *

Dimanche 20 août 1989, quatorzième jour de vacances,
ciel de delphinidine

La delphinidine, mon lecteur du futur, c'est le nom savant du pigment bleu des fleurs. Incroyable, non ? C'est le pigment qui manque aux roses. C'est pour cela qu'aucune vraie rose ne sera jamais bleue !

Je ne suis pas une rose.

Je me fais sécher sur les rochers de la plage de l'Oscelluccia. Je ne me suis pas rhabillée. Cette fois, Natale peut mater tant qu'il veut mon maillot de bain de naïade naïve, sans tête de mort, sans squelette, sans même une seule goutte de noir, rien que toutes les nuances de bleu.

L'*Aryon* est accosté, accroché à un anneau percé dans les rochers. La plage de l'Oscelluccia n'est pas vraiment une crique secrète à laquelle on n'accède que par la mer, il y a un petit sentier qui mène presque directement au camping des Euproctes, en pente raide, trop raide pour le descendre avec les tongs et le parasol, alors le coin est plutôt moins fréquenté que la plage de l'Alga.

Et là, pour le coup, on est seuls.

Natale Angeli continue de parler, de baratiner. Sauf que cette fois, je l'écoute.

— Tu vois, Clotilde, ici, ce serait l'endroit idéal pour mon sanctuaire. Dans un premier temps, il suffirait d'aménager un ponton, quelques amarres, une caisse et une buvette peut-être. Mon modèle, ce serait la baie des Tamarins, sur l'île Maurice, tu en as peut-être entendu parler ?

Je secoue la tête. Je ferme les yeux. Il peut me raconter ce qu'il veut...

— C'est une baie où des dizaines de dauphins se sont installés. Tous les matins, ils organisent des sorties en mer, ça marche du feu de Dieu, ils sont même obligés de limiter le nombre de bateaux. Ça devient une industrie, mais ce n'est pas ce qu'on ferait ici. On limiterait les safaris. On ferait monter les enchères, ce serait un privilège, on ferait des milliers de déçus pour seulement quelques élus. Et puis si ça fonctionne, si l'argent rentre, on pourrait voir plus grand. Un vrai bâtiment, une piscine d'eau de mer, un centre de soins, une petite équipe de recherche...

Là je sens qu'il se tourne vers moi, qu'il s'approche, c'est son ombre qui me couvre et elle est froide.

— Tu en parlerais à ton grand-père ? Tu ferais ça pour moi ?

J'ouvre les yeux. Enfin, c'est plutôt Natale qui me les ouvre.

Il est là, en caleçon, beau comme un pirate insaisissable avec sa peau bronzée, son bandana sur son crâne rasé et ses pieds nus qui laissent des traces dans le sable. Putain, ce type qui me demande de lui rendre service est capable de parler aux dauphins ! Il est tout droit sorti d'un roman, d'un film, et il m'a pris la main et m'a fait entrer dedans.

— Bien entendu… Pourquoi Papé dirait non ?

— Parce que les cétacés, les touristes et moi, il s'en fout. Mais si sa petite-fille amoureuse des dauphins le supplie…

A ce moment-là, je pense que je devrais minauder, négocier, poser mes conditions, mais j'en suis incapable, alors je frappe des mains.

— Tout ce que tu veux ! Tu le verrais où, ton musée ?

Natale devient à nouveau intarissable et commence à employer des mots auxquels je ne comprends rien, des normes environnementales ISO machin, des matériaux composites, des systèmes de recyclage, il en vient même à parler de budget, c'est terriblement technique et je décroche jusqu'à ce qu'il glisse un mot qui me fait sursauter au milieu de l'énumération de son plan d'amortissement à coups de milliers de francs. *Maman*.

Je crois que je le tutoie pour la première fois.

— Tu en as parlé à maman ?

— Evidemment. Ta maman est architecte, spécialisée dans les éco-bâtiments. Elle a un vrai sens pratique. Selon elle, on peut atteindre l'autosuffisance énergétique rien qu'avec des panneaux solaires posés là et là…

Il tend son doigt vers des rochers plus plats.

J'y crois pas !

— Tu l'as amenée ici ?

Il mime super bien le mérou ou ce genre de poisson qui a les yeux tout ronds.

— Oui. Ta mère est compétente, brillante même. Si mon projet fonctionnait, je crois qu'elle serait la plus qualifiée pour le dessiner…

Je le coupe.

— Si elle est si balaise, pourquoi tu ne demandes pas à maman d'en parler à Papé ?

Il s'assoit à mes côtés, façon Robinson Crusoë. J'adore cette façon cool qu'il a de se recroqueviller, j'y vois un mélange de force et d'enfance, un homme sûr de lui et pourtant encore petit garçon dans chacun de ses gestes.

Y en avait qu'un sur terre et je l'ai trouvé. Sauf que je suis née dix ans trop tard.

— Ta maman, disons, n'est pas la belle-fille adorée... Comment t'expliquer ? Le fait qu'elle ne soit pas corse est déjà un handicap. Surmontable, je te l'accorde. Mais pour aggraver son cas, elle a entraîné ton papa sur le continent, et pas à Aix ou Marseille, dans le Grand Nord, au-dessus de Paris... Aux yeux des Idrissi d'ici, elle leur a un peu volé ton papa.

— Moi aussi, j'habite au nord de Paris.

— Oui, mais tu as du sang corse. Tu es une Idrissi, en ligne directe ! Tu hériteras peut-être même de tout cela un jour, les quatre-vingts hectares. Peut-être que cela suffira à convaincre ton Papé...

Pour tout vous avouer, si vous ne l'aviez pas encore compris, j'étais en train de tomber vraiment amoureuse. De connaître ce sentiment de vouloir tout donner à un homme, tout sacrifier, toutes ses valeurs, tout son honneur, toutes les promesses de femme libre qu'on s'était faites, crachées, jurées. J'étais en train de comprendre tout ça en vrac, et en même temps, comme si c'était un réflexe féminin darwinien, je me suis raidie, comme si les femmes qui avaient survécu au fil des millénaires étaient les plus méfiantes, que toutes les impulsives, les naïves et les spontanées s'étaient fait liquider et qu'au bout de la chaîne de l'évolution, la prudence était presque devenue pour elles une seconde nature de survie.

— Pourquoi je t'aiderais, Natale ? Tu adores ma mère. Je suis certain que tu lui as fait le coup des dauphins, que tu l'as fait naviguer, tanguer, plonger, loin du rivage, avant de la ramener sur cette plage. Pourquoi je t'aiderais alors que tu la préfères et que tu te fous bien de moi ?

Natale me fixa avec un regard que j'enregistrais, sans savoir le décoder, même si je savais déjà que ce regard-là, c'était celui que, toute ma vie, j'aimerais qu'un homme pose sur moi. Un regard étonné, intrigué, à la fois inquiet et fasciné. Le regard du joueur de poker qui se demande ce qu'il y a dans le jeu de l'autre et qui continue de miser. Pour voir...

Enfin, il se lança.

— Clotilde, on va jouer cartes sur table, tu as quinze ans. D'accord, tu es plus mûre que les gamines de ton âge, tu es originale, révoltée, pleine de fantaisie, tu es typiquement le genre de fille dont j'apprécie le caractère ; mais tu as quinze ans. Alors ma proposition, c'est de te prendre comme associée. D'ac ? Qu'on devienne des collaborateurs privilégiés, ça te va ? Qu'on partage le même rêve, rien que ça. Sauver les dauphins, sauver la planète, sauver l'univers ; je peux te dire qu'il n'y a pas beaucoup de filles à qui j'ai proposé ça un jour.

Et il me tend la main comme un animateur de colo qui vient de gagner une balle aux prisonniers, et je claque ma paume dans la sienne.

Alors que je rêverais qu'il laisse sa main dans la mienne.

Qu'il pose ses lèvres sur les miennes.

Qu'il colle sa peau contre la mienne.

— On est de la même race, n'est-ce pas, Clotilde ? Les pêcheurs de rêves contre le reste du monde.

Il a amené maman ici.

Peut-être l'a-t-il embrassée.

Peut-être l'a-t-il déshabillée, peut-être ont-ils fait l'amour.

Peut-être désire-t-il le corps de maman, quel homme pourrait ne pas le désirer, mais que c'est à moi qu'il pensait quand il la caressait, quand il lui murmurait à l'oreille qu'il l'adorait, quand il l'a pénétrée.

Que c'est moi qu'il aimait, même si la morale le lui interdisait.

— Je veux un contrat, Natale. Un contrat qui t'engage sur trente ans. Je veux 30 % des gains de ton entreprise, un futur bateau à mon nom, un bureau tout en verre avec vue sur mer, un couple de dauphins rien qu'à moi, je veux aussi pouvoir m'habiller comme je veux, et si tu m'accordes tout ça, je veux bien aller sauter sur les genoux de Papé Cassanu pour négocier ton idée de fou.

Il a éclaté de rire.

— Et ce sera tout ?

— Oui… Plus un bisou sur la joue.

34

Le 20 août 2016

La mer charriait des bouteilles vides, des confettis mouillés et des serpentins brisés, comme autant de rêves abandonnés au bout de la nuit par des danseurs épuisés, par des fêtards au bout du désespoir, et que les vagues ramenaient au matin. Délavés.

Au tout petit matin.

L'*Aryon* flottait entre les détritus. Natale, perdu dans ses pensées, semblait s'en foutre, comme s'il y avait bien longtemps qu'il avait abandonné l'espoir que la mer lui recrache la bouteille à la mer postée il y a des années.

Clotilde était en retard. Elle s'arrêta pourtant, un instant, juste avant de descendre sur la plage de l'Oscelluccia. Quelques secondes pour remonter le temps. C'était le même sable que vingt-sept ans auparavant, les mêmes galets, la même écume, les mêmes embruns mêlés aux parfums âcres et poivrés des fleurs nichées au creux des rochers. Rien n'avait changé si on ne regardait pas du côté de la paillote Tropi-Kalliste ou du chantier de la marina *Roc e Mare*. Quelque chose chavirait à nouveau dans son cœur, tanguait, comme cette barque chahutée par la houle.

Mon Dieu que Natale était beau.

Il suffisait à ce salaud d'être là, de se tenir assis, à surveiller l'horizon de ses yeux lagon, de son regard à faire exploser toutes les barrières de corail du monde pour que s'échappent les balistes et les poissons-clowns, avec pour mission de colorer et de faire se gondoler les océans.

Natale portait un sweat-shirt à capuche saumon. Un jean un peu trop grand. Des sandales de cuir. Clotilde devinait que souvent il devait se statufier ainsi, s'arrêter ; qu'il avait conservé de ses rêves avortés un pouvoir magique, celui de transformer, pendant quelques secondes éphémères, la réalité en quelque chose de plus beau, dans sa tête. Qu'il avait appris à s'en contenter. Transformer le rayon poissons du Super U de Lumio en un sanctuaire marin inviolé. Le cours Napoléon d'Ajaccio, bagnole contre bagnole, en traversée transatlantique en solitaire. Une étreinte pressée dans l'obscurité, avec la femme qui s'endort chaque jour à ses côtés, en nuit d'amour étoilée avec l'une des passantes jadis croisées. L'une des passagères de l'*Aryon* jadis embarquées.

Beau. Solide. Fragile.

— Natale ?

Elle avait enfilé une robe lilas qui flottait sur ses cuisses, fait valser ses nu-pieds pour marcher sur le sable encore froid, presque humide.

Il se retourna. Planta ses yeux dans les siens.

Beau. Solide. Fragile.

Dangereux.

Rien de plus dangereux que les hommes au regard lagon, pensa Clotilde. Exploser la barrière de corail, c'était aussi laisser entrer tous les monstres marins dans l'enclos protégé, celui où les familles peuvent patauger sans danger.

Ils s'avancèrent l'un vers l'autre, sans franchir le dernier mètre qui les séparait.

— Tu as joué avec le feu en me donnant rendez-vous ici, fit Natale. Je m'étais promis de ne jamais remettre les pieds sur cette plage.

251

— Tu avais promis beaucoup d'autres choses…

Il ne répondit pas. Son regard glissa sur l'*Aryon*, toujours amarré aux rochers.

— Tu as eu de la chance, aussi. J'étais libre aujourd'hui, je ne reprends mon service que demain matin.

Clotilde se pinça les lèvres.

— Pas moi. Mon mari est parti courir, une demi-heure, une heure au maximum, jusqu'à Notre-Dame de la Serra. Je dois être revenue aux Euproctes à peu près en même temps que lui. C'est… c'est compliqué… Je lui ai dit que j'avais perdu une boucle d'oreille ici. Un grand anneau argenté. Ce n'est pas qu'une excuse d'ailleurs, je l'ai vraiment perdue, l'autre nuit, pendant le concert.

Toutes les minuscules rides du visage de Natale se mirent à bouger ensemble, en harmonie, comme si elles avaient répété pendant toutes ces années une chorégraphie uniquement destinée à rendre son sourire irrésistible.

— Je t'aide à la chercher ?

Il lui prit la main. Le geste avait quelque chose de naturel. Ils marchèrent lentement, les yeux baissés.

— Tu te souviens ? demanda Clotilde.

— Bien entendu. Tu crois que j'emmenais souvent des filles dans mon sanctuaire ?

Oh oui, mon beau pêcheur de sirènes, tu n'as pas dû te priver, à l'époque !

Elle fixa la mer.

— Il y a encore des dauphins ?

Les yeux de Natale ne quittaient pas le sable. Il ne répondit pas. Clotilde continua. Après, elle se tairait, promis. Elle le laisserait parler. Elle le laisserait expliquer. Elle se contenterait de l'écouter, comme avant.

— Galdor et Tatië doivent être toujours vivants, fit-elle. Orophin et Idril aussi, on dit que les dauphins vivent plus de cinquante ans. Et qu'ils ont une mémoire d'éléphant ! Plus forts que des pachydermes même, la plus grande mémoire amoureuse de tous les mammifères. J'ai lu qu'ils étaient capables de reconnaître une partenaire rien qu'au son de sa voix plus de vingt ans après l'avoir quittée. Tu connais un homme qui serait capable de ça ?

Les yeux dans le sable. Toujours.

Pourquoi avait-elle parlé de cette fichue boucle d'oreille ?

Elle détailla la paillote Tropi-Kalliste fermée devant eux, les poubelles entassées, la caravane grise cadenassée. D'après les affiches, Maria-Chjara continuait sa tournée dans l'ouest de l'île, elle était à Sartène hier soir, à Propriano ce soir, mais elle remontait à Calvi dans deux jours.

Elle serra plus fort encore la main de Natale, comme pour le prévenir de ce qu'elle allait dire.

— C'est quoi, ce délire ? Cette boîte de nuit sordide ? Ces baraquements immondes ? Ton ponton, ta réserve, ton musée des cétacés auraient dû être construits ici. Explique-moi, Natale. Explique-moi pourquoi Cervone Spinello a gagné. Gagné contre ton projet.

Des sacs plastique éventrés volaient, des canettes roulaient, il faudrait des heures à une brigade verte pour tout nettoyer, et tout recommencerait après-demain. Comment son grand-père Cassanu avait-il pu accepter ce sacrilège, préférer laisser prospérer cette plage poubelle plutôt que le sanctuaire de dauphins de Natale Angeli ?

— C'est une vieille histoire, Clotilde. C'est du passé. S'il te plaît.

OK, OK, ne pas le brusquer.

— Tu avais emmené ma mère aussi, ici.

T'es folle ! regretta aussitôt Clotilde. Tu appelles ça ne pas le brusquer !

Cette fois pourtant, Natale réagit. Ses pieds fouillaient la plage, comme s'il gardait espoir de découvrir la boucle d'oreille.

— Oui... Et toi tu étais prête à sortir les griffes, les canines et les épines, un petit hérisson raide dingue de jalousie contre ta mère.

— Y avait de quoi, non ?

— Non !

Ils arrêtèrent de marcher, pivotèrent, se retrouvèrent face à l'*Aryon*.

— J'avais quinze ans, Natale, mais je n'étais pas complètement idiote. Tu regardais ma mère avec un regard qui, comment… qui la déshabillait ! Et elle aussi te regardait avec le même désir, comme je ne l'avais jamais vue regarder aucun autre homme… même papa.

Doucement, le pouce de Natale lui caressa la paume de la main. Comme cette histoire de battement d'ailes d'un papillon entraînant un tsunami à l'autre bout du monde, ces infimes frottements sur sa peau provoquaient des ricochets de sensations jusqu'au plus profond de son ventre.

Un tsunamour ? Ça existait ?

— D'accord, Clotilde, fit Natale en haussant brusquement la voix. Otons les masques. Depuis le temps, ils doivent être aussi usés que nos visages sont ridés. A l'époque, lors de l'été 89, j'avais vingt-cinq ans, ta mère en avait quarante. Nous étions attirés l'un par l'autre, je te l'accorde. Attirés physiquement, s'il faut te le préciser. Mais ta mère était fidèle, et il ne s'est rien passé entre nous, crois-moi, même si elle a été tentée.

— De petits anges bien sages, ironisa Clotilde.

Natale continua comme s'il n'avait rien entendu.

— Si ta mère a été tentée de tromper ton père, ce n'est pas parce qu'elle était tombée amoureuse de moi, et encore moins parce qu'elle n'aimait plus ton papa. (Il esquissa un sourire triste.) C'était même tout l'inverse.

— Tout l'inverse ? Je ne comprends rien, Natale.

— Ta mère s'est rapprochée de moi, ta mère m'a dragué, allumé, s'est promenée avec moi en public pour que cela se voie, se sache, fasse causer dans le pays… mais c'est ton père qu'elle aimait ! Tu comprends, maintenant ?

— Toujours pas. Désolée…

— Ta mère voulait rendre ton père jaloux ! C'est aussi simple que cela, Clotilde. Elle n'en avait rien à faire de mon sanctuaire, de mes dauphins et de mes mains qui sentaient le poisson, elle voulait juste faire réagir ton père.

Clotilde lâcha la main de Natale. Laissa le vent fouetter son visage, caresser ses jambes, comme aucun homme ne le ferait jamais avec autant de patience.

— C'était aussi un peu compliqué, Clotilde, entre ton père et ta mère.

Elle ne voulait pas en entendre davantage. Pas ici. Pas maintenant.

— C'est vieux comme le monde, Clotilde. *Les Liaisons dangereuses*, tu te souviens, le livre que tu lisais, sur ton banc, dans le port de Stareso, face à l'*Aryon*. Ta mère a joué avec moi, m'a utilisé parce qu'elle en aimait un autre... et moi comme un couillon, je n'ai rien vu, je suis tombé dans le panneau. Palma avait beaucoup de charme, de classe, elle s'intéressait à mon projet, elle était architecte, elle avait des idées très concrètes. Je croyais presque qu'on pourrait les réaliser ensemble. J'avais l'impression qu'entre nous naissait une complicité. Alors qu'en réalité...

C'était à mon tour de fouiller la plage des yeux. Aucun bijou enterré, juste des mégots, des capsules de bière et peut-être même des préservatifs si on remuait un peu le sable.

— Alors qu'en réalité, continua Natale, c'est entre toi et moi que se tissait cette complicité... pas avec Palma... avec toi... Je pense que cela aussi, ça a compté.

Clotilde chercha dans le vide la main de Natale, l'attrapa au vol, tira sur elle pour qu'il pivote, se tienne face à elle. Après tout, puisque c'était la fin du carnaval, puisqu'on balançait les masques à la mer...

Fantasmer sur la mère, tout en laissant la fille fantasmer sur toi, c'était un plan un peu tordu, tu ne trouves pas ?

— Non, Clotilde... Non... Bien entendu, tu étais toute craquante du haut de tes quinze ans, même si tu en paraissais à peine treize. Mais il n'y avait aucune ambiguïté. Aucune. Simplement, j'avais déjà deviné.

— Deviné quoi ?

Son pied fouilla le sable. Gêné. Adorablement gêné.

— Deviné qui tu allais devenir… avec le temps. Une fille pétrie de fantaisie, une fille vive et intelligente, pétillante, une fille superbe qui croquerait la vie. Une fille qui, même ayant vieilli, la regarderait avec les mêmes lunettes que moi.

Une voix lointaine résonnait en écho dans la tête de Clotilde. *On est de la même race. Les pêcheurs de rêves contre le reste du monde.*

— Mais j'avais dix ans de trop, Clotilde, ce n'est rien, dix ans, mais pour nous, c'était déjà deux courbes qui se croisaient, la tienne qui allait monter haut sur l'échelle de la séduction. Et la mienne qui commençait à dégringoler.

— Arrête !

Il se pencha, soudain, comme pour échapper à ses bras.

— Arrête, Natale. Arrête de tout noircir. De te détruire. Tu sais très bien que…

Il se releva sans la laisser terminer. Entre son pouce et son index, il tenait un anneau d'argent.

— C'est le tien ?

Incroyable !

De la magie ! De la pure magie !

— Merci.

Il ne faut jamais lutter contre la magie, pensa Clotilde. Cela porte malheur. Ses pensées s'ordonnèrent d'un coup, comme les rides enchantées sur le visage de Natale.

Comme une évidence. L'embrasser.

Juste un bisou. Pour honorer un contrat vieux de vingt-sept ans.

Juste un bisou pour solder un fantasme vieux de vingt-sept ans.

Juste un bisou et puis c'est tout.

Pour ne pas mourir idiote, pour ne pas le regretter toutes les années d'après, quand son corps se mettrait à dégringoler.

Juste sentir de sa bouche le goût...

Doucement, Clotilde posa ses lèvres sur celles de Natale.

Un instant, un instant seulement.

Puis leurs quatre lèvres se décollèrent, comme il était convenu, comme il était convenable.

Un instant, un instant seulement.

Avant que leurs dix doigts réunis ne s'affolent autour du cercle d'argent, avant que la main de Clotilde ne s'empare de la nuque de Natale, et celle de Natale du creux de ses reins, avant que leurs bouches ne se fondent en une seule et que leurs langues rattrapent le temps perdu, que leurs corps se pressent comme s'ils avaient depuis toujours été dessinés pour s'épouser.

Comme si plus rien d'autre qu'eux ne pouvait exister.

Ils restèrent ainsi de longues minutes, à s'embrasser, à écraser ses seins contre son torse. Ne sachant plus quoi faire pour retenir le temps. La tête posée sur l'épaule de Natale, Clotilde fixait l'*Aryon* attaché à son amarre. Les doigts du pêcheur couraient sur son dos, pressés, infatigables, maladroits, tels des bébés quintuplés qui viendraient d'apprendre à marcher.

— Remets-le à flot, Natale. Embarquons, retournons avec les dauphins, tournons la suite du film, il y a eu au moins cinq *Dents de la mer*, on peut bien inventer un *Grand Bleu* numéro deux...

Il esquissa un sourire navré.

— Impossible, Clotilde.

— Pourquoi ?

Elle l'embrassa encore, à en perdre le souffle. Elle se sentait tellement vivante.

— Impossible, impossible de te le dire.

— Pourquoi ? Pourquoi as-tu enchaîné l'*Aryon*, Natale ?

Pourquoi as-tu épousé Aurélia ? Pourquoi est-ce que c'est toi, aujourd'hui, qui as peur des fantômes ?

— Parce que je les ai vus, c'est aussi simple que ça, Clotilde.

— Putain, Natale, les fantômes n'existent pas ! Même à quinze ans, même déguisée en Lydia, je n'y croyais pas. C'était un jeu. Les fantômes, c'est l'inverse des vampires. Un baiser et ils disparaissent.

Et elle l'embrassa.

— Je l'ai vue, Clotilde.

— Qui, qui as-tu vu ?

Elle approcha encore ses lèvres, mais il se détourna, se contentant de poser une main dans le creux de ses reins pour la presser contre lui.

— Tu vas me prendre pour un fou.

— Trouve autre chose, ça c'est déjà fait.

— Je ne plaisante pas. Je ne l'ai jamais raconté à personne, jamais, pas même à Aurélia. Et pourtant cela a hanté ma vie depuis.

— Depuis quand ?

— Depuis le 23 août 1989.

Elle glissa, se raccrocha à son épaule.

— Raconte-moi, Natale. Raconte-moi.

— J'étais à la Punta Rossa. Chez moi. Seul. Je buvais. Moins qu'aujourd'hui mais je buvais déjà. Au moins ce soir-là. Je savais que ce jour-là je ne verrais pas Palma. Tu sais pourquoi, bien entendu, l'anniversaire de rencontre de tes parents. La Sainte-Rose. Leur jour sacré. Alors je noyais ma pitoyable jalousie dans le myrte, les yeux tournés vers le sommet du Capu di a Veta. Le fantôme est apparu à 21 h 02 en haut de la colline, je n'ai aucun doute sur l'heure, Clotilde, la télé était allumée, *Thalassa* venait de commencer et l'écran affichait l'heure exacte. 21 h 02. Le fantôme se tenait à environ cent mètres de la maison, sur le sentier des douaniers. Immobile.

21 h 02... Le 23 août 1989.

Clotilde frissonna, se blottit contre le corps brûlant de Natale ; enfouit sa joue dans la capuche de son sweat.

La Fuego avait basculé dans le vide à 21 h 02 très exactement, tous les rapports de la gendarmerie et des pompiers étaient formels.

— Je sais que c'est impossible à croire, Clotilde, je sais que tu vas me prendre pour un dingue, mais à la seconde où la voiture de tes parents s'écrasait sur les rochers de la Petra Coda, à la seconde où ton frère, ton père et ta mère perdaient la vie, je l'ai vue apparaître par ma fenêtre, j'ai vu ta mère, aussi distinctement que je te vois. Elle m'a fixé, comme si elle voulait me voir une dernière fois avant de s'envoler. Elle est restée ainsi de longues minutes, sans oser franchir les derniers mètres qui la séparaient de moi. Quand j'ai compris qu'elle ne bougerait pas, j'ai décidé de la rejoindre. Le temps de poser mon verre, d'ouvrir la porte, de courir vers elle, elle avait disparu.

Ses doigts se crispèrent dans le dos de Clotilde, les quintuplés possédaient déjà une force de géants.

— Je n'ai appris l'accident de tes parents que quelques heures plus tard, continua Natale. Je n'ai compris qu'à ce moment-là. Cela ne pouvait pas être ta mère. Au moment où elle m'apparaissait, elle mourait, à quatre kilomètres de là. Cela ne pouvait être que son fantôme... Qui pourrait croire ça ?

— Moi.

Moi je te crois ! martela Clotilde à son cerveau pour qu'il l'admette. Bien entendu que je te crois. Puisque ce fantôme m'a écrit. Puisque ce fantôme m'a regardée sous le chêne d'Arcanu. Puisque ce fantôme a pris son petit déjeuner hier, a lu son journal, puisque ce fantôme a adopté un chien pour ne pas s'ennuyer.

Clotilde posa un long baiser dans le cou de Natale. Puis, doucement, desserra l'étreinte.

A regret.

— Je dois y aller... Franck va rentrer. Tout... tout va être compliqué... Se revoir. Se revoir vraiment.

Elle se força à sourire avant de continuer.

— Ça doit être la règle numéro un de tous les manuels de l'infidélité pour les nulles, ne jamais prendre un amant pendant les vacances, en famille, avec son mari et sa fille.

— Je travaille demain matin, fit Natale avec une assurance qui la troubla. Mais je suis libre cet après-midi. Tu pourras me rejoindre.

— Impossible, Natale. (Elle agita l'anneau d'argent devant ses yeux.) Je ne pourrai pas trouver d'autres excuses crédibles. Franck se méfie et il...

— Belvédère de Marcone, coupa le pêcheur. A 13 heures. Ton mari te laissera t'y rendre seule.

Belvédère de Marcone.

Natale avait raison.

Jamais Franck ne pourrait se douter qu'elle s'y rendait pour retrouver son amant.

C'est le dernier endroit où elle aurait eu envie de le tromper.

Le belvédère de Marcone était célèbre pour son cimetière. Pour ses mausolées, ceux des plus riches dynasties corses de la Balagne ; pour le plus monumental d'entre tous, celui des Idrissi.

La tombe de ses parents.

35

Lundi 21 août 1989, quinzième jour de vacances,
ciel bleu de fumée sans feu

Ce matin, je ne vais pas vous écrire. Je vais juste recopier !
Vrai de vrai.

C'était dans le *Corse-Matin* d'aujourd'hui. Toujours cette
affaire du patron niçois qui a coulé à pic avec du béton plein
les poches, ou son or, je ne sais plus. Une histoire qui justement tombe à pic, d'après les journalistes. C'est pour ça que ce
coup-ci je préfère recopier, parce que je ne sais pas trop quoi
en penser. Il y a tout un dossier sur les acquisitions du Conservatoire du littoral et des rivages lacustres, sur les procédures
sans fin autour des plans d'occupation des sols, sur le périmètre
exact des zones de protection de la biodiversité. Après avoir
lu le *Corse-Matin* de ce matin, je ne sais pas si je dois encore
davantage aimer mon Papé... ou avoir tout de même un peu
peur de lui. Je vous laisse vous faire votre propre opinion.

Extrait *Corse-Matin* du 21 août 1989
La bonne étoile du Berger. Qui est Cassanu Idrissi ?
Propos recueillis par Alexandre Palazzo

« *Cassanu* » *est le nom le plus ancien pour désigner un*
chêne, il vient du celte, de l'occitan, du vieux corse. En 1926,

*le regretté Pancrace Idrissi a offert ce prénom à son fils unique,
en hommage au chêne tricentenaire qui pousse au centre de
la bergerie d'Arcanu, pour que son fils en tire sa force, sa
longévité, ses racines.*

*Soixante-trois ans plus tard, les vœux du vieux patriarche
de la dynastie Idrissi se sont exaucés, sans doute au-delà de
ses espérances. Cassanu Idrissi est devenu l'une des figures
emblématiques de la Balagne, l'une des plus influentes, même
s'il demeure une personnalité inclassable et atypique. Le berger
d'Arcanu n'est maire d'aucun village, sa famille ne compte
aucun conseiller régional, aucun député, ne préside aucune
association. Cassanu se présente comme un simple berger, un
berger qui règne sur quatre-vingts hectares, un désert, aux
portes de Calvi, seulement peuplé d'un camping et de trois
villas. Cassanu Idrissi est un solitaire.*

*Le paisible retraité à carrure d'athlète vous accueille dans sa
bergerie d'Arcanu avec la plus délicate des hospitalités. Pendant que sa discrète épouse, Lisabetta, vous prépare un copieux
goûter, il vous emmène faire le tour du propriétaire pour vous
expliquer qu'à perte de vue, ou quasi, tout est à lui.*

*Et la seconde suivante, il vous explique que ce tout équivaut
à rien... que rien ne lui appartient en réalité, pas plus que le
désert n'appartient aux Touaregs ni la steppe aux Mongols ;
qu'il n'en est que le gardien. Cette terre, il n'en a pas hérité, car
hériter voudrait dire qu'il la posséderait, qu'il pourrait la céder,
la vendre, la découper en morceaux ; non, Cassanu Idrissi vous
explique, en vous montrant du bout de son bâton le sommet
du Capu di a Veta, que cette terre lui a été confiée, qu'il en a
simplement la responsabilité. Ensuite, alors que Lisabetta vous
apporte un thé à la châtaigne, des fiadone et des canistrelli aux
amandes et aux raisins, Cassanu déplie sur la table de vieilles
cartes, des titres de propriété, certains remontant au temps de
Pascal Paoli, de Sampiero Corso ou de Napoléon Bonaparte,
et vous déclame que cela n'a guère d'importance. Selon lui,
les récents documents d'urbanisme, que l'administration prend*

plaisir à accumuler, n'ont pas davantage de légitimité. Il ne s'agit au fond que de frontières tracées par les hommes, de traits tirés à la règle sur de grandes cartes de papier, comme si les hommes de passage sur cette terre pouvaient posséder ne serait-ce qu'un gramme de sable, une goutte d'eau ou un brin d'herbe, et l'emporter dans l'au-delà. Comme si, au cas où par le plus grand des miracles il existerait un paradis, on pouvait y entrer avec ses valises. Comme si la terre n'allait pas continuer d'exister après nous. Car si l'eau et le feu, les racines des arbres et les ailes du vent sont capables de venir à bout des plus grandes murailles, de lézarder les tours génoises et de fissurer les ponts de pierre au-dessus des torrents, qu'ont-ils à faire de ces traits tracés au stylo sur du papier ? La nature se fout bien du patrimoine qu'on prétend protéger en son nom.

Alors, s'enflamme le berger en moulinant des bras, tandis que sa femme protège les verres et les tasses, tracez des zones, des périmètres et des frontières autant que vous voulez, partagez-vous les océans et les banquises, le ciel et les étoiles, les montagnes et les rivières, décidez à qui appartient chaque caillou, chaque noyau d'olive et chaque pétale d'ancolie si cela vous amuse, vous donne de l'importance, offre un sens à votre vie... mais vous ne changerez rien à cette seule vérité. La terre nous est confiée. Ma terre m'est confiée. Et aucune loi des hommes ne me fera jamais renoncer à mon devoir de la rendre dans l'état où je l'ai trouvée.

Corse-Matin : Justement, monsieur Idrissi, puisque vous évoquez la loi des hommes. Les journaux parlent beaucoup, ces derniers jours, de l'assassinat de Drago Bianchi, cet entrepreneur niçois qui avait pour projet de bâtir un hôtel de luxe sur les hauteurs de la pointe de la Revellata, et qui se vantait dans les colonnes de ce même journal, il y a moins d'un mois, d'avoir obtenu le soutien du préfet, de la Région et du comité régional du tourisme. Que vous inspire cet homicide ?

— *Rien de plus qu'à la plupart des Corses d'ici. Je n'ai pas pleuré à l'annonce de sa disparition, je n'ai pas envoyé de couronne à son enterrement, et d'ailleurs je ne crois pas me souvenir que ses amis préfet, président de Région ou du comité régional du tourisme aient non plus fait le déplacement. Il faut se méfier de ce qu'on lit dans les journaux et des protections qu'on prétend posséder. Voici ma réponse, mais peut-être y avait-il un sous-entendu dans votre question ? Si c'est le cas, j'en suis désolé, c'est qu'elle était mal posée. Et inutile. (Sourire.) Vous ne croyez tout de même pas que je vous avouerais, à l'heure du goûter en dégustant des canistrelli préparés par ma femme, que c'est moi qui l'ai assassiné ?*

Corse-Matin : *Bien entendu. Bien entendu, monsieur Idrissi. Oublions cette affaire et restons-en aux idées, aux principes, aux valeurs. Jusqu'où pourriez-vous aller pour protéger votre terre ? Vous pourriez aller, je vais être un peu brutal... jusqu'à tuer ?*

— *Pourquoi vous trouverais-je brutal ? Vous me reposez la même question, non ? (Nouveau sourire.) Et sans vouloir vous vexer, elle est toujours aussi mal formulée. Je ne souhaite évidemment la mort de personne. Comment pourrais-je souhaiter qu'un type soit broyé en pleine mer par les cinq cents tonnes d'un ferry, se fasse abattre à la terrasse d'un café devant sa fiancée, qu'une bombe explose sous sa voiture juste après qu'il a déposé ses enfants à l'école ? Qui pourrait souhaiter, approuver, commander de tels malheurs ? Certainement pas un vieil homme qui n'aspire qu'à vivre en paix. Ne cherchez pas le mal de mon côté. Cherchez-le du côté des hommes qui poursuivent une autre quête, un besoin étrange de pouvoir, d'argent, de femmes. Ici, en Corse, le pouvoir, l'argent, les femmes dépendent souvent des biens que vous possédez, des biens fonciers, je veux dire, de la terre, de la pierre. Alors si ces hommes, plutôt que de se contenter de ce que la vie leur a confié, préfèrent convoiter, s'emparer, spéculer... qu'y puis-je ? Qu'y puis-je s'ils ne conçoivent d'intérêt à leur vie* que si elle est mise en danger, comme ces fous qui pratiquent des sports à haut risque ? S'ils croient pouvoir défier l'ordre des choses. Accuse-t-on la vague d'avoir tué le surfeur inconscient ? La pierre pourrie d'avoir trahi l'alpiniste imprudent ? Le virage en épingle d'avoir tué le conducteur impatient ?

Corse-Matin : Merci, monsieur Idrissi, moi aussi, je crois pouvoir lire entre vos mots. Face à tant de cupidité, vous n'avez pas peur, vous, vous qui possédez, pardon, qui vous êtes vu confier autant de biens, qu'on veuille vous en déposséder ? Et, plus prosaïquement, qu'on puisse vouloir vous tuer ?

— Non, monsieur Palazzo. Non. (Bref silence.) Je pourrais légitimement avoir peur si je possédais quoi que ce soit que je puisse perdre. Mais puisque je ne suis qu'un gardien, si je venais à tomber, un autre prendrait ma place, et un autre ensuite, ou une autre d'ailleurs, un ami, un proche, n'importe quel homme ou n'importe quelle femme qui partage les mêmes valeurs, le même honneur. Des gens de ma famille, et j'inclus dans ma famille les gens qui ne sont pas de mon sang, qui sauraient ce qu'ils auraient à faire si un jour un malheur m'arrivait. (Long silence.) Tout comme je sais ce que j'aurais à faire si un jour le malheur les touchait.

Corse-Matin : La vendetta ? Vous êtes d'accord ? Je peux résumer votre réponse par ce mot ?

— La vendetta ? Mon Dieu, qui vous parle de ça ? (Soupir.) Qui parle encore de ça, à part vous, les journalistes ? Les meurtres dont vos colonnes font la publicité sont commis par des bandits, des voyous, des mafieux, pour quelques billets de banque, quelques grammes de drogue, quelques voitures volées. En quoi cela me concernerait ? En quoi cela concernerait un retraité isolé dans sa bergerie, qui ne sait même pas à quoi peuvent ressembler une barrette de cannabis, une prostituée yougoslave ou un carton de minitels tombé d'un conteneur sur le port d'Ajaccio ?

La vendetta, mon Dieu, c'est bon pour les touristes qui lisent *Colomba. (Retour du sourire.) Tout est beaucoup plus simple.* *Ne touchez pas à ma terre. Ne touchez pas à ma famille. Et alors,* *je serai le berger le plus pacifique, le plus inoffensif du monde.*

Corse-Matin : *Et sinon ? Si on touche à votre terre ou votre* *famille ?*

— Sinon ? Sinon quoi ? Votre question est une nouvelle fois *mal formulée, monsieur Palazzo. (Rire.) Cela équivaut à deman-* *der à un général d'état-major si, en cas d'attaque, il appuierait sur* *le bouton rouge pour faire exploser la bombe nucléaire et, avec* *elle, la terre entière ? Il ne vous répondra pas, car ça n'arrivera* *pas. Comprenez bien, je ne crois pas que les gens aient envie* *de toucher à ma terre, encore moins de toucher à ma famille,* *et si votre journal peut servir à quelque chose, c'est au moins à* *ce que vos lecteurs se souviennent de cela. Tenez, reprenez des* *canistrelli, c'est pour vous que ma femme les a cuisinés.*

Corse-Matin *(la bouche pleine) : Merchi, monsieur Idrichi…*

La fin, la dernière réplique, et l'avant-dernière aussi, c'est moi qui les ai ajoutées. Ça aurait été drôle, vous ne trouvez pas, si le journaliste avait vraiment osé l'écrire ? Mais je crois que le journaliste, une fois sa dernière question posée, avait plus envie de se sauver à toute vitesse que de reprendre un des gâteaux de Mamy.

*
* *

Il referma le cahier.
Un retraité inoffensif…
Il y avait de quoi éclater de rire !

36

Le 20 août 2016, 11 heures

Franck n'avait fait aucun commentaire lorsque Clotilde était remontée au bungalow. Difficile de deviner depuis combien de temps il était arrivé, il avait déjà pris sa douche, fait valser ses runnings, avalé un café.

— Je l'ai retrouvé, précisa seulement Clotilde en montrant son anneau d'argent.

Difficile également d'interpréter son sourire ironique.

Clotilde se contenta de faire ce que font toutes les épouses du monde lorsque l'homme se recroqueville dans sa coquille en refusant de communiquer, se bloque un moment, tel un appareil ménager fatigué qu'il faut juste laisser se reposer : elle meubla le silence, parla de tout, de rien, comme si tout était normal, comme si tout allait bien, parla de Valentine, parla même de la cuisine.

— Une marinade ? Ça vous dit ? Je file au marché et on se fait ça à midi ! Ça nous changera des barquettes de frites.

Franck n'attendait que ça, au fond. Que tout redevienne normal. Qu'elle soit une épouse normale. Qu'ils mènent une vie normale. Pour aujourd'hui, pour aujourd'hui au moins, elle pouvait bien jouer la comédie.

— Vous venez avec moi ? Valou ? Franck ?

Aucune réponse. Elle allait se coltiner les courses seule. Objectif atteint. Une vie normale.

~

Même si le sac de courses pesait une tonne au bout de ses doigts, Clotilde était particulièrement fière de ses trouvailles, des poivrons et de l'huile d'olive pour une piperade, des ribs de bœuf marinés façon stufatu, des mangues et des ananas pour une salade de fruits. Elle demanderait à Franck d'allumer le barbecue, histoire que chacun joue jusqu'au bout son rôle dans cette pièce de théâtre ensoleillée, les vacances de la famille Baron. En attendant à la caisse de l'Intermarché de Calvi, qui devait faire 80 % de son chiffre d'affaires pendant les deux mois d'été, justifiant ainsi l'interminable file d'attente, elle avait griffonné sur le verso de sa liste de courses. Une liste de questions. Sans réponses.

Qui lui avait écrit cette lettre signée P. ?

Qui avait volé son portefeuille ?

Qui avait baptisé le chien d'Arcanu Pacha ?

Qui avait mis la table du petit déjeuner, hier ?

Qui avait appris à Orsu à passer la serpillière ?

Qui avait saboté la rotule de direction de la Fuego de ses parents ?

Qui avait saboté le mousqueton du baudrier de Valentine ?

Qui est le fantôme aperçu par Natale, à 21 h 02, le 23 août 1989, à la Punta Rossa ?

Impossible que ce soit la même personne. Impossible que ce soit sa mère.

Impossible que ce ne soit pas sa mère, pour au moins la moitié des réponses à ses questions…

Franck avait sans doute raison, pour être heureuse, mieux valait lister les courses que les questions, se concentrer sur l'énumération d'ingrédients insignifiants plutôt que sur la page blanche au dos.

Ne lire que le recto de sa vie.

Eventuellement, glisser un amant dans son Caddie.

Tout en pesant les conséquences de ses résolutions, elle ne résista pas à une petite entorse à la raison ; un détour de moins de trente mètres sur le chemin du retour, prendre l'allée A au lieu de la C, et passer devant le mobile home A31, simplement jeter un œil pour voir si Jakob Schreiber était là, s'il avait eu le temps de récupérer les photos de l'été 89 dans son fameux cloud.

Pas pour les regarder ; simplement lui demander.

Personne.

— Jakob ?

Peut-être le vieil Allemand était il sourd ? Peut-être écoutait-il sa fichue radio ? Soixante-douzième question, un voyage dans la Lune à gagner.

— Jakob ?

Elle cogna à la porte du mobile home. Assez fort pour qu'elle s'ouvre. Elle n'était que poussée.

— Jakob ?

Ça ne ressemblait pas à l'Allemand de quitter son domicile en laissant tout ouvert. Pourtant, difficile d'imaginer qu'il se cachait quelque part dans les vingt-huit mètres carrés de sa maison posée sur agglos. Etrange… Clotilde se fit la réflexion que si Herr Schreiber revenait, avec ses boules de pétanque à la main ou son appareil photo autour du cou, elle risquait de tout gâcher. Le vieil Allemand n'était pas du genre à apprécier qu'on entre chez lui sans son autorisation ; surtout s'il avait passé une partie de la soirée à lui rendre service en recherchant ses vieux clichés.

Stupide petite sotte, fiche le camp de là, va éplucher tes poivrons, reviens cet après-midi, ou demain…

Clotilde allait sortir lorsque son regard accrocha l'une des photos collées sur le mur.

Son frère, Nicolas.

Clotilde s'approcha. En réalité, parmi les centaines de photos scotchées aux parois du mobile home, il n'était pas si difficile de repérer celles qui concernaient ses années, de 76 à 89. Ni les corps bronzés ni le décor ne changeaient, la mer, le sable, les vagues, la citadelle de Calvi au premier plan, le cap Corse au dernier, mais les habits, pourtant souvent réduits à des maillots, révélaient sans ambiguïté la décennie du cliché. La longueur d'un short, la marque d'une casquette, la surface de fesse et de poitrine recouverte par le tissu imprimé. C'en était même stupéfiant, autant de changement dans ces détails vestimentaires, alors qu'en apparence rien ne changeait d'une année sur l'autre, et que Clotilde avait toujours eu l'impression de ressortir en juin les mêmes vêtements, ceux qu'elle avait rangés au mois de septembre précédent.

Fiche le camp, petite sotte.

Elle posa son sac de courses. Dans l'allée A, elle entendait des campeurs passer.

Nicolas, sur le cliché, avait moins de cinq ans. La photo la bouleversa. Elle se vit aussi, dans les bras de sa mère, elle n'avait pas un an, avec des joues rouges comme des pommes, un atroce petit chapeau de marin bleu tenu par un élastique sous le menton qui avait l'air de l'énerver, et de petits pieds potelés qui semblaient n'avoir qu'une envie, marcher dans le sable chaud ou dans l'eau froide. Pas de papa sur la photo, elle le chercha. Le trouva sur une autre, Nicolas avait onze ans et elle huit, c'était un 15 août, pendant le feu d'artifice, tout le camping se tenait sur la plage de l'Oscelluccia. Aucune paillote alors dans le décor, mais Clotilde, dans la foule de visages, reconnut Natale, incroyablement beau du haut de ses dix-huit ans, tenant la main d'une blonde sublime avec des cheveux jusqu'aux fesses, une fille qu'elle n'avait jamais vue ; elle reconnut également Basile Spinello, le sergent Cesareu Garcia, Lisabetta et Speranza côte à côte.

Elle entendait des pas dehors, tout près, sans y prêter attention. Dans un camping, il faut s'habituer à cette impression que les voisins vivent chez vous. Ses yeux continuèrent de détailler le mur de clichés. Elle avait repéré d'autres photos, été 89, elle était certaine. Elle reconnut la robe Benoa noire de maman, celle imprimée de roses rouges que papa lui avait achetée à Calvi. La photo avait dû être prise quelques jours avant l'accident.

— Elle était belle, ta mère.

Clotilde se retourna d'un bond.

Une main glaciale se posa sur son épaule nue.

— Doucement, Clotilde, doucement. Vraiment, tu ne trouves pas qu'elle était belle, ta maman ?

Cervone Spinello ! Le directeur du camping en personne.

Ce serpent était entré en rampant. Silencieux. Qu'est-ce qu'il fichait là ? Pire encore, pourquoi ne la questionnait-il pas ? Il aurait dû s'étonner de la trouver là. Au contraire, il semblait s'intéresser à tout sauf à elle, observant avec inquiétude chaque coin du mobile home.

— Jakob est là ? se contenta-t-il de demander.

Clotilde hocha négativement la tête.

— Merde, jura Cervone. Qu'est-ce qu'il fout, le Prussien ? Serge, Christian et Maurice l'attendent sur le terrain de pétanque. Pas une fois depuis trente ans il n'a été en retard.

Il haussa les épaules, baissa les yeux, donnant l'impression d'inspecter la propreté du sol.

— Il a passé l'âge de suivre une touriste de passage dans le maquis, mais on va tout de même attendre un peu avant d'appeler la cavalerie.

Cervone observa le mur de photos.

— Peut-être qu'il en a tout simplement eu marre de photographier toujours le même coin et qu'il est parti avec son appareil un peu plus loin.

Clotilde ne disait toujours rien, Cervone insista.

— Car si ce vieux boche est le client le plus chiant de tout le camping, faut bien reconnaître qu'il est plutôt doué pour les portraits. Il parvient à faire remonter les souvenirs à la surface mieux que s'il avait tout filmé. Regarde...

Du doigt, Cervone suivait d'autres instantanés.

Un groupe d'ados se tenait autour d'un feu de camp. Clotilde s'en souvenait, la photo avait été prise la veille de l'accident, tard dans la soirée, sur la plage de l'Alga. Nicolas essayait de jouer de la guitare, la tête de Maria-Chjara posée sur son épaule ; on reconnaissait toute la tribu autour des flammes, Estefan avec un djembé entre les cuisses, Hermann avec un violon entre les mains, Aurélia dévorant de ses yeux d'olive, sous ses gros sourcils, les musiciens, et Nicolas en particulier.

— C'étaient nos années !

Cervone semblait heureux comme un gosse et soudain, croisant le visage fermé de Clotilde, il se figea.

— Désolé, Clotilde. Je suis le roi des cons, des fois.

Des fois...

— Nos années... Moi je pense à mon adolescence, aux filles, aux fiestas, alors que toi...

— Laisse tomber, Cervone. Si je ne voulais pas en entendre parler, il ne fallait pas que je revienne aux Euproctes.

— Sauf que tu voulais connaître la vérité.

Cette fois, Clotilde le fixa, avec intensité.

— Qu'est-ce que tu en sais, toi, de la vérité ?

Cervone poussa du bout du pied la porte du mobile home pour la refermer. Dans sa main, il portait un étui de trois boules de pétanque à moitié rouillées. Si c'était une arme, pensa Clotilde, elle ne ferait pas le poids avec son filet et ses trois poivrons. Elle se forçait à plaisanter, le patron du camping l'inquiétait. Qu'est-ce qu'il fichait ici ? L'avait-il suivie ? S'il tentait quoi que ce soit contre elle dans cette maison de tôle et de planches, elle pourrait toujours crier, on l'entendrait. Le premier visage qui lui vint fut celui de Franck, pas celui de Natale. Parce que Franck était plus près. Stupidement, c'est ce qu'elle pensa.

— Regarde.

Dans le mobile home plongé dans la pénombre, Cervone désigna du doigt une photographie. Devant les voitures garées sur le parking des Euproctes, des hommes jouaient à la pétanque. Clotilde ne les reconnaissait pas, mais derrière eux, elle était là. Intacte. Elle chancela sous le choc. La Fuego rouge.

— Tu es allée voir le sergent Garcia ? Il t'a parlé de sa conviction, je suppose.

Cervone était au courant ? Cervone savait pour la rotule de direction sabotée ? Le sergent Cesareu Garcia lui avait pourtant affirmé que son enquête était confidentielle, qu'il n'avait informé que Cassanu Idrissi. Personne d'autre. Pas même sa fille. Quel rôle jouait Cervone Spinello dans toute cette histoire ?

Temporiser.

— Quelle conviction ? demanda Clotilde en tentant de feindre l'innocence.

Le patron du camping sourit, sans quitter la Fuego des yeux.

— Que la direction de la voiture de ton père a lâché. D'un coup. Et qu'il ne s'agit pas d'un malheureux coup du sort.

Et paf !

— Sauf que le vieux sergent ne sait pas tout, ajouta Cervone.

Le doigt de Spinello passait sur le cliché. Parmi les hommes, son index s'arrêta sur un type de dos.

— Observe bien ton père. Et regarde derrière lui, on le voit à peine...

Il avait raison. C'était son père qui ramassait ses boules de pétanque. Et un peu en retrait, entre les joueurs, il était impossible de se tromper même si presque tout son corps était masqué.

Nicolas.

Mon frère se désintéressait de la partie. Mais pas de la voiture garée.

Cervone jubilait.

— Incroyables, ces photos, tu ne trouves pas ? Si on prend le temps de les détailler, le premier plan, l'arrière-plan, les regards, les attitudes, elles racontent toutes une histoire. Elles révèlent presque toutes un secret.

— Où tu veux en venir, Cervone ?

Sa main se posa une seconde fois sur son épaule dénudée, comme s'il voulait faire glisser la bretelle de sa robe. Comme s'il voulait négocier, mais bien entendu, elle se faisait des idées.

— Nulle part, Clotilde. Nulle part. Je sais bien que tu ne m'apprécies pas beaucoup, que tu me détestes autant que tu aimais mon père. Qu'à tes yeux je représente à peu près tout ce que tu regrettes dans la vie, comme si j'étais l'incarnation de tes illusions perdues, les promesses de la jeunesse qui s'éteignent une à une et les connards qui prennent le pouvoir dans un monde de merde. Je ne vais pas m'excuser pour ça, Clotilde. Je ne vais pas m'excuser de m'être mieux adapté. Parce que je n'ai aucune désillusion, Clotilde, aucun regret. (Il fixa le cliché du feu de camp, avant de revenir à la partie de pétanque sur le parking.) Je suis plus heureux aujourd'hui qu'avant, le temps qui passe m'a rendu plus confiant, plus puissant, plus riche, plus beau même. Alors je ne vais pas m'excuser de ça, parce que pour en arriver là j'en ai bavé. C'est pourquoi si tu ne m'aimes pas, eh bien tu vois, ce n'est pas réciproque. Je n'ai aucune haine, aucune aigreur, juste de la sympathie pour tout le monde, la sympathie de celui qui a réussi. De la sympathie pour toi aussi.

Il posa les boules de pétanque. Une autre paume allait se poser sur son autre épaule dénudée. Chacune des mains de Cervone semblait capable d'une audace supplémentaire pour épater l'autre. Elle se recula d'un pas. Après tout, lui

274

balancer les poivrons dans la figure n'était peut-être pas une si mauvaise idée.

— C'est bon, Cervone. Epargne-moi ton couplet de curé. Qu'est-ce que tu sais ?

— Ne le prends pas avec méchanceté, Clotilde. Crois-moi. Et c'est à toi de répondre à la question, à une seule question. Veux-tu connaître la vérité ?

— Tu la connais ?

— Tu n'es pas dans un tribunal, Clotilde. Alors retire le costume, tombe le masque et réponds juste à ma question. Veux-tu connaître la vérité ?

— Sur... sur l'accident de mes parents ? Cette putain de rotule ? Savoir qui l'a trafiquée ?

— Oui...

— Tu le sais ?

— Oui... Mais tu ne vas pas aimer. Pas du tout aimer la vérité.

— Depuis toutes ces années, je n'ai pas vraiment aimé les mensonges non plus.

Il sourit, observa une dernière fois les photos.

— Assieds-toi, Clotilde. Assieds-toi. Je vais te raconter.

II

Sainte-Rose

37

Lundi 21 août 1989, quinzième jour de vacances,
ciel bleu lotus et bouche cousue

Il devait être presque midi, j'étais peinarde dans ma grotte
des Veaux Marins, au frais, à lire *L'Histoire sans fin* en secret,
Les Liaisons dangereuses planquées sous mes fesses, quand
Nicolas est venu m'attraper. Lorsqu'il est rentré dans ma
grotte, on aurait dit un gros ours qui commençait par me
priver de soleil pour me faire paniquer.

Pour m'empêcher de lire ensuite. J'ai quand même profité
de l'obscurité pour remplacer vite fait Bastien et sa coupe au
bol contre Valmont et sa marquise. Dès que Nico bougeait,
sa silhouette noire se découpait avec le soleil accroché derrière son dos, comme dans un film où l'inspecteur braque
l'ampoule de la lampe dans les yeux de l'accusé.

— Faut que je te parle, Clo.

Ben vas-y…

Là il prend son air sérieux, et généralement, ça cache une
monumentale connerie.

— Je sais que tu adores fouiner, espionner, jouer à ta petite
souris et tout écrire dans ton cahier, mais cette fois-ci, faut
que tu te tiennes à l'écart. Faut même pas que tu te taises,
mieux que ça, faut que tu ne cherches pas à savoir.

— Que je ne cherche pas à savoir quoi ?

J'adore faire enrager mon grand frère.

— Clo, je suis sérieux.

Il se voûte un peu, comme sous le poids de la révélation, ou juste pour ne pas se cogner au plafond de ma grotte. Le résultat est le même, plein soleil dans ma figure et, là, mon inspecteur la Bavure ajoute :

— Je suis amoureux !

Rien que ça.

— De qui ça ? De Chjara ?

Il a pas aimé comme je l'ai appelée, lui doit l'appeler seulement Maria, ou Mary, ou MC, à l'anglaise, Aime-Si.

Il a pas aimé non plus, mais alors pas du tout, la façon dont je l'ai regardé. Un peu comme s'il avait dit aux parents qu'il voulait arrêter le lycée pour devenir footballeur professionnel. Du coup, j'ai insisté, en agitant mon livre devant son nez.

— Faut pas confondre, c'est pas de l'amour, frérot, c'est juste de l'excitation. De l'excitation entre garçons à cause de la compétition. A celui qui sera le premier à lui toucher les nichons.

J'adore être vulgaire avec mon grand frère.

— C'est sûr que les mecs vont pas courir pour toucher tes œufs sur le plat…

Connard ! Ça je le recopie uniquement parce qu'il l'a vraiment dit, j'espère que vous êtes touché par ma sincérité, mon lecteur du fond de la galaxie.

Alors on oublie. J'adore me réconcilier avec mon grand frère.

— OK, Casanova, qu'est-ce que tu veux de moi ?

— Rien… Juste que tu ne restes pas dans mes pattes, tu gardes tes distances, tu n'attires pas les parents sur moi… Au besoin même, tu les éloignes, tu leur racontes des bobards quand je ne suis pas là, qu'on joue de la gratte du côté de la plage de l'Oscelluccia ou qu'on construit une cabane dans les bois de Belloni avec Filip et Estefan, n'importe quoi, je te demande seulement de me couvrir deux jours, jusqu'au soir du 23.

— La Sainte-Rose ? Il se passe quoi, ce soir-là ? Tu vas cueillir ton bouquet de *Rosa canina,* comme papa ? Le bouquet du vainqueur ? Le grand gagnant de la tombola ? Après la lambada, tu vas danser la foumoila ? La foumoila dans la chatachjara.

J'adore vraiment trop être vulgaire avec mon grand frère. Il peut rien dire, c'est lui qui m'a tout appris.

— Ce soir-là, je décolle, ma sœurette, et hors de question que tu connaisses la vraie destination. Peut-être qu'on t'offrira la boîte noire, dans des années.

— Quand avec ta Chjara, vous serez mariés, avec des mouflets. C'est ça ?

Nico change de position, me masque à nouveau le soleil et repasse en mode négatif.

Juste une ombre.

— C'est ça. On t'invitera.

J'hésite à insister.

— Mouais… Et t'es vraiment sûr ?

— De quoi ?

— D'être le premier à butiner ta belle orchidée ? La compétition est féroce, non ?

— Oui, je suis sûr !

— Et la concurrence ?

— C'est comme un jeu de stratégie, ma belle, faut avoir quelques coups d'avance.

— Tu m'expliques ? Ta stratégie ?

L'ombre se penche, s'assoit à côté de moi, m'enveloppe, protectrice. Nicolas m'a tout appris, il ouvre la piste dans le maquis de ma vie.

— Je ruse, ma sœurette. Tu sais, comme dans ce livre que tu fais semblant de lire, *Les Liaisons dangereuses.* J'intrigue, j'invente un plan, j'ai un schéma dans la tête, un schéma simple, un cercle, avec les prénoms de toute la bande, un gars une fille, un gars une fille, un gars une fille, et des flèches qui les relient, comme dans ce jeu, le killer, où chacun doit tuer quelqu'un tout en étant tué par un autre. C'est dingue ce que c'est facile, il suffit de souffler à une fille qu'un gars craque pour elle, ou à un gars qu'une fille l'a remarqué, et zou, le tour est joué. J'ai branché Aurélia, qui aurait bien aimé sortir avec moi, sur Hermann le cyclope, qui lui aurait préféré sortir avec Maria. Et comme Maria aimait plutôt bien Cervone, même si je me demande ce qu'elle peut trouver à Spinello junior, j'ai branché ce fils à papa avec une fifille à papa, plus coquine que tu ne crois : Aurélia. Et hop, le cercle est bouclé...

Aurélia ! Sous son air de sainte-nitouche et derrière ses gros sourcils, elle serait prête à sauter sur tout ce qui bouge ? Alors que sous ses airs de Maria-couche-toi-là, la Chjara ne coucherait avec personne, sauf mon Nicolas ? Il ne se monterait pas un film, mon Valmont des campings ? A mon avis, ses doigts de fée n'ont pas encore fait vibrer la corde de son string.

Même s'il y croit.

— Alors tu promets ? Tu m'aides ? Tu me couvres ?

— Si c'était l'inverse, si j'avais un amoureux, tu le ferais pour moi ?

— Je le ferai... Le jour où tes seins auront poussé.

Enfoiré !

J'adore me jeter sur lui pour faire semblant de lui donner des coups de poing. D'habitude dans ma chambre, je lui balance toutes mes peluches à la figure, mais là j'ai rien. Pas d'autre choix que de lui sauter dessus pour un combat de catch-câlin.

OK, grand frère. Je t'accorde ta liberté pendant deux jours, jusqu'au 23 août. D'ordinaire, j'aurais tout promis et je t'aurais espionné quand même, mais là je m'en fiche. Je m'en fiche de votre cercle d'ados où tout le monde veut sortir avec tout le monde. C'est le bon mot, tiens. Sortir. Peu importe sortir avec qui. Ce qui compte, c'est sortir du cercle.

Alors je vous laisse, les copains, vous asseoir en rond et jouer au mouchoir.

Une heure, le facteur n'est pas passé... Deux heures, trois heures...

J'ai mieux à faire. J'ai un contrat !

Un bisou sur la joue.

D'un homme qui ne rentrera jamais dans aucun cercle, qui ne se laissera jamais enfermer, qui m'apprendra ce qu'est la vraie liberté.

J'ai un contrat. J'ai une mission. Natale Angeli me l'a confiée.

Convaincre mon Papé Cassanu. Et croyez-moi, si vous ne me connaissez pas encore :

Je vais y arriver !

*

*   *

Il referma le cahier et le dissimula sous sa veste.

Un killer, un jeu de la mort, avait annoncé Nicolas Idrissi, le maître du jeu.

C'était la pure vérité.

38

Le 20 août 2016, 12 heures

Clotilde attendait.

Cervone Spinello avait mis cinq minutes à sortir des toilettes. Peut-être se refaisait-il une beauté, ou peut-être était-ce seulement une manœuvre pour la laisser se consumer sur le gril de l'attente. Quelques minutes ajoutées aux vingt-sept années passées. Une ultime et mesquine vengeance ?

Elle se tourna vers Cervone dès qu'il avança dans le couloir du mobile home, sans chercher à dissimuler son impatience. Le patron du camping se contenta de se figer dans une mine affligée, le doigt pointé en direction des photos du vieil Allemand.

— Tu es certaine de vouloir savoir ce qui s'est réellement passé ?

Il n'attendit pas la réponse, ne regarda pas Clotilde, continua de fixer les clichés.

— Tu te souviens, Clotilde, la nuit du 23 août, ton frère Nicolas avait programmé une sortie en boîte de nuit, à la Camargue, après Calvi, pendant que tes parents passaient la nuit à la *Casa di Stella*. Ils devaient monter à pied jusqu'au gîte en laissant la Fuego garée dans le chemin de la bergerie d'Arcanu. Nicolas avait prévu d'emprunter discrètement la voiture de vos parents et d'emmener en virée tous ceux qui pourraient s'entasser dedans. Tu te souviens aussi que son plan comportait une phase B, larguer les autres sur la piste de danse et réserver avec Maria-Chjara un canapé. Mojitos et joints tournants aidant, il espérait emmener sa belle Italienne dans un endroit peut-être moins confortable mais beaucoup plus discret. Tu te souviens de tout ça, Clotilde ?

Jusque-là, oui.

— Oui.

— La suite... Comment te dire ? Nicolas s'en est moins vanté. Surtout devant sa petite sœur adorée. Parce qu'en réalité Maria-Chjara traînait les pieds. Pas pour le canapé, le cannabis, le rhum arrangé et ce qu'ils avaient, tous les deux, envie de faire après. Là-dessus, Maria-Chjara était plutôt bien disposée.

Son doigt repassa sur la photo du feu de bois, plage de l'Alga, Maria-Chjara tête appuyée contre un Nicolas s'accrochant à sa guitare. L'index de Cervone glissa sur les longs cheveux noirs dénoués de l'Italienne, puis sur sa courte liquette blanche décolletée, sur sa peau cuivrée par le soleil du jour et le feu de minuit.

— Non, Clotilde, continua-t-il, Maria-Chjara traînait les pieds pour une seule raison : la bagnole. Nicolas n'avait pas le permis ! Seulement une dizaine d'heures de cours et quelques centaines de bornes de conduite accompagné de son papa. C'est aussi simple que ça. Maria-Chjara pensait aux routes étroites, aux virages, aux ravins, aux bêtes sauvages en liberté, bref, elle avait peur de se planter !

— Donc, ils n'y sont pas allés.

— Non, pas le soir du 23 août, ça, tu le sais, et tu sais pourquoi. Mais ce que tout le monde ignore, c'est ce qui s'est passé avant. Pour convaincre Maria-Chjara, Nicolas lui a simplement proposé de lui prouver qu'il n'y avait aucun danger.

Lentement, le corps de Clotilde se paralysait. Cela commençait par une armée d'insectes invisibles qui immobilisaient ses pieds.

— Quelques heures avant de monter à Arcanu, tes parents étaient très occupés. Ta mère à se préparer pour sa soirée romantique de l'année, ton père, de retour d'une virée en voilier, à relire un dossier dont il devait discuter à Arcanu avec Cassanu. C'était l'occasion rêvée, l'unique occasion, d'ailleurs. Ton frère s'est contenté de prendre les clés de la Fuego et de demander à Maria-Chjara de s'asseoir sur le fauteuil passager. Juste pour un petit tour, quelques kilomètres, descendre vers Galéria, quelques lacets, histoire de démontrer à sa belle qu'il maîtrisait, qu'il n'avait pas besoin d'un bout de papier pour tenir un volant, qu'il était prudent.

Les insectes anthropophages grimpaient le long des cuisses de Clotilde. D'autres étaient parvenus à s'introduire dans ses poumons et se dispersaient en essaims grouillants pour bloquer sa respiration.

— Ils sont revenus dix minutes plus tard. Nicolas a garé la Fuego exactement à la même place. Ils sont tous les deux descendus. Je tenais l'accueil des Euproctes à ce moment-là, je suis le seul à les avoir vus.

Les insectes, massés tout en haut de sa trachée, ne laissèrent passer qu'un ridicule filet de voix.

— Avoir vu quoi ?

— Les avoir vus et entendus. Nicolas s'est penché pour regarder sous le moteur de la voiture avant d'assurer à Maria-Chjara : « Il n'y a rien, il n'y a rien. » Quand il a approché ses mains noires de crasse et de cambouis de sa robe de dentelle blanche, Maria s'est reculée comme s'il était pestiféré et elle lui a asséné ses quatre vérités. J'ai écouté, j'ai compris ce qui s'était passé.

Clotilde déglutit. Des milliers de pattes se massaient dans sa gorge, remontaient le long de ses tempes, perçaient de leurs dards ses tympans en un bourdonnement assourdissant.

Pas suffisant cependant. Pas suffisant pour couvrir les mots qu'elle n'aurait jamais voulu entendre.

— Nicolas s'était planté ! Après moins de trois tournants, il a fait un tout-droit et râpé tout le bas de caisse de la Fuego contre les rochers du belvédère de Capo Cavallo. Ce sont eux qui l'ont arrêté, la voiture a failli rester bloquée. Nicolas a dû forcer, reculer, sans savoir ce qui frottait, ce qui se tordait, ce qui s'arrachait sous le capot, sous les roues, dans un bruit de ferraille insupportable qui s'est perdu dans la montagne.

Cracher. Vomir. Dissoudre les insectes dans un magma d'acide gastrique.

— Je n'ai fait le rapprochement que quelques jours plus tard, quand quelques gars du coin ont commencé à parler discrètement d'une barre de direction décrochée, d'une rotule vrillée, d'un écrou qui a cédé net.

Clotilde se vida devant elle, sur le vieux Dalami du mobile home, sur ses sacs, les poivrons et le bœuf mariné, sur ses chaussures. Cervone ne détourna pas les yeux.

Ne pas le croire.

Ne pas un instant imaginer que cela puisse être vrai.

Que Nicolas ait pu ne rien dire, ne pas se rendre compte du danger, préférer reposer les clés de la voiture en secret et ne pas se faire engueuler.

— Tu voulais la vérité, Clotilde. Tu me l'as demandée. Je suis désolé.

L'image de Nicolas apparut devant ses yeux, son visage, quelques instants avant le choc, juste avant que la Fuego se retrouve en apesanteur dans le vide. Cette impression tenace qui l'avait poursuivie toutes ces années : Nicolas savait. Nicolas était au courant de quelque chose qu'elle ignorait. Nicolas n'avait pas eu l'air étonné quand la voiture n'avait pas tourné, comme s'il avait compris pourquoi on allait mourir.

Bien entendu, tout s'expliquait.

C'est lui qui les avait tous tués !

~

— Tu ne manges pas ?

Il y avait une forme d'ironie dans la question de Franck.

Clotilde avait tout balancé, poivrons, ribs de bœuf façon stufatu, fruits exotiques. Le festin promis d'épouse attentionnée s'était transformé en dés de jambon, tomates coupées et boîte de maïs renversée à peine égouttée.

Franck avait confié 20 euros à Valou pour qu'elle aille acheter à l'accueil une barquette de frites, un Magnum café, un Cornetto Strawberry et toi Clo tu prends quoi ?

— Merci. Rien pour moi.

Clotilde avait décidé de ne pas parler. Pas tout de suite. Pas maintenant. Pas ainsi.

Elle n'avait qu'une envie.

S'effondrer dans des bras solides. Cogner de tous ses poings sur le torse d'un homme, pleurer un torrent de larmes dans le creux d'une épaule, maudire la vie en hurlant à l'oreille d'un visage qui lui murmurerait en retour des mots d'amour apaisants. S'abandonner tout entière à un homme qui la comprendrait, qui ensuite se tairait, qui l'aimerait.

Franck n'était pas cet homme.

Elle se leva, empila les assiettes, débarrassa, attrapa une éponge, une bassine, un torchon.

— Je vais sur la tombe de mes parents. Après la vaisselle. Belvédère de Marcone. Je n'en aurai pas pour longtemps.

~

Les Corses croient aux fantômes. Leurs tombes en sont la preuve. Sinon, pourquoi construiraient-ils des caveaux monumentaux ? Des mausolées familiaux parfois plus imposants encore que la maison dans laquelle ils ont vécu ? Pourquoi réserveraient-ils les plus beaux terrains pour ces somptueuses

résidences secondaires où sept générations serrent leurs sque-
lettes ? Pourquoi réserveraient-ils à leurs cimetières les plus
beaux panoramas, si ce n'est pour que les morts puissent eux
aussi profiter de la brume sur la ligne de crête, des silhouettes
des clochers à flanc de montagne, des couchers de soleil sur
la citadelle de Calvi ? Du moins ceux qui en ont les moyens,
pas ceux relégués au fond des cimetières, dans les pierrailles
non ombragées, dans les couloirs de crues et d'éboulis où
chaque orage menace de recouvrir les tombes d'une coulée
de bouc, quand elle n'emporte pas les cercueils.

Le caveau de la famille Idrissi pouvait défier pour l'éternité les intempéries. Il dressait fièrement au-dessus du mur
du cimetière de Marcone son dôme bleu azur, ses colonnes
corinthiennes, afin qu'aucun passant sur la corniche ne puisse
oublier ce nom et cette glorieuse ascendance. Parmi les plus
anciens des Idrissi figuraient un amiral (1760-1823), un député (1812-1887), un maire (1876-1917), l'arrière-grand-père
de Clotilde, Pancrace (1898-1979).

Ainsi que trois anonymes.
Paul Idrissi (1945-1989)
Palma Idrissi (1947-1989)
Nicolas Idrissi (1971-1989)

Natale attendait à l'intérieur du cimetière, invisible de la
route, dans l'ombre du mur de plâtre et de chaux. Clotilde
s'effondra dans ses bras, l'embrassa, pleura pleura pleura,
s'écroula enfin sous l'arbre le plus proche, un if au tronc
tordu par le vent du large, sans même se soucier des aiguilles
plates piquant la chair nue de ses cuisses. Le cimetière était
désert, à l'exception d'une vieille femme penchée sur les
tombes les plus éloignées, qui traînait avec peine l'arrosoir
qu'elle venait de remplir à la fontaine.

Alors enfin, Clotilde parla. Natale s'était assis à côté d'elle
et lui tenait la main. Leurs corps ne se touchaient pas, seuls
leurs doigts restèrent connectés. Clotilde déballa tout. Les

révélations de Cesareu Garcia sur la voiture de ses parents, sa vie qui n'était qu'une grande chambre noire, son amour pour Franck qui s'effilochait, sa fille qui lui échappait, qui jamais ne lui ressemblerait, à un point qu'elle en venait à se demander si vraiment elle l'aimait, et le passé aussi, ce passé comme un boulet, sa mère qu'elle jalousait, son père qu'elle vénérait, ce type qui parlait aux dauphins qu'elle n'avait jamais oublié (juste après avoir dit ça, elle l'embrassa), et son frère Nicolas, son grand frère qui lui avait ouvert le chemin de la vie en balayant la poussière devant elle, en la portant sur son dos quand la pente était trop raide, en lui apprenant les raccourcis, son frère qui l'avait abandonnée là, à la Revellata, qui lui avait demandé de garder le secret, qui n'avait pas osé parler, qui avait préféré monter en silence dans une voiture transformée en piège mortel, sans en avoir conscience. De l'inconscience, c'était cela, de l'inconscience.

Clotilde se vida de toutes ses peurs, de toutes ses rancœurs, comme si elles pesaient une tonne et qu'en les expulsant elle redevenait légère, une baudruche. D'ailleurs, la main de Natale la tenait comme on tient un ballon gonflé à l'hélium, un peu trop fort, comme on agrippe un être trop fragile.

La tombe des Idrissi était fleurie. Un bouquet d'églantines, des lys, des orchidées, pour la plupart fraîchement coupés. La plus colorée de tout le cimetière. Cassanu et Lisabetta n'étaient pas du genre à laisser les fantômes des Idrissi, de l'amiral lointain à leur fils unique, renifler des fleurs fanées dans des vases d'eau croupie. Devant eux, plein soleil, la vieille femme à l'arrosoir s'approchait.

Clotilde continuait de s'interroger, tout en tordant les doigts de Natale, son corps de baudruche semblait vouloir reprendre sa liberté, pourquoi Nicolas n'avait-il rien dit ? Nicolas le raisonnable, Nicolas le sage, Nicolas l'enclume qui supportait les coups des uns et des autres, Nicolas le modèle, Nicolas le droit comme un I, le rond comme un O, le beau, le gentil, Nicolas qui avait tout pour lui. Pourquoi Nicolas avait-il volé les clés de la Fuego ? Conduit la voiture sans permis ? Eu ce projet fou de virée nocturne en boîte de nuit ?

La réponse était simple, cruelle, pitoyable, méprisable, sale.

Pour une poufiasse. Pour épater une fille qu'il n'aimait même pas. Pour tenir dans ses mains une paire de seins. Pour fourrer son pénis dans un vagin qui se refusait aux autres mais peut-être pas au sien. Parce que Nicolas le cérébral n'était pourtant qu'un petit animal, comme tous les autres hommes, et que tous ses principes, toute son éducation, toutes ses lectures et sa culture ne faisaient pas le poids face aux courbes d'une peau bronzée, à deux yeux de panthère plantés dans les siens, des lèvres entrouvertes sur des promesses muettes. Oui, c'était aussi ridicule que ça. Nicolas avait tué son père et sa mère, s'était tué, l'avait condamnée à perpétuité, pour posséder une fille pour la première fois, une fille qui ne le méritait pas, même pas une fille, d'ailleurs, juste son corps, juste un objet, au mieux une poupée.

Elle revoyait le regard effrayé de Maria-Chjara à la porte de son vestiaire, le soir où elle avait prononcé le nom de Nicolas, évoqué l'accident. Son silence. Son déni. Sa fuite. Elle comprenait, elle comprenait maintenant à quel point, pour Maria-Chjara, ce secret avait dû être lourd à porter. Elle qui n'avait rien demandé ! Elle qui avait tout provoqué. Qui n'avait rien fait d'autre que jeter son mégot. Qu'y pouvait-elle si le soleil brillait, si le vent soufflait sur les herbes sèches et le bois mort ?

Pyrowoman et innocente à la fois.

On ne va pas condamner un objet, pas même une poupée.

— Promets-moi, Natale. Promets-moi que tous les hommes ne sont pas ainsi. Que…

Leurs lèvres s'arrêtèrent à quelques centimètres l'une de l'autre.

— Excusez-moi.

L'arrosoir de la vieille laissait derrière elle des gouttes qui disparaissaient comme par magie quelques secondes plus tard dans le chemin de terre ocre. Clotilde reconnut alors son visage, encadré par un voile noir de la même couleur que sa robe.

Speranza. La sorcière d'Arcanu. La grand-mère d'Orsu. La femme à tout faire de Lisabetta et Cassanu.

Sans leur accorder le moindre regard, Speranza vida l'eau d'un des cinq vases posés sur le caveau, en sortit les fleurs une à une, avec une infinie délicatesse, remplit le vase d'eau fraîche, tria les fleurs, arracha quelques feuilles, extirpa un sécateur du fond de sa poche pour couper les quelques tiges fanées, puis se déplaça lentement vers le second bouquet.

Soudain, comme si ses gestes précis et mécaniques avaient dissimulé une intense hésitation, elle se retourna.

Ses mots claquèrent dans le silence.

— Tu ne devrais pas être là !

Clotilde frissonna.

Speranza ne regardait qu'elle, comme si Natale n'existait pas. Elle lâcha l'arrosoir et, lentement, son doigt suivit les lettres gravées sur le mausolée.

Palma Idrissi (1947-1989)

— Elle non plus.

Les premiers mots semblaient avoir été les plus difficiles à cracher pour Speranza, telles des bulles d'alcool derrière un bouchon qu'on peine à faire sauter. Les suivants explosèrent.

— Elle ne devrait pas être là. Son nom n'a rien à faire gravé ici, avec les Idrissi. Ce n'est pas moi la *streia,* la sorcière de la montagne, c'est ta mère ! Tu ne sais rien, tu n'étais pas née (elle esquissa un rapide signe de croix), mais ta mère l'a ensorcelé.

Les yeux de Speranza fixaient le nom de Paul Idrissi gravé sur le caveau.

— Crois-moi, des femmes sont capables de ça. Ta mère a ensorcelé votre père, et dès qu'elle l'a tenu sous son pouvoir, elle nous l'a volé. Elle l'a emporté, dans ses filets, loin, loin de tous ceux qui l'aimaient.

Loin, pensa Clotilde, cela signifiait le Vexin, bossu ou pas, au nord de Paris, pour aller y vendre des hectares de gazon. Elle n'avait jamais mesuré à quel point le choix de vie de son père avait dû être difficile à accepter pour sa famille.

Natale serrait sa main, rassurant et prudent, sans intervenir. Speranza vida avec rage l'eau d'un second vase ; des pétales fanés se posèrent en confettis pastel sur sa robe noire.

— Si ton père ne l'avait pas croisée, continua Speranza tout en brandissant son sécateur, il se serait marié ici. Aurait fait des enfants ici. Aurait fondé une famille ici. Si ta mère n'avait pas débarqué de l'enfer pour l'emporter, pour y retourner avec lui.

Son bras décapita trois roses, deux lys orangés et une orchidée sauvage. Sa voix pour la première fois se radoucit.

— Tu n'y es pour rien, Clotilde. Tu es une étrangère. Tu ne connais rien à la Corse. Tu ne ressembles pas à ta mère. Ta fille, si. Ta grande fille est comme elle, elle aussi deviendra une sorcière. Mais toi, tu as les yeux de ton père, sa façon de regarder les choses, de croire à ce que les autres ne croient pas. Toi, je ne t'en veux pas.

Pour la première fois, les yeux de Speranza se posèrent sur Natale. Sa main ridée et nerveuse se crispait sur le sécateur qui s'ouvrait et se fermait dans le vide comme pour couper l'oxygène qu'ils respiraient. Puis, d'un geste sec, elle pointa la lame de l'outil contre le marbre du caveau, la fit glisser, crisser, cherchant à rayer le nom de Palma Idrissi sur la plaque mortuaire. L'acier du sécateur laissa une cicatrice blanche dans la pierre grise, quelques lettres s'effritèrent, le A, le M.

Les yeux de la vieille femme s'élevèrent jusqu'au nom gravé au-dessus.

Paul Idrissi

Une nouvelle fois, Speranza se signa.

— Paul aurait dû vivre ici, si ta mère ne l'avait pas tué. Vivre ici, tu m'entends ? Vivre ici. Pas revenir pour y mourir.

~

Natale accompagna Clotilde jusqu'à la voiture. La vieille Speranza invectivait encore la mémoire de Palma lorsqu'ils sortirent du cimetière, comme chassés par un esprit dérangé.

Ils s'embrassèrent longuement devant la portière ouverte de la Passat. Le parapet de béton qui bordait la route ressemblait à un quai de gare, on aurait presque pu croire qu'allait retentir un coup de sifflet indiquant le départ du train. Clotilde eut la force de plaisanter.

— Ma mère n'avait pas l'air très appréciée ici. Pas plus de son vivant que pendant sa vie de fantôme. Tu étais le seul Corse à l'aimer, on dirait...

— Pas le seul. Ton père aussi l'aimait.

Touchée !

— Je dois y aller.

Un dernier baiser. Sur le quai de la Méditerranée.

— Je comprends, je t'appelle...

Elle osa une dernière question. Après tout, c'est elle qui conduisait la loco.

— La haine des Corses, Natale, la haine des Corses envers ma mère alors qu'elle et toi étiez, disons, très proches. Ton bateau abandonné. Ton mariage avec la fille d'un flic, ça a à voir avec cette histoire ? Avec ce poids, cette pression, avec les sorts que toutes les vieilles Corses menaçaient de te jeter ?

Il se contenta de sourire.

— File, ma princesse, file rejoindre le donjon où tu es enfermée. Sauve-toi pendant que ton chevalier retient les sorcières.

~

294

Clotilde conduisait les yeux embués de larmes. Les rochers se déformaient, glissaient, comme dilués dans la mer. A chaque virage de la route, la pointe de la Revellata apparaissait, noyée dans un brouillard qui n'existait que dans son regard. Le paysage humide se délavait, les poteaux électriques mouillés se tordaient, mais Clotilde conduisait assez lentement, à moins de trente kilomètres/heure, pour reconnaître le visage de Maria-Chjara collé sur les affiches d'un poteau sur deux.

Concert eighties, Tropi-Kalliste, le 22 août, plage de l'Oscelluccia.

Après-demain... Le même programme qu'il y a quatre jours. Cervone n'avait aucune raison de changer une recette qui rapportait, surtout pour des vacanciers qui, eux, restaient rarement longtemps au même endroit.

Clotilde ne pouvait pas laisser passer une telle occasion ! Elle devait retourner voir la chanteuse italienne. Elle devait trouver un moyen de lui parler, de se débarrasser du garde du corps devant sa porte, de lui faire avouer ce qui s'était passé avec son frère Nicolas ce 23 août 1989. La sortie de route, la direction endommagée, leur silence tacite... Seule Maria-Chjara pouvait confirmer la version de Cervone. Mais comment la contraindre ? Avouer, pour l'Italienne, c'était reconnaître sa complicité, sa responsabilité directe dans la mort de trois personnes, des années après. Elle nierait, forcément. Même si par miracle Clotilde parvenait à l'approcher, elle nierait.

Jamais elle ne connaîtrait, avec certitude, la vérité.

Les larmes coulèrent de plus belle, elle roulait maintenant à moins de vingt kilomètres/heure, un camping-car géant immatriculé NL s'impatientait derrière elle, la collait, semblait déterminé à la pousser vers le précipice si elle ralentissait encore. Dans un réflexe stupide, comme pour nettoyer le paysage délavé, elle actionna les essuie-glaces.

Clotilde aperçut alors l'enveloppe coincée entre le pare-brise et le balai. Un prospectus ? La feuille de papier qui ne tenait déjà plus que par un coin d'essuie-glace, après un ultime aller-retour, s'envola.

Clotilde pila.

Le camping-car hollandais fit hurler son klaxon plus fort encore que la corne de brume d'un ferry à l'entrée du port de Bastia, déboîta, une rouquine sur le fauteuil passager l'insulta en flamand pendant que tous les gamins à l'arrière collaient leur nez à la portière et l'observaient comme une bête curieuse.

Clotilde s'en fichait. Elle gara en catastrophe la Passat sur les graviers, deux roues sur le bitume. Elle laissa la portière ouverte et courut derrière l'enveloppe qui volait de rocher en rocher. Elle la ramassa contre un mûrier sauvage, s'écorchant les avant-bras, maudissant sa folie. Franck avait raison, elle perdait tout sens de la mesure. Ses émotions devenaient incontrôlables. Elle avait failli se faire tuer pour une publicité, l'ouverture exceptionnelle le dimanche prochain du super-marché du coin, ou une brocante, un concert, peut-être même celui de Maria-Chjara.

Un bout de papier !

Sa main trembla.

L'enveloppe était blanche, à l'exception de deux mots.

Pour Clo.
Une écriture féminine. Une écriture qu'elle aurait reconnue entre toutes.

Celle de sa mère.

39

Lundi 21 août 1989, quinzième jour de vacances,
ciel bleu de cristal brisé

— J'ai suivi tes conseils, Basile, je suis allée voir les dauphins avec Natale.

Et j'en rajoute, vous pouvez me croire. Le bar des Euproctes est plein à craquer, c'est l'heure de l'apéro, le Casanis et la Pietra coulent à flots ; y a tant d'olives dans les raviers que tous les oliviers de l'est de l'île ont dû être ratissés.

Il y a bien une vingtaine de clients. Seulement des hommes. Alors je leur fais la totale, l'intégrale de la croisière sur l'*Aryon*, Orophin, Idril et leurs petits Galdor et Tatïe, je confirme, Natale leur parle, il doit être un peu magicien, et j'en remets une couche sur *Le Grand Bleu* que pas un d'eux n'a vu à part les plus jeunes peut-être, qui auront juste retenu le nez en trompette de Rosanna Arquette et les taches de rousseur sur ses fesses.

Go. Go and see, my love ![1]

Je suis maligne, j'ai préparé mon coup. Je crois que je les épate un peu, cette armée de brutes poilues, moustachues, barbues, ventrues, avec mon tee-shirt que j'ai choisi exprès,

---

1. Dialogues extraits du film *Le Grand Bleu* réalisé par Luc Besson (© 1988, Gaumont).

blanc et noir, WWF en rouge sang et dessous un panda décapité.

— Le plus compliqué pour ce projet, dis-je avec ma bouche en cœur, surjouant une candeur en contraste avec mes vêtements sanglants, ce ne sera pas de convaincre les dauphins, ce sera de construire le sanctuaire.

Ils s'en foutent, les clients, ils ne croient pas plus aux safaris dauphins qu'à la résurrection des veaux marins.

— Je suis corse moi aussi, comme Natale Angeli, alors pas question de béton. Faut inventer autre chose, d'autres matériaux de construction, du bois, du verre, de la pierre, un truc beau ! Pas question de défigurer le site, c'est le terrain de Papé.

Ça, j'ai adoré. Appeler mon grand-père « Papé » devant tous ces hommes qui refont le monde, la Corse et le maquis dans les parfums d'anis, de myrte et de tabac. J'ai l'impression que pour eux, Cassanu Idrissi, c'est une sorte de général en chef dont ils n'ont pas le droit de prononcer le nom sans être changés en statue de pierre. Moi je débarque sur l'île avec mon look de zombie, et leur imperator suprême, je le baptise Papé !

Et encore… Je n'ai pas sorti mon arme secrète.

— Heureusement, dis-je encore, on va travailler en famille ! Papé fournit le terrain et ma mère, qui est architecte, pourra construire la maison des dauphins.

J'hésite à insister davantage. J'ai peur que ce soit gros. Mais non, les hommes qui s'abreuvent en troupeau comme les zébus autour d'un marigot, c'est rarement les plus finauds.

— Ma mère et Natale, je crois qu'ils s'entendent bien ! Z'avez des toilettes ?

Et je descends, toute guillerette. Les toilettes du bar sont trois cents marches en dessous, au bout d'un tunnel interminable, presque comme s'ils étaient allés construire les chiottes sur le continent… Sauf que je ne descends que dix marches et que j'attends que la minuterie s'éteigne pour en remonter sept. D'accord, j'admets, c'est nul comme ruse, mesquin, limite malsain. Alors pour ma défense, je veux bien tout avouer.

Oui, je suis jalouse ! Oui, penser à ma mère m'inspire limite des envies de meurtre. Oui, je veux savoir si ma mère couche avec Natale. Oui, je préférerais que maman ne soit qu'à papa et Natale qu'à moi. Alors, j'attends, dans le noir, comme une petite souris curieuse, un peu anxieuse.

Je n'attends pas longtemps. Les hommes qui s'abreuvent en troupeau, ça cause. Sur ce point, la seule différence entre les hommes et les femmes, c'est peut-être le degré d'alcool. Pour le reste, du moment qu'on parle d'histoires de fesses...

Une première voix attaque. Une voix un peu trop aiguë pour un homme du maquis, genre intonations de bébé plaintif, un peu comme celle d'Elmer, le chasseur crétin de Tex Avery.

— Il n'a pas peur, Natale. S'attaquer à la bru de Cassanu...

J'entends des rires collégiaux non identifiables. Un type à la voix de canard nasillard en remet une couche.

— Faut dire que la femme de Paulo, elle me donnerait bien envie de me convertir écolo.

Silence un peu inquiet autour des bols d'olives dénoyautées.

— Vingt ans que les écolos veulent introduire le loup, précise Duffy Duck. Si c'est le sien, moi je veux bien.

Et ça se marre, je ne vous raconte pas. Je reconnais la voix de Basile qui met un peu d'ordre dans la maison.

— Peut-être qu'il a vraiment besoin d'un architecte, tempère le patron du camping. Et même si Palma tournait un peu trop près autour de ce beau gosse de Natale, elle aurait tout de même quelques raisons...

Un mini-chasseur qui doit avoir mon âge et qui n'a pas encore mué se permet d'intervenir dans la mêlée des grands. Une voix de Titi, lui. Mais je le remercie. Il pose sa question comme si c'est moi qui la lui avais soufflée.

— Pourquoi ça, elle aurait ses raisons ?

Visiblement, Duffy Duck en a une autre bien bonne. Il

se bidonne avant même de balancer sa réplique, qui semble une de ses favorites.

— Petiot, dans le coin, y a un dicton qui dit : A la Revellata, les bergers rentrent leurs bêtes en hiver, et ils rentrent leurs femmes en été, quand Paul Idrissi débarque du ferry.

Les rires m'explosent à la figure comme le souffle d'une bombe.

Elmer lance une autre grenade, avant que j'aie le réflexe d'enfouir ma tête, mon visage, mes oreilles entre mes bras.

— Faut le comprendre. Paul s'ennuie là-haut avec ses Parisiennes qui se planquent dans le métro. Nous, du gibier en liberté, on en a toute l'année, sur l'île de Beauté.

— N'empêche que les plus beaux trophées, c'est quand même lui qui les a accrochés, même s'il ne chasse que deux mois de l'année.

— Il pourrait en faire profiter les copains, on donne bien la curée aux chiens.

Un tapis de bombes. Les murs s'écroulent autour de moi. Une sirène retentit mais je n'arrive pas à bouger, fuir, me réfugier dans un abri sans bruit. Un caisson étanche. Le silence.

La voix de Basile surnage dans le brouillard.

— Palma est pourtant jolie…

— Ouais, dégoupille à nouveau Duffy. Il lui a montré ses dauphins et elle lui a montré les baleines… celles du haut de son maillot.

Rires aux éclats. Des milliers, qui se plantent sur mon corps déchiqueté.

— Tout de même, continue Elmer, Natale aurait pu en trouver une plus jeune. Et moins mariée, surtout…

Soudain le silence.

— Chut, murmure une voix.

Un instant, j'ai cru qu'ils m'avaient repérée. Mais non, la seconde d'après, j'entends les cris d'un bébé. Le seul nouveau-né que je connais, c'est le petit handicapé que sa grand-mère, celle qui fait le ménage chez Papé et Mamy, traîne partout en poussette.

C'est fini.

Il n'y a plus aucun bruit.

Je descends, je titube à chaque marche de l'escalier noir, je m'enfonce dans le tunnel sans fin, une éternité, je marche à tâtons pendant tout ce qui reste encore de mon enfance, lorsque j'atteins les toilettes il s'est presque écoulé une vie, je m'y enferme avec l'impression d'être passée de l'autre côté de la Méditerranée, de l'humanité, de la Voie lactée. Je m'assieds sur la lunette des chiottes, sans allumer, en me contentant de la minuscule clarté ; je sors mon carnet et je retranscris tous les mots qui viennent d'exploser, en noir, je trace des lettres avec des pattes, comme si elles étaient vivantes, grouillantes.

Je recopie.

Des lignes et des lignes. Pour me punir. Pour expier la faute de la famille.

Recopiez. Recopiez-le-moi un million de fois.

Mon père trompe ma mère.
Mon père trompe ma mère.
Mon père trompe ma mère.
Mon père trompe ma mère.
Mon père trompe ma mère.

*
* *

Il y en avait trois pages comme ça.

Il les tourna, ça l'amusa.

Si un jour ce journal était publié, combien l'éditeur oserait-il en garder ?

40

Le 20 août 2016, 15 heures

Des voitures passaient, faisant hurler leur klaxon tout en se déportant vers le précipice, insultant la propriétaire inconsciente de cette Passat garée sur la moitié de cette route littorale sans visibilité.

Clotilde ne les entendait pas.

Elle tenait l'enveloppe entre ses doigts, foudroyée. Doucement, elle l'ouvrit.

Elle lisait, déchiffrait, avec la lenteur d'un enfant de CP, les mots tracés d'une écriture d'institutrice en retraite.

Ma Clo,

Merci, merci d'avoir accepté. Merci de t'être tenue sous le chêne. Autrement, je ne sais pas si je t'aurais reconnue. Tu es devenue une très jolie femme. Ta fille aussi, plus belle encore peut-être. Elle me ressemble, je crois. Du moins, elle ressemble à la femme que j'étais.

J'aimerais tant te parler.

Ce soir. Ce soir c'est possible, si tu le peux.

A minuit, tiens-toi en bas du sentier qui mène à la Casa di Stella.

Tu attendras. Il viendra et il te guidera.

Couvre-toi, il fera sans doute un peu froid.

Il te mènera à ma chambre noire. Je ne pourrai pas t'en ouvrir la porte. Mais peut-être les murs seront-ils assez fins pour que je puisse entendre ta voix.

A minuit. A la lueur de Bételgeuse.
Je t'embrasse.
P.

~

Tout le reste de la journée, Clotilde se força à être gaie.

Franck n'avait fait aucune réflexion sur son silence à table le midi, sur cette brusque envie d'aller se rendre sur la tombe de ses parents, sur ses sautes d'humeur, son téléphone portable oublié et sur les messages qu'il aurait pu y lire. L'après-midi se déroula comme un jour de permission en temps de guerre, lentement, sans qu'on le savoure vraiment. Rester à la plage jusqu'à s'y ennuyer, en revenir à pied, étendre des serviettes mouillées, balayer le sable sur la terrasse, éplucher des fruits pour en faire une salade et trouver presque agréable ce temps perdu aux tâches quotidiennes qui d'ordinaire vous prennent la tête.

Clotilde se laissa aller à passer une main sur l'épaule de Franck. Elle le trouvait presque attendrissant, agenouillé à lutter contre les colonies de fourmis qui ouvraient chaque jour de nouvelles voies pour atteindre les étagères du petit déjeuner, à tout ranger, calfeutrer, sucre, café, biscuits, à vérifier l'étanchéité des paquets et à resserrer chaque nœud de chaque sachet. Un petit garçon quasi démuni face à la ruse et la persévérance des insectes.

Clotilde laissa sa main posée sur l'épaule nue. Il y avait dans son geste un peu de culpabilité, un peu de peur, et beaucoup de stratégie. Pas vis-à-vis de Natale, pas à cet instant-là ; vis-à-vis de son rendez-vous de minuit.

Il y avait tout cela dans sa voix aussi.

— Il faut seulement me laisser un peu de temps, Franck. Je t'expliquerai, bientôt. J'ai eu des informations. Des informations nouvelles.

Elle hésita un peu, trop peut-être, mais Franck lui tournait le dos, accroupi, et parlait aux fourmis.

— Pas d'histoires de fantômes, Franck, je te rassure. Rien que la vérité. De vieilles photos, des témoignages, la vérité cruelle.

Elle hésita, se baissa et l'embrassa dans le cou. Sur le moment, bizarrement, elle se trouva sincère. Plus qu'avant ; qu'avant d'avoir un amant. Franck se retourna, la dévisagea longtemps, comme s'il cherchait à comprendre ses pensées, à observer les colonies de fourmis qui traversaient le cerveau de la folle qu'il avait prise pour femme, comme s'il se disait que ses idées délirantes, on pouvait aussi les protéger, en les enfermant dans des sachets hermétiquement fermés.

— Comme tu veux, Clo. Comme tu veux.

~

Etait-ce un piège ?

Clotilde était perdue dans ses pensées.

— Tu me passes la mayonnaise, maman ?

Vers minuit, tiens-toi en bas du sentier qui mène à la Casa di Stella.
Tu attendras. Il viendra et il te guidera.

— Les filles, c'est toujours d'accord pour la voile demain ?

J'aimerais tant te parler.
Ce soir. Ce soir c'est possible, si tu le peux.

Etait-ce un nouveau piège grossier dans lequel elle allait foncer tête baissée ? Une ronde de questions tournait en farandole dans sa tête, des questions que quelqu'un avait délibérément provoquées, avec ordre et préméditation : cette première enveloppe dans le bungalow C29, ses papiers volés, ce chien qui portait le nom du sien dans une autre vie, ce petit déjeuner dressé, ce nouveau courrier posé sur son pare-brise...

— Clo, Valou, vous m'écoutez ? J'ai réservé le 470 pour la journée. Vous verrez, vous allez adorer. Le vent, le silence, la liberté...

Les confidences de Cervone ne fournissaient aucune réponse à ces questions, même si elles continuaient de lui broyer le cœur, même si le dernier regard de Nicolas la hantait, ce regard qu'elle pouvait maintenant interpréter : il avait compris qu'il était un assassin et, dans la même seconde, qu'il allait mourir exécuté. Quelle explication pouvait relier ces deux folies, le plan de Nicolas pour séduire Maria-Chjara et ces lettres de l'au-delà ?
Une seule, pensait Clotilde. Une seule, plus folle encore.
Sa mère, vivante.

~

23 heures.
Franck, après avoir passé la soirée à vérifier sa boussole, ses cartes marines, ses manuels de parfait petit marin, était parti se coucher. On se levait tôt demain. Depuis presque six mois, il avait réservé ce 470, pour le 21 août. Franck n'avait rien laissé au hasard, il s'était documenté, entraîné, et hier encore, une bonne partie de la journée, avait révisé. Clotilde, assise, comptait les lignes de son roman avec autant de conviction que les grains d'un sablier, laissant ses pen-

sées s'égarer en observant son mari. Quand on les connaît bien, les aventuriers, au fond, doivent être des hommes assez ennuyeux. Des types méticuleux qui ne laissent la place à aucun hasard, aucun inconnu, aucun imprévu, qu'ils soient escaladeurs, surfeurs ou skippers.

Elle observa son mari plier en quatre sa serviette, ranger la balayette, poser délicatement sa casquette.

L'inverse n'était pas vrai.

Tous les types maniaques ne sont pas des aventuriers.

— On va se coucher ?

Franck venait de terminer de cocher sa checklist de marin d'un jour.

— J'arrive, je te suis. Je lis un peu.

— On se lève tôt demain, Clo.

Reproche à peine voilé. Clotilde le prit en souriant. Elle s'épatait de son assurance. De son aisance à mentir, au moins à ne pas dire toute la vérité.

— Je sais… Demain, tu m'offres une journée de bronzette sur le pont de ton bateau, sans maillot, avec un homme attentionné qui me sert des mojitos glacés. C'était bien ça le deal quand tu as réservé cet hiver ? Quand je t'ai dit oui. Tu n'as pas oublié, mon chéri ?

23 h 45.

Clotilde posa son livre ouvert sur la table de jardin, laissa à sa place la tasse de thé à peine goûtée, comme pour faire croire qu'elle n'était pas loin, qu'elle revenait. Franck ronflait.

Doucement, silencieusement, elle s'éloigna dans l'obscurité.

∼

Rapidement, alors qu'elle quittait les Euproctes pour suivre le chemin désert sous les oliviers, le silence du camping laissa place aux bruits de la nuit. Tous les laids et timides que le soleil effrayait se réveillaient. Mulots peureux, hiboux espions, crapauds amoureux. Clotilde marcha dix minutes, à la lueur de la torche de son iPhone, jusqu'à atteindre le point de départ du sentier menant à la *Casa di Stella*, indiqué par un grand panneau de bois planté sur le petit parking de terre.

Elle s'arrêta.

Tu attendras. Il viendra et il te guidera.
Couvre-toi, il fera sans doute un peu froid.

Elle avait enfilé un pull de coton écru, comme une petite fille obéissante, comme si c'était réellement le fantôme de sa maman qui lui adressait ces recommandations.

Ridicule !

Il était encore temps de courir, de se déshabiller, de se coller contre Franck, de lui montrer cette lettre, d'aviser.

Ridicule...

Depuis six mois, il avait entouré la date du 21 août sur son agenda. Rien n'aurait pu empêcher son mari d'aller naviguer avec sa famille, pas même ce courrier. Pas même qu'elle lui avoue avoir un amant.

Loin dans la forêt, un crapaud coassait. Un cri plaintif d'amour ou d'agonie.

Un amant, repensa Clotilde. La meilleure solution n'était-elle pas d'envoyer un texto à Natale ? De tout lui expliquer, de lui demander de tout quitter, de venir la rejoindre, l'accompagner, la protéger ?

Ridicule.

A cette heure, son chevalier dormait dans les bras d'une fille de flic qui se couchait tôt car dès l'aurore elle se levait pour aller pointer à la clinique de Calvi pendant qu'il réceptionnait des cartons de poissons surgelés.

Ridicule.

Sa vie entière n'était qu'une mascarade. Dans les romans qui osent inventer des histoires aussi surréalistes que la sienne, on s'aperçoit au fil des pages que l'héroïne est folle, qu'elle souffre de schizophrénie, d'un dédoublement de personnalité, que ces courriers qui lui sont adressés, elle les a inventés, elle les écrit elle-même, elle...

Elle n'entendit aucun bruit, ne perçut aucune ombre. Simplement, la nuit devant elle lui sembla soudain plus noire, plus profonde, plus intense, sans qu'elle puisse l'expliquer.

Les lumières de la baie de Calvi et du phare de la Revellata avaient subitement disparu.

Elles réapparurent d'un coup, alors que les étoiles des yachts sur la Méditerranée s'éteignaient.

La nuit noire se déplaçait !

En boitant, elle l'entendait maintenant.

La masse immense qui masquait les lumières nocturnes se tenait devant elle. Clotilde ne la reconnut que lorsqu'elle braqua sa torche sur son bras mort, sur son cou, son visage.

Hagrid... Hagrid fut le nom qui lui vint, malgré elle, même si elle se détesta pour ça.

— Orsu ? murmura-t-elle.

Le géant ne lui répondit pas. Il se contenta de tendre son bras valide et de la regarder, avec un air effrayé d'éléphant agitant sa trompe devant une souris, puis désigna le sentier.

Il alluma une lampe torche qui éclairait dix mètres plus loin que le téléphone de Clotilde, puis s'engagea le premier sur le chemin, marchant avec une étonnante rapidité malgré sa jambe raide, l'utilisant presque comme une canne articulée. Après quelques minutes, ils quittèrent le sentier balisé qui menait à la *Casa di Stella* pour s'enfoncer dans le maquis. Les branches molles des genêts et des arbousiers la caressaient dans l'obscurité. L'ascension semblait ne jamais devoir s'arrêter. Pas une fois Orsu ne prononça un mot. Clotilde avait hésité au début de la montée à le questionner.

Où va-t-on ? Qui nous attend ? Connais-tu ma mère ?

Elle n'avait rien dit, sans doute parce qu'elle savait qu'Orsu ne lui répondrait pas, et peut-être aussi pour ne pas troubler la solennité du moment, comme s'il fallait que cette marche soit silencieuse pour apprécier pleinement son sens, son but, sa signification profonde. Pour qu'une certitude intime s'impose.

Celle qui l'attendait était sa maman.

Il te mènera à ma chambre noire.

Qui d'autre aurait pu employer ces mots ?

Ils passèrent une petite rivière puis progressèrent en pente raide dans une garrigue rase. Fréquemment, Orsu se retournait, comme pour vérifier qu'il n'y avait personne derrière eux. Instinctivement, Clotilde faisait de même. Il était impossible de les suivre ! Leurs lampes éclairaient leurs pas, ils surplombaient le sentier sur près d'une centaine de mètres et il n'était pas possible de progresser dans la nuit noire sans lumière. N'importe quelle lueur autre que la leur, même éloignée, aurait été aussi repérable que l'étoile du Berger à la nuit tombée.

Une certitude, pensa Clotilde. Ils étaient seuls.

Une autre : elle était inconsciente.

De son plein gré, elle s'enfonçait dans le maquis pour répondre à un appel d'outre-tombe, en compagnie d'un ogre boiteux et taiseux à qui elle avait offert sa confiance dès le premier regard. Le pèlerinage vers un lieu, un rituel, un Dieu dont elle ignorait tout dura plus d'une heure encore.

Ils progressaient maintenant à flanc de colline, dans des fourrés ras. Face à eux, lointaine, illuminée, la citadelle de Calvi semblait une île fortifiée uniquement reliée à la terre par le cordon de néon des bars du port. Ils marchèrent encore de longues minutes, tournèrent le dos à la mer et, après s'être à nouveau enfoncés dans la forêt, parvinrent à une petite clairière. Orsu éclaira un chemin tracé à travers un tapis de cistes, franchit quelques marches d'escalier taillées dans la pente et s'arrêta. Il braqua sa lampe devant lui.

Le cœur de Clotilde battait à se rompre.

Le faisceau lumineux du géant balayait une petite cabane de berger, posée au milieu de nulle part, du moins lui semblait-il. Peut-être Orsu l'avait-il fait tourner en rond dans la nuit pour la ramener tout près de son point de départ. La cabane semblait entretenue, Orsu dirigeait son spot comme pour faire apprécier l'entretien du bâtiment, les pierres sèches parfaitement taillées, le toit de terre battue, les volets fermés, la porte de bois brut. Clotilde se retint de se précipiter vers la cabane en lui arrachant la torche des mains ; ou mieux encore, de la jeter par terre pour la briser et vérifier que sous la porte, entre les rainures des volets, un mince filet de lumière filtrait.

Parce que quelqu'un habitait à l'intérieur.

Parce que quelqu'un l'attendait.

Elle.

Palma.

Maman.

Tout près, elle le sentait.

Orsu était son allié.

Je ne pourrai pas t'en ouvrir la porte. Mais peut-être les murs seront-ils assez fins pour que je puisse entendre ta voix.

Devant la porte de la cabane, le terrain était plat et dégagé. Orsu, comme s'il avait lu dans ses pensées, se recula d'un pas et éteignit sa lampe. Clotilde continua de marcher, plissant les yeux pour percevoir un rai de lumière, s'attendant à voir la porte s'ouvrir.

A quoi ressemblerait sa mère ?

Bizarrement, elle n'avait jamais calculé quel âge elle avait aujourd'hui. Elle aurait les cheveux gris bien entendu, le visage ridé, le dos voûté ? A moins que son fantôme n'ait pas vieilli, qu'elle soit toujours la femme superbe dont elle se souvenait, dont elle était jalouse, dont Natale était amoureux.

Tu es devenue une très jolie femme.
Ta fille aussi, plus belle encore peut-être.
Elle me ressemble, je crois.

Oui, seule sa mère, seul son fantôme éternellement jeune pouvait avoir écrit à sa fille des mots aussi blessants. La porte allait s'ouvrir pourtant, et elles se jetteraient dans les bras l'une de l'autre. Clotilde avança.

La lumière ne vint pas de la cabane, face à elle ; ni de la torche d'Orsu, dans son dos. Elle l'attrapa de côté, pleine tempe, puis se planta entre ses deux yeux, comme la mire d'un sniper.

Des pas.

Rapides. Enervés. Essoufflés.

Le piétinement, le souffle, l'excitation, tout dans l'arrivée de l'ombre trahissait la colère, à en casser les branches sur son passage, à en broyer les cailloux sous ses pieds.

Pire que de la colère, de la haine.

C'était une bête qui fonçait vers elle. Une bête furieuse.

C'était un piège. Orsu avait disparu. Il l'avait simplement conduite dans ce lieu pour quelques billets.

Il ne restait à Clotilde que trente mètres à franchir mais elle n'atteindrait jamais la porte de la cabane de berger. La bête, d'un coup, fut face à elle.

Clotilde la reconnut.

Elle ne s'était pas trompée, ni sur la colère, ni sur la haine.

Il était pourtant impossible de les avoir suivis dans le maquis ; la bête les avait attendus, ici…

Comment avait-elle su ?

Peu importait, désormais. Elle était perdue.

Mon père trompe ma mère
Il fit défiler les mots, les lignes, les feuilles, recto verso, qui répétaient cette simple phrase à l'infini, puis examina avec précaution les dessins noirs sur le cahier, les araignées, les toiles, comme si l'encre séchée pouvait le piquer, même après toutes ces années.

L'écriture se calmait. Page après page. Comme une colère qui s'apaise, doucement.

Pas la sienne.

*
* *

Lundi 21 août 1989, quinzième jour de vacances,
ciel bleu de poubelle éventrée

Je trompe
Tu trompes
Il ou elle trompe

Je suis à la plage, à tourner les pages.
Maman bronze et papa dort.

Papa a insisté pour nous emmener à la plage de Port'Agro, une crique quasi secrète cachée au-delà des rochers de la Petra Coda. Pour y accéder, il faut suivre un sentier d'ânes et de chèvres au milieu du maquis, escalader un peu, se faufiler entre les aiguilles de genévriers qui vous piquent davantage qu'un régiment de moustiques, passer une tour génoise en ruine, puis marcher près d'un kilomètre sous le soleil sans un point d'ombre, se tordre les chevilles sur un raidillon poussiéreux qui descend à pic, s'enfoncer dans un chemin de sable, et là, juste derrière les dernières dunes, se dévoile la fameuse plage paradisiaque à laquelle moins de dix randonneurs ont eu le courage d'accéder dans la journée.

Presque inaccessible, vous pensez !

Un dernier effort avant de jouer les Robinson au paradis...

Et là je vous jure que c'est vrai, sur la plage, des touristes, j'en compte bien des centaines. Et face à nous, nous bouchant l'horizon, des voiliers, des yachts, des Zodiacs, j'en compte bien des dizaines, ancrés derrière la rangée de bouées qui délimite le périmètre de baignade. Les coques et les voiles blanches des bateaux font aussi sale dans le paysage que des morceaux de papier qu'on déchire et qu'on jette dans un caniveau. Jouer à Robinson ? Vous rigolez ! Ou la version corse, en été. Un Robinson qui a envoyé des milliers de bouteilles à la mer, et pas de bol, elles ont toutes été trouvées !

Nous trompons
Vous trompez
Ils ou elles trompent

Palma Mama a posé sa serviette face aux yachts les plus gros. On a tous suivi. Le *Blu Castello*, dont je fixe le pont de bois verni depuis trois heures, madame avec son chihuahua, monsieur avec son panama, Gino avec son pull marin et sa casquette de capitaine, la grosse Teresa qui porte le plumeau et les serviettes, une ado de mon âge qui n'a pas bougé de son transat, et mon constat est sans appel.

On se fait chier sur un yacht !

C'est vrai, quand vous y pensez, le plus petit emplacement du plus merdique des campings est déjà plus grand que le plus géant des bateaux de croisière. Même sur un yacht de trente mètres de long, vous tournez quand même assez vite en rond. Un peu comme un bungalow dans lequel on serait enfermé tout l'été. Et pas question de s'isoler, d'ouvrir un hublot pour filer draguer ou de claquer la porte pour se barrer, autour y a de l'eau, rien que de l'eau, des kilomètres d'eau. Plus je regarde le *Blu Castello* amarré au large et plus je comprends cette évidence dingue : ceux qui sur cette terre possèdent le plus de fric s'enferment sur des prisons, des prisons qu'ils ont achetées eux-mêmes, des prisons qui coûtent des millions, simplement parce que ça le fait pas, quand on a des millions à claquer, de venir à la plage à pied, de dormir en camping à côté d'une famille qui laisse son bébé pleurer, de partager l'odeur des saucisses grillées. Et comme ce sont eux les plus gênés, ils quittent l'île, ils s'exilent. Moi je trouve plutôt ça cool, au fond, qu'on rejette les aristos à l'eau, même s'ils vous gâchent un peu l'horizon.

L'ado sur le *Blu Castello* s'est levée de son transat, a fait trois pas, a échangé trois mots avec ses parents qui se tiennent collés-serrés sur le pont, a changé de bord, bâbord-tribord, trois ou quatre fois, puis est retournée s'allonger au même endroit.

Je voudrais pas être à sa place. Même si ses parents s'aiment. Peut-être que le fric, ça aide au moins pour ça.

J'ai trompé
Tu trompes
Il ou elle trompera

Maman dort et papa mate.

314

Comment peut-on tromper ?

Tromper celui avec qui on vit. Et vivre quand même ?

Est-ce que l'on trompe quelqu'un parce qu'on s'est trompé soi-même ? Trompé de femme, trompé de vie, trompé de rêves ?

Est-ce que moi aussi, je vais me tromper de vie ?

Est-ce que moi aussi, un jour, je tromperai quelqu'un ?

Le 20 août 2016, minuit

— Toi ?
— Tu attendais quelqu'un d'autre ?
Clotilde hésita entre répondre et hurler son dépit à la nuit.
Ils se défiaient dans l'ombre, face à face devant la cabane du berger, tels des boxeurs bombant le torse.
Chienne et loup
Proie et prédateur
Voleuse et gendarme
Femme et mari
Elle et Franck

Passé la stupéfaction, Clotilde tenta de rassembler les pensées dispersées dans son crâne comme une volée de moineaux après un coup de fusil, de ranger en file indienne les questions qui se bousculaient en désordre. Après le « Qui ? », elle se concentrait sur le « Comment ? ».
Comment Franck pouvait-il savoir qu'elle se trouvait ici ? Qu'elle se trouverait ici, puisqu'il était impossible de la suivre sans se faire repérer dans cette garrigue. Son mari les avait donc attendus devant cette cabane perdue dans le maquis ; il connaissait le lieu du rendez-vous. Elle le revit dormir, ronfler, lorsqu'elle s'était échappée des Euproctes

sur la pointe des pieds, il y a une heure. Il simulait. Il avait tout manigancé.

Franck frappa pourtant le premier.

— Ton thé va refroidir. Tu l'as oublié sur la table avant de partir.

— Qu'est-ce que tu fais là ?

Il éclata de rire.

— Non, Clotilde. Non, pas cette fois. On ne va pas inverser les rôles.

— Qu'est-ce que tu fais là ? répéta Clotilde.

— Arrête ça, Clo... Quand le voleur se fait prendre la main dans le sac, il ne demande pas à la patrouille de police pourquoi elle se trouve au bon endroit au bon moment.

— Je ne suis pas mariée avec un flic ! Alors dis-moi, comment tu as su ?

— Je t'ai suivie.

— Impossible, trouve autre chose !

Franck parut ébranlé un instant, comme s'il hésitait à rebrousser chemin sans rien dire d'autre. Il se retint.

— S'il te plaît, Clotilde...

— S'il te plaît quoi ?

— OK, tu veux qu'on mette les points sur les i ? Alors allons-y. Ma tendre épouse reçoit des textos toute la journée, y répond ; ma tendre épouse invente mille prétextes, y compris la tombe de ses parents, pour aller retrouver son amant ; et comme ils ne disposent pas encore d'assez de temps, ma tendre épouse attend que je sois endormi pour aller passer la nuit avec lui.

Clotilde explosa.

— Tu as voulu me piéger ? C'est ça ? Le courrier, le courrier que j'ai trouvé coincé sous mon essuie-glace, c'est toi qui l'as écrit ? En suivant le modèle du premier ?

Franck soupira.

— Bien entendu, Clotilde, si ça t'arrange, imagine que c'est moi, depuis le début, qui prends toutes les identités, ton mari, le père de ta fille, ta mère ressuscitée… Ton amant. Les textos de ce Natale Angeli sur ton téléphone, c'est peut-être moi aussi qui les écris ?

Franck avait fouillé dans la messagerie de son portable ! Il avouait. Pire encore, il assumait.

— Je sais que je te déçois, Clo. Tu m'obliges à faire des trucs dont je ne suis pas fier. Que je n'aurais jamais cru faire. Oui, j'ai fouillé dans ton téléphone, pour lire ce que racontait cet Angeli, du moins avant que tu ne te sépares plus de ton portable.

Il le lui paierait, se promit Clotilde. Franck le lui paierait. Plus tard ! Tout en discutant, Franck avait saisi le bras de Clotilde et la forçait à redescendre avec lui. Clotilde résistait comme elle pouvait, observant la cabane de berger qui n'était plus qu'une silhouette dans la nuit. Orsu s'était fondu dans la montagne.

Son mari lui devait une explication.

— Tu n'as pas pu me suivre ce soir, Franck. Personne ne l'aurait pu sans lumière, une lumière que j'aurais forcément aperçue. Tu connaissais l'endroit où j'allais. Alors je t'en prie, Franck, réponds-moi. J'ai besoin de savoir si c'est toi qui m'as envoyé cette lettre pour m'attirer ici… Si c'est toi qui…

Elle était à bout de nerfs. Quelqu'un voulait la rendre folle. Quelqu'un y parvenait.

— Oh, et puis merde. Je veux savoir si c'est toi ou si c'est ma mère qui me l'a écrite !

Franck la fixa, effaré, presque effrayé. Les ombres creusaient leurs rides respectives, comme deux vieux acteurs dans les films en noir et blanc mal éclairés.

— Bordel, Clotilde ! Réagis ! Je suis en train de te faire comprendre que je vais te quitter, parce que tu embrasses un autre type dès que j'ai le dos tourné, que tu vas faire l'amour avec ce salaud pendant que je suis couché. Valou dort chez nous, sans se douter de rien. Tu es en train de tout foutre en l'air. On est en train de tout foutre en l'air, si tu préfères,

318

ici, maintenant, et toi tout ce qui t'intéresse, c'est ta mère. Pire encore, le fantôme de ta mère ! Putain… (Il se força à rire.) Je sais qu'il y a des hommes qui quittent leur femme à cause de leur belle-mère… Mais pas à cause d'une belle-mère morte il y a vingt-sept ans.

Il se recula encore, tirant le bras de sa femme ; la cabane avait disparu dans le noir.

— Tu n'as rien d'autre à me répondre, Clo ? Enterre les morts, bordel ! Même si tu veux démolir notre couple, tu as une fille. Tu ne peux pas t'en foutre à ce point.

Un voile se souleva dans le cerveau de Clotilde.

L'homme qui lui parlait, qui lui aboyait dessus, était un parfait inconnu. C'est lui qui était venu la draguer, lors de cette soirée où il était déguisé, comme par hasard, en Dracula. C'est lui qui avait voulu se marier avec elle. C'est lui qui avait voulu rester. Elle n'avait fait qu'accepter sa présence, depuis des années.

Accepter, sourire, se taire.

— Je ne m'en fous pas, Franck, je suis larguée. Tu comprends ça ? Larguée ! Alors au point où j'en suis, je peux tout te balancer : oui, je pense que ma mère est vivante. Et pourtant je sais que c'est impossible… Je n'ose plus te parler, Franck. Je sais qui a tué mes parents, qui a foutu en l'air la direction de la Fuego, qui a…

— Je m'en fous, Clotilde !

Franck avait haussé le ton.

— Je me fous de cet accident, je me fous de tes parents morts il y a vingt-sept ans, je me fous de ton frère que je n'ai jamais vu. Je me fous de tout ça ! Tout ce qui compte, tout ce qui me rend dingue, c'est que tu as embrassé un autre type que moi, qu'il t'a tripotée et que vous aviez rendez-vous ce soir pour baiser. Je ne peux pas accepter ça, Clo. Je ne peux pas. Tu as tout gâché en voulant revenir ici, Clo. Tu gâches tout !

Pendant tout le temps que dura leur longue descente, ils ne prononcèrent pas un autre mot.

~

Franck se tenait face à son café, traits tirés. Valou face à un bol de lait chocolaté couvert d'une montagne de corn-flakes, deux œufs sur le plat, un jus d'orange, fraîche comme une rose.

Derrière eux, Clotilde s'activait. Franck but une gorgée avant de parler.

— Tu veux une bonne nouvelle, Valou ? Le bateau, le 470 que j'ai loué pour la journée, on peut le garder plus longtemps, deux jours, trois jours, une semaine. J'ai négocié, c'est arrangé.

Valou creva les deux yeux jaunes dans son assiette.

— On va passer une semaine à trois sur un voilier ?

— A deux, Valou. A deux. Maman ne vient pas. On fera des escales. Ajaccio, Porticcio, Propriano... Sans parler des criques accessibles uniquement par la mer.

Valou épongea l'œuf sur le plat avec le pain frais, sans demander d'autres précisions, se contentant de sortir son téléphone portable, à l'image d'un P-DG qui en urgence doit décommander ses rendez-vous des prochaines journées.

Derrière eux, Clotilde allait et venait, chargeait le sac de Valou d'habits chauds, de médicaments, de brosses à dents, de crème solaire, de ses gâteaux préférés, des gâteaux préférés de Franck, en quantité suffisante pour deux. Jouer le rôle de la parfaite épouse, prévenante et attentionnée, pouvait-il aider à tout réparer ?

Crétine !

Pourquoi considérer aujourd'hui que c'est un rôle qu'elle tenait, alors qu'elle exécutait ces mêmes gestes quotidiens depuis des années ?

Franck se leva.

— Laissez, fit Clotilde. Je vais débarrasser.

8 h 57. Le minibus du camping les attendait. Clotilde et Franck marchaient vers le parking des Euproctes, encombrés de lourds sacs. Valentine suivait, les yeux rivés sur son portable, comme si elle avait téléchargé une application GPS qui lui permettait de ne pas se perdre dans le camping.

Franck fuyait.

Il détalait, il prenait le maquis, il prenait le large sur une chaloupe alors que le bateau coulait. Raisonner ainsi, pensait Clotilde, était-ce une façon de nier que c'est elle qui l'avait trompé ? Que c'est elle qui avait tout provoqué ? Elle n'arrivait pourtant pas à se sentir coupable. Tout ce qui arrivait semblait avoir été programmé, depuis des années ; elle n'était qu'un jouet. Elle ne pouvait pas s'empêcher de penser que Franck l'avait espionnée, lui avait caché une part de vérité, qu'il était le mieux placé, au fond, pour avoir tout manigancé, du vol des papiers dans leur coffre à la mise en scène du petit déjeuner. Qu'il voulait la rendre folle. Qu'il l'avait empêchée de revoir sa mère, hier. Qu'il lui volait sa fille, aujourd'hui. Qu'il lui reprochait d'avoir fui quelques heures pour retrouver Natale, mais c'est lui qui maintenant disparaissait, pour plusieurs jours, pour une destination dont elle ne savait rien.

C'est Franck qui avait imposé cette coupure, le temps de faire le point. Pour protéger Valou, avait-il avancé. Clotilde n'avait pas refusé. Après tout, c'est ce qu'elle voulait. Du temps pour enquêter.

Marco le chauffeur se tenait devant le minibus du camping.

— Faut y aller...

Clotilde embrassa Valentine, puis se tint comme une idiote devant son mari.

— Vous m'appelez ? Promis, vous m'appelez ?

— Si on a du réseau dans le triangle des Bermudes, répondit Valou sans lâcher son portable.

Le minibus disparut au bout de la route. Franck s'était arrangé avec Cervone Spinello pour le transfert jusqu'au port de Calvi, où ils récupéraient le 470, afin de laisser la Passat à Clotilde. Les seuls mots qu'il avait adressés à sa femme, ce matin, concernaient le véhicule, les papiers dans le vide-poche, le niveau d'huile, la pression des pneus, la clé pour le réservoir ; elle avait écouté d'une oreille distraite, semblant connaître déjà avec précision le fonctionnement d'un moteur, Franck lui aussi jouait un rôle, celui du mari blessé dans son orgueil mais qui met un point d'honneur à demeurer attentionné.

Son alter ego au masculin.

Aussi stupide qu'elle. En plus cynique peut-être. Parmi ses recommandations, si jamais elle devait utiliser la voiture pour aller se promener, il n'avait pas pu s'empêcher de lui montrer comment les sièges s'inclinaient.

D'autres monoplaces, d'autres camping-cars, d'autres voitures, d'autres familles passaient sur la route de Calvi. Clotilde ressentit une intense boule au ventre. Ce n'était pourtant pas la première fois qu'ils la quittaient. Franck accompagnait Valou au basket, chaque samedi. Quelques heures, pas quelques jours. Quelques heures dont Clotilde profitait pour s'évader ; allongée avec un roman. Pas avec un amant.

Clotilde avait perdu de vue le minibus depuis de longues secondes, mais n'avait pas bougé. Elle ne pouvait s'empêcher de repenser à son père, qui était parti lui aussi sur un voilier, quelques jours avant l'accident de la Petra Coda. C'est du moins ce qu'on lui avait raconté. Il n'était revenu que le jour de la Sainte-Rose, le 23 août.

Après-demain...

Une main frôla son bras, elle se retourna. Cervone Spinello se tenait derrière elle. Il avait passé les consignes à son employé, accepté gracieusement de transférer Franck et Valou.

— Te plains pas, Clotilde, ton mari part avec ta fille. La plupart des mecs se seraient tirés en te laissant la gosse sur les bras.

— Laisse tomber, Cervone.

Le patron du camping ne se vexa pas. Ne retira pas ses doigts de son bras pour autant. Clotilde se mordit les lèvres. Hors de question de chialer devant ce salaud ! Hors de question que ce soit lui qui lui tende un mouchoir. En cherchant une issue de secours pour échapper à son discours, elle se fit la réflexion qu'elle n'avait pas croisé Orsu dans le camping depuis le début de la matinée. Où était-il passé depuis la marche nocturne jusqu'à la cabane de berger ? Bien entendu, elle aurait pu demander à Cervone, mais elle n'avait aucune envie de mettre le patron du camping dans la confidence. Elle dévia vers une autre question.

— Toujours pas de nouvelles de Jakob Schreiber ?

— Aucune, répondit Cervone. Si, ce soir, je n'ai aucun signe de vie du vieil Allemand, je préviens la gendarmerie.

Clotilde s'interrogea : pourquoi ne l'avait-il pas fait plus tôt ? Cervone avait l'air plutôt pote avec le capitaine Cadenat. Elle allait lui faire la réflexion quand Spinello lui grilla la politesse.

— J'ai un message pour toi, Clotilde. De la part de ta Mamy Lisabetta. Elle a téléphoné à l'accueil. Elle avait l'air complètement paniquée. Ton Papé Cassanu veut te voir, le plus vite possible.

— A Arcanu ?

— Non...

Il laissa quelques secondes de suspense avant de continuer.

— Là-haut.

Il fixa les nuages qui s'accrochaient à la montagne, en direction du Capu di a Veta. Clotilde suivit elle aussi des yeux la ligne de crête, jusqu'à s'arrêter sur une minuscule croix noire qui se détachait dans le ciel.

Des souvenirs affluaient, purs, légers, que Cervone en une phrase pollua.

— A moins qu'il ne se fasse déposer en hélicoptère, ce vieux fou va crever au pied de la croix.

43

Mardi 22 août 1989, seizième jour de vacances,
ciel bleu de Terre vue des étoiles

Coucou, vous êtes réveillé, mon confident ?

En forme ? Je peux vous raconter mes rêves et mes cauche-mars du matin ? De très tôt le matin ! Si je vous dis l'heure qu'il est, vous allez halluciner.

Vous vous souvenez, ma mission, mon contrat, le bisou de Natale sur ma joue à condition que je parvienne à convaincre mon grand-père Cassanu ? Je ne me suis pas dégonflée, j'ai pris rendez-vous, un rendez-vous d'affaires, ai-je dit, et Papé a accepté. A Arcanu, ça, ce n'est pas une surprise, mais à 5 heures du matin !

Moi que mes parents ne voient jamais émerger avant midi.

Cinq heures du matin ? Chiche, Papé, j'y étais... Sans savoir ce qui m'attendait.

Il faut vous dire, mon sage et discret lecteur, que je vis des émotions extraordinaires pendant ces vacances, comme si tout basculait chaque jour, entre le pire et ces pages grises que j'ai noircies de toiles d'araignée tissées avec le fil du men-songe des adultes, et le meilleur comme cette nage avec les dauphins, et ce que je vis aujourd'hui, libre et légère, presque à en attraper les nuages et à tirer la queue des aigles royaux.

Je vous dis tout ?

A 5 heures du matin donc, bien avant le lever du soleil, Papé m'attendait dans la cour d'Arcanu, au pied du chêne vert, bâton de marche à la main, jumelles autour du cou, qu'il passa autour du mien.

— Regarde.

Il m'a fait suivre la ligne de crête, vers le sud, dans la direction d'Asco, au-dessus de Notre-Dame de la Serra, plus haut encore.

Une croix !

Ou ce qu'il en restait.

— On va discuter sous la croix, Clotilde. Tu es prête ?

Et il a observé avec un air amusé mon sweat *Guns N' Roses* et mes baskets.

J'ai fait mine de sprinter...

— Je t'attends là-haut ?

Je me suis vite calmée.

Sept cent trois mètres ! Et pour ainsi dire, on décollait du niveau de la mer.

Quatre heures d'ascension, en pente douce, puis de plus en plus raide, et, pour finir, un à-pic de dingue pendant les deux cents derniers mètres, à terminer à quatre pattes façon mouflon. En silence. Papé n'a presque pas parlé de tout le chemin. Juste une pause casse-croûte, fromage de chèvre et coppa, à mi-montée, pile au moment où le soleil s'est levé derrière le cap Corse. On aurait dit un décor de Tolkien. Un grand anneau de feu s'élevant au-dessus d'un long doigt calciné.

Alors que je vous écris, je suis calmée. Mon cœur reprend un souffle normal, mes cuisses recommencent à vouloir m'obéir, mes pieds ne tremblent plus à déraper dans des couloirs d'éboulis, ma tête n'a plus le tournis. Je suis assise sous la croix. Papé m'a expliqué une fois arrivés qu'on l'appelle la croix aux Autrichiens parce que ce sont des alpinistes de Vienne qui ont ouvert la voie vers ce sommet, il y a une cinquantaine d'années. La croix date de 1969, et a été salement amochée depuis vingt ans. J'ai l'impression que n'importe quel coup de vent pourrait la faire s'envoler.

La croix des Autrichiens, Papé, ça le fait bien rigoler. Il m'a dit que sur le Capu di a Veta, les Corses du coin n'avaient pas attendu les Viennois pour y grimper, qu'il n'avait pas huit ans quand il est monté pour la première fois jusqu'au sommet, avec Pancrace, mon arrière-grand-père.

Je comprends pourquoi.

Ce n'est pas facile de vous l'expliquer par des mots, mais une fois en haut, sur ce petit dôme de pierres où nous nous tenons assis tous les deux, on a l'impression… de dominer le monde. Le vent nous bourdonne dans les oreilles, invitant à tournoyer sans fin pour profiter de l'incroyable vue à trois cent soixante degrés. Comme des géants. Ou comme des enfants plutôt, des enfants ayant construit une île en pâte à modeler.

L'impression de planer. L'impression d'être seule au monde avec mon Papé, qui lui n'a pas l'air essoufflé, qui m'a attendue tous les vingt mètres pendant la montée. L'impression de pouvoir tout lui dire.

Maintenant, vous me connaissez, vous vous doutez que je ne me suis pas privée.

— Y a un truc qui m'étonne, Papé. J'ai l'impression qu'ici, tout le monde a peur de toi. Mais moi je te trouve gentil.

Opération Béluga. Je ne devais pas oublier. Si c'est comme ça que j'espérais l'amadouer…

— Méchant. Gentil. Ça ne veut rien dire, ma petite fille. On peut provoquer des catastrophes par gentillesse, on peut rater sa vie par gentillesse, ou peut même tuer par gentillesse.

Tuer par gentillesse ?

OK, Papé, je l'écris dans mon cahier. Je m'y repencherai en terminale, quand j'aurai des cours de philosophie.

J'ai tourné la tête pour admirer le paysage façon géode à la Cité des sciences (LA visite de l'année du lycée !).

— Papé, jusqu'où va le terrain qui t'appartient ?

— Qui *nous* appartient, Clotilde. Rien n'appartient jamais à une personne seule. Qu'est-ce qu'elle en ferait ? Imagine un peu, le type le plus riche de l'histoire du monde, ce serait qui ? Celui qui aurait éliminé tous les autres ? Qui vivrait seul sur la planète, avec toutes les richesses jamais produites ? Il serait le plus riche homme que la terre ait jamais porté, mais aussi le plus pauvre, puisque aucun être au monde ne posséderait moins que lui. Pour parler de richesse, il faut au moins être deux, comme les colons dans les westerns, un couple qui s'installe dans le désert au milieu de rien, qui y construit un abri pour y habiter, pour y faire un enfant. La richesse grandit avec une famille, d'autres enfants, des petits-enfants, pour que la terre, la maison, la mémoire, puisse se transmettre. Et ainsi de suite, la richesse dans l'absolu devrait aussi appartenir à la tribu, à tous ceux qui se sont entraidés. Elle appartient à une île, à un pays, à la terre entière, si l'humanité était capable de la même solidarité que celle qui unit un couple, une famille ou une tribu (et là, Papé me regarde droit dans les yeux). Mais ce n'est pas le cas. Ce ne sera jamais le cas, nous devons défendre ce qui nous appartient. Entre l'égoïsme de chaque individu et la folie du monde, nous sommes les gardiens de cet équilibre-là. Alors pour te répondre, ma petite fille, voici tout ce qui nous appartient.

Il me montre du doigt toute la presqu'île de la Revellata, jusqu'au phare, jusqu'au camping des Euproctes, jusqu'à la plage de l'Alga. Son doigt s'arrête à l'entrée de Calvi, au nord, et aux rochers de la Petra Coda, au sud, puis il m'explique que quelques centaines de mètres carrés appartiennent au Conservatoire du littoral, ou aux scientifiques du port de Stareso. Bizarrement, il ne parle ni de l'enclave de la Punta Rossa léguée par son papa à celui de Natale, ni des hauteurs de la plage de l'Oscelluccia sur lesquelles la marina *Roc e Mare* a sauté.

Ma tête de géode entame un nouveau tour.

Cent quatre-vingt-dix degrés. Pleine vue sur la chaîne du Monte Cinto, le sommet de la Corse. Deux mille sept cent six mètres. Il paraît que si on ajoute les centaines de mètres de la fosse marine sous la Méditerranée, celle d'où remontent les nutriments préférés des dauphins, ça représente un dénivelé de plus de trois mille cinq cents mètres, aussi haut que les sommets des Alpes !

Je me retourne vers mon grand-père.

— Je t'aime bien, Papé. Quand tu causes comme ça, on dirait que t'es sorti d'un film. Tu sais, les films de parrains qui défendent le clan.

— Moi aussi je t'aime bien, Clotilde. Tu feras quelque chose de ta vie, quelque chose de bien. Tu as de l'ambition, des convictions. Mais...

— Mais quoi ?

— Mais... tu ne vas pas te vexer ? Tu ne vas pas me planter là et redescendre en courant ?

— Mais quoi, Papé ?

— Tu n'es pas corse ! Pas une vraie Corse, je veux dire. Ici, les femmes habillées de noir ne portent pas de têtes de mort sur leur robe. Ici, les femmes sont discrètes, les femmes se taisent, ici les femmes règnent sur la maison, pas sur le reste. Je sais bien que ce que je te dis va te faire bondir, ma petite insoumise, mais que veux-tu, je suis habitué ainsi. Je me suis habitué à aimer les femmes ainsi. Tout ce que tu représentes me dépasse, Clotilde, même si moi aussi, je place la liberté au-dessus de tout. Si j'étais né quarante ans plus tard, peut-être aurais-je épousé une femme comme toi...

— C'est ce qu'a fait papa !

— Non, ma petite fille. Non. Palma n'est pas comme toi. (Il marqua un long silence.) Alors allons-y, qu'as-tu à me demander ?

Quarante-cinq degrés. Vue plongeante sur la Balagne. Le panorama sur le jardin de la Corse s'étend de Calvi à L'Ile-Rousse. Avec un peu d'imagination, on devine même le désert des Agriates et le port de Saint-Florent au pied du cap Corse. Je fixe la mer, comme pour prendre une inspiration avant une plongée en apnée, et j'explique tout. Les dauphins, Orophin, Idril et leurs bébés, Natale qui leur parle, l'*Aryon*, un ponton pour l'amarrer, un ponton plus grand, après, pour amarrer un bateau plus grand, le sanctuaire au large et, sur la berge, une terrasse, une buvette... Et je m'arrête là. Je ne parle pas tout de suite de la maison des dauphins, et surtout pas de l'architecte féminin que Natale a contacté.

Papé m'a écoutée sans rien dire.

Trois cent vingt degrés. Vue directe sur la Revellata. D'ici, la presqu'île ressemble à un crocodile endormi ! Je vous jure. La peau grise et verte, avec la punta di l'Oscelluccia et la Punta Rossa formant ses grosses pattes et sa gueule flottant dans l'eau dessinée par le bout de la péninsule. Mille rochers blancs alignés comme des dents et le phare qui lui fait comme un bouton sur le nez.

Et puis enfin, mon Papé parle. Avec un petit sourire en coin.

— Qu'est-ce que ça a de si extraordinaire, un dauphin ?

Je m'attendais à tout sauf à celle-là !

Alors j'y reviens, je tente de lui expliquer ce que j'ai ressenti sur l'*Aryon*, quand j'ai plongé, quand j'ai nagé avec les cétacés. Il doit bien la sentir, mon émotion, j'en ai encore les bras qui tremblent, les larmes qui perlent, rien que d'y penser. Alors j'en profite, puisque je suis sincère et que ça se voit.

— Dis oui, Papé, dis oui. Dis oui, rien que pour le bonheur de tous ces gens qui plongeront comme moi. Natale veut juste faire partager ce trésor.

Ça y est c'est reparti, je n'aurais jamais dû mettre dans la même phrase les mots « partager » et « trésor », Papé me reparle comme un vieux sage à barbe blanche, comme si mon cahier secret dans lequel je consigne ses paroles, il voulait en faire un grimoire.

— Vois-tu, ma petite fille, il n'y a que trois attitudes possibles face à un trésor, depuis toujours, que ce trésor soit une femme, un diamant, une terre, une formule magique : le convoiter, le posséder ou le protéger. Tout comme il n'y a que trois sortes d'hommes, les jaloux, les égoïstes et les conservateurs. Personne ne partage un trésor, Clotilde, personne...

Au début, les tirades de Papé, j'aimais bien. Mais là, ça commence à me saouler ! En plus, je ne voudrais pas le vexer, mais je ne vois pas vraiment la différence entre les égoïstes qui possèdent et les conservateurs qui protègent sans partager. Je me tais. J'ai une autre idée plus maligne pour le forcer à réagir.

— Si tu veux, Papé. Si tu veux. Mais je crois surtout qu'au fond, la vraie raison, c'est que comme tous les Corses, tu n'aimes pas la mer. Tu n'aimes pas les dauphins. Tu n'aimes pas la Méditerranée. Tu n'aimes pas te tourner dans ce sens-là, vers l'horizon. Si les Corses aimaient vraiment la mer, ils ne la laisseraient pas aux Italiens dans leurs yachts.

Il rit.

Ma dernière phrase était de trop. Débile, il va se moquer de moi au lieu de se fâcher.

— J'aime bien ton image des Italiens, mais tu te trompes, Clotilde. Sur les Corses et sur la Méditerranée. Tu sais, je n'ai pas toujours été berger. J'ai servi cinq ans dans la marine marchande, j'ai fait trois fois le tour du monde...

T'es trop forte, ma Clo, ça a marché !

Deux cent cinquante degrés. J'ai l'impression, en suivant le littoral vers le sud, de voir jusqu'à la réserve de Scandola et Girolata, là où les rochers deviennent rouges et où les balbuzards construisent sur les pitons de pierre de volcan des nids de fous qui ressemblent à des vigies.

— Regarde, Clotilde, droit devant, vers Arcanu. Si tu continues en direction de la mer, en ligne droite, tu parviens aux falaises de la Petra Coda. Trente mètres, pour les plus hautes. Quand j'avais ton âge, tous les jeunes Corses, ceux qui selon toi ont peur de l'eau, sautaient de là. Même si, je le reconnais, ton grand-père était le plus audacieux de tous. Mon record est à vingt-quatre mètres. Avec l'âge, j'ai sauté de moins en moins haut. Quinze mètres… dix mètres… Mais je continue de nager aussi souvent que je le peux, de la Petra Coda jusqu'à la grotte des Veaux Marins, parfois jusqu'à la Punta Rossa. Renoncer à la mer, c'est renoncer à sa jeunesse, rien d'autre.

— Alors dis oui, Papé, dis oui pour les dauphins, dis oui pour ma jeunesse, dis oui, rien que pour moi.

Il sourit.

— Tu ne lâches jamais, ma petite fille ? Tu ferais une bonne avocate. Je vais réfléchir, je te promets. Laisse-moi seulement un peu de temps. (Il rit, cette fois.) Tout va trop vite. Les femmes changent et prennent la parole. (Il rit encore.) Les dauphins changent et se mettent à parler aux pêcheurs. Je ne voudrais pas que ma Corse change aussi vite…

— Alors c'est oui ?

— Pas encore. Il reste une question, une question que tu n'as pas abordée, ma chérie.

L'ombre de la croix s'étend sur nous.

— Je ne sais pas si on peut faire confiance à ce Natale Angeli.

*

* *

Il murmura entre ses dents.
Tu l'as eue, Papé.
Tu l'as eue, ta réponse.
Et pas celle que tu attendais.

44

Le 21 août 2016

12 heures

— Tu as manqué le lever de soleil, Clotilde. Tu étais plus matinale lorsque tu avais quinze ans.

Cassanu se tenait assis, adossé à la croix de bois, écrasé par l'ombre du monument haut de sept mètres planté au sommet du Capu di a Veta. On aurait dit un pèlerin qui a porté sa croix jusqu'au toit du monde, pour la planter, creuser son trou devant, et s'y enterrer.

Clotilde ne releva pas la réflexion de son grand-père. Elle venait d'effectuer quatre heures d'ascension et reprenait son souffle, stupéfaite que le vieil homme, à presque quatre-vingt-dix ans, ait pu grimper jusque-là, alors qu'elle terminait la montée complètement épuisée.

Epuisée... et énervée ! Tout au long de sa montée en solitaire, malgré la beauté à couper le souffle du paysage, elle avait été incapable de faire le vide, de savourer l'instant, le vent, les parfums de lentisque, de cédrat ou de figue sauvage. Bien au contraire, les questions s'étaient bousculées dans sa tête, et toutes se résumaient en une seule : sa mère l'attendait-elle hier soir dans la cabane de berger ? Elle regrettait de n'avoir pas osé aller frapper à la porte, après que Franck avait surgi. Elle lui en voulait pour cela aussi, avoir cassé la magie. Elle n'avait quasiment pas dormi de la nuit, elle avait réfléchi, puisant dans ses souvenirs, dans l'espoir de trouver une réponse à cette question qui l'obsédait.

Comment sa mère pourrait-elle être vivante ?

En faisant défiler dans sa tête le film du 23 août 1989, il n'existait que trois possibilités.

Sa mère n'était pas dans la Fuego...

Sauf que sa mère était assise sur le fauteuil passager, avec Nicolas assis à l'arrière, et papa derrière le volant. Elle l'avait vue, avant de monter dans la voiture, après avoir démarré, pendant le trajet. Ils s'étaient souri, parlé. Il n'y avait aucun doute possible, ils étaient partis tous les quatre d'Arcanu.

Sa mère était descendue de la Fuego avant l'accident...

Sauf que la Fuego ne s'était pas arrêtée, avait à peine ralenti dans la descente de la bergerie, Clotilde était certaine de ne pas s'être endormie pendant le trajet avant la Petra Coda, d'ailleurs il n'y avait que quelques kilomètres de distance, et sa mère était toujours dans la voiture quand la Fuego avait quitté la route avant de s'écraser. Papa lui avait pris la main...

Sa mère avait survécu à l'accident...

C'était la seule hypothèse crédible, même si la Fuego avait effectué trois tonneaux tuant à chaque fois, même si elle avait vu les trois corps déchiquetés, exposés, puis enveloppés dans des sacs plastique, avant d'être emportés... Elle était en état de choc. Peut-être sa mère était-elle encore vivante ? Peut-être l'urgentiste avait-il accompli un miracle ? Mais alors, pourquoi annoncer son décès ? Quelle raison pouvait justifier qu'un service de réanimation sauve un patient sans que personne n'en sache rien ? Pas même sa fille. Pour quelle raison faire d'elle une orpheline ? Pour protéger sa mère ? Parce que c'est elle qu'on avait voulu tuer ? Elle délirait ! Elle ne savait plus à qui se fier. Cervone disait-il la vérité à propos de son frère Nicolas et de l'accident de ses parents ? Franck, son mari, jouait-il un invraisemblable double jeu ? Natale avait-il vraiment croisé le fantôme de sa mère ? Que savait son grand-père Cassanu ? Qui tirait les ficelles, depuis le début ?

Pratiquement toutes les minutes, telle une ado traînée contre son gré en randonnée par ses parents, elle s'était accrochée à son téléphone portable. Elle avait passé une bonne partie de la montée au téléphone, cherchant à joindre trois interlocuteurs.

Pour avoir des nouvelles de Franck et Valou, d'abord. En vain. Elle n'avait obtenu aucune réponse. Seulement un répondeur muet qui se laissait insulter sans broncher.

Elle était parvenue à contacter Natale ensuite, au début de sa montée, elle avait insisté pour qu'il la rejoigne, l'accompagne en haut du Capu di a Veta, mais le pêcheur de rêves avait décliné l'escapade. Impossible, Clo, impossible avant ce soir, je travaille au magasin toute la journée, mais Aurélia est de garde à la clinique cette nuit, alors, oui, Clotilde, ce soir si tu peux, si tu veux.

OK, à ce soir, mon chevalier...

Clotilde avait eu surtout l'impression que même après toutes ces années, il ne voulait pas croiser Cassanu. Pas trop montagnard, son pirate, et peut-être même un peu froussard.

Il n'y avait pourtant pas de quoi. Papé Cassanu semblait bien inoffensif. Adossé à l'immense poutre, il donnait l'impression de ne jamais pouvoir se remettre sur ses pieds après cette dernière et folle ascension. Ils soufflaient tous les deux, comme incapables de prononcer le moindre mot.

Vers le milieu de l'ascension, Clotilde avait passé son dernier coup de fil, le plus inattendu des trois, et cette fois, son interlocuteur lui avait répondu au bout de deux sonneries, dans un français presque impeccable, avec un accent allemand à peine plus prononcé que celui de son père.

— Clotilde Idrissi ? *Mein Gott,* c'est si étrange de vous parler après tout ce temps.

Clotilde fut étonnée, Hermann Schreiber n'avait pas l'air surpris de son appel.

— Mon père m'a téléphoné hier, précisa l'Allemand. Après votre visite. On a un peu reparlé de ce fameux été 89.

Il la vouvoyait. Sa voix possédait un ton autoritaire assez désagréable. Clotilde se demanda si Hermann se souvenait de son surnom, le cyclope. Elle repoussa une envie folle de le tutoyer et de lui balancer ce sobriquet.

— Vous vous souvenez de cet été ? se contenta-t-elle de demander.

— Oui, de tous les noms, de tous les prénoms, même des visages. Ce fut un été un peu traumatisant tout de même, non ? Pour nous tous.

Surtout pour moi, Konnard !

Elle décida d'interpeller Hermann sans détour en expliquant la raison de son coup de téléphone et en résumant en quelques mots les révélations de Cervone Spinello : son frère Nicolas, se plantant avec la voiture quelques heures avant l'accident, endommageant sans le savoir les rotules et les biellettes de direction. Hermann eut l'air étonné, comme s'il n'y croyait pas. Puis, après un temps de réflexion, sa voix se fit presque solennelle.

— C'est nous qui aurions dû mourir alors. Tous les cinq. Nicolas, Maria-Chjara, Aurélia, Cervone et moi. On devait tous monter dans la voiture de vos parents à minuit, pour aller jusqu'à cette boîte de nuit, avec votre frère au volant. (Il sembla méditer un long moment avant de continuer.) Oui, ce que vous me racontez change beaucoup de choses. C'est même étrange, après tout ce temps. C'est un peu comme rater un avion qui va se crasher. (Il prit encore le temps de la réflexion.) Oui, c'est nous, tous les cinq, qui aurions dû finir dans le ravin. Si je suis vivant, cela ne tient qu'à une question, Clotilde, une question dont vous seule avez la réponse : pourquoi votre père a-t-il changé d'avis ce soir-là ?

Pourquoi a-t-il décidé de prendre la voiture avec sa famille et d'aller à ce concert de polyphonies ?

— Je... je ne sais pas.

— Rien n'arrive par hasard. Si vous puisez dans vos souvenirs, vous trouverez obligatoirement une explication.

Le ton d'Hermann était redevenu cassant. C'était celui d'un type habitué à être obéi. Clotilde devinait que depuis vingt-sept ans il n'avait dû avoir pour seule préoccupation que de faire subir aux autres les humiliations qu'il avait subies pendant son adolescence. Il avait pourtant raison, seule importait cette question-clé, pourquoi son père avait-il modifié le programme du soir du 23 août ? Elle n'avait aucune explication. Le puits de sa mémoire était désespérément sec. Peut-être la solution se trouvait-elle inscrite dans son journal intime de l'été 89, ce cahier qu'elle avait noirci jusqu'aux dernières secondes passées sur le banc d'Arcanu ? Peut-être avait-elle protégé ses souvenirs en les cachant dans ce carnet ? Peut-être, à l'inverse, ne contenait-il rien, ou de pures inventions, celles d'une ado menteuse, jalouse et frustrée. Celle qu'elle était.

— Ce ne sont pas les pistes qui doivent vous manquer, continuait Hermann Schreiber. C'est compliqué la Corse, la terre et la famille, la vie et la mort, l'argent et le pouvoir. Mais avant tout, Clotilde, êtes-vous certaine que l'on puisse faire confiance à ce Cervone Spinello ? Avez-vous retrouvé d'autres témoins ? Parmi les cinq ? Ils doivent tous être encore vivants ?

A l'exception de Nicolas, pensa Clotilde. Le cyclope était resté l'empereur du tact... Elle répliqua du tac au tac.

— J'ai revu Maria-Chjara.

Hermann explosa d'un rire franc.

— Ah, Maria-Chjara ! J'étais sacrément accro à elle. A l'époque, je croyais que citer Goethe et jouer Liszt au violon suffisaient pour séduire une fille. Au fond, je devrais la remercier, c'est pour plaire à des filles comme elle que j'ai tant bossé. (Il laissa rebondir quelques derniers éclats de rire.) A des filles aussi belles qu'elle, je veux dire. Ma femme lui ressemble, en blonde. Sauf qu'elle est soprano à l'Opéra de Cologne, pas chanteuse dans des émissions de téléréalité.

Clotilde eut d'un coup envie de couper court à la conversation. Salir tout ce qu'on aimait à l'adolescence, était-ce une malédiction ?

— Tant pis alors, Hermann, si vous n'avez aucune autre piste.

— Si, peut-être. Retournez voir mon père. Il ne s'est pas contenté de collectionner les photos toutes ces années, il discutait avec tout le monde dans le camping. Je crois qu'il avait construit une sorte de théorie. Quelque chose qui le troublait depuis l'accident de vos parents, un truc qui clochait, mais il n'en parlait qu'à ma mère, Anke, pas même à moi.

Clotilde n'osa pas avouer qu'elle n'avait aucune nouvelle de Jakob Schreiber depuis hier. Elle se sentit plus lâche encore lorsque Hermann insista.

— Pour tout vous dire, je suis parfois un peu inquiet pour mon père. Alors que notre villa croate sur l'île de Pag lui est grande ouverte, avec sa piscine, son fils et ses petits-enfants, cette tête de mule continue de préférer passer ses vacances en Corse, seul, dans son mobile home.

L'assurance hautaine du cyclope agaça une nouvelle fois Clotilde. Qui, dans son entourage, pouvait imaginer l'ado timide et timoré qu'il avait été ? Hermann avait fait le vide ; comme tout le monde, il avait réécrit l'histoire de sa vie. Clotilde eut envie de lui balancer son surnom, rien que pour lui rappeler le cher visage de son passé. L'Allemand ne lui en laissa pas le temps.

— Retournez voir mon père, répéta-t-il. Avec son foutu appareil photo, il s'est amusé toute sa vie à épingler le passé comme d'autres épinglent les papillons. Une sorte d'espion avec son zoom braqué sur tout ce qui pouvait lui sembler insolite, son objectif, c'était son œil unique, même si, pour vous, c'était moi le cyclope !

~

— Assieds-toi, Clotilde.

Les mots de Cassanu la tirèrent de ses pensées. Plus tard. Elle repenserait plus tard aux questions posées par Hermann Schreiber. Son grand-père semblait mieux respirer. Il lui indiqua, d'un geste lent, de s'installer sur la pierre la plus proche de lui. Tout en bas, plein nord, la citadelle de Calvi semblait d'une taille ridicule face à la ville dont l'urbanisation rongeait les pentes de la Balagne. Clotilde n'avait pas eu cette impression il y a vingt-sept ans.

La voix de Papé ne trembla pas. Il tourna le cou et leva les yeux vers l'immense poutre à laquelle il était adossé.

— Tu te souviens, ma petite fille, en 1989, la précédente croix ? Le bois était pourri, les clous rouillés, elle menaçait de s'écrouler sur nous. Ils en ont planté une neuve depuis, qui n'a pas tenu bien longtemps, puis encore une autre, celle-ci, il y a moins de trois ans. Les Autrichiens ont de la suite dans les idées.

— Pourquoi m'as-tu donné rendez-vous ici ?

— Pour ça.

Son regard embrassa le panorama. Elle reconnut le crocodile endormi. La côte, de L'Ile-Rousse à Calvi, de la Revellata à Galéria, ressemblait à un ourlet de fil blanc, une fine dentelle, un trait pur dessiné d'une main sûre. Elle savait pourtant que ce n'était qu'une illusion, une question d'échelle. La côte était en réalité déchiquetée, et les rochers blancs se jetaient dans la mer, pointus et acérés comme mille couteaux aiguisés.

— Pour ça ? répéta Clotilde.

— Pour ça. Cette vue. Ce paysage. Pour le privilège de le contempler une dernière fois. Avec toi. Tu donneras à notre petite réunion de famille le nom que tu veux, une bénédiction, une transmission. Tu es notre seule héritière, Clotilde, en ligne directe. Tout ça (son bras décrivit un large cercle)... tout ça, un jour, ce sera à toi.

Clotilde ne répondit pas. Un tel héritage lui semblait tellement irréel, tellement lointain, tellement étranger à ce qu'elle vivait et aux urgences qui la pressaient. Elle hésita à provoquer d'emblée son grand-père, à le questionner à propos de la direction sabotée de la Fuego, mais elle préféra s'en tenir à son plan. Vérifier d'abord, accuser ensuite. Comme toute bonne avocate. Vérifier si Cervone Spinello racontait la vérité. Accuser seulement ensuite son frère Nicolas. Et elle avait besoin de Cassanu pour cela. Elle prit un ton d'infirmière en colère en évaluant les sept cents mètres de dénivelé.

— Tu trouves cela malin de te lancer dans ce genre d'exploit à ton âge ?

— Tu parles d'un exploit ! J'ai lu qu'un Japonais avait gravi l'Everest à plus de quatre-vingts ans et que son père avant lui avait descendu le Mont-Blanc à ski à quatre-vingt-dix-neuf ans. Alors monter en haut de cette montagne à chèvres...

Il avait élevé le ton. Cassanu donnait l'impression d'être étonnamment en forme, mais il était sans doute plus éprouvé qu'il ne voulait le montrer. Il toussa longuement, puis continua.

— La première fois que je suis monté ici, c'était en 1935, puis à partir de 1939 je faisais l'ascension plusieurs fois par jour, pour aider les partisans, je leur portais de la nourriture, des armes, des munitions. On a été les premiers à foutre dehors les nazis, ici en Corse, bien avant le débarquement de Normandie, et sans l'aide des Américains ! Le premier département français libéré, mais ça, les livres d'histoire l'ont oublié. Toi, ma petite fille, la première fois que tu es grimpée jusqu'ici, tu avais quinze ans. Tu te souviens ? Evidemment, tu te souviens, c'était juste avant...

Papé ne parvint pas à achever sa phrase. Bien entendu, Clotilde se souvenait. Les jumelles autour de son cou, le casse-croûte au brocciu, le soleil qui se levait, les faucons pèlerins qui passaient dans le ciel, Cassanu lui semblait déjà âgé alors. Il était pourtant indestructible, plus indestructible que les croix de Dieu.

Elle détailla le bois verni, déjà fendu. Les clous de fer, déjà rouillés.

Son grand-père survivrait encore à celle-là.

Peut-être.

— Lisabetta est morte d'inquiétude, fit-elle.

— Cela fait soixante ans qu'elle est morte d'inquiétude...

Elle sourit.

— J'ai des questions à te poser.

— Je me doute.

Clotilde promena son regard sept cents mètres plus bas. La côte n'était qu'une succession de péninsules, de tentacules gris couverts de mousse qu'un dieu semblait avoir fait pousser pour multiplier les criques secrètes, les eaux de mouillage, les sentiers de douaniers. Un dieu corrompu qui aurait compris le profit qu'on pourrait un jour en tirer.

Avant qu'elle ne se lance, les yeux de Clotilde s'immobilisèrent plein est, vers la mer. On distinguait les bungalows du camping des Euproctes, les fondations de la marina *Roc e Mare*, l'ombre de la paillote Tropi-Kalliste sur la plage de l'Oscelluccia.

— La dernière fois qu'on se tenait là tous les deux, il n'y avait rien, Cassanu. Rien que des oliviers pour planter les tentes dessous, un sentier de terre pour descendre à la plage, une barque de pêcheur amarrée, et dans la baie de la Revellata, des dauphins. Comment as-tu pu laisser se développer le trafic de Cervone Spinello ? Son ambition, son béton. Il raconte à tout le monde que le tout-puissant Idrissi lui mange dans la main.

Cassanu ne se vexa pas.

— C'est compliqué, ma petite. C'est compliqué. Tout a changé depuis des années, beaucoup changé. Mais on peut le résumer en un mot. En quatre lettres. Le fric, Clotilde. Le fric.

— Je ne te crois pas ! Tu te fous de l'argent. Alors trouve autre chose. Trouve autre chose pour m'expliquer pourquoi la paillote de Cervone n'a pas brûlé. Pourquoi les fondations de son hôtel n'ont pas explosé.

Visiblement, il ne trouvait rien.

Il semblait avoir un peu de mal à respirer.

Clotilde vérifia que son téléphone passait au sommet, qu'elle n'avait pas d'autres messages et surtout qu'elle pourrait composer le 15 en urgence. De Calvi, un hélicoptère devait mettre moins de cinq minutes à parvenir jusqu'ici. Sauver les randonneurs perdus en montagne, c'était le quotidien des secouristes corses. Rassurée, elle continua à provoquer son grand-père, comme s'il ne s'était pas déroulé vingt-sept ans, mais vingt-sept secondes depuis qu'elle avait eu cette même conversation. Ici même. Avec lui.

— Cassanu, pourquoi as-tu préféré les projets de cette ordure de Cervone au sanctuaire écologique de Natale Angeli ? Tu m'avais presque promis. Tu m'avais presque dit oui. Pourquoi as-tu changé d'avis ? Parce que Natale était amoureux de ma mère ? Parce qu'en approchant de la femme de ton fils, il touchait à l'honneur de la famille ?

— L'honneur, Clotilde, c'est ce qui reste quand on a tout perdu.

Clotilde observa l'immense terrain devant eux, les quatre-vingts hectares de terrain appartenant aux Idrissi.

— Tout perdu ? Y a de la marge, non ? Mais tu ne m'as pas répondu, Cassanu. Chez les Idrissi, une femme ne trompe pas son mari, c'est bien ça ? Interdit ! Un homme, par contre…

Elle s'attendait à ce que Cassanu réagisse.

Rien, il attendait.

OK, Papé, si tu veux vraiment que je mette un grand coup de pied dans les secrets de famille...

— Je ne suis plus une petite fille, Cassanu. Je sais que mon père trompait ma mère. Tout le monde était au courant, tous les habitants du coin plaisantaient avec ça. Alors pourquoi en vouloir à Natale et Palma ?

Enfin, le vieillard réagit.

— Le problème est ailleurs, Clotilde. Il est bien antérieur à tout ça, bien antérieur à ta naissance. Le problème est que ton père n'aurait jamais dû épouser ta mère.

On y était. Vingt-sept ans après, on y était.

— Parce qu'elle n'était pas corse ?

— Non, parce que ton père était déjà promis à une autre fille. Avant qu'il rencontre ta mère, qu'il tombe amoureux d'elle, qu'il abandonne tout pour elle.

— Une fille corse, bien entendu ?

— Elle s'appelait Salomé. Elle était de notre clan, quasiment de notre famille. Elle lui était fidèle, elle lui serait restée fidèle. Paul serait resté fidèle à son île. Ta mère n'était pas la femme qu'il lui fallait. Le voilà, Clotilde, le gâchis ! Ta mère n'était pas la femme que tu croyais.

Les mots flottaient dans le silence, le vent semblait les avoir portés pour qu'ils s'accrochent au sommet, les mots de Speranza dans le cimetière de Marcone.

Crois-moi, des femmes sont capables de ça. Ta mère a ensorcelé votre père. Elle l'a emporté, dans ses filets, loin, loin de tous ceux qui l'aimaient.

Ils se mêlaient aux rires des hommes au bar des Euproctes, quand elle avait quinze ans et qu'elle avait appris l'infidélité de son père...

Paul aurait dû vivre ici, si ta mère ne l'avait pas tué. Vivre ici, tu m'entends ? Vivre ici. Pas revenir pour y mourir.

Cassanu toussa, bruyamment, comme autant de coups de canon qui dissipèrent les voix du passé.

— C'est aussi simple que ça, ma petite fille, ton père n'aurait pas dû épouser ta mère. Il l'a regretté. On savait tous qu'il le regretterait. Mais il était trop tard alors.

— Trop tard pour quoi ?

Il fixa Clotilde d'un air désolé.

— Vous étiez nés. Toi et Nicolas.

— Et alors ?

Il ferma les yeux une longue seconde, comme s'il hésitait à en dire davantage, puis se décida.

— Et alors ? Palma était entrée dans le cercle, comme un ver dans le fruit. Plus personne alors ne pouvait éviter le drame.

Le drame ?

Papé parlait-il de l'accident ?

D'abord on accusait son frère, puis c'était le tour de sa mère ?

— Ne cherche pas à en savoir davantage, ajouta Cassanu. Je suis désolé, Clotilde, malgré le sang, malgré la terre dont tu hériteras, tu ne seras jamais de notre clan. Il faut vivre ici pour ça. Il y a des choses que tu ne peux pas comprendre, des choses que tu ne peux pas apprendre.

Clotilde allait protester, mais Cassanu lui fit signe de le laisser parler.

— Vois-tu, ma petite fille, là maintenant, tu me regardes avec cet air de pitié, comme si j'allais mourir au pied de cette croix. Personne ici, personne dans le clan ne me regarde avec pitié. Personne ne m'a jamais appelé Papé.

Elle prenait conscience qu'elle ne tirerait rien de plus de son grand-père ; aucun aveu, aucune confession ; peu importait, elle s'y attendait, ce n'est pas ce qu'elle était venue chercher.

— Moi non plus, si tu as remarqué, je ne t'appelle plus Papé. La petite fille qui t'appelait Papé est morte, Cassanu, le 23 août 1989, dans les rochers de la Petra Coda. Sa famille est morte. Son enfance est morte. Tout est mort ce jour-là.

On a au moins un point commun, Cassanu, on a tous les deux perdu nos illusions ce soir-là. Alors si je suis montée te voir, ce n'est pas pour que tu brises l'omerta, et encore moins par pitié. (Elle appuya sur ce dernier mot.) J'ai besoin de toi. J'ai besoin que tu me rendes un service.

L'œil sombre du vieillard s'était à nouveau allumé.

— Lequel ?

— Un service que seul pourrait me rendre quelqu'un qui ne craint pas la police. Quelqu'un qui n'aurait pas peur de faire sa propre loi.

— Qu'est-ce qui te fait croire ça ?

— Je ne suis peut-être pas de votre clan, mais il me semble tout de même évident que vous n'aimez pas trop la justice officielle, que vous ne faites pas trop confiance au préfet, aux notaires, aux gendarmes…

Ça lui arracha un sourire.

— J'ai essayé, comme j'ai pu, au cours de ma vie, de réparer les injustices.

Elle posa un doigt sur sa bouche.

— Chut… Tu te souviens des mots que tu avais prononcés ici il y a vingt-sept ans ? Une phrase de rien du tout, moins de vingt mots : « Tu ne lâches jamais, ma petite fille ? Tu ferais une bonne avocate. » Je le suis devenue au bout du compte, grâce à ton conseil peut-être. Alors tu te confesseras le jour où tu auras besoin de mes compétences professionnelles, mais en attendant, je ne veux rien savoir sur les marchands de béton qui ont coulé à pic, sur les villas qui partent en fumée, sur ce cadavre non identifié qu'on a retrouvé dans la baie de Crovani d'après la radio ce matin, sur les camions qui ont sauté sur la route d'Algajola avec leurs cargaisons… Même si je trouve dommage que Cervone Spinello n'ait pas été sur la liste.

Ça lui arracha un nouveau sourire. Il reprenait des forces, peut-être même que Papé pourrait éviter le retour en hélico. Elle précisa, confiante :

— Ça n'a rien à voir avec tout ça. J'ai besoin de toi pour une intervention. Une intervention pas tout à fait légale. Potentiellement dangereuse. J'ai besoin que tu fasses appel à une poignée d'hommes déterminés. Armés.

Il l'observa avec attention. Etonné. Peut-être même révisait-il son jugement. Que dans les veines de sa petite-fille coulait un peu de son sang. Qu'elle pourrait même glisser un doigt de pied au sein de son clan.

— Armés ? Je suis un vieillard, je n'ai plus aucune influence. Qui veux-tu que…

— Taratata… (Clotilde lui tendit son téléphone.) Je suis certaine que tu n'as qu'un ou deux coups de téléphone à passer. Que ça se bouscule au portillon, les Corsillons, pour ce genre de mission.

— Tout dépend de la mission…

— Neutraliser un gardien. Peut-être deux, un gardien musclé, mais *a priori* pas armé.

Il ferma les yeux. Visualisa la scène.

— Ça se passerait où ?

— Ça va te rappeler des souvenirs. (Elle scruta l'ombre qui recouvrait la plage, sept cents mètres plus bas.) Paillote le Tropi-Kalliste, plage de l'Oscelluccia. Je ne suis pas sûre que tu aies prêté attention aux affiches, mais je voudrais pouvoir approcher Maria-Chjara Giordano.

— Cette pute ?

Si, visiblement, il avait prêté attention aux affiches.

— Qu'est-ce que tu as à lui demander ?

Elle répondit sèchement, façon couperet.

— La vérité ! La vérité sur la mort de ton fils. De mon père. De ma mère et de mon frère. Elle seule la connaît. Une vérité que même toi, tu ignores.

Le choc, cette fois, frappa frontalement Cassanu, davantage que Clotilde ne l'aurait imaginé. Il sembla saisi de vertige, cligna les yeux, souffla, toussa, glissa lentement, membres écartés, comme s'il voulait mourir sur ce sommet, les bras en croix pour défier celle des Autrichiens.

Clotilde lui prit la main, lui parla : « Ça va, Papé, ça va ? », hésita à appeler les secours, le fit boire, « Doucement, Papé, doucement », calma ses jambes qui tremblaient, calma son cœur qui s'emballait, « C'est bien, Papé, c'est bien », serra ses dix doigts dans les dix siens comme si sa vie était un oiseau prêt à s'envoler caché dans le creux de sa main. Cela dura quelques minutes avant que Cassanu ne reprenne pleinement conscience, comme s'il avait analysé toutes les données du problème dans son cerveau mal ventilé, qu'il ne respire à nouveau normalement, qu'il ne se redresse, qu'il ne saisisse sa canne.

— Aide-moi à me relever, Clotilde. On en a bien pour une heure à redescendre. Tu me prêteras ton téléphone sur le chemin. Pour tes gars armés et cagoulés, je devrais pouvoir te trouver ça.

45

Mardi 22 août 1989, seizième jour de vacances,
ciel bleu de porcelaine

We are the world... We are the children.

Comme les autres, je suis le mouvement, je chante en tenant la main de mon voisin et en tanguant doucement, tous autour du feu, plage de l'Alga, pour la grande communion des grands sentiments. Nicolas se tient au milieu, espérant sans doute que la lumière des flammes l'aide à déchiffrer les tablatures de guitare que de toute façon il ne connaît pas. Il garde le rythme comme il peut, mon Brother in Arms, s'il jouait comme Mark Knopfler, ça se saurait. Estefan se prend pour Manu Katché et l'accompagne au djembé.

Il est presque minuit sous Bételgeuse et ses copines. Ce soir, c'est la soirée des enfants sages. On fait griller des chamallows, on chante du Bob Marley, du Le Forestier et des génériques télé. *Voici venu le temps des rires et des chants...*

Venu et déjà reparti, le temps de l'île aux enfants.

Aujourd'hui, c'est la soirée pour rassurer les parents, pour mieux dissimuler celle de demain ; la virée à la Camargue organisée par Nico, celle pour les grands et les majeurs, avec des boules laser qui remplaceront les étoiles, la techno pour remplacer la guitare et les joints à faire tourner pour remplacer les Haribo.

C'est ça le programme de Nico, passer de l'enfance à l'âge adulte en vingt-quatre heures chrono.

Un peu rapide, vous ne trouvez pas, mon lecteur confident ?

Comme s'ils ne savaient pas comment ça va se terminer. On dirait qu'ils sont tous pressés de flirter, de coucher, à droite à gauche, puis de coucher toujours avec la même, avec le même, de se caser, de se marier, de moins coucher, une fois par mois, une fois par an, le jour anniversaire de la première fois, de s'en souvenir, d'en rêver, de coucher avec une autre, une autre déjà casée. Comme s'ils étaient pressés de suivre la pente de leurs parents. De mes parents. Comme s'ils étaient pressés de commencer à faire semblant.

We are the children

Maria-Chjara se prend pour Cindy Lauper et hurle « *Well, well, well* » par-dessus les chœurs. Elle a une belle voix, on ne peut pas lui retirer ça. Le seul à faire la gueule, c'est Hermann. Il voulait qu'on chante *99 Luftballons*, mais il est le seul avec Tess et Magnus, les Hollandais, à comprendre la chanson de Nena en allemand. Alors il reste là comme un con. Il a même apporté son violon, mais il n'a provoqué que des huées quand il a proposé d'en jouer pour nous accompagner. On préfère encore les accords bidon de Nicolas, et je ne dis pas ça parce que c'est mon frère ! Alors Hermann tient la main de sa voisine Aurélia, et Aurélia tient la main de Cervone, qui tient la main de Candy. La ronde des cœurs avant les pleurs.

We are the ones... We are the children...

Et ça enchaîne :
Loin du cœur et loin des yeux...

Petite fille de casbah
Le monde est bleu comme toi
Au Macumba, Macumba
Moi aussi, j'irai là-bas...

Jusqu'à ce qu'enfin le silence gagne. Jusqu'à ce qu'Hermann en profite, casse le cercle, sorte son violon, dégaine son archet sans qu'on ait le temps de protester ni même de se moquer, et en tire des notes de larmes et de feu.

Il joue bien, on ne peut pas lui retirer ça. Même si on ne reconnaît pas tout de suite la mélodie. C'est Maria-Chjara qui, la première, a compris. Elle chante et, cette fois, tout le monde se tait. C'est à croire que tous les deux, lui et Chjara, ont passé l'été à répéter.

Forever young, I want to be forever young

La voix de Chjara et le violon d'Hermann se font la courte échelle pour que le son monte au ciel. Plus personne ne parle. Y a des moments comme ça où les mots ne servent à rien, même au plus doué des écrivains. J'aurais seulement aimé que vous puissiez être là, à écouter le violon d'Hermann pleurer et la voix de Maria-Chjara le consoler.

C'est con, les chansons, quand elles sont bien chantées, surtout les plus idiotes, celles qui parlent d'amour, elles vous font frissonner même si vous portez un tee-shirt *Back in Black*.

Nicolas, beau joueur, a laissé tomber sa guitare dans le sable. Aurélia n'a pas cette classe, elle fixe l'Allemand et l'Italienne avec des yeux de fliquette jalouse qui aimerait bien les incarcérer pour tapage nocturne, dépassement du nombre autorisé de battements de cœur à la minute et absence de ceinture de sécurité dans leur fusée pour la Voie lactée. Elle lance des regards amoureux à Nicolas, mais pas de danger que mon maladroit de frère les attrape.

Voilà, les dernières notes de violon se perdent vers l'infini, et c'est fini.

350

Tout le monde applaudit.
Eternellement jeune…
Ça aussi, ils savent que c'est fini.

Hermann a la délicatesse de ne pas en rajouter et de rentrer dans le cercle, de reprendre la main d'Aurélia qui reprend celle de Cervone et ainsi de suite… Nicolas me fait les gros yeux et je sais pourquoi, j'ai une permission de Cendrillon et j'ai déjà largement désobéi ! Faut dire aussi, j'ai pas vraiment eu le droit, avant le bal, à la visite de ma marraine la fée, juste à une menace de Palma Mama.

Minuit, au lit !

A contrecœur, je remonte vers le camping en laissant les petits hommes et petites femmes trois ans plus grands que moi à leurs utopies. La dernière image, lorsque je parviens au-dessus de la plage, c'est celle du cercle brisé en confettis, éparpillés, deux par deux le plus souvent. La main d'Aurélia dans celle d'Hermann. La tête de Maria-Chjara posée sur l'épaule de Nicolas. Cervone entouré de Tess et Candy.

J'arrive au bungalow, je traîne des pieds dans le gravier, je fais du bruit exprès, la porte du frigo quand je me verse de l'eau, mon ceinturon à tête de mort contre la porte du placard, mes bagues qui tournent en toupie sur la table de nuit, je réponds « Bien » quand Palma me demande comment ça a été, et je ferme du pied la porte de ma chambre de poupée, je garde mon tee-shirt, j'ouvre la fenêtre parce qu'il fait une chaleur de malade là-dessous, je me couche, je ne trouve pas le sommeil, je fais des efforts, je vous jure, j'essaye, ça dure des heures peut-être, mais le sommeil est enfermé dans la pièce nuptiale d'à côté, alors je me relève et cette fois-ci je vous jure que je ne fais pas autant de bruit en me levant que j'en ai fait exprès en me couchant…

Quarante kilos, aussi mince qu'une Barbie sans les seins et le cul qui dépassent, c'est pratique pour se glisser par la fenêtre d'une chambre de poupée.

Il est 4 heures du matin. Je sais, je sais, j'avais promis à Nicolas de ne pas faire ma petite souris, de ne pas espionner, au moins jusqu'à la Sainte-Rose demain, j'avais dit oui, sincèrement oui, j'avais mieux à faire, convaincre Papé pour les dauphins, et tout et tout...

Sauf que ça, c'est fait ! Il m'a dit oui ce matin, mon Papé, Natale va être épaté.

Du coup, vous me comprenez, je ne vais pas rester là à m'ennuyer ?

La plage est vide, les ados sont presque tous partis, le feu est presque éteint. Il ne reste que Nicolas, assis près des braises, à gratouiller tout seul dans le noir. On dirait un bruit de cigale timide qui s'entraîne avant que le soleil ne se lève.

Où sont les autres ? Couchés ?

Où est l'autre ?

Une voix me répond, elle sort de l'eau, façon nymphe, ou sirène, ou naïade, je n'ai jamais trop su faire la différence entre toutes ces créatures aquatiques au corps de femme qui finissent dans les filets des marins.

— Tu viens ?

Maria-Chjara sort de l'eau et avec ce qu'il reste de braise sur la plage et de lune dans le ciel, je peux apercevoir son ombre d'abord, sa silhouette ensuite, les ombres sur sa silhouette enfin. Elle a encore de l'eau jusqu'au nombril.

— Tu viens, Nico ?

— T'es folle, elle doit être glacée.

Moi j'observe, cachée dans le noir, subjuguée. J'apprends. J'apprends ces choses que les mamans n'enseignent pas.

— Viens l'attraper !

Sans même que j'aie eu le temps d'apercevoir ses bras bouger, le haut du maillot de bain de Maria-Chjara pend au bout de sa main.

— Allez, viens l'attraper.

Elle danse, et chacun de ses mouvements semble calculé pour que l'ombre vienne épouser ses courbes, la caresser, masquant une gorge pour soudain la dévoiler, dissimulant deux tétons pour d'un coup les éclairer, telles deux mains gantées de noir se posant sur chacun de ses seins, les pressant, les soulevant, les écrasant. Jouant avec eux à en faire bander la nuit.

Nicolas se lève.

Alors cela fonctionne ainsi ? La séduction. Un tourbillon, un vertige, un pompon qu'on agite ? C'est la même chose depuis le premier manège ?

— Trop tard, minaude la voix de l'Italienne.

Le haut du bikini valse. Ce n'est pas un maillot, d'ailleurs, c'est un soutien-gorge de dentelle qui s'échoue dans le sable mouillé, façon méduse.

Dépêche-toi, mon petit Nicolas... Mon grand idiot de frère prend tout son temps pour retirer sa chemise, pour la plier à ses pieds. A moins que ça aussi, la lenteur étudiée, ça fasse partie du ballet.

Jamais je ne pourrai... Le mec, j'irai direct le dévorer !

— *Seconda possibilità ?*

Et toujours par la même magie, un autre minuscule morceau de dentelle transparente se balance au bout des doigts de Maria-Chjara. L'eau lui arrive toujours à mi-ventre. Elle reste là, exhibant son trophée, puis avance de quelques pas, jusqu'à ce que ses cuisses ouvertes et fermement campées dans le sable forment un pont juste au-dessus de l'eau, que les vagues et l'écume viennent doucement lécher.

Nicolas a abandonné toute patience. Le caleçon dégringole avec le pantalon. Dès que je vois un coin des fesses de mon frère, excusez-moi de vous planter là, mon lecteur de la nuit, mais je ferme les yeux.

Lorsque je les ouvre, ils sont devenus invisibles, je les entends juste rire dans l'eau, jouer, avancer et roucouler. Dès que les rires cesseront, je me promets de me boucher les oreilles, de me coudre les paupières ou, plus simple, de m'en aller.

D'ailleurs c'est ce que je dois faire, je le sais...

Trop tard ! C'est Maria-Chjara qui sort la première. Nue. Belle comme il est pas possible, comme je ne le serai jamais, comme presque aucune fille ne le sera jamais. Belle à se faire maudire par toutes les autres filles de la galaxie.

Elle continue de rire, un peu hystérique, ça sonne aussi faux que les notes de guitare de Nico, ça la rend un peu moins sexy, je trouve, mais cela dit, elle a encore de la marge sur le peloton.

Elle ramasse son haut, son bas, sa liquette de lin blanc étalée deux mètres plus loin.

Dépêche-toi, mon Nico, elle va te filer entre les doigts !

Petit à petit, je commence à comprendre le jeu... Merci, Chjara.

Elle est habillée et Nicolas sort de l'eau, la nudité un peu honteuse. Le temps qu'il mette un pied, une cuisse dans son jean, façon héron unijambiste, Maria-Chjara l'embrasse, longuement... Puis file.

Pour que Nicolas la rattrape, faudrait qu'il soit champion du monde de cloche-pied.

— *A domani, amore mio*, glousse la belle Italienne. *Domani, t'offrirò la mia chiave.*

Et la saleté, tout en courant, sème une des semelles.

Quelques secondes plus tard, alors que la nuit l'a définitivement avalée, Nicolas la ramasse. Mon frangin se retrouve comme un crétin avec sa tong à la main, tel un prince charmant du camping au royaume des Cendrillon en bikini.

Je m'éloigne en douce.

— A demain...

On sera le 23 août.

En fait non, il est 5 heures du matin. Ce jour où tout se joue, on y est déjà.

*
* *

Forever Young, murmura-t-il.
Let us die young or let us live forever
Laissez-nous mourir jeunes ou laissez-nous vivre éternel-
lement.

On ne leur avait même pas laissé ce choix.

46

Le 22 août 2016

20 heures

Dissimulé par la haie un peu à l'écart de la plage de l'Oscelluccia, on aurait pu croire que le vigile posté devant la caravane avait été rejoint par trois copains, aussi carrés et musclés que lui, mais aux looks décalés. Le garde du corps affecté à la surveillance de la chanteuse italienne était vêtu d'un impeccable costume anthracite, alors que les trois hommes qui l'entouraient étaient habillés de treillis de chasse pour les deux premiers et d'un jogging sombre pour le troisième. Si quelqu'un s'était approché, mais la plage était presque déserte et la caravane isolée de la plage, il aurait vite compris sa méprise.

Quatre visages sombres, certes... Un Black et trois types cagoulés.

Maria-Chjara les observa un instant à travers le Velux de son vestiaire, puis se tourna vers son invitée, debout devant un fauteuil de cuir rose framboise.

— Vous n'aviez pas besoin de faire descendre vos gorilles du maquis, fit l'Italienne. Je vous aurais ouvert la porte sans eux.

Clotilde s'avança et évalua elle aussi à travers la fenêtre les quatre hommes qui partageaient un thermos de café et semblaient avoir déjà presque sympathisé. Leurs fusils étaient pudiquement adossés à deux conteneurs à poubelles.

Papé avait été efficace ! Lors de la lente descente du Capu di a Veta, il avait utilisé le téléphone portable de Clotilde pour appeler quelques amis capables de neutraliser avec discrétion le bodyguard de Maria-Chjara. La suite l'inquiétait davantage. Cassanu avait rejoint la bergerie d'Arcanu épuisé après deux heures de marche. Il s'était effondré sur la chaise posée au milieu de la cour à l'ombre du chêne vert. Mamy Lisabetta avait profité de sa respiration rauque lui interdisant de protester pour faire venir le docteur Pinheiro, qu'il refusait habituellement de rencontrer pour autre chose qu'un vaccin antigrippal ; Pinheiro avait immédiatement appelé une ambulance et ordonné au patriarche d'Arcanu une observation prolongée doublée d'une cure de repos à l'Antenne médicale de la Balagne. Elle plaignait d'avance la malheureuse infirmière qui la première aurait la mission d'annoncer à Cassanu, reposé, qu'il devait néanmoins rester au lit quelques jours supplémentaires. A presque quatre-vingt-dix ans, le vieux Corse continuait de marcher chaque jour plusieurs kilomètres, ou de nager quelques centaines de mètres.

Clotilde détourna les yeux de la fenêtre.

— Je suis venue vous voir, Maria, l'autre jour après le concert, sans mon escorte, et vous ne m'avez pas ouvert la porte.

— Mais ce jour-là, vous n'étiez pas accompagnée de Brad Pitt.

Le regard de l'Italienne se planta dans celui de Natale, assis sur le second fauteuil, vert pomme celui-ci.

Mal rasé, ses cheveux blonds en bataille, Natale avait enfilé à la hâte pour venir la rejoindre un jean troué et un polo blanc au col échancré. Beau, calme, il émanait de lui une force féline contrastant avec la vulgarité des ours bruns aux ordres de Cassanu plantés devant la porte. Clotilde essaya d'éteindre les braises de jalousie qui lui brûlaient le ventre, mais Maria-Chjara se chargea de les attiser. Elle s'installa sur le petit tabouret posé devant sa loge : un grand miroir, un simple lavabo et des dizaines de flacons de verre colorés, pailletés, ambrés, de pinceaux, de sticks de toutes les nuances de rouge, de pourpre et d'ocre.

— Quel plaisir, poursuivit la chanteuse, de vieux amis qui passent prendre le thé à l'improviste. Mais vous m'excuserez, je dois me préparer. Mon concert commence dans deux heures... Mon public m'attend !

Elle cligna un œil amusé à son miroir, visiblement pas dupe de la motivation des ados prépubères qui venaient la voir plonger dans la piscine en maillot blanc transparent. Clotilde jeta un dernier regard à l'extérieur, vers les hommes cagoulés, puis repoussa le rideau de la caravane.

— Je suis désolée, fit-elle. J'ai dû employer la force pour vous rencontrer, mais...

La chanteuse avait fait glisser le peignoir léopard de ses épaules. Il pendait sur la chaise comme un trophée de chasse abandonné alors que Maria-Chjara, uniquement vêtue d'une culotte et d'un soutien-gorge rouges, leur offrait une vue imprenable sur son dos, de la rose tatouée sur la courbe de sa nuque jusqu'à la raie de ses fesses. Le miroir du boudoir, plus indécent encore, se chargeait de l'exposer côté face.

Natale restait du même faux marbre que celui des meubles autour d'eux. Une table, une commode, un guéridon, une statue de Vénus et Cupidon. Kitsch à souhait. L'intérieur de l'appartement d'une prostituée de luxe pour vieux friqués devait sans doute ressembler à ça, pensa Clotilde avec un peu de méchanceté. Une ambiance tamisée, du similicuir, du bois contreplaqué et des tentures pour masquer la misère.

— Vous savez, plaisanta Maria-Chjara, après vingt ans passés à jouer les starlettes sur Canale 5, j'ai vu défiler toutes sortes de carabiniers.

Pinceaux, cotons, fond de teint passaient entre ses doigts experts. Deux heures pour se dérider.

— Puisque c'était si urgent, continua la chanteuse, allez-y, ne perdez pas de temps.

Clotilde se lança. Elle raconta tout, et pas une fois Maria-Chjara ne l'interrompit. Elle combina les détails évoqués par Cervone Spinello avec ses propres souvenirs, la journée du 23 août 1989, la virée à la Camargue programmée par Nicolas, la Fuego qu'il avait empruntée, qu'il avait essayé de conduire avec Maria-Chjara assise sur le siège passager, l'accident, apparemment bénin. La voiture n'avait rien, sauf la direction, la rotule, l'écrou, la biellette...

Lorsque Clotilde eut achevé son récit, d'un geste élégant la chanteuse italienne fit pivoter son tabouret à roulettes. Pendant son monologue, Clotilde n'avait pas regardé Maria-Chjara se maquiller. Le résultat était stupéfiant. Elle s'était peint le visage d'une diva de trente ans. Des lèvres charnues rouge velours, de grands yeux noirs, des pommettes hautes et lumineuses, un front lisse et bombé. Une jouvence à en plonger dans la fontaine de Trevi sous les caméras de Fellini, pas dans une pataugeoire en plastique immortalisée par les objectifs des iPhones en mode vidéo.

Elle fit rouler le tabouret sur la moquette jasmin ; elle prit la main de Clotilde avant de répondre.

— Bien entendu, ma chérie, je me souviens de votre frère. Nicolas était touchant, différent, beau. Plus que cela même. Il possédait une forme de gentillesse désarmante. A vouloir séduire sans vraiment y parvenir, à jouer si mal de la guitare, à se déshabiller en frimant alors qu'on le sentait pudique comme un petit enfant. Il était si émouvant, la veille de l'accident. Ici même, sur la plage de l'Oscelluccia, près du feu de camp.

Clotilde la coupa sèchement.

— Et pourquoi Nicolas, ce garçon si charmant, si touchant, n'a-t-il rien dit ? Pourquoi n'a-t-il pas osé parler à mon père ? Pourquoi a-t-il préféré monter dans cette voiture quelques heures plus tard plutôt que d'avouer votre accident ?

— Nicolas aurait été incapable de faire ça.

La main de Clotilde sursauta. Celle de Maria-Chjara la retint fermement.

— Nicolas aurait été incapable de faire ça, répéta la starlette. Et vous le savez bien...

Des larmes commençaient à couler au coin des yeux de Clotilde. Sa main gauche chercha celle de Natale sur le fauteuil voisin. La droite restait au chaud entre les doigts de l'Italienne, emprisonnée dans une serre d'aigle aux griffes peintes rouge carmin.

— Cervone Spinello a raison sur un point, je voulais être certaine que Nicolas savait conduire avant d'accepter sa fugue en Fuego. Votre frère a vraiment volé les clés de la voiture de votre père, il m'a vraiment proposé cet essai, quelques minutes, jusqu'à Galéria. Mais la suite est un peu différente de la version de votre directeur de camping. Nicolas conduisait avec prudence, sérénité, assurance. (Les griffes serraient les phalanges de Clotilde, doucement, Maria-Chjara possédait les ongles rétractables d'une chatte.) Et pourtant, je peux vous assurer que j'ai poussé le test au maximum, bisous dans le cou, caresse sous son short. Ou le mien. Mais il nous a ramenés à bon port sur le parking au camping des Euproctes. Sans la moindre sortie de route.

Clotilde se rappelait les mots prononcés par Cervone, Nicolas penché sous le moteur de la voiture, « Il n'y a rien, il n'y a rien », approchant ses mains noires des dentelles blanches de Maria qui se recule, l'insulte, s'enfuit.

Qui mentait ?

Sa voix trembla.

— Cervone vous a vus discuter sur le parking.

— C'est exact... Je ne me souviens plus des mots précis mais, une fois descendue de la voiture, j'ai confirmé à Nicolas que le test était concluant, que j'acceptais de monter dans son carrosse avec lui une fois la nuit tombée. Mais à une seule condition...

Les doigts de Maria-Chjara se crispèrent dans ceux de

Clotilde, et comme s'ils propageaient un courant électrique, ceux de Clotilde se crispèrent dans la main de Natale.

— A une seule condition, continua la starlette. Qu'on s'y rende seuls, tous les deux, sans tous les autres abrutis du camping.

Les mots de Maria-Chjara possédaient une vertu miraculeuse, la puissance d'une aspirine radicale à effet immédiat contre les pires migraines.

Cervone Spinello avait tout inventé !

Nicolas n'était coupable de rien, responsable de rien ! Cette histoire d'accident n'était qu'une monstrueuse diffamation.

In extremis, Clotilde était parvenue à retenir ses larmes et, à présent, une douce euphorie l'enivrait. Maria-Chjara, au contraire, avait laissé les gouttes inonder ses yeux, puis couler, ravageant en quelques secondes le patient travail de la bellissima pour appliquer de la poudre de terre ocre sur chaque rigole.

— J'ai attendu votre frère, Clotilde, je l'ai attendu le lendemain. J'avais enfilé ma plus belle robe, une pluie d'étoiles autour des yeux, des roses dans mes cheveux, je l'ai attendu toute la nuit. Je voulais que ce soit lui mon premier. Lui et aucun autre. Oui, je l'ai attendu sous les étoiles, jusqu'à ce qu'elles s'éteignent une à une. Lorsque la dernière s'est noyée, j'ai pensé à lui comme au pire des salauds. Je suis allée me coucher avec ce mépris définitif pour les hommes. Et le lendemain matin, au réveil, j'ai appris. L'accident... L'impensable... (Les ongles carmin se plantèrent dans sa main, mais Clotilde ne la retira pas.) Je vous le jure, Clotilde, je vous le jure, chaque fois que je fais l'amour, et Dieu sait si ça m'arrive souvent avec des hommes différents, pas une fois je n'oublie de penser à votre frère. Si j'étais écrivain, je crois que cela ressemblerait à une dédicace, quelque chose comme cela. Oui, Clotilde, pas une fois je n'oublie de lui dédier cette petite mort qu'il n'a jamais connue. Que je lui ai refusée, par défi, par connerie. Et peut-être que si aujourd'hui rarement je dis non, même aux cons, si rarement je reporte au lendemain celui que je peux foutre dans mon lit le soir même, c'est pour que Nicolas me pardonne.

Maria-Chjara continua encore à pleurer des larmes et des mots, mais Clotilde ne l'écoutait plus. Son cerveau se concentrait uniquement sur quelques vérités.

Maria-Chjara ne mentait pas, cela crevait les yeux.

Cervone Spinello avait donc tout inventé...

Pourquoi ?

Par jalousie ? Par méchanceté ?

Ou bien le jeu de Cervone était encore plus simple que ça ? Il suffisait de connecter deux faits, deux faits avérés : Cervone avait inventé un récit d'accident pour expliquer pourquoi la direction de la Fuego était endommagée. Mais le sergent Cesareu Garcia était formel : l'écrou avait été dévissé, la rotule avait cédé net, et d'ailleurs, le gendarme n'avait pas parlé de barre déformée. Il avait parlé d'un sabotage. Qui pouvait avoir intérêt à mentir sur la cause de l'accident de ses parents, sinon l'auteur de ce sabotage ?

Maria-Chjara se leva, observa en souriant le désastre dans le miroir.

— A quelques minutes du concert, ça va être difficile de peindre une nouvelle œuvre d'art. (Elle tira la langue à son miroir.) Ils s'en foutent, de toutes les façons, ce n'est pas pour mes beaux yeux qu'ils viennent me voir.

D'un geste d'artisan habitué au même mouvement journalier, ses doigts firent sauter son soutien-gorge alors que son autre main attrapait le maillot de bain blanc sur le portemanteau.

— L'article 1 de mon contrat précise en français, en italien et en anglais que je dois plonger dans la piscine exactement à la fin du second couplet de *Boys Boys Boys*, vêtue d'un bikini, l'alinéa *a* de l'article 1 précise : un bikini de taille 80, bonnet C.

Elle tourna ostensiblement ses seins vers Natale, mais Clotilde n'en ressentit cette fois aucune jalousie. Les révélations de l'Italienne avaient fait naître pour elle une indéfectible sympathie.

— Allez, Brad, vous privez pas, matez. Séance privée. Ils ne sont pas à moi, alors profitez... Enfin pas encore, à 3 500 euros chaque nichon, j'ai dû emprunter sur dix ans. Payer sa jeunesse à crédit, c'est une sacrée invention, non ?

Tout en se contorsionnant pour enfiler le minuscule haut de maillot de bain blanc, Maria-Chjara s'adressa à Clotilde.

— M'en voulez pas, ma chérie. Vous devez avoir le même âge que moi à quelques années près, vous êtes mignonne comme un cœur, vous vous pointez avec un amoureux au regard ensorceleur, alors ne m'en veuillez pas. Vous, les hommes vous aiment pour votre sourire, votre énergie, votre élégance... Alors que moi, mes seins, depuis que j'ai quatorze ans, c'est toujours ce qu'ils ont regardé. Ils sont, comment dire, mon identité... Ma double identité !

Elle éclata de rire.

Cette fois, ce fut Clotilde qui lui prit la main.

— Vous chantez bien, Maria. Je vous ai écoutée hier interpréter *Sempre giovanu*. Vous avez toujours divinement chanté. C'est ça qui attirait les hommes, votre chant, pas votre corps.

Immédiatement, Clotilde s'en voulut d'avoir employé le passé, mais Maria-Chjara ne le remarqua pas, ou ne lui en tint pas rigueur.

— Merci, ma chérie. C'est gentil. Excusez-moi maintenant, j'ai piscine...

Elle éclata encore de rire, fixa une dernière fois Natale, tout en réajustant son maillot de bain qui glissait déjà et dévoilait deux tétons sombres selon une symétrie étudiée, puis se retourna en sifflotant, sans confier son regard au miroir, cette fois.

Boys boys boys.

~

Dès qu'ils sortirent de la caravane, les gardes cagoulés s'évanouirent dans la nuit. Natale prit la main de Clotilde pour l'aider à affronter la foule qui commençait à se presser sur la plage. Ils marchèrent en sens inverse des groupes de jeunes danseurs excités qui s'approchaient de la scène, un peu comme lorsqu'on tente de faire demi-tour dans un couloir de métro. Clotilde, perdue dans ses pensées, se laissait guider.

Les adolescents et les jeunes adultes, bruyants, scintillants, fluorescents, composaient autour d'elle une sorte de carnaval, qui loin de l'agresser ou de la déconcentrer, prolongeait la sérénité qui élevait son cœur au-dessus de la marée grouillante, faisait d'elle une spectatrice apaisée de cette meute.

Nicolas n'avait pas tué ses parents.

La direction de la Fuego avait bel et bien été sabotée.

Cervone Spinello devenait plus qu'un suspect. Un coupable tout désigné. La mort de son père, sa mère et son frère serait vengée. Les zones d'ombre seraient éclairées. Cette ordure de Spinello devrait payer, avouer, expliquer. Pourquoi avoir volé son portefeuille dans leur bungalow ? Préparé ce petit déjeuner ? Signé ces courriers d'un P. ? Pour dissimuler l'assassinat de sa famille, il y a vingt-sept ans ? Clotilde, enfin, saurait, comprendrait, se reconstruirait.

La foule se faisait moins dense sur la plage au fur et à mesure qu'ils s'éloignaient des néons du Tropi-Kalliste. Ils ne croisaient plus que quelques groupes d'ados dispersés. Clotilde en profita pour sortir son téléphone.

Elle s'occuperait de Cervone plus tard.

Demain matin, dès l'aube.

Avant, elle voulait profiter de la nuit.

Elle lâcha la main de Natale et s'éloigna de quelques pas. Il se tint un peu à l'écart, observant les groupes d'ados, semblant suivre avec envie les bouteilles d'alcool qui circulaient de bouche en bouche, filles et garçons, sans distinction.

Tu es où ?

Clotilde s'était contentée d'appuyer sur la touche « *répéter* » de son téléphone ; elle avait déjà envoyé ce message à Franck et Valentine une dizaine de fois dans la journée, sans aucune réponse de sa fille ou de son mari. Elle attendit quelques instants. Pour rien. Aucun message en retour ne s'afficha.

OK, le réseau ne passait pas forcément en haute mer, mais Franck et Valou ne naviguaient pas la nuit. L'indifférence de Valentine était habituelle, elle répondait rarement à sa mère avant le dixième texto envoyé, encore plus rarement dans la journée.

Franck, par contre…

Clotilde scruta une dernière fois l'écran vide de son portable, puis releva les yeux vers la partie noire et déserte de la plage, fermée par des rochers déchiquetés aux allures de monstres poilus. Entre les premières pierres qu'ils enjambaient, les touffes de criste marine crissaient sous ses pieds. A quelques mètres du rivage, au pied des écueils endormis, dansait l'ombre d'une petite barque de pêche amarrée. L'*Aryon* attendait, ballotté par les calmes vagues, accroché à son anneau rouillé par sa corde élimée.

Dans leur dos, la musique les poussait vers la mer, plus fort encore qu'un vent de terre ne l'aurait fait.

Clotilde serra la main de Natale.

— Emmène-moi jusqu'au bateau.

Natale la fixa, sourit. Sans un mot, il remonta son pantalon de toile au-dessus du genou. Il tint Clotilde par la main, dans le noir, comme s'il connaissait par cœur chaque ondulation du sable, chaque rocher qu'ils escaladèrent dans l'obscurité, et soudain, avant de plonger dans l'eau, la souleva dans ses bras, pour qu'elle franchisse à sec les derniers mètres, ceux qui les séparaient de la barque.

Lorsqu'il déposa Clotilde dans l'*Aryon*, tel un chargement de dynamite qu'il n'aurait fallu en aucun cas mouiller, l'eau lui arrivait à la hauteur de la poitrine, et sa dynamite même portée à bout de bras n'était plus qu'un pétard mouillé. Ils se hissèrent dans la barque aussi trempés l'un que l'autre et se laissèrent tomber au fond de la coque. Ainsi allongés, le bastingage de l'*Aryon* les rendait parfaitement invisibles des centaines de danseurs sur la plage.

La musique électro de Depeche Mode rythmait le bruit des vagues.

Le vent de mer les frigorifiait.

Une sensation d'ivresse enivrait Clotilde, cette impression qu'elle vivait les derniers instants d'un long cauchemar, que dans quelques heures, la vérité crèverait. Peut-être, même si c'était stupide, que Cervone acculé finirait par avouer que sa mère était toujours vivante, qu'elle l'avait attendue, toutes ces années.

Une dernière fois, toujours allongée, Clotilde jeta un regard vers son téléphone portable, muet, avant de faire glisser le long de ses jambes son combishort mouillé, dans un mouvement ondulant de mue de serpent. Elle se trouvait beaucoup moins douée pour le strip-tease que Maria-Chjara. Elle compensa par l'autodérision.

— Elle t'a excité, la belle Italienne ?

Tout aussi reptilien qu'elle, Natale s'acharnait à décoller son boxer de ses cuisses. Son polo, déjà passé par-dessus sa tête, avait servi à vaguement éponger son torse avant d'être accroché avec précaution au bastingage.

— Hum… *Molto molto,* fit Natale. D'ailleurs, si tu pouvais continuer de m'appeler Brad…

— Refusé ! Pour moi, tu es et resteras Jean-Marc. Et encore, mon Jean-Marc dans son seul et unique rôle de l'homme-dauphin.

Ils s'allongèrent l'un près de l'autre sans rien ajouter, éparpillant en silence leurs derniers sous-vêtements. Clotilde, tout en collant son corps froid et mouillé contre celui de Natale, comprit qu'ils devraient s'aimer ainsi, côte à côte, sans même que lui puisse venir sur elle ou elle sur lui. Elle imagina que s'ils refaisaient un jour l'amour, ailleurs, ils devraient toujours le faire ainsi, en sardines (l'image la fit sourire), et inventer des lieux improbables pour s'aimer de cette façon, dans un champ d'herbes hautes au bord d'une route passante, dans le lit le plus haut, presque sous le plafond, d'un wagon-couchettes filant vers Venise, sous la scène d'un théâtre en pleine représentation...

Le bateau tanguait doucement.

Sa vie aussi.

~

— Et si on larguait les amarres ?

Clotilde et Natale étaient allongés au fond de l'*Aryon*, nus, sur le dos ; dans un berceau sous les étoiles que la mer secouait doucement. Clotilde était aujourd'hui incapable de reconnaître Bételgeuse parmi les centaines d'astres.

— Et si on larguait les amarres ? répéta Clotilde.

L'*Aryon* était seulement retenu par une corde. Un coup de canif, de dents, d'ongle effilé, aurait suffi à rompre le lien avec la terre.

Au loin, dans un silence de cathédrale, Maria-Chjara entonnait a cappella *Sempre giovanu*. Clotilde avait tenté de tenir jusqu'à ce chant pour ouvrir son sexe à celui de Natale, imaginant que la jouissance serait plus intense ; une ultime patience alors qu'elle attendait cet instant, le fantasme de son adolescence, le fantasme d'une vie, depuis près de trente ans. Elle n'y était pas parvenue. Elle n'avait pas pu résister quelques minutes de plus, et avait joui pendant le refrain de *Joe le taxi*.

Tout ça pour ça.

Et si on larguait les amarres ? répéta encore Clotilde, dans sa tête cette fois.

Natale n'avait pas répondu à sa question.

Clotilde n'allait pas la reposer.

Ils demeurèrent, silencieux, à guetter si une étoile osait filer, à perdre la notion du temps.

Clotilde du moins.

— Je dois y aller, Clo...

Les étoiles dansaient, comme si un Dieu farceur s'amusait à les mélanger.

— Chez toi ?

— Ma femme termine sa garde à minuit. Je dois être à la maison avant qu'Aurélia rentre.

Retrouver Bételgeuse parmi les astres en vrac, l'astéroïde du Petit Prince, Castor et Pollux, n'importe quelle étoile inspirant l'amour depuis la nuit des temps.

— Pourquoi, Natale ?

Le bateau tangua encore mais cette fois, c'était parce que Natale cherchait en rampant son boxer et son ceinturon, tel un amant encore ivre au petit matin.

— Pourquoi es-tu resté toutes ces années avec elle ? Avec une femme comme elle ?

Il lui proposa son sourire, un sourire qui signifiait « Tu veux vraiment savoir ? », un sourire qu'elle ne refusa pas.

— Même si tu as du mal à l'admettre, Clo, Aurélia a fait beaucoup d'efforts pour m'accompagner. Accompagner ma vie, l'arranger, la ranger. Aurélia est organisée, Aurélia est attentionnée, honnête, droite, fiable, rassurante, présente, aimante...

Clotilde tenta de brûler ses rétines à la plus aveuglante

des étoiles. Elle ne contrôla pas le son de sa voix qui vrilla comme une pointe de métal dérapant sur une plaque d'acier.

— Ça va, je vois, je te crois.

Elle se força à la poser, à la rendre plus grave, avant de continuer.

— Mais ça ne change rien à ma question, Natale. Tout ce que tu peux me dire sur Aurélia ne change rien, puisque je sais que tu ne l'aimes pas.

— Et alors, Clo ? Et alors ?

~

Go... Go and see, my love...[1]

~

Natale était parti. Clotilde s'était rhabillée depuis quelques minutes lorsque le signal d'un message sur son portable retentit.

Franck.

Tout va bien.
On revient dans quelques jours, comme prévu.
Je tiens à toi.

Les mots partagés avec Natale cognaient encore. En miroir à sa propre vie.

— *Je sais que tu ne l'aimes pas.*
— *Et alors ?*

---

1. Dialogues extraits du film *Le Grand Bleu* réalisé par Luc Besson (© 1988, Gaumont).

47

Mercredi 23 août 1989, dix-septième jour de vacances,
ciel d'aigue-marine

C'est le grand jour !

Depuis le temps que je vous en parle de ce 23 août, mon lecteur d'hier et de demain, nous y voilà.

La Sainte-Rose, le réveil des tendresses, le soir des promesses, la nuit des caresses.

Le jour J comme Jouir pour mon ballot de grand frère Nicolas, ça, je n'ai pas besoin de vous le rappeler. Le mercredi M comme Mensonges pour papa et maman, qui les échangeront pour leur anniversaire, jureront qu'ils s'aiment encore, que l'amour existe, mais oui bien sûr, que c'est lui qui amène les cadeaux au pied de la cheminée, l'amour, entre les draps froids et froissés, quand les amants sont endormis. L'amour, c'est le père Noël pour les grandes personnes.

M'en fous ! Moi, j'y crois !

Petite, quand les copains me juraient dans la cour de récré que le père Noël n'existait pas, je refusais de les écouter.

Un jour, peut-être qu'un amant en me quittant me jurera que l'amour n'existe pas, et je me boucherai les oreilles.

Je jure que je crois au père Noël, aux habitants des étoiles, aux licornes, aux sirènes et aux dauphins qui parlent aux hommes.

Natale y croit aussi.

Je file vers lui.

J'ai rendez-vous au port de Stareso pour lui annoncer que Papé Cassanu, le grand chêne d'Arcanu, l'ours de la Balagne, le faucon du Capu di a Veta, le gardien de la Revellata, je l'ai amadoué, charmé, chouchouté, et que pour le projet de sanctuaire des dauphins plage de l'Oscelluccia, il me dira oui. Alors Natale, c'est pas seulement un bisou qu'il me doit, mais un bisou chaque jour, avec croisière sur l'*Aryon*, baignade sans fin avec Idril et Orophin, et toute une série d'autres promesses pour quand je serai grande et que je ne croirai plus au père Noël mais encore à l'Amour.

Je suis en train de suivre le sentier qui longe la crête de la Revellata, puis redescend à pic vers le port de Stareso au nord-est, vers la Punta Rossa au nord-ouest, le phare de la Revellata droit devant moi. C'est la partie la plus haute et la plus étroite de la presqu'île, on y domine la mer de tous les côtés. Si je faisais pipi là, juste sous mes pieds, je serais incapable de deviner de quel côté de la mer ma petite pluie irait se jeter. A l'ouest, du haut de la falaise, en cascade, ou à l'est, vers la plage, en ruisseau ?

Rien que d'y penser, j'ai ralenti. Comme à chaque fois, devant la vue sublime. A me demander de quelle palette géante toutes les nuances de rouge de la péninsule et de turquoise de l'eau ont pu sortir. Dieu serait un peintre barbu qui a créé le monde avec trois pinceaux et un chevalet ? Chouette idée ! Entre les rochers roses, je fixe les murs presque invisibles des maisons du port de Stareso, intégrées à la falaise, façon troglodyte mais en version cubique, devant le quai de poupée. L'*Aryon* n'est pas amarré.

Je m'arrête cette fois, je me concentre sur la mer vide à l'exception d'un ferry aussi jaune qu'un bout de soleil qui se serait décroché. J'hésite. Je me dis que l'idéal serait de rester ici, sur les hauteurs de la Revellata, plein cagnard, plein vent, et de guetter l'horizon. La barque de Natale va forcément rentrer au port. J'ai juste à enfoncer ma casquette *Bon Jovi* sur mes oreilles, poser mes lunettes noires devant mes yeux, et m'installer sur un caillou.

— T'attends ton amoureux ?

La voix dans mon dos m'a fait sursauter.

— Qui ça ?

— Ton amoureux ! Le vieux.

La voix, c'est celle de Cervone Spinello, et je comprends que ce salaud m'a espionnée, qu'il sait déjà tout sur Natale. A moins que ce ne soit son père, Basile, qui ait trop parlé. M'étonnerait.

— Mon amoureux ? N'importe quoi ! On est juste en affaires avec Natale Angeli.

— J'espère pour toi. Parce qu'Angeli, il aime surtout les vieilles.

Ce connard ne mérite même pas que je me défende. Son regard est scotché vers l'anse de Recisa, la baie au sud de la Revellata colonisée par les véliplanchistes, à cause du vent, le meilleur spot de la Balagne d'après les gars en combi qui squattent parfois les sanitaires des Euproctes.

— Remarque, continue Cervone, je le comprends, Angeli. Les vieilles, c'est elles qui ont le fric. Tu vois la crique là-bas, celle d'où partent les planches à voile ? Eh bien c'est là que dès que je pourrai, je m'installerai.

Il a raison, ce con. En mer, le ballet des véliplanchistes est juste dingue, une danse folle d'ailes de couleur. Par contre, je ne vois pas trop où il pourrait s'installer, ce crétin de Cervone, la baie de Recisa, c'est des rochers, des cailloux, de la terre plus que du sable, battue par les vents et hérissée de dunes qui ne tiennent pas en place.

Je continue de loucher sur ma presqu'île, d'une mer à l'autre, guettant toujours le retour de l'*Aryon*.

— Y a rien sur ta plage de Recisa.

— Justement, j'y ouvrirai une paillote. Avec des parasols pour lire à l'ombre et des jeux pour enfants.

J'ai dû le mater d'un air bizarre. La lecture, les gosses, c'est pas vraiment le truc de Cervone.

— Tu comptes te faire du fric comme ça ?

— Qui te parle de fric ? Mon idée, c'est juste un méga plan drague.

Et là il part dans ses idées. Je vous la fais un peu longue et je ne vous garantis pas que ce sont les mots exacts que Cervone a prononcés, mais c'est pour vous faire comprendre comment il est, une sorte de génie lui aussi dans son genre, un génie des idées tordues mais qui pourraient marcher, des idées qui pourraient rapporter, à lui, à lui seul.

L'inverse de Papé. L'inverse de Natale aussi.

— Tu vois, Clotilde, j'ai passé des heures, depuis des années, à observer cette crique. Ceux qui viennent pour la première fois faire de la planche dans la baie de Recisa sont jeunes, célibataires, sans gosses. Ce sont des mecs musclés, bronzés, au look d'aventuriers, et des filles sportives, canons, genre Californiennes, Australiennes ou Hawaïennes, même si elles viennent de Lyon, Strasbourg ou Bruxelles. Ils se rencontrent là, partagent la même passion, se trouvent beaux et cools, tombent amoureux, s'aiment comme des fous, s'installent en couple, font un gosse, puis un autre, achètent un van pour mettre leurs planches dessus et les gamins dedans, et bien entendu, ils reviennent sur la même plage, le même spot chaque année pour glisser. Sauf que, c'est une vérité, je l'ai observé pendant tous les étés, le mec ne renoncera jamais à sa passion. Jamais ! Alors c'est la femme qui reste sur la plage avec le môme. Il est où, papa ? Là-bas, tu vois, la grande voile rouge qui va très vite, c'est papa ! Elle reste à l'attendre, avec une pelle et un seau, une bouteille d'eau, un livre, à l'ombre de la paillote s'il y en a une ; elle s'ennuie, elle a le temps de discuter avec un mec s'il y en a un, un serveur sympa, un gars du coin, surtout que son gosse est occupé avec les deux ou trois jeux d'enfants qui sont installés. D'ailleurs, son petit blond de deux ans, il commence déjà à escalader les tourniquets, et elle sait déjà que son petit prince échoué sur le sable, elle le retiendra entre ses bras jusqu'à ses six ans, huit ans maxi, avant qu'il ne rejoigne sur les flots son père, ce héros ; et quand il sortira de l'eau, il lui dira « Tu aurais vu, maman, on s'est trop éclatés avec papa », alors elle sourira et elle se sentira heureuse, heureuse pour eux au moins, elle qui n'a plus glissé depuis dix ans, qui attend ces trois semaines de vacances toute l'année et qui reste là, seule sur la plage, rien que pour attendre encore, son fils et son homme ; et le soir elle étendra leurs combis et soignera leurs bobos. Je pourrai te détailler encore, Clotilde, mais je crois que tu as compris le plan d'attaque. Peux-tu me citer un seul autre lieu sur la planète où les filles les plus belles du monde s'emmerdent seules ? Non ! Y a que la salle d'attente des spots, ma vieille, quand les hommes aux épaules larges sont au large ! C'est la chance des hommes qui n'en ont aucune, sauf celle d'être là au bon endroit.

Au milieu de mon mouvement de balancier des yeux, un côté de la presqu'île, l'autre côté, puis encore le premier, je le fixe, incrédule face à sa sociologie à deux balles. Toujours aucune trace de l'*Aryon*.

Et là il m'a clouée.

— Me crois pas, Clotilde. Me crois pas. Trouve-toi un surfeur, un explorateur ou un cosmonaute qui te promet les étoiles et on en reparlera. Mais moi, c'est sur la crique de Recisa que j'en trouverai une plus jolie que moi, une plus gentille, bosseuse et affectueuse.

— T'es vraiment trop nase !

J'aurais pas dû, je sais, mais c'est sorti comme ça. Sur le coup, je me suis sentie un peu comme la représentante de toutes les femmes de surfeurs, et avant elles des femmes de marins, de chauffeurs routiers, de soldats, de toutes celles qui passent leur vie à attendre leur amoureux.

Visiblement, Cervone est vexé !

— Connasse ! Et toi, tu espères quoi avec ton vieux ? Arrête de mater l'horizon, il n'est pas près de revenir. Tu veux que je te dise où est parti l'*Aryon* ? Où est parti ton Natale Angeli ? Faire une promenade avec ta maman ! Eh oui, ma vieille, tout ce que les dauphins auront à bouffer, c'est le soutif et le string de ta mère que ton ange leur aura balancés.

Je veux qu'il se taise. Je bloque mes yeux comme une idiote sur les voiles blanches qui glissent lentement à l'horizon. Des voiliers, uniquement des voiliers, aucun chalutier. Mais Cervone est lancé.

— Sois pas triste, ma chérie. Faut pas en vouloir à ta maman. Elle est jolie. Sexy. Elle aurait tort de se priver. Et puis elle a la délicatesse d'aller se faire baiser par Angeli en haute mer. Pas comme ton père...

— Quoi, mon père ?

Et là, ce salaud de Cervone triomphe. Il ne rajoute pas un mot, il se contente de fixer le port de Stareso sur sa droite, d'où a filé l'*Aryon*, et de suivre du regard le chemin des douaniers, pour s'arrêter pile en face, au bout de la presqu'île, droit sur le phare de la Revellata.

Puis il me dit :

— Le phare, c'est comme tout le reste ici, il appartient aux Idrissi. Je pense que ton père doit avoir la clé.

Je l'ai laissé,

j'ai marché sur le sentier, vers le phare cent mètres devant moi,

j'ai poussé la porte, elle n'était pas verrouillée,

je me suis avancée, j'ai écouté les rires étouffés,

j'ai levé les yeux,

j'ai grimpé lentement l'escalier en colimaçon, jusqu'à ce que le vertige m'emporte, pas à cause des marches tourbil-

lonnantes, de la chaleur, de la hauteur, de l'abrupt qu'on
devinait en passant devant chaque meurtrière,
   jusqu'à ce que le vertige m'emporte,
   parce que dans ma naïveté, je m'attendais à ce qu'ils soient
deux,
   papa et sa maîtresse.
   Seulement deux.

*
* *

C'est le grand jour, répéta-t-il en refermant le cahier.
Celui où les témoins doivent avouer… ou se taire à jamais.

48

Le 23 août 2016

8 heures

Cervone Spinello aimait se lever tôt, marcher dans le camping avant que les touristes se réveillent, arpenter les allées désertes, écouter les ronflements sous les tentes, les soupirs parfois, compter les bouteilles de vin vides au pied des barbecues froids, passer sans bruit devant les campeurs enfouis dans les duvets. Il s'imaginait une allure de châtelain arpentant son domaine, saluant ses gens, ses paysans, évaluant la récolte future, prometteuse ; assurant un ordre, une harmonie, par sa seule présence.

Cervone aimait se lever tôt, mais pas trop.

7 h 30 le réveil ; 7 h 45 le saut du lit.

Anika, sa femme, était opérationnelle chaque matin une bonne heure avant lui et se tenait à l'accueil à boucler les comptes, gérer les stocks, pointer les entrées et sorties ; un rituel qui lui permettait dès l'aube d'être entièrement disponible pour les premiers campeurs qui viendraient réclamer leur petit déjeuner, leur journal du matin ou des idées d'escapade pour la journée.

Parfaite.

Anika ne leva pas la tête de son tableau Excel lorsque Cervone passa devant elle avec son café. Cervone n'ignorait pas que dans son dos, les gens se posaient des questions. Anika venait de fêter ses quarante ans et possédait une énergie d'animatrice adolescente, autoritaire et dure en affaires avec les fournisseurs, tendre et patiente avec les enfants, pulpeuse et rieuse avec les hommes, affable et bavarde avec les femmes, conversant en six langues européennes dont le corse et le catalan. Anika était une ancienne véliplanchiste, venue un été du Monténégro, échouée baie de Recisa ; Cervone l'avait arrachée à son petit copain, un parvenu kosovar qui était reparti tout seul dans son 4 × 4 Chevrolet. Logiquement, les gens s'interrogeaient. Qu'est-ce qu'une femme si charmante, compétente, intelligente, faisait avec un tel con ?

Lui !

Pour être honnête, Cervone se posait chaque matin la même question. Qu'il puisse l'avoir séduite il y a vingt ans, égarée sur une plage, admettons. Mais qu'elle soit restée ? Avec le temps, elle s'était forcément aperçue qu'il était menteur, calculateur, baratineur. Il fallait donc admettre que les femmes les plus parfaites ne pouvaient aimer que des types abîmés, torturés, fissurés. Un peu comme les milliardaires qui pratiquent la charité. Peut-être même qu'Anika restait avec lui par pitié.

— Mon Dieu, fit soudain Anika sans quitter l'écran des yeux.

Elle avait pris l'habitude, parmi ses autres tâches matinales, d'éplucher l'ensemble des informations locales.

— Quoi ?

— Ils ont identifié le noyé de la baie de Crovani. C'est ce qu'on craignait depuis hier. C'est Jakob Schreiber.

Cervone grimaça.

— Putain… Ils savent ce qui s'est passé ?

— Aucune idée, il y a seulement trois lignes sur le site de *Corse-Matin*.

Cervone enfonça sa main droite dans sa poche, crispant sa paume sur les clés du trousseau qui la déformait. Il devait dire quelque chose, vite, un truc qui paraîtrait naturel aux yeux de sa femme.

— Je passerai ce matin à la gendarmerie de Calvi, je demanderai au capitaine Cadenat, il m'en dira plus.

Il se hâta de sortir de l'accueil, il savait qu'Anika était attachée au vieil Allemand, comme à tous les clients fidèles du camping. Il n'avait pas envie de lui jouer la comédie, pas ce matin du moins.

Il s'éloigna dans l'allée la plus proche en essayant de faire le point. Ces derniers jours, avec la disparition de l'Allemand, il était parvenu à gagner du temps, tout comme avec les saloperies qu'il avait balancées à Clotilde sur son frère. Mais désormais, l'étau se resserrait, trop de monde s'approchait de la vérité. Ce n'était pourtant pas le moment de tout faire foirer ! Son palace *Roc e Mare* sortait de terre, le vieux Cassanu avait été emmené d'urgence à l'hosto, bref l'avenir s'annonçait radieux, il suffisait de tenir encore un peu.

Il continua son inspection et s'arrêta devant le local à poubelles : les chats avaient crevé les sacs, éparpillant des papiers gras, des miettes de polystyrène, des briques de lait écrasées. Saleté ! Une nuit sur deux, ces bêtes errantes recommençaient.

Il leva les yeux. Un autre salarié des Euproctes était déjà debout, plus tôt que lui : Orsu. L'ogre boiteux avançait en tirant un interminable tuyau ; il était chargé d'arroser l'ensemble du camping entre 9 heures du soir et 9 heures du matin, avant que le soleil ne sèche dans la seconde toute goutte versée sur la terre craquelée.

Le directeur du camping attendit qu'Orsu s'approche.

— Putain, je t'ai déjà dit pour les chats !

L'infirme observa son patron, sans répondre. Sans réagir.

— Bordel, chaque matin c'est pareil.

Cervone ne pouvait pas engueuler les chats, il fallait bien trouver un coupable. Il éparpilla du pied les détritus.

— Dégueulasse !

En insistant un peu, rien qu'en s'énervant, sans même qu'il ait à le demander, ce débile d'Orsu était capable de poser son lit de camp devant le local à poubelles et de les surveiller toute la nuit. Ça l'occuperait… Orsu adorait se rendre utile, adorait obéir, adorait se faire engueuler.

— Faut se débarrasser de ces bestioles !

Ne rien demander, juste suggérer. Orsu, aussi demeuré qu'il soit, avait grandi dans une bergerie ; il devait savoir s'y prendre avec les bêtes nuisibles, les attraper, les étrangler, les égorger.

— C'est ton boulot, merde.

Le regard d'Orsu s'allongea, Cervone y devina une esquisse de sourire, comme si cet abruti réfléchissait déjà à un plan pour piéger ces matous, à une façon cruelle de les faire souffrir. Orsu avait une tête de tueur. Il lui avait toujours fait peur, depuis qu'il était petit. Un jour il tuerait quelqu'un, si ce n'était pas déjà fait, si Cassanu ne le lui avait pas déjà demandé.

Après tout, se rassura Cervone tout en s'éloignant, en exploitant ce monstre, en l'occupant, en lui proposant de défouler ses pulsions sur des chats, il rendait service à la société. Il se tourna un instant vers la pinède qui descendait en pente douce vers la grotte des Veaux Marins, ferma les yeux comme il le faisait chaque matin, et remplaça dans sa tête les arbres squelettiques par la piscine à débordement de six cents mètres carrés surplombant la Méditerranée dont il avait déjà fait tracer les plans par un architecte d'Ajaccio ; il ne lui manquait plus qu'un prêt de la banque… et le permis de construire. Oui, l'avenir s'annonçait radieux.

Cependant, lorsque le patron des Euproctes passa devant le local où était entassé le matériel de sport et de plein air, une nouvelle alerte s'alluma. La porte n'était pas fermée ! Encore un truc qu'Orsu n'avait pas vérifié. N'importe qui aurait pu entrer et se servir, alors qu'il y en avait pour des dizaines de milliers d'euros de matériel, entre les équipements de plongée, de canyoning et les kayaks.

Il pesta. Il entra. Ramassa une corde de rappel mal enroulée. Un instant, il repensa au mousqueton du baudrier, celui qui avait cédé dans la gorge du Zoïcu après que Valentine l'avait enfilé. Il avait moins de scrupules aujourd'hui qu'au moment où il avait desserré ce morceau de laiton, tordu l'attache juste ce qu'il fallait ; finalement, tout s'était déroulé comme prévu, tout s'était bien terminé. La petite Valentine s'en était sortie avec une grosse frayeur, suffisante espérait-il pour éloigner cette petite fouineuse de Clotilde. Raté ! La gamine était bien partie, avec le mari, mais en lui laissant l'emmerdeuse sur les bras.

Une emmerdeuse qui allait finir par tout comprendre...

Quel choix avait-il désormais ? Le vol du portefeuille dans le coffre de leur bungalow n'avait rien donné non plus, si ce n'est d'en savoir plus sur la petite-fille de Cassanu. Quel autre choix avait-il à part la faire disparaître elle aussi ? Sauf que si c'était une chose envisageable dans son cerveau de provoquer un plongeon dans l'eau d'une ado, de commander le meurtre de chats, ou même de planter presque par accident une boule de pétanque dans la tempe d'un vieil Allemand gâteux, c'en était une autre de devenir un meurtrier de sang-froid. Tout ce baratin sur les Corses, les vendettas et les assassinats, l'omerta dont on s'assure à coups de Beretta, ce goût de la violence qui coulerait dans les veines insulaires, quel délire ! Pour un Cassanu Idrissi, froid et déterminé, il naissait entre Ajaccio et Calvi quatre-vingt-dix-neuf types incapables de tirer sur autre chose que sur un sanglier ou une bécasse. Il devait pourtant trouver une solution pour se débarrasser de cette avocate trop curieuse.

Il tourna la tête vers l'extérieur du local. Orsu avait disparu de son champ de vision. Déjà parti à la chasse aux minets ? Machinalement, Cervone Spinello se pencha sur les combinaisons de plongée ; ce branleur d'animateur n'avait rien rangé, ni les combinaisons de néoprène, ni les masques, ni les tubas. Même les pistolets-harpons étaient en bordel. N'importe qui aurait pu en attraper un.

Le patron du camping se pencha, replaça le matériel dans les caisses ou sur la patère, tria, compta. Il disposait de l'équipement complet de pêche sous-marine pour huit plongeurs adultes.

D'ailleurs il en manquait un...

Huit combinaisons, huit compresseurs, huit ceintures de plomb, mais sept pistolets-harpons. Il se pencha, chercha, sous la table, sous le placard.

Rien.

— C'est ce que tu cherches ?

Bien entendu, Cervone avait reconnu la voix. L'instant d'après, il reconnut aussi le pistolet-harpon, celui qui manquait.

Braqué sur son cœur.

— Tu devrais mieux ranger tes affaires, Cervone. Tu devrais mieux traiter ton petit personnel. Tu devrais davantage partager tes secrets aussi. C'est risqué de garder seul un tel trésor.

Cela dura trois minutes. Une pour que Cervone se décide à parler, presque deux pour qu'il avoue l'inimaginable, moins d'une seconde de silence après sa confession pour qu'il espère un pardon.

Dès qu'il eut fini pourtant, il comprit que sa sincérité ne lui sauverait pas la vie. La dernière image qui lui vint fut celle d'Anika, la première fois qu'il l'avait vue, baie de Recisa, elle avait vingt-trois ans, elle lisait *Lettre d'une inconnue* de Stefan Zweig, elle était belle comme une fleur qu'on n'ose pas cueillir. Lui avait osé. Tout le reste, tout ce qu'il avait fait depuis, tout ce qu'il avait tenté et raté, c'était pour l'épater.

Le doigt pressa la détente.

Est-ce qu'au moins Anika le regretterait ?

Le harpon se planta dans le cœur de Cervone.

49

Ainsi, tuer, ce n'était que cela ?
Trembler.
Venir en silence, planter une flèche, partir.
Considérer qu'un problème est réglé.
Oublier.
Il s'assit calmement et ouvrit à nouveau le journal.

*

*   *

Mercredi 23 août 1989, dix-septième jour de vacances,
ciel d'aigue-morte

J'ai continué de monter dans le phare, quelques marches en
spirale pour mieux voir, tel un cameraman tournant autour
d'un couple star. Maintenant, je les observe de trois quarts.
Je m'arrête, je me tiens vingt marches sous eux peut-être ;
de ma position, je ne distingue que le sommet du phare, la
balustrade de fer, et leurs deux silhouettes qui se détachent
dans le ciel.
Deux ombres immenses.
Avec la perspective, papa semble presque aussi haut que
le monument. Il a enfilé un coupe-vent et sa capuche bleu

fluo vole comme un sac mal accroché qui va s'envoler. Je ne résiste pas, je gravis encore trois marches, comme une petite souris silencieuse ; j'ai l'habitude, quand je veux, je sais être la plus discrète des espionnes, même si ce que j'épie me détruit.

Elle se tient face à mon père. Elle passe une main dans son dos, une main qui remonte jusqu'à sa nuque, qui agace trois poils dans son cou, puis qui se pose sur son épaule. Qui l'agrippe plutôt, comme s'il allait sauter par-dessus la balustrade, filer, s'envoler lui aussi. De ma position, en contre-plongée comme on dit dans les films, elle m'apparaît grande elle aussi, aussi grande que mon père peut-être, même si c'est difficile à évaluer avec la perspective.

Ils s'embrassent. Sur la bouche.

Au cas où j'aurais eu encore un doute.

Je continue de les entendre rigoler, tous les chasseurs de chez Basile. J'espère qu'il y a un souterrain qui part sous le phare pour mener nulle part. Après. Je ne m'enfuis pas cette fois, pas tout de suite. Je grimpe. Deux marches encore. S'ils baissent les yeux, ils ne peuvent pas me louper. Pas de danger ! Ils sont trop occupés à se serrer, à se coller, comme deux arbres côtiers qui mêlent leurs racines pour mieux résister au vent de mer.

Elle me tourne à moitié le dos, mais je la vois tout de même, pour la première fois. Elle est brune, très belle, elle porte une longue robe claire à la fois sobre et sexy. Mystérieuse, allumeuse, amoureuse. Exactement comme on imagine les maîtresses, désespérante de sensualité ; exactement comme on doit les haïr, je suppose…

Sauf que maman n'est pas moins belle qu'elle.

Match nul, je dirais.

Pour un peu, j'admirerais mon père, si je n'avais pas à ce point envie de l'étrangler. Mon papounet vendeur de gazon, corse quand ça l'arrange, mari et papa quand ça l'arrange, à faire tomber ainsi les plus belles filles.

Une dernière marche…

Une dernière marche, je vous promets.

Je vois d'abord une roue, puis une deuxième, puis deux autres encore, puis toute la poussette. Puis, bien entendu, je vois le bébé. Je ne vous l'avais pas dit, mais dès le début, je l'avais repéré.

Comment le rater ?

Je ne suis pas très douée pour les dater, les nouveau-nés, mais comme ça à vue de nez, je dirais qu'il a quelques mois, moins de six en tout cas. Mais pour tout vous avouer, passé le choc du premier instant, ce qui me surprend, ce n'est pas l'enfant.

Ce qui me surprend, c'est que la brune sensuelle, la brune qui embrasse papa, ne tient pas son gamin dans ses bras.

Vous comprenez, cette fois ? Si ce n'est pas elle qui le porte, ce bébé ?

C'est mon papa.

50

Le 23 août 2016, 9 heures

Clotilde s'était endormie. Au fond de l'*Aryon*, profondément. Au petit matin, une fois que les fêtards de la plage de l'Oscelluccia s'étaient assoupis, que les lumières du Tropi-Kalliste s'étaient éteintes, que Maria-Chjara avait enfilé un peignoir, que les derniers échos de la musique techno s'étaient dispersés, noyés, lavés par le va-et-vient rassurant des vagues.

L'*Aryon* ondulait doucement. Clotilde s'était pelotonnée contre une vieille couverture sale qui traînait dans un coin de la coque et sentait un mélange d'iode et de mazout. Après de longues heures de semi-veille, à regarder les étoiles. A se faire mitrailler par les lasers verts et violets des stroboscopes rivés à la paillote. A se demander si sa mère était retournée vivre sur un astéroïde, et si parfois elle redescendait. A rêver aux hommes-comètes qui la quittaient. A explorer les trous noirs de ses souvenirs, ceux dissimulés derrière le big-bang du précipice de la Petra Coda. Après ce long demi-sommeil, Clotilde s'était effondrée.

Le carillon de son téléphone la réveilla.

Natale !

Ce salaud qui l'avait laissée en plan pour rejoindre sa femme, la queue entre les jambes. L'aileron plutôt. Qui avait laissé ses rêves en plan, au fond de l'*Aryon*, elle avait dormi dedans, ils sentaient le mazout et la fiente de goéland. Ce salaud qui avait laissé sa vie en plan pour le fantôme d'une architecte. Elle était pourtant prête à mettre son nez dans les dossiers abandonnés, à y mettre sa bouche, sa langue, tout ce qu'elle avait dans le cœur, dans le ventre et entre les cuisses, à se faire avocate de son destin avorté, mais elle était arrivée trop tard, beaucoup trop tard, près de trois décennies trop tard.

Au moins, Natale avait l'élégance de lui téléphoner pour s'excuser.

— Clotilde ? C'est Natale. Mon beau-père veut te voir.

Drôle de façon de s'excuser !

— Le sergent Garcia ? Où ça ? Dans son jacuzzi ?

Clotilde émergeait. Autour d'elle, l'eau clapotait. Elle se sentait légère, libre, pour un peu elle aurait décroché l'amarre de l'*Aryon*.

— Non, chez moi. A la Punta Rossa.

A minima, Clotilde avait envie de plaisanter.

— Tu lui as annoncé que tu répudiais sa fille et que tu me demandais en mariage ?

— Clo, je suis sérieux. Il y a eu un meurtre ce matin. Au camping, aux Euproctes.

La main de Clotilde se crispa sur la couverture crasseuse. Immédiatement, sans qu'elle sache pourquoi, elle pensa à Valentine.

— Cervone Spinello, continua Natale. Cervone a été assassiné.

Elle pressa le tissu puant contre son visage.

Cervone Spinello lui avait menti à propos de son frère Nicolas, Cervone était vraisemblablement celui qui avait saboté la direction de la voiture de ses parents. Assassiné, il emportait avec lui son secret.

Elle bloqua dans sa gorge un haut-le-cœur acide. Ses doigts, ses bras, son corps sentaient l'essence, le sel et la merde. Chaque roulis de l'*Aryon* amplifiait son envie de vomir.

— Une flèche de harpon dans le cœur, précisa Natale. Spinello est mort sur le coup. Mon beau-père Cesareu veut te parler en tête à tête. Il a des choses à te révéler, des choses importantes sur ta famille. Il préfère te les apprendre avant que tu sois convoquée à la gendarmerie.

— Je dormais dans ton bateau pendant le meurtre. Seule. Je ne vois pas en quoi je peux aider les flics à trouver l'assassin.

— Ce n'est pas ça, Clotilde, les flics n'ont pas besoin de ton aide.

— Comment ça ?

— Ils ont déjà coincé le meurtrier.

Clotilde jeta au loin la couverture. Elle se leva en titubant dans l'*Aryon*, fixant la mer, telle une naufragée perdue sur un radeau à des milliers de kilomètres de la première terre où s'échouer.

— Qui... qui a tué Spinello ?

— L'homme à tout faire du camping. Tu dois le connaître, tu as dû le croiser, tu as forcément dû le remarquer, c'est un géant barbu, il a un bras, une jambe et la moitié du visage morts. C'est Orsu Romani le meurtrier. Les gendarmes l'ont déjà embarqué.

∼

Aurélia tenait la main de Natale, debout devant leur maison entourée par la mer, perchée sur la Punta Rossa. Cesareu Garcia se tenait deux pas sur la gauche. En garant la Passat quelques mètres plus loin, Clotilde se fit la réflexion que la scène ressemblait à une carte postale, à un décor de magazine, un tableau composé pour un cliché sur papier glacé. La maison de rêve, le beau mec blond devant, l'écrin d'azur, l'authenticité des vieilles pierres combinée à la modernité du bois et du verre. Même Aurélia ne déparait pas : si elle était restée une femme sans charme, sa silhouette élancée pouvait laisser croire qu'elle avait été belle, jadis ; un visage lumineux, de fins sourcils dessinés, une taille étroite, de longues jambes, une allure qu'on devinait entretenue au prix de sacrifices aussi physiques que financiers, à évaluer sa robe stricte et chic, ses bas comme une seconde peau bronzée, ses talons hauts qu'elle portait avec une élégance un peu arrogante. Difficile, pour qui n'avait pas connu Aurélia à quinze ans, de deviner, sous la menace de sa vieillesse qui pointait, la disgrâce de sa jeunesse.

Clotilde avait conscience que le contraste avec elle devait être saisissant. Elle était directement venue de la plage de l'Oscelluccia après une nuit passée dans la cale de l'*Aryon*. Ni douchée, ni maquillée, ni parfumée, portant encore sur elle le goût des baisers de Natale, contre elle les marques de ses caresses, en elle la chaleur de son sperme.

Aurélia la fouilla du regard, de haut en bas.

Une femme pouvait-elle flairer cela chez une rivale ? L'odeur de l'amour clandestin ?

Peu importait, même si Clotilde ne se présentait pas à son avantage, elle appréciait ce rôle de panthère, de chatte de gouttière pénétrant par effraction dans le territoire de sa rivale angora pour y foutre le bordel.

Ils ne la saluèrent pas, Cesareu Garcia ne leur en laissa pas le temps. Il passa devant sa fille et son gendre, écrasant de sa masse le paysage de carte postale.

— Viens, Clotilde. Viens… Nous n'avons pas beaucoup de temps devant nous. Donne-moi les clés, Aurélia.

Il attrapa le trousseau des mains de sa fille et entraîna Clotilde dans une remise à quelques mètres de la maison. Le bâtiment ressemblait à un garage sombre, sans fenêtre ni décoration. Quatre murs de pierres et une ampoule nue pendue au plafond. Une chaise. Une table. Et entassées sur des étagères de fer scellées aux murs, des dizaines de boîtes cartonnées qui semblaient mieux classées dans la pièce close que des vins anciens dans la cave d'un sommelier.

— Pratiques, ces cabanes, précisa le gendarme en retraite en refermant la porte derrière eux. On en trouve un peu partout sur le littoral, elles servaient de refuge aux bergers lors des transhumances vers la mer. Murs épais de cinquante centimètres, toit plat de terre battue, pas besoin de clim à l'intérieur et on s'y sent plus en sûreté que dans un blockhaus. Je range là toutes mes archives, mon matériel, mes souvenirs, tout ce que je n'ai pas pu laisser à la gendarmerie quand je suis parti. De temps en temps je reviens travailler. J'ai plus de place ici que chez moi, et je suis au frais. Dans ma putain de maison, le soleil entre de partout. (Son regard balaya les murs aveugles uniquement éclairés de la lumière artificielle.) Ouais, je sais ce que tu penses, que c'est con de venir à la Punta Rossa, avec la mer à perte de vue, et de s'enfermer dans un caveau. Alors je vais te dire, Clotilde, et prends-le comme une confidence : à force de l'avoir en face de moi, la mer me fait chier ! Tu vois, un peu comme une femme, même très belle, qu'on a tous les matins en face de soi.

Nous n'avons pas beaucoup de temps devant nous, répéta Clotilde dans sa tête. Le gendarme en retraite semblait pourtant parti pour parler de tout sauf de l'affaire. Elle décida d'aller droit au but.

— Orsu est innocent, balança-t-elle soudainement. Je ne sais pas qui a tué Cervone Spinello, mais ce n'est pas Orsu.

Cesareu se contenta de sourire.

— Qu'est-ce que tu en sais ? Tu n'étais même pas là.

C'était vrai... Qu'est-ce qu'elle en savait ?

— Appelez ça comme vous voulez ! Une intuition, une conviction...

Le visage d'Orsu repassa devant ses yeux, son physique, son handicap : il était la victime idéale, la proie toute désignée pour les bourreaux.

Cesareu Garcia avança un dossier vers Clotilde.

— Il y avait ses empreintes sur l'arme du crime. Un pistolet-harpon. Celui avec lequel Cervone Spinello a été tué.

Les réflexes d'avocate de Clotilde reprenaient le dessus, même si depuis des années, ses compétences se limitaient à accompagner des divorces sans intérêt. Elle avait plutôt bonne réputation, auprès des hommes surtout, et se bornait presque toujours à instruire des séparations à l'amiable. Logique, aucun homme souhaitant négocier pied à pied une pension alimentaire ou la garde de ses enfants n'aurait osé prendre une femme pour le défendre.

— Des empreintes d'Orsu ? plaida-t-elle. On a dû en retrouver partout dans le camping des Euproctes, c'est lui qui range tout. Le matériel de plongée comme le reste.

— Il était l'une des seules personnes levées à l'heure du crime, insista Cesareu Garcia. Il s'est fait engueuler par Cervone Spinello quelques minutes avant le meurtre. Humilier serait le mot le plus exact, d'ailleurs.

— Si tous les salariés humiliés par leur patron leur plantaient dans le cœur le premier objet tranchant qui leur passe sous la main, mes confrères des prud'hommes seraient au chômage.

Le sergent Garcia sourit encore, avant d'ouvrir le dossier devant lui. La pièce était fraîche, mais la sueur trempait la chemise blanche qui boudinait le gendarme.

— Il y a autre chose, Clotilde. Les flics ont perquisitionné chez Orsu. Ils ont retrouvé… des boules de pétanque.

— Waouh… Des boules de pétanque ? C'est interdit aux manchots d'en posséder ? C'est un crime en Corse ? Pas de poignet, pas de cochonnet ?

— Des boules rares, Clotilde. Des Prestige Carbone 125. Il n'a pas été difficile de les identifier. Un seul résident du camping en possédait…

Un silence.

— Jakob Schreiber. Le vieil Allemand disparu depuis trois jours. Et sur les boules de pétanque (le gendarme essuya avec un coin de sa chemise les gouttes qui coulaient sous ses tempes, dévoilant sans pudeur un ventre gras quasi posé sur la table), les enquêteurs ont identifié des traces de sang. Beaucoup de sang. Du sang et des cheveux gris. Sans aucun doute ceux du vieil Allemand.

— Je... je n'y crois pas...

— Orsu n'est pas un ange, Clotilde. Il n'est pas un pauvre petit handicapé martyrisé. Il a fait des conneries, il a souvent été condamné, pour violence, pour des coups qu'il a distribués, même si, je le reconnais, il n'est pas impossible qu'on lui ait demandé de les donner. Orsu est un garçon facile à manipuler : une mère qui se suicide avant qu'il ait le temps de se souvenir d'elle, un père qu'il n'a jamais connu, sa grand-mère Speranza qui a fait ce qu'elle a pu pour l'élever.

L'image floue d'Orsu bébé, dans sa poussette, sous le chêne vert de la bergerie d'Arcanu, lui revenait. Un bébé calme, silencieux. Clotilde avait quinze ans alors et n'avait pas davantage prêté attention à ce nouveau-né que s'il s'était agi d'une poupée dans un landau.

La question brûlait la gorge de Clotilde, la rongeait, comme de l'acide.

— Est-ce... est-ce qu'on sait qui est le père d'Orsu ?

Une question dont elle connaissait déjà la réponse.

— C'est un secret de Polichinelle, répondit le flic. Un secret de Polichinelle dans le tiroir...

Il se força à rire. A chaque mouvement de son cou ou d'un de ses bras, la flaque de tissu humide sous ses aisselles se collait et se décollait de sa peau. Il laissa le temps aux fibres transparentes de se plaquer à nouveau contre son épiderme moite et poilu avant de continuer.

— Un tiroir que pas grand-monde n'a envie d'ouvrir. C'est pour cette raison que je souhaitais que tu viennes ici. Depuis ses incarcérations pour coups et blessures, Orsu possède un dossier dans le Fichier national des empreintes génétiques.

Il n'a pas été difficile pour moi de vérifier la rumeur qui circulait depuis sa naissance.

Qu'on en finisse ! Ce vieux flic allait-il enfin lâcher sa bombe ?

— Tu as déjà deviné, Clotilde, à moins que tu ne t'en sois souvenue. Il n'y a aucun doute. Vous avez le même père, Orsu et toi ! Ton papa a eu cet enfant avec Salomé Romani, la fille de Speranza, il l'a conçu en août 1988. L'enfant est né le 5 mai 1989, il aura croisé son père deux semaines, seize jours exactement. D'ailleurs, « croisé » est un bien grand mot, Paul était marié, marié et père de deux grands enfants, Nicolas et toi. Je ne suis même pas certain que Paul l'ait rencontré, l'ait reconnu, ait même été au courant, pour ce gamin.

Des images lointaines tourbillonnaient sous le crâne de Clotilde, un escalier en spirale, un phare, un bébé dans les bras de son père. Des images refoulées si souvent, jamais oubliées pourtant, triées, peut-être. Comme une histoire à laquelle il manquerait des pages. Les dernières surtout, celles qui expliquent tout.

— Il... Orsu est né handicapé ?

— Oui. Salomé ne voulait pas le garder. On n'avorte pas chez les Romani, il n'y a pas plus catholique que cette famille-là. Alors elle a tenté de le faire passer, comme on disait dans un autre temps. Tu vois, comme dans *Manon des sources,* quand le Papet demande à la fin du livre : « Il est né vivant ? – Vivant, oui, mais bossu. » Orsu a un bras mort, une jambe morte, une partie du visage aussi, et sans doute une partie du cerveau, celle qui commande la parole.

Orsu ? Son demi-frère ? Clotilde n'arrivait pas à réaliser. Elle eut l'impression de mettre son cerveau en pilotage automatique, de faire appel à des réflexes professionnels conditionnés : elle devait se concentrer uniquement sur le meurtre de Cervone Spinello, elle ferait le point plus tard, se demanderait seulement alors ce qu'impliquait dans sa vie la présence d'un demi-frère.

— OK, OK, lança-t-elle au gendarme en retraite. Orsu est un enfant non désiré. Mais ça ne fait pas de lui un meurtrier.

Le sergent Garcia avait l'air soulagé. Pour lui, le plus dur était fait.

— C'est le lien du sang qui te fait dire ça ? (Un bref hoquet de rire fit clapoter sa chemise sur son ventre gras.) C'est vrai que chez les Idrissi, c'est pas courant de se dénoncer.

Clotilde éleva la voix d'un coup.

— Baron ! Mon nom de famille est Baron ! Maître Baron. Et pour l'instant, Orsu a simplement besoin d'un avocat.

Garcia chercha un pan de chemise sèche pour s'éponger, n'en trouva pas. Si la conversation se prolongeait, le vieux flic allait sécher là, déshydraté comme un cachalot échoué.

— Et moi, j'ai besoin de votre aide, ajouta Clotilde.

Elle se leva soudain, et tout en arpentant la pièce, examina les murs, les dossiers, les caisses rangées. Au bout de quelques minutes, elle se retourna et demanda au sergent Garcia l'autorisation de lui emprunter l'une des plus petites valises posées sur les étagères, contenant le nécessaire pour relever des empreintes digitales : un pinceau et un peu de poudre magnétique d'alumine et d'oxyde de cuivre.

— Je t'assure, Clotilde, ce sont les empreintes d'Orsu sur le pistolet, mais si ça peut t'amuser...

— Je veux aussi son dossier, Cesareu. Ou au minimum une copie des empreintes digitales d'Orsu.

— Rien que ça ?

— Rien que ça !

Le vieux gendarme se leva, et lentement alla chercher à la lettre R le dossier correspondant.

— J'ai des copies de tout, plaisanta-t-il. Bien entendu, c'est interdit, mais en Corse, pour un flic qui a fait toute sa carrière ici, c'est une assurance-vie.

Il ouvrit un dossier et en tira un simple cliché noir et blanc.

Un pouce et trois doigts.

— Tiens, la signature de ton frangin. Une main reconnaissable entre mille. Une main d'ogre qui possède plus de force que celles de deux hommes valides.

— Merci.

Elle s'avança vers la porte, hésita, puis enfin se retourna. Après tout, c'est le sergent Garcia qui avait commencé à ouvrir la boîte aux secrets.

— Au fait, comment elle s'y est prise, votre fille, pour mettre le grappin sur Natale Angeli ?

L'attaque était brutale, inattendue, mais le sergent Garcia ne broncha pas. Il rangea avec calme le dossier, puis prit le temps de s'asseoir, comme si l'effort pour se déplacer de quelques mètres avait suffi pour la journée. Son cou ruisselait.

— Aurélia l'aimait. L'aimait vraiment. Ma fille est une femme raisonnable, très raisonnable, presque sur tous les plans. Mais bizarrement, côté sentiments, elle a toujours été attirée par les hommes hors du commun, les baladins, les funambules, les troubadours, comme un papillon de nuit gris attiré par la lumière. Son côté infirmière peut-être. Où veux-tu que ma pauvre Aurélia trouve un peu de fantaisie dans sa vie, si ce n'est en mettant un Pierrot lunaire dans son lit ?

— Ce n'était pas ma question, Cesareu, répondit sèchement Clotilde. Je vous demandais pourquoi Natale lui a dit oui. Pourquoi s'est-il marié avec une femme comme elle ? Sans faire offense à Aurélia, il pouvait avoir toutes les autres filles s'il le voulait, les plus belles, les plus drôles, les plus jeunes.

Le gendarme laissa traîner son regard sur le mur recouvert de dossiers. Son assurance-vie, venait-il de plaisanter. Il sembla hésiter à répondre, puis plongea.

— Pour se protéger, Clotilde. C'est aussi simple que ça. Epouser la fille d'un flic, ici, c'est se mettre sous la protection de la gendarmerie, c'est-à-dire de l'armée, de l'Etat, de la France.

— Se protéger de qui ?

— Ne sois pas si naïve, Clotilde. Se protéger de ton grand-père, bien entendu. Se protéger de Cassanu ! Après l'accident mortel de tes parents, pendant des semaines, Natale a été atteint d'une peur irrationnelle, oppressante, paralysante...

Clotilde repensa aux propos presque incohérents de Natale, ici même, à la Punta Rossa.

A la seconde où la voiture de tes parents s'écrasait sur les rochers de la Petra Coda, à la seconde où ton frère, ton père et ta mère perdaient la vie, je l'ai vue apparaître par ma fenêtre, j'ai vu ta mère, aussi distinctement que je te vois. Elle m'a fixé, comme si elle voulait me voir une dernière fois avant de s'envoler.

Est-ce la disparition de sa mère puis cette délirante apparition qui l'avaient rendu fou ?

Même si Palma, par le plus incroyable des miracles, avait survécu à l'accident de la Petra Coda, avait été emmenée encore vivante dans une ambulance vers Calvi, elle ne pouvait pas avoir arraché ses perfusions pendant le trajet, pour se retrouver, debout et souriante, face à la maison de la Punta Rossa.

— Il avait peur pour son projet ? avança Clotilde sans y croire elle-même. Pour son sanctuaire des dauphins ? Après la mort de mes parents, Cassanu ne voulait plus en entendre parler ?

Le gendarme balaya l'argument d'un revers de main et postillonna sur les cartons alentour.

— Cassanu n'en avait rien à foutre des dauphins. C'est de l'accident qu'il s'agissait. Je ne devrais pas parler d'accident, d'ailleurs, puisque c'est d'un sabotage qu'il s'agit. Un écrou de rotule de direction ne se dévisse pas tout seul. Pour Cassanu, comme pour moi, il s'agit d'un meurtre, tout simplement. Et ce qu'il recherchait, c'est un meurtrier.

Un vertige étourdit Clotilde.

Natale ? Un meurtrier ? Sabotant la direction d'une voiture pour éliminer un rival ? Pour se débarrasser de mon père parce qu'il aimait ma mère ? Ça ne tenait pas debout une seconde !

— Et... et Cassanu n'a jamais soupçonné Cervone Spinello ?

— Le fils de son meilleur ami ? Cervone n'avait pas dix-huit ans, à l'époque. Non, Clotilde, non, pas à ma connaissance. Pourquoi, pourquoi est-ce que ce gamin aurait fait ça ?

— Pour rien... Pour rien...

Elle ouvrit la porte. Elle n'avait pas envie d'en révéler davantage. Elle devait se rendre au plus vite à Calvi. Elle devait interroger Orsu. Mais auparavant, elle devait vérifier une intuition, un simple test qui lui prendrait à peine quelques secondes.

Elle allait sortir quand la voix forte du sergent Garcia la retint.

— Une dernière chose, Clotilde. Je crois que c'est mieux que tu le saches si tu fouilles dans le passé. Aurélia l'a demandé à Natale pendant toutes ces années, elle a tellement insisté qu'il a fini par lui répondre, il lui a juré, sans ambiguïté, et je le crois. Il y a vingt-sept ans, il ne s'est rien passé entre ta mère et lui. Ta mère était fidèle, ta mère voulait seulement rendre ton père jaloux, mais elle n'aimait pas Natale. (Il marqua un silence.) Et Natale ne l'aimait pas non plus.

Des images contradictoires affluaient. Des images anciennes qui la faisaient douter. Elle mit la main sur la poignée. La voix du gendarme se fit presque autoritaire.

— S'il te plaît, Clotilde, encore une seconde avant d'ouvrir. Natale l'a avoué à Aurélia il y a des années, alors je préfère te prévenir avant que tu te fasses fusiller.

— Avoué quoi ?

— Il lui a avoué, parce qu'il pensait ne jamais te revoir. Il lui a avoué parce que des années s'étaient écoulées et qu'il croyait que c'était une histoire passée. (Son visage s'éclaira d'un sourire désolé.) Il lui a avoué qu'en 1989, c'est toi qu'il aimait.

Le soleil explosa dès que Clotilde sortit de la pièce sombre. Il rebondissait sur chaque vague de la mer entourant la presqu'île, telle une rampe de spots aveuglant chaque acteur entrant sur scène. Il fallut quelques secondes avant que les ombres face à elle deviennent nettes.

Aurélia s'accrochait au bras de Natale comme s'il était un objet précieux lui appartenant, un trésor exotique rapporté du bout du monde et jalousement conservé. En un flash, elle revit Aurélia vingt-sept ans auparavant, plage de l'Oscelluccia, accrochée au bras de son frère. Le même geste, exactement. Natale, immobile, fixait l'horizon, comme si la mer autour de lui n'était qu'une malédiction.

À ce moment-là, Clotilde eut la certitude qu'Aurélia savait.

Pour cette nuit, dans l'*Aryon*, avec son mari.

Tant pis.

Tant mieux.

Elle ne savait plus. Elle devait quitter la Punta Rossa, elle devait se concentrer sur Orsu, sur le meurtre de Cervone Spinello, sur celui de Jakob Schreiber, sur le sabotage de la voiture de ses parents. Tout était lié, tout était forcément lié.

Elle devait appeler Franck également, et Valentine, elle n'avait aucune nouvelle d'eux depuis le bref texto de la nuit.

Tout va bien.
On revient dans quelques jours, comme prévu.
Je tiens à toi.

Elle marcha vers la Passat sans un mot, sans pouvoir éviter une interrogation.

Etait-ce la dernière fois qu'elle voyait Natale ?

Dans les films, les hommes amoureux s'arrachent des bras de celle qu'ils n'aiment pas et se précipitent dans ceux de l'autre, et tout le monde n'attend que ça, tout le monde lui pardonne, personne n'a la moindre considération pour la femme officielle délaissée. Dans les films, tout le monde se range du côté du cœur, se fout de la raison.

Natale ne bougea pas. Il ne fit pas un geste pour se desserrer de l'étreinte d'Aurélia.

Clotilde monta dans la voiture.

Peut-être lui enverrait-il un texto ?

Peut-être qu'une fois dans sa vie, une fois au moins, Natale serait capable de faire preuve de courage ?

Peut-être qu'il oserait larguer les amarres ?

Ce fut la dernière question que Clotilde se posa.

Elle démarra.

~

Clotilde, dès qu'elle eut parcouru une dizaine de virages, à l'entrée de Calvi, quelques centaines de mètres avant la gendarmerie, gara la Passat sur le bord de la route. Fébrile, elle détacha sa ceinture et se pencha sur son sac à main posé sur le fauteuil passager. Elle se maudit intérieurement pour le bazar invraisemblable qu'elle y entassait, pour l'essentiel des papiers, vieux tickets, post-It griffonnés et oubliés, vagues prospectus distribués dans la rue et chiffonnés, tout ce qu'elle n'osait pas jeter par terre ou n'avait pas eu le courage de porter jusqu'à une poubelle. Elle déversa le tout sur le siège, étala le contenu, pour attraper du bout des doigts ce qui l'intéressait.

Une lettre, dont elle relut les premiers mots.

Ma Clo,

Je ne sais pas si tu es aussi entêtée aujourd'hui que tu l'étais quand tu étais petite, mais je voudrais te demander quelque chose.

Se calmer. Procéder avec méthode, pour une fois. Elle posa la lettre sur le tableau de bord et sortit de la valisette le pinceau et la poudre à empreintes. Elle avait vu une fois ou deux des flics le faire, sur l'ordonnance d'un juge des affaires familiales, réduisant de splendides lettres d'amour à de sordides pièces à conviction d'une relation interdite.

Il fallait attendre quelques secondes, Clotilde en profita pour fouiller à nouveau dans ses poches. Du bout des lèvres, elle souffla sur la lettre pour que le papier n'accroche que quelques grains de poudre noire, puis attrapa le coin entre son pouce et son index droit. De la main gauche, elle tenait le carton en noir et blanc confié par Cesareu Garcia.

Elle les approcha pour que ses yeux puissent comparer, à défaut de les superposer.

Cela dura une seconde, une seconde pour une certitude ; ensuite, ses doigts tremblaient trop.

Les mots dansaient, avec frénésie.

Ma vie tout entière est une chambre noire.
Je t'embrasse.
P.

Parmi les différentes empreintes, brouillées, apparaissaient celles d'une main d'ogre.

Celle d'Orsu.

C'était Orsu, cet analphabète, qui avait écrit ce courrier.

Ou, au moins, qui l'avait porté.

51

Mercredi 23 août 1989, dix-septième jour de vacances,
ciel de papier froissé

20 heures…
Tout est rentré dans l'ordre…
L'*Aryon* est rentré au port…
Papa est rentré du phare…
Et tout le monde se retrouve, comme prévu, autour de la grande table familiale dressée sous le chêne dans la cour de la bergerie d'Arcanu, avec Papé Cassanu en chef de famille à un bout et Mamy Lisabetta en chef d'orchestre debout.

Les en-cas défilent, canistrelli salés et sucrés, saliti au figatellu, tranches de panzetta, de prisuttu et coppa, terrines du maquis, le tout porté et rapporté par Lisabetta et sa vieille servante dont je ne connais pas le prénom. Il y a là aussi des cousins lointains que je n'ai jamais vus, de tous les âges, les plus vieux boivent du vin, le fameux Clos Columbu produit par un grand-oncle, et les plus jeunes du Coca. Pas le choix, même si visiblement Papé n'apprécie pas. Y a du vin corse mais pas de soda du coin !

Je compte une quinzaine d'Idrissi autour de la table. Elle est longue et étroite, et se résume à une grande planche posée sur quatre tréteaux, sa dimension était calculée pile pour que les groupes ne puissent pas se mélanger. A un bout les hommes qui parlent politique, environnement, patrimoine, de choses que j'aimerais bien entendre mais que je n'entends pas, juste des mots éparpillés, impôts fonciers, spéculation, préemption. A l'autre bout il y a les ados et les gamins, et au milieu les femmes, presque cachées par les grands bouquets de roses jaunes apportées par papa ; elles discutent entre elles, mais d'autres sujets sûrement, et la plupart parlent en corse. Exprès pour que maman ne comprenne pas ?

Elle bâille, maman, dans sa robe noire à roses rouges, celle que papa lui a achetée à Calvi. Elle s'ennuie, maman. Jamais on ne dirait que dans moins d'une heure, après l'apéritif, elle va quitter avec lui la tribu des Idrissi pour monter partager un tête à tête amoureux à la *Casa di Stella*, pendant que le reste de la familia, sauf les pièces rapportées comme moi et Nicolas, va prendre les voitures direction l'église de Santa Lucia et l'immanquable concert d'A Filetta.

Franchement, on sent que maman ficherait bien le camp tout de suite, et que papa, lui, resterait bien un peu plus longtemps. Vue comme ça, leur nuit de noces ressemble un peu à un compromis. Le genre qui ne satisfait personne.

C'est ça, mon confident, la vie de couple ? C'est ça la vie des grands : les compromis ? Se satisfaire d'une liberté grappillée à moitié ?

Une fois là-haut, de quoi vont-ils parler, mes parents cachottiers ? Du courant liguro-provençal et des dauphins vus de l'*Aryon* ? Du phare de la Revellata et son système d'éclairage à éclats ? Ou bien ils vont parler de rien, de tout, de nous. Ils fabriqueront des drapeaux blancs avec la nappe sur laquelle ils mangeront, les draps entre lesquels ils feront l'amour, une trêve une fois par an, comme la paix dans le monde le soir de Noël ?

Je ne sais pas. Je m'en fiche un peu. Pour tout vous dire, je me suis déjà tirée, je suis sur mon banc, planquée, écouteurs vissés dans les oreilles, Mano Negra à fond, pour pouvoir vous écrire tranquille. L'apéro, à l'heure qu'il est, doit se terminer ; le jour ne va pas tarder à tomber. Même moi, après ma quasi-nuit blanche d'hier, je commence à piquer du nez.

Je relis mes mots.
Peut-être même que je me suis endormie entre deux.
Tout était calme, mes phrases ordonnées, la musique me berçait, et d'un coup, j'ai entendu des cris.
Ça ressemble à une engueulade dans la cour de la bergerie ; je crois percevoir des heurts, des pleurs.
J'hésite à aller voir. Pas longtemps. Je m'en fiche aussi, des règlements de comptes chez les Idrissi. Je remets mes écouteurs, je règle le volume plus fort, beaucoup plus fort.
Peut-être même que je me rendors.

*
* *

Il tourna la feuille.
Il découvrit une autre page manuscrite.
La dernière.
Après celle-là, toutes les autres étaient blanches.

52

Le 23 août 2016, 10 heures

Lorsque Clotilde pénétra dans la gendarmerie de Calvi, route de Porto, l'ambiance semblait plutôt détendue. Pas vraiment le QG d'une équipe d'enquêteurs en ébullition ; visiblement les experts de Calvi se la coulaient plus douce que ceux de Miami. Le capitaine Cadenat lisait *L'Equipe* devant une canette de Corsica Cola. Il leva les yeux et sembla sincèrement ravi de la voir.

— Madame Baron ? fit-il avec la courtoisie empressée d'un commerçant saluant la première cliente du matin.

Hum hum...

La belle avocate n'avait pas l'air d'humeur à plaisanter. Le gendarme plia son journal, posa son Cola, et se sentit obligé de justifier son oisiveté.

— Vous venez pour Orsu Romani ? Il est dans la pièce d'à côté, en bonne compagnie ! La DRPJ d'Ajaccio nous a envoyé deux inspecteurs ce matin. Ils prennent l'affaire en main. Visiblement, Cervone Spinello possédait quelques appuis et son assassinat fait du bruit. Alors nous, la brigade de proximité, on tient la chandelle, ou plutôt le tuyau d'arrosage d'ailleurs, vu qu'ils ont carrément l'air de craindre l'incendie.

Le gendarme crut s'en tirer ainsi, pouvoir à nouveau déplier son journal, mais Clotilde s'était déjà avancée, posant la main sur la poignée de la pièce où Orsu était interrogé. Cadenat paniqua d'un coup.

— Madame Baron, non…

Il pesta, jeta son journal en boule tout en renversant son Corsica Cola.

— C'est interdit d'entrer ! Les deux grands chefs sont en train de le cuisiner.

Clotilde planta ses yeux dans les siens.

— Je suis son avocat !

Ça n'eut pas l'air d'impressionner le gendarme rugbyman.

— Ah ? Depuis quand ?

— A l'instant ! D'ailleurs mon client n'est pas encore au courant.

Cadenat hésita. Clotilde Baron ne bluffait pas, il connaissait sa profession depuis sa déclaration, il y a dix jours. Après tout, que l'irruption de cette avocate dans la salle d'interrogatoire puisse foutre un peu le bordel dans le plan des flics d'Ajaccio ne le dérangeait pas plus que ça.

— Démerdez-vous avec eux, conclut-il. Et si les Unités spéciales de la Corse-du-Sud ne vous virent pas, bon courage… Votre client n'est pas le témoin le plus bavard que l'île ait porté. Il élève même l'omerta à un niveau qui touche au sublime : d'après les premiers éléments de l'enquête, il n'a jamais prononcé plus de trois mots à la suite depuis qu'il est né.

Clotilde pénétra dans la pièce. Orsu lui faisait face. Les deux flics, costume gris et cravate molle, lui tournaient le dos. Ils pivotèrent de façon synchrone, surpris comme des joueurs de poker dans un saloon alors que la porte battante vient de voler, tout juste s'ils ne renversèrent pas la table en bouclier tout en sortant leurs flingues.

Rapides… Pas assez !

Clotilde fut la première à dégainer.

— Maître Idrissi !

Elle leur colla sa carte sous le nez, une carte où elle s'appelait maître Clotilde Baron, mais ils ne la lurent pas ; le titre et le nom avaient fait leur effet.

Le plus vieux des deux, celui qui portait de fines lunettes rectangulaires, se reprit.

— A ma connaissance, monsieur Romani n'a pas fait mention d'un quelconque avocat.

Pour voir ? Renchérir, immédiatement !

Orsu restait cloîtré dans une attitude toujours aussi inexpressive, mais elle profita d'un vague mouvement de sa main pour triompher.

— Eh bien maintenant, c'est le cas ! Deux précisions, deux précisons importantes. La première est que monsieur Orsu Romani, mon client dorénavant, se trouve également être mon demi-frère. La seconde, elle va de soi, mon client est innocent.

Les deux précisions laissèrent un blanc.

Ça faisait beaucoup d'un coup.

Le nom d'Idrissi, d'abord. Les deux inspecteurs disposaient d'un coupable idéal, un demeuré déjà inculpé, les circonstances l'accablaient, personne n'allait prendre la défense d'un marginal quasi muet... Et voilà qu'il sortait de sa manche un avocat, un avocat dont le nom précisait le rang : un avocat de son sang !

Clotilde n'avait pas pour autant gagné la partie, elle connaissait la loi. Pour toute infraction relevant de la criminalité, l'avocat n'avait pas l'obligation d'assister au premier interrogatoire : l'instruction devait simplement le tenir informé du dossier. Il pouvait s'entretenir avec l'inculpé, seulement à l'issue de l'interrogatoire, pour une durée maximale de trente minutes. Face aux deux joueurs de poker, elle n'avait pas d'autre choix que de bluffer.

— Je suppose que vous avez eu le temps pour un premier interrogatoire avec mon client ? J'aimerais pouvoir m'entretenir avec lui, seule.

— Nous n'avions pas terminé, avança le plus jeune des deux, celui qui portait un petit bouc.

Traduction : Ce salaud d'infirme ne nous a pas dit un mot depuis une heure qu'on le cuisine.

— Mon client vous parlera. Mon client vous parlera après que j'aurai eu une conversation avec lui.

A l'exception de ses yeux qui fixaient Clotilde, Orsu ne montrait aucun signe d'adhésion.

Les deux flics se consultèrent du regard.

Le nom d'Idrissi les obligeait à jouer serré, ils avaient conscience d'avancer en terrain miné. Le suspect semblait bien parti pour pouvoir tenir quarante-huit heures de garde à vue, soixante-douze même, sans ouvrir la bouche, ne serait-ce que pour demander d'aller pisser. Qu'est-ce qu'ils avaient à perdre à laisser cette avocate tombée du ciel essayer de les aider ?

— Trente minutes, pas une de plus, fit le flic à lunettes.

Ils sortirent.

Laissèrent Clotilde et son demi-frère en tête à tête.

En tête à tête ? Pas tout à fait. Orsu avait une autre amie, une fourmi qui se promenait sur la table devant lui. Sa seule préoccupation semblait de placer son doigt au bon endroit pour que l'insecte accepte de l'escalader. Clotilde s'attendait à un monologue. Elle n'en avait pas l'habitude. D'ordinaire, dans les affaires de divorce qu'elle traitait, ses clientes étaient plutôt intarissables sur les torts non partagés de leur tendre moitié dont elles voulaient se séparer.

— On va jouer cartes sur table, Orsu. On parlera de notre papa plus tard, si tu veux bien. On va d'abord traiter les urgences.

Seul bougea son index gauche, pour couper toute retraite à la fourmi.

— Primo, je sais que tu n'as pas tué ce salaud, alors je vais te sortir de là, tu peux me faire confiance.

La fourmi tentait des zigzags désespérés pour s'échapper. Un pouce et un majeur refermaient le cercle.

— Secundo, je sais que tu comprends bien plus ce qu'on raconte, tout autour de toi, que tu ne veux le laisser paraître. Que tu en sais bien davantage que tu ne veux le montrer. Genre Bernardo dans *Zorro*. Alors si tu veux que je t'aide, c'est donnant-donnant, mon petit frère.

La fourmi tournait en rond. Pour la première fois, Orsu leva les yeux vers Clotilde, les mêmes que lorsqu'elle avait engueulé les ados têtes à claques dans les sanitaires des Euproctes. Des yeux timides, gênés, qui suppliaient d'en rester là, qui semblaient murmurer « Laissez tomber », « Je ne le mérite pas », « Merci quand même, mais il ne fallait pas vous donner cette peine ». Exprimer tout ça dans un regard, c'était déjà la preuve qu'elle avait gagné sa confiance, même si ça ne suffisait pas pour qu'Orsu parle à une inconnue.

Elle fouilla dans son sac et posa deux feuilles sur la table, passa son doigt sur les dernières lignes de la première.

Ma vie tout entière est une chambre noire.
Je t'embrasse.
P.

Puis sur la seconde.

Tu attendras. Il viendra et il te guidera.
Couvre-toi, il fera sans doute un peu froid.
Il te mènera à ma chambre noire.

Avant de relever les yeux.

— Je veux juste une réponse, Orsu. Juste un nom. Qui a écrit cela ?

Cause toujours, seule la fourmi l'intéressait.

— C'est ma mère ? C'est Palma qui a écrit ces lettres ?

Reposer la question en communiquant par antennes ?

— Tu la connais ? Tu l'as revue ? Tu sais où elle est ?

La fourmi paniquait, prisonnière, acculée. Clotilde hésita à l'écraser de son pouce, rien que pour faire réagir ce mollusque.

— Enfin merde, Orsu, c'est son écriture, ce sont tes empreintes, tu m'as porté ces courriers, tu m'as amenée à minuit jusqu'à la cabane dans le maquis. Mais... mais j'ai vu ma mère mourir dans cet accident de voiture, je l'ai vue s'écraser contre les rochers. Alors je t'en supplie, si tu sais la vérité, explique-moi avant que je devienne folle.

Soudain, après avoir hésité une dernière fois, la fourmi grimpa sur l'index poilu d'Orsu.

— *Campa sempre.*

Clotilde n'avait rien compris.

— *Campa sempre*, répéta son demi-frère.

— Je ne parle pas corse, frérot, qu'est-ce que ça veut dire ? (Elle fit glisser vers lui l'une des feuilles, attrapa un stylo sur le bureau.) Ecris-le-moi !

Lentement, d'une écriture enfantine hésitante, Orsu écrivit, prenant soin de ne pas perturber la fourmi qui courait sur son avant-bras.

Campa sempre

Clotilde sortit en trombe de la pièce et colla la feuille sous le nez des deux flics d'Ajaccio.

— Qu'est-ce que ça veut dire ?

Les deux flics regardèrent, évaluèrent, hochèrent la tête comme si le texte était écrit en sumérien. Clotilde pesta, elle n'avait aucune envie d'écouter leurs excuses, de les entendre raconter qu'ils étaient fonctionnaires, récemment mutés du continent, ne parlaient pas un mot de corse, l'anglais oui, l'italien à la limite, mais cette foutue langue de l'île... Elle passa devant le Biterrois sans même s'arrêter. Lui non plus ne présentait aucun intérêt.

Campa sempre

Merde, c'était tout de même un comble, se retrouver dans

une gendarmerie de Calvi sans personne pour lui traduire deux mots de corse. L'idée lui vint de foncer dans la rue, de se planter au milieu de la chaussée et d'arrêter le premier venu pour lui demander.

Campa sempre

Le bruit dans la pièce d'à côté la fit sursauter.

La porte des toilettes s'ouvrit. La femme de ménage en sortit. Un voile sur la tête, une tunique bleue brodée d'or ; marocaine, comme une habitante sur dix dans la région. Avec son seau et son balai, elle lui fit immanquablement penser à Orsu. Clotilde s'avança et éleva le papier griffonné à hauteur de ses yeux.

— *Campa sempre,* lut la Marocaine avec un accent corse impeccable.

Clotilde reprit espoir.

— S'il vous plaît. Qu'est-ce que cela veut dire ?

La femme la regarda comme si c'était une évidence.

— Elle vit. Elle vit toujours.

53

Mercredi 23 août 1989, dix-septième jour de vacances,
ciel d'ecchymoses

— Clo ?

Je fais glisser mes écouteurs en faisant la gueule. Je préfère la voix de Manu à celle de mon frère.

— Ouais ?

— On y va.

On va où ?

Je soupire. Je me réveille. Je suis encore un peu dans les vapes. Les pierres du mur me rentrent dans le dos et les échardes du banc me grattent les cuisses. C'est le silence dans la bergerie d'Arcanu, on dirait presque que tout le monde est parti.

Parti où ?

Je ferme les yeux, je revois les visages du clan Idrissi autour de la table, les roses jaunes, le vin du Clos Columbu, leur conversation bruyante. J'ouvre les yeux, Nico se tient là devant moi, avec sa tête de responsable syndical. De négociateur au sein du GIGN, le type qui parlemente avec les braqueurs coincés dans la banque pour faire sortir un à un les otages.

Avec moi, ça ne marche pas !

Se la traga mi corazón, hurle Manu Chao. Je monte encore le son. Je n'ai pas envie de sortir de mon rêve bizarre. Je m'assois, je prends mon cahier, je prends mon stylo.

Je suis encore étourdie, je ne sais pas trop combien de temps j'ai dormi, ni trop où je suis. Il fait presque nuit, il faisait encore jour quand je me suis assoupie.

J'émerge doucement...

Alors ce rêve, je vous le raconte avant qu'il ne s'évapore ? Avant que je me rendorme ? Je vais vous étonner !

Vous savez quoi ?

Vous y étiez, mon visiteur du futur. Vous étiez dans mon rêve !

Oui, vrai de vrai, enfin pas vous, pas vous exactement, mais ce rêve bizarre se déroulait à votre époque, dans très longtemps ! Pas dans dix ans, pas dans trente ans, dans plus longtemps encore, je dirais dans au moins cinquante ans.

Nicolas se tient toujours devant moi. L'air emmerdé.

— Clo, tout le monde t'attend. Papa va pas...

Papa ?

J'ai raté un épisode ? Papa a changé ses plans ?

Mon regard glisse un instant sur la lune dans le ciel, le reflet de sa jumelle dans la mer, et je me mets à écrire plus vite encore ; il ne faudra pas m'en vouloir, mon lecteur adoré, si je n'ai pas le temps de terminer une de mes phrases, si un de mes mots reste en suspens, si je vous laisse à quai. C'est que papa m'aura attrapé, m'aura arraché le bras et que j'aurai été obligée de le suivre en laissant là mon carnet et mon stylo. Alors je vous fais un bisou tout de suite et vous dis à bientôt si on n'a pas le temps tout à l'heure pour les embrassades.

Et je continue.

Devant moi, Nicolas fait une drôle de tête, à croire que pendant mon rêve, une sorte d'apocalypse est tombée sur l'île, qu'une météorite s'est écrasée en plein au milieu de la bergerie, qu'un tsunami a déraciné le grand chêne.

Vite… Ne pas me disperser ou mon rêve va filer…

Mon rêve se passe juste à côté, mais dans très longtemps, plage de l'Oscelluccia, j'ai reconnu les rochers, le sable, la forme de la baie. Ils sont toujours pareils. Pas moi, moi, je suis devenue vieille. Une mamie ! Pas le reste non plus. Dans les rochers rouges ont poussé des bâtiments bizarres, construits avec des matières étranges, presque transparentes, comme dans les films de science-fiction, un peu comme ceux que dessine maman. Il n'y a que la piscine qui ressemble à ce qu'on connaît aujourd'hui, une grande piscine et moi je trempe mes vieux pieds ridés dedans.

J'accélère, OK, j'accélère, j'entends des pas, ceux de papa.

Dans mon rêve du futur, Natale est là aussi. Dans la piscine, il y a des enfants, peut-être que ce sont les miens, mes enfants, ou mes petits-enfants, je n'en suis pas sûre. Tout ce que je sais, c'est que je suis heureuse, qu'il ne manque personne autour de moi, que tout le monde est là, comme si en cinquante ans rien n'avait changé, comme si personne n'était mort, comme si au bout du compte, le temps qui passe, peut-être qu'il est innocent, peut-être qu'on se trompe en l'accusant, en le traitant d'assassin…

*
* *

Son regard glissa sur le vide.
Le journal se terminait par ce mot.
Assassin
Il le relut une dernière fois puis il referma le cahier.

54

Le 23 août 2016, 10 h 30

Clotilde était déjà venue, mais de nuit.

De nuit, guidée par Orsu.

De jour, elle n'avait aucune idée de comment retrouver la cabane de berger. Ses repères étaient flous, passer une rivière, grimper en pente raide ensuite, traverser une interminable garrigue.

Elle tournait dans le maquis depuis d'interminables minutes, après avoir garé la voiture au pied du sentier menant à la *Casa di Stella*, à l'endroit même où elle avait attendu Orsu à minuit ; portières ouvertes, les clés sur le contact, elle s'en foutait. Elle avait laissé les flics en plan à la gendarmerie de Calvi.

Campa sempre

Elle n'avait rien pu tirer de plus d'Orsu, mais peu importait, elle avait appris l'essentiel. Sa mère était vivante !

Même si elle l'avait vue mourir sous ses yeux, même si Orsu n'avait rien expliqué. Son demi-frère avait seulement confirmé sa certitude depuis qu'elle avait remis les pieds en Corse ; ce secret qu'elle portait au fond d'elle, depuis toujours.

Elle est vivante.

Elle l'attendait.

Dans cette cabane de berger.

Elle grimpa sur un petit monticule d'où on distinguait la cour de la bergerie d'Arcanu, une centaine de mètres plus bas, s'arrêta.

Tiens-toi quelques minutes sous le chêne vert, avant qu'il fasse nuit, pour que je puisse te voir.

Je te reconnaîtrai, j'espère.

Bien entendu, sa mère s'était cachée quelque part dans la montagne pour l'observer, s'y cachait encore ; de n'importe quel point sur les hauteurs de la montagne, dans le maquis, les genêts et les bruyères qui lui arrivaient à la hauteur de la taille, on pouvait voir sans être vu, on pouvait entendre sans être entendu, espionner sans être soupçonné. Bêtement, elle avait imaginé qu'une fois sur place, en plein jour, elle se souviendrait, qu'elle reconnaîtrait les ombres de la nuit, qu'elle retrouverait des repères, la forme d'une pierre, la courbe d'un tronc, la griffure d'un églantier. Impossible. Impossible de se repérer dans ce labyrinthe de châtaigniers et de chênes encerclés de genêts, d'arbousiers, de bruyères. Ce maquis à perte de vue dont le parfum lui faisait tourner la tête.

Elle allait renoncer, redescendre, retourner à Calvi, à peine cinq minutes pied au plancher, pour convaincre les flics d'Ajaccio de lui accorder un second entretien, leur faire accepter de laisser Orsu sortir de la gendarmerie, avec elle ; qu'il la guide comme l'autre nuit. Même si c'était la plus ridicule des illusions. Son demi-frère était incarcéré pour meurtre. Avant d'obtenir une commission rogatoire du juge d'instruction et qu'il accepte d'organiser une reconstitution, il faudrait des semaines.

Elle allait abandonner lorsqu'elle la vit.

Une tache, une tache pourpre perdue entre les baies d'arbousier.

Une goutte de sang.

Puis une autre, un mètre plus loin, tombée dans la terre sèche cette fois. Une troisième, collée au tronc d'un cèdre.

Comme si un Petit Poucet, à court de miettes de pain ou de cailloux blancs, s'était tailladé les veines.

Pour lui indiquer le chemin ?

Instinctivement, elle suivit le sentier sanglant. Une nouvelle fois, elle se sentait stupide. Il pouvait s'agir de n'importe quel animal blessé, un renard, un sanglier, un cerf. Elle passa son doigt sur les traces écarlates. Le sang était encore frais.

Qu'allait-elle encore imaginer ? Qu'un inconnu, quelques minutes avant elle, avait voulu rejoindre la cabane de berger ? Un inconnu qui perdait son sang et qui, pourtant, voulait la devancer ? Ça n'avait aucun sens. Elle réfléchissait tout en suivant la piste dans le maquis ; les feuilles de bruyère semblaient avoir été écartées, quelques branches étaient brisées.

A moins que ce ne soit l'inverse ? pensa-t-elle d'un coup. A moins que l'inconnu blessé ne soit pas monté à la cabane, mais en soit redescendu ! Peu importait, plus elle suivait les traces et plus elle se persuadait qu'elles la mèneraient dans cette clairière où elle s'était retrouvée il y a trois jours, où Orsu l'avait laissée, où Franck l'avait rejointe ; son mari connaissait le chemin lui aussi, sans qu'elle comprenne ni pourquoi ni comment, mais il restait injoignable depuis ce matin, malgré ses appels incessants.

Des sonneries interminables.

Un répondeur.

Je t'en prie, Franck, rappelle-moi.

Rappelle-moi.

Rappelle-moi.

Plus tard, se poser ces questions plus tard.

Campa sempre

C'est tout ce qui comptait. Elle devait avancer. Elle se souvenait de quelques détails désormais, de repères, un sentier en pente plus douce, un maquis qui s'éclaircissait, un grand chêne-liège. Elle marcha encore quelques mètres, les traces de sang qui la guidaient étaient de plus en plus rapprochées ; soudain le maquis s'ouvrit et la cabane de berger apparut.

Le cœur de Clotilde faillit exploser.

Mon Dieu !

Son estomac se souleva, elle déglutit, résista à l'envie de se retourner, de s'enfuir en courant. Le Petit Poucet se tenait là, allongé : il ne s'était pas coupé les veines pour la guider.

On l'avait poignardé ! Une immense tache brune inondait son flanc droit.

Il était mort, sans doute depuis de longues minutes, gisant parmi les pétales flétris du tapis de cistes mauves et blancs. Si Clotilde n'avait pas suivi sa piste sanglante, elle aurait pu croire qu'il dormait.

Elle s'approcha. Hésita à se pencher. Hésita à parler.

— Pacha ?

Un harpon était planté dans le cou du labrador. Ce chien qui portait le nom d'un autre, celui qui avait bercé sa jeunesse. Comme si on avait voulu l'en priver une seconde fois.

La porte de la cabane était ouverte.

Des guêpes bourdonnaient autour du cadavre, cherchant déjà à s'inviter au pique-nique des charognards. Clotilde s'avança vers le bâtiment de pierre. De nuit, elle n'avait pas eu le temps de remarquer l'épais verrou qui barrait la porte de bois, une serrure métallique de cachot d'un château médiéval, aussi infranchissable que les barreaux scellés à l'unique fenêtre, doublement close par un imposant volet de chêne massif.

La prison de pierre était habitée. Quelqu'un s'y tenait. Quelqu'un y pleurait.

Sa mère se terrait-elle là ? Emmurée ? Vivante ?

Clotilde entra. Tremblante.

Toute cette scène, tout ce qu'elle vivait depuis cinq jours défiait l'imagination. Elle découvrit un lit. Une table de bois. Quelques fleurs séchées. Un poste de radio. Des livres, des dizaines de livres entassés sur les étagères de bois, posés par terre, diminuant la taille de la pièce, pourtant exiguë, presque de moitié.

Et dans un coin, lui tournant le dos, une vieille femme courbée sur un tabouret.

De longs cheveux gris cascadaient jusqu'à ses reins, comme une sage grand-mère qui en ôtant un ruban dans ses cheveux révèle combien jadis elle fut belle ; le dévoile à son miroir, à ses petits-enfants, à un ancien amant.

Rien de tel dans cette pièce unique.

La vieille femme, presque agenouillée, se confiait à un coin de pierre, à l'angle froid et sombre de deux murs aveugles. Comme une enfant punie, ce fut l'image qui vint à Clotilde. Une enfant punie qu'on a oubliée, une vie entière, que personne ne viendra jamais chercher, mais qui restera là, vieillira là, parce qu'elle est obéissante et qu'on lui a ordonné de ne pas bouger.

— Maman ?

Lentement, la vieille femme pivota.

Des marques de sang maculaient ses mains, ses bras, son cou.

— Maman ?

Le cœur de Clotilde battait à en faire exploser sa poitrine. Etait-ce seulement possible ? Une autre image s'imposait devant ses yeux, celle qui l'obsédait depuis toutes ces années, celle du corps de sa mère, vingt-sept ans plus tôt, lui aussi ensanglanté. Avant qu'un rocher ne l'écrase. Et pourtant sa mère se tenait devant elle, vivante, malgré les apparences et malgré les évidences.

Cela ne pouvait pas être autrement.

Enfin la vieille femme se retourna.

Clotilde savait, le ressentait, c'était elle.

Maman ?

Mais cette fois, les mots restèrent bloqués dans sa gorge.

La vieille femme qui la regardait, les yeux implorants, implorant son pardon, avait plus de quatre-vingts ans mais restait belle, digne, fière. Toutes ces années, ô combien elle semblait avoir souffert.

Mais cette vieille femme n'était pas sa mère.

III

Sempre giovanu

55

Le 23 août 2016

On aurait dit des frères jumeaux qui n'ont pas vieilli à la même vitesse. Le premier avait un col roulé autour du cou et le second un tatouage de serpent jusqu'à l'omoplate, le premier avait de grosses lunettes de myope sur le nez et le second un piercing d'argent qui lui transperçait la narine. Le premier avait enfilé un costume élimé de velours côtelé vert bouteille et le second un jogging rouge et blanc, aux couleurs d'Ajaccio, un peu trop moulant.

Frères Castani, occasions et pièces détachées, précisait l'annonce.

Le col roulé était venu avec le camion, le tatoué avec la caisse rouge.

Le col roulé comptait les billets, le tatoué soulevait le capot cabossé.

— Pour 1 500 euros, fit-il en essuyant ses mains sur son jogging immaculé, faut pas vous attendre à traverser le continent avec.

Le client n'était pas bavard, mais il payait cash. Il avait juste exigé un rendez-vous discret, sur le parking du réservoir d'eau, en lisière de la forêt de Bocca Serria. Après tout, ce n'était pas pour déplaire aux frangins Castani : pas de contrôle technique, pas de carte grise, pas d'immatriculation, juste quelques billets échangés contre une antiquité à peine encore en état de rouler.

Le col roulé glissa les billets dans sa poche.

— Vous ferez gaffe, quand même... La voiture a dormi dans la casse depuis des années, je voudrais pas que vous vous plantiez.

Le tatoué referma le capot.

— J'ai vérifié ce que j'ai pu, la direction, le parallélisme, les freins, ça devrait tenir un petit moment. Mais évitez de vous faire arrêter !

Il tendit les clés.

— A vous de jouer.

Le tatoué cligna un œil au col roulé et les deux frangins remontèrent dans le camion sans poser davantage de questions. D'habitude, lorsqu'ils vendaient de vieilles pièces de collection, c'était pour des bricoleurs, des mécanos amateurs, des accros au tuning. Mais visiblement, le client, la mécanique, ça n'était pas son truc. Le tatoué accéléra alors que le col roulé regardait le type disparaître dans le rétroviseur. Après tout, les frangins Castani se foutaient de ce qu'il ferait de cette antiquité.

~

Il attendit que le camion des frères Castani disparaisse derrière le Cap Cavallo et observa un moment la voiture, presque incrédule. En quelques heures sur Internet, sur n'importe quel site d'annonces, en Corse comme ailleurs, on pouvait dénicher ce que même le génie d'une lampe merveilleuse n'aurait pas pu vous rapporter. Il s'avança jusqu'au 4 × 4 garé derrière les pins laricio, dans la forêt. Il n'avait pas choisi par hasard le lieu de rendez-vous avec les ferrailleurs : le coin était isolé, avec la possibilité de se garer en retrait. Il ouvrit la portière du 4 × 4 et attrapa le cahier sur le fauteuil passager, puis le posa sur le siège avant de la voiture qu'il venait d'acheter.

Histoire de s'entraîner.

Le plus difficile était à venir.

Il ouvrit le coffre du véhicule tout-terrain garé sous les pins, écarta quelques branches sans se soucier de la piqûre des épines, et se pencha.

— On change de carrosse ?

Elle écarquilla les yeux, étira ses bras et ses jambes, anky-losée d'avoir attendu des heures. Elle huma l'odeur de pin.

« On change de carrosse ? » avait-il dit.

Pour quelle raison ?

Elle était courbaturée, presque paralysée d'être restée re-croquevillée dans le coffre du véhicule tout-terrain. Il l'aida à sortir, à marcher quelques pas. Elle ne comprenait pas ce changement de voiture, avançait en aveugle. Ses yeux cli-gnaient face à la lumière, peinant à affronter le plein soleil.

Petit à petit, ils s'habituaient.

Alors, elle vit la voiture ; pile devant elle.

Une Fuego rouge. Modèle GTS.

Il sentit les jambes de la femme qu'il épaulait chanceler. Il la retint, il avait anticipé sa surprise.

— Cela vous rappelle des souvenirs, madame Idrissi ?

56

Le 23 août 2016, 11 heures

Cette vieille femme n'était pas sa mère.

Elle fixait Clotilde, le visage couvert d'un sang qui coulait encore ; à moins que ce ne soient des larmes, teintées de rouge à zébrer les hématomes tuméfiés. Elle les essuyait à l'aide de ses longs cheveux gris, telle une Marie Madeleine pécheresse.

Non, pensa Clotilde tout en puisant dans ses souvenirs, la femme en pleurs devant elle ne pouvait pas être sa mère.

La femme devant elle était plus vieille. Une génération plus vieille.

La femme devant elle était Lisabetta, sa grand-mère.

Un mystère, un leurre, un malheur de plus.

Clotilde n'eut pas le temps de s'interroger davantage, la cabane de berger fut soudain plongée dans l'ombre, comme si l'on avait tiré un rideau noir devant la porte. Clotilde se retourna ; elle ne se trompait pas, ou peu, ce n'était pas un rideau mais une robe noire qui obscurcissait la pièce. La robe de sorcière de Speranza, dont l'ombre transformait la pièce en caverne, pour que rats, araignées et scarabées sortent de chaque fissure entre les pierres pour saluer son arrivée.

Speranza s'adressa à Lisabetta, ne prêtant aucune attention à la présence de Clotilde.

— Ils ont emmené Orsu. Il n'y a plus personne.

Qui ça, ils ? hurla une voix dans la tête de Clotilde.

— Elle a tué Pacha, continua Speranza.

Qui ça, elle ?

Les mots cognaient dans son crâne. Peut-être que les sorcières communiquent par télépathie, peut-être que si elle pensait très fort à sa question les sorcières lui répondraient.

— La porte était ouverte quand je suis arrivée, fit Lisabetta.

— Qui ? demanda doucement Clotilde. De qui parlez-vous ?

Aucune réponse.

Peut-être que les sorcières sont sourdes. Peut-être que les fantômes n'ont pas de sonotone.

Clotilde hurla, cette fois.

— Où est ma mère ? Elle est vivante, m'a dit Orsu ! *Campa sempre.* Où est ma mère ?

Lentement, Lisabetta se leva. Clotilde crut qu'elle allait lui répondre, mais ce fut la voix de Speranza qui résonna dans la cabane de berger.

— Pas ici, Lisa. Pas ici. Si tu veux lui parler, parle-lui en bas.

Lisabetta hésitait. La sorcière insista.

— Cassanu va rentrer. L'ambulance le déposera avant midi à Arcanu. Rien n'est prêt, Lisa. Rien n'est prêt.

∼

Rien n'est prêt.

Clotilde n'avait pas compris, sur le coup.

Elles étaient redescendues toutes les trois en silence vers la bergerie d'Arcanu, sans échanger un mot. Les vieilles femmes marchaient vite, presque plus vite que Clotilde. Elles semblaient connaître chaque branche où accrocher leurs mains ridées, chaque roche sur laquelle appuyer leur pied. Leurs jambes étaient habituées et leurs corps maigres n'avaient jamais été si légers à porter.

Rien n'est prêt.

C'était presque une panique. Tour à tour, elles consultaient la montre à leur poignet. Dès qu'elles furent arrivées, les deux femmes semblèrent oublier Clotilde. L'avocate se contenta de les suivre, se sentant inutile, telle une invitée arrivée trop tôt et qu'on laisse en plan pour achever les préparatifs. Directement, les deux femmes filèrent dans la cuisine.

Lisabetta ouvrit le réfrigérateur.

— Figatellu aux lentilles.

C'étaient les premiers mots qu'elle prononçait depuis près de trente minutes. Speranza ne répondit pas, elle se contenta de se pencher vers les cageots de légumes et d'attraper les tomates et les oignons. Sa grand-mère avait déjà enfilé un tablier, sorti une planche à découper, déposé la panzetta et les figatelli.

Enfin, comme rassurée, elle se tourna vers sa petite-fille.

— Assieds-toi, Clotilde. Cassanu a passé plus de vingt-quatre heures à l'hôpital de Calvi. Forcément, il n'aura rien mangé, tu penses, leur jambon sous vide, leurs yaourts et leur purée... (Elle consulta la pendule.) Pas une fois en soixante-dix ans, Clotilde, pas une fois, lorsque Cassanu s'est assis à table, le repas n'était pas prêt.

Elle sourit tout en se lavant les mains.

— Tu as du mal à comprendre ça, ma chérie ? Ça ne fonctionne pas comme ça à Paris. Mais ici c'est ainsi, et ce n'est même pas la faute des hommes, c'est nous qui les élevons ainsi, depuis qu'ils sont petits.

— Où est ma mère, Mamy ? Où est Palma ?

Lisabetta regarda encore l'horloge, puis saisit un immense couteau.

— Assieds-toi, je te dis, ma chérie. Je vais tout te raconter. Avant que ton grand-père arrive. Les femmes corses savent faire cela, je te rassure, s'occuper d'une maison et parler.

Lisa peut-être. Pas Speranza. La femme de maison découpait avec détermination la panzetta en lardons, les yeux baissés.

— C'est une longue histoire, Clotilde. C'est ton histoire aussi, même si elle a commencé bien avant que tu naisses.

Elle quitta son couteau des yeux pour les lever vers la sorcière qui triait d'un geste précis gras et viande, avant de continuer.

— Il y a cinquante ans, Speranza travaillait déjà à Arcanu, même si travailler n'est pas le bon mot. Elle habitait déjà ici, vivait ici et, comme aujourd'hui, s'occupait de tout avec moi, le ménage, le repas, le jardin, les bêtes. La fille de Speranza, la petite Salomé, est née à Arcanu, en 1948. Trois ans après ton papa. Salomé et Paul ont grandi ensemble, inséparables. (Elle fixa à nouveau Speranza, qui semblait uniquement concentrée sur la taille des dés de viande fumée qu'elle découpait.) Tout le monde savait ici qu'on finirait par les marier. C'était ainsi, c'était écrit... Plus les années passaient et plus Salomé devenait belle. Grande, brune, avec des cheveux qui lui arrivaient jusqu'à la taille. Des yeux de biche de la forêt d'Aïtone, une grâce de chevrette et un rire à faire se fissurer la citadelle de Calvi. Un conte de fées, ma chérie, Paul le prince, l'héritier de quatre-vingts hectares de maquis, et Salomé la jolie Cendrillon sans un sou, mais on se fiche de ça chez nous, seul compte le clan, peu importe le rang. Dès quinze ans, on les a fiancés. Oui, ma chérie, un conte de fées, il était une fois à la Revellata, Paul et Salomé se marieraient et ils auraient beaucoup d'enfants.

Elle s'arrêta. Son poignet ferme coupa en quatre parts strictement égales le figatellu.

Un nouveau regard à la pendule.

11 h 27

— Tout a basculé l'été 68, continua doucement Lisabetta, semblant avoir calculé la durée de son récit avec la même précision que celle de sa cuisson. Sans qu'on se méfie de quoi que ce soit. A vrai dire, quand ton père a commencé à flirter avec cette jeune touriste franco-hongroise qui campait dans ce champ qui allait devenir le camping des Euproctes, ça ne nous a pas vraiment inquiétés. Les Corses ici chassent l'hirondelle de Corse l'hiver et celle du continent l'été. Comme les autres filles, fin août, Palma serait repartie. Paul allait pleurer un peu devant le ferry, mais une semaine après, c'en serait terminé. C'est ce que je croyais, c'est ce qu'on croyait tous. Pourtant, ils se sont écrit. Si tu savais, ma chérie, comme j'ai eu envie de jeter au feu ces lettres tamponnées de Paris que le facteur montait à Arcanu. Si je l'avais fait, ma belle, bien entendu, tu ne serais pas là à m'écouter, c'est étrange de te dire ça, mais tant de drames et tant de morts auraient été évités. Si tu savais, ma pauvre chérie, combien de fois je me suis maudite de ne pas les avoir brûlées. (Elle délaissa un instant les lentilles qu'elle triait pour prendre doucement la main de sa petite-fille.) Paul a rejoint Palma une première fois à Paris, à Noël, en 69, puis une autre fois à Pâques, puis à l'Ascension, puis il est resté là-haut et on ne l'a pas revu de l'été, il l'a passé dans les Cyclades, il nous envoyait des cartes de Naxos, de Sifnos, de Santorin, comme pour rendre notre île jalouse, il s'imaginait peut-être qu'on ne l'était pas déjà assez. C'était fini, on l'avait tous compris. Tous sauf Salomé. La pauvre malheureuse, on était tous conscients que jamais elle ne parviendrait à oublier Paul. Et que même si elle essayait, son amoureux d'enfance revenait chaque été, avec sa femme d'abord, avec sa femme et son garçon ensuite, dès l'été 71, avec sa femme, ton frère et toi, dès l'été 74 ; puis tous les autres étés qui ont suivi. On vous accueillait à Arcanu, on faisait bonne figure, j'apprenais même à ta mère à cuisiner les figatelli, les fiadone et le civet de sanglier. Speranza allait cueillir avec elle les herbes, l'origan, la menthe, l'angélique. On l'accueillait avec hospitalité parce qu'elle était de la famille, même si elle nous avait volé notre fils, même si on lui en voulait, même si au fond, rien que pour ça, on ne l'a jamais aimée.

Elle s'inquiéta de l'heure, 11 h 32, lâcha la main de Clotilde et versa les lentilles dans une marmite remplie d'eau bouillante. Speranza épluchait les oignons sans laisser paraître la moindre émotion.

— Chaque été, continua Lisabetta en évitant de regarder Speranza, Salomé s'éloignait pour pleurer. C'était une fille fière, alors elle préférait se cacher pour ne pas voir Paul embrasser sa femme sur la plage de l'Alga. Pour ne pas le voir jouer avec ses enfants. Pour ne pas se crever les yeux face à ce bonheur qui aurait dû être le sien. C'est pour cela, ma chérie, que tu ne l'as presque jamais vue. (Elle versa les lardons et les oignons dans une poêle, ajouta de l'huile d'olive.) Mais le temps était l'allié de Salomé, du moins c'est à cet espoir qu'elle s'accrochait. Entre les Pénélope et les salopes, ce sont toujours les premières qui finissent par triompher.

Le mot « salope » dans la bouche de la vieille Lisabetta fit sursauter Clotilde. Quelle haine fallait-il qu'éprouve sa grand-mère pour employer un terme aussi grossier ? Speranza ponctuait les mots par le bruit des assiettes qu'elle empilait.

— Après une dizaine d'années, poursuivit Lisabetta, tous les atouts de Palma se sont envolés. Tout ce qui avait séduit ton père. L'inconnu, la différence, l'exotisme, appelle ça comme tu veux. Pschitt… C'est toujours ainsi ici. Les Corses deviennent marins, professeurs, commerçants, pour partir, parce qu'ils sont jeunes, qu'ils ont l'impression d'étouffer sur leur île. Ils cherchent à mieux respirer ailleurs, d'autres odeurs, mais au bout du compte, seuls restent les parfums de l'enfance. Vois-tu, ma chérie ? Sa princesse austro-hongroise, à la place d'un palais, l'avait condamné à habiter un pavillon dans une banlieue de Normandie. Avec un jardin de quatre cents mètres carrés, quand ici quatre-vingts hectares de maquis l'attendaient. La vue sur les champs de maïs au lieu de celle sur la Méditerranée, et je ne te parle pas du soleil, des amis d'enfance, ou de son métier de vendeur de gazon. Alors oui, la Corse lui manquait, mais il était coincé, et forcément, inconsciemment, c'est à Palma qu'il le reprochait.

Elle contrôla la cuisson sur le feu, ajouta les tomates coupées, puis doucement, reprit la main de Clotilde.

— Je ne sais rien de plus ma chérie. Est-ce ton père qui a fait signe à Salomé ? Est-ce elle qui s'est rapprochée ? Je suis incapable de te dire quel été ils se sont reparlé, quel été ils se sont à nouveau embrassés, quel été ils se sont à nouveau aimés, si c'était le même jour ou si cela a pris des années (elle leva brièvement les yeux vers Speranza). Je suis même incapable de te dire si ton père était sincère, s'il aimait encore ou non ta mère, s'il aimait à nouveau Salomé, je ne sais rien de cela, personne n'en savait rien, ni moi ni Speranza, lorsqu'à Noël 1988 Salomé s'est jetée du phare de la Revellata. Le docteur Pinheiro nous a pris à part et nous a dit que Salomé s'en sortirait, qu'elle n'avait rien, que les genêts avaient amorti sa chute... mais qu'il fallait pourtant qu'elle passe des examens complémentaires, pas pour elle a-t-il précisé, pas pour elle mais pour le bébé. C'est pour le bébé qu'il s'inquiétait.

Speranza s'essuya le coin des yeux avec son tablier, éloignant les épluchures d'oignon et de tomates.

— Salomé était enceinte. Il était trop tard pour avorter, le bébé s'était accroché. Il est né, le 5 mai 1989. Il est venu au monde sans un cri, un bras, une jambe et la moitié du visage sans vie. Alors Salomé a adopté une autre stratégie, celle de la fille-mère qui n'a plus rien à perdre, encore moins son honneur, mais qui ose tout pour sauver celui de son fils. Cet été-là, pour la première fois, Salomé ne s'est pas cachée. Elle s'est montrée à la plage, a posé sa serviette à un mètre de celle de ta mère, a dégrafé son haut au prétexte de donner le sein à son fils ; elle a arpenté le marché du port de Stareso, en robe légère, allant jusqu'à faire rouler sa poussette sur les escarpins de Palma. Bien entendu, ta mère savait qui était

Salomé. Bien entendu, elle savait qui était le père du bébé. Oui, cet été 89, sans que tu la remarques vraiment du haut de tes quinze ans, Salomé a poussé ta mère à bout, et cela a fonctionné, sans doute au-delà de ses espérances.

11 h 36

Lisabetta ajouta les figatelli dans la poêle frémissante, saupoudra de thym, fit tomber une demi-feuille de laurier.

— Ta mère a pris un amant...

Clotilde allait protester, non, Mamy, cela ne s'est pas déroulé ainsi, il ne s'est rien passé entre Natale Angeli et ma maman, mais sa grand-mère cogna le faitout contre le gaz, provoquant un son de gong qu'elle imagina destiné à la faire taire.

— Salomé avait placé ton père devant ses responsabilités. Elle serrait le petit Orsu entre ses seins, dans une écharpe enroulée autour de sa taille. Désormais, c'était gosse contre gosses, femme contre femme, Corse contre continent. Ta mère portait le nom d'Idrissi, sept lettres au bas d'un registre de mairie, mais tout le reste, tout ce que le nom d'Idrissi représentait, c'est Salomé qui le possédait.

Une pensée fila dans le cerveau de Clotilde. Que papa, cet été 89, ait pu imaginer les abandonner, les laisser repartir sur le continent avec maman et rester là, à Arcanu, à élever un autre enfant, à fonder une autre famille.

Lisabetta déboucha une bouteille de vin, Clos Columbu, 2007.

— Tout a basculé en 1968, le 23 août, le jour où Palma a planté sa tente sur la Revellata. Tout devait forcément se rejouer ce jour-là.

Elle goûta le vin, grimaça, avant de continuer.

— Ta mère possédait encore l'avantage, je te rassure. Ton père était un homme de devoir. Jamais il ne vous aurait abandonnés. Jamais il n'aurait laissé votre mère prendre le ferry avec vous. Seule. Sans lui... Palma allait gagner, comme chaque année. Ce 23 août, il avait décoré la table de roses jaunes, alors que les autres années elles étaient rouge passion. Le jaune, dans le langage des roses, signifie la demande de pardon, pour une faute, une infidélité. Le jour de la Sainte-Rose, avec ton père, elle irait déguster le menu gastronomique à la *Casa di Stella*, ils y passeraient la soirée, la nuit, ils se réconcilieraient, pour un an, jusqu'au prochain été. Salomé n'avait pas le choix, elle devait tout miser, ce soir-là. Je suppose que tu te souviens de ce dernier soir, ma chérie, nous étions une quinzaine à table, des amis, des cousins, à prendre l'apéritif avant d'aller au concert de polyphonies à l'église Santa Lucia de Prezzuna. Mais tu ne peux pas connaître la suite, tu étais sortie de table, tu t'étais endormie sur un banc, ta musique dans les oreilles.

Clotilde se souvenait de ces derniers instants. Son cahier ouvert, le rythme fou de la Mano Negra, les cris dans la cour auxquels elle n'avait pas prêté attention.

— Lorsque Salomé est arrivée dans la cour d'Arcanu, portant dans ses bras le bébé, nous avons tous eu le souffle coupé.

Il y eut un silence. Lisabetta semblait hésiter à continuer. Lentement, Speranza se leva et marcha vers la pièce voisine. Lorsqu'elle revint, elle se contenta d'écarter les déchets de viande d'un revers de manche et posa un cadre sur la table. Sans un mot. C'était un portrait. Une femme, très belle. La peau légèrement hâlée. Les yeux noirs, effilés, glissant vers un nez fin, droit, un peu trop saillant, comme une fière ligne de crête tombant brusquement en cascade sur sa bouche entrouverte.

Salomé, forcément. Clotilde fut troublée par cette inconnue dont le visage, la silhouette lui semblaient étonnamment familiers. Lisabetta leva son couteau, qu'elle pointa vers la photo.

— Oui, ta mère et Salomé se ressemblaient. C'est sans doute pour cela que ton père l'a remarquée, lors de cet été

68. Mêmes yeux, même taille, même sourire, même grâce, mais avec ce supplément de mystère.

Clotilde fixait le portrait. Des images remontaient à la surface, des images qu'elle avait presque effacées, celles de la seule fois où elle avait vu Salomé, la veille de l'accident, avec son père, au phare de la Revellata. De dos, jamais de face.

11 h 42

Lisabetta, d'un geste ferme de la main, mélangeait les lardons de panzetta, les figatelli coupés, les oignons, le thym, les tomates, tenant la spatule de bois d'une main, ajoutant l'huile de l'autre. Elle sembla un moment se concentrer sur la cuisson puis, enfin, baissa le gaz sous la poêle et se retourna vers Clotilde.

— Oui, ma chérie. Nous avons tous eu le souffle coupé. Ta mère a dû interpréter notre silence comme un soutien à Salomé, mais je crois qu'avant tout, c'était de la surprise. Salomé avait décidé de jouer le tout pour le tout, pour faire comprendre à ta mère qu'elle n'était pas à sa place ici, à Arcanu, qu'elle ne l'avait jamais été. Qu'aussi belle soit-elle, Palma pouvait être répudiée, remplacée par une autre. Jusqu'à présent Salomé, pour reconquérir ton père, avait lutté robe contre robe, bikini contre bikini, peau contre peau, pour prouver qu'elle pouvait être aussi jolie. Mais ce soir-là, elle avait poussé plus loin encore la provocation. Lorsqu'elle s'est avancée dans la cour de la bergerie d'Arcanu, Salomé portait la même coiffure que celle de ta mère, un chignon tenu à l'arrière par un ruban noir, le même maquillage, le même trait sombre sur les lèvres, le même bracelet, le même collier rubis, le même parfum, Imiza, aux senteurs d'immortelles. Ta mère avait dû rester plus d'une heure devant le miroir pour être la plus belle ce soir-là à la *Casa di Stella*, pour plaire à ton père... et Salomé avait produit exactement les mêmes efforts. Mèche pour mèche. Trait pour trait. Salomé avait même osé pousser encore plus loin l'insolence. Tu t'en souviens forcément, Clotilde, ce soir-là, ta mère portait une robe Benoa, noire à roses rouges, celle que ton père avait achetée à Calvi. Salomé portait la même ! Elle avait dépensé près de 300 francs, je l'ai appris ensuite, pour posséder une tenue identique à celle de sa rivale, pour montrer à Paul que dans cette robe courte et décolletée elle pouvait être tout autant séduisante. Excitante même. Salomé, dès son arrivée, a confié le bébé à sa grand-mère, sans dire un mot à Speranza. Les conversations se sont stoppées d'un coup, et pourtant il en faut pour faire taire quinze Corses qui ont déjà vidé cinq bouteilles de Clos Columbu. Seul Cassanu a osé s'exprimer. « Assieds-toi, Salomé. Assieds-toi. » Il s'est levé et a tiré une chaise, juste entre lui et moi.

Clotilde observa par la fenêtre de la cuisine la cour vide de la bergerie, la pergola, le grand chêne vert. Elle ne parvenait pas à croire que tout s'était joué ici, ce 23 août 1989, en quelques minutes, alors qu'elle dormait, parce qu'elle avait espionné son frère toute la nuit la veille, parce qu'elle aimait s'isoler, parce qu'elle détestait ces réunions de famille interminables. Derrière elle, Speranza se leva pour jeter les détritus à la poubelle puis retourna s'asseoir, tablier au cou et couteau à la main, écoutant silencieusement la suite du récit de Lisabetta.

— C'était une telle provocation, ma chérie. Une telle humiliation pour Palma. Nous n'avions rien prémédité, nous n'avons rien fait pour l'empêcher. J'y ai même participé, pour tout t'avouer, j'ai servi un verre de vin à Salomé. Comment ta mère pouvait-elle réagir face à cette fille qui venait prendre sa place, comme si elle n'existait pas, comme si elle n'avait jamais existé ? Cette fille qui la lapidait sans avoir besoin de lui jeter un seul mot ? Qu'est-ce que ta mère pouvait dire, ma chérie ? Se taire ? Comme nous tous ? Tu te souviens d'elle, Clotilde, se taire, ce n'était pas vraiment son caractère. Ta mère s'est levée, je m'en souviens comme si c'était hier, je me souviens de chaque mot, chaque souffle, chaque bruit. Nous avons tant pesé chacun d'eux depuis, tu peux me croire, il ne s'est pas passé une journée sans que j'y repense, sans que je me demande si nous n'avons pas fait alors la plus grande folie de notre vie...

Clotilde tremblait de froid. Même assise sur sa chaise, la tête lui tournait. Pour rétablir son équilibre, elle posa ses doigts glacés sur le carrelage immaculé du mur le plus proche. Speranza, dans son dos, serrait le couteau entre ses mains. Lisabetta se tenait toujours debout devant les fourneaux.

— Ta mère a poussé sa chaise, continua-t-elle, s'est tournée vers ton père et simplement lui a demandé : "Dis-lui de partir."

« Ton père n'a pas répondu, alors ta mère a répété, plus fort : "Dis-lui de partir."

« Tous les cousins, toute la famille, tous les amis le regardaient. Tous hostiles à ta mère. Tous contre lui s'il prenait son parti. "Ne me demande pas ça, Palma. – Je suis ici chez moi. Dans ma famille. Dis-lui de partir."

« Je me souviens encore du silence, ma pauvre Clotilde. Même les oiseaux, même le vent dans les branches du chêne s'étaient tus. Ton père a mis un temps fou à répondre. Comme si sa vie en dépendait. Elle en dépendait, d'ailleurs. Enfin, il a dit : "S'il te plaît, Palma. Ce n'est facile pour personne. On doit tous faire des efforts."

« Quand je revois le visage de ta mère, j'y vois de la fureur. On l'a tous vu, à cet instant-là, ce regard de fureur. De haine. Cela a joué. Cela a tellement joué. Seul ton père, je crois, ne s'en est pas aperçu. Perdre sa femme ne comptait pas alors, perdre Palma, il n'y pensait même pas. A ce moment-là, la seule chose qu'il avait peur de perdre était son honneur, son honneur devant les siens. Alors il a précisé : "On doit tous faire des efforts. Moi. Toi. Moi, ce soir, je laisse ma famille pour passer la soirée avec toi. — Un effort ? Aujourd'hui ?"

« Alors Palma a renversé la chaise devant elle, le vase de roses jaunes le plus proche et une bouteille de Clos Columbu.

Peut-être as-tu à ce moment-là entendu quelques bruits, quelques cris ? Peut-être t'es-tu réveillée ?

Clotilde se revoyait, hausser les épaules, hausser le volume de son Walkman, repartir dans ses rêves.

Lisabetta coupa le feu sous la poêle, contrôla la cuisson des lentilles, commença à dresser la table. 11 h 57. Parfait.

— Il n'y eut plus beaucoup de mots prononcés ensuite, ma chérie. Quatre phrases, pas une de plus, toutes criées par Palma. Quatre phrases qu'on trouva normales sur le moment, quatre phrases auxquelles on s'attendait, quatre phrases qu'on espérait même. Ce fut après, ce fut après l'accident, lorsqu'on les a réécoutées, comme une bande qui n'en finit pas. Ce fut après qu'elles prirent un tel poids.

— Qu'a dit ma mère, Mamy ?

— Quatre phrases, pas une de plus, je te dis... Et à chaque fois, elle s'éloignait d'un pas de plus dans la nuit qui descendait sur la montagne.

« *Vas-y, à ton concert. Vas-y avec elle !*

« Un pas.

« *Je cède la place, puisque c'est ce que vous voulez. Ce que vous voulez tous.*

« Un pas, et cette fois, elle s'est retournée.

« *Mais je te préviens, n'emmène pas les enfants avec toi.*

« Un dernier pas, avant de sortir de la cour.

« *Tu m'entends, vas-y, vas-y avec elle. Mais ne fais surtout pas monter les enfants dans la voiture. Laisse-les en dehors de tout ça.*

« Ma pauvre chérie, j'ai tant repensé à ces deux dernières phrases. Souvent je me suis dit que dans cette bergerie, face à nous, face au clan, Nicolas et toi, vous étiez tout ce à quoi ta mère pouvait s'accrocher, et que si la Corse lui reprenait son mari, jamais elle n'accepterait qu'elle lui prenne ses enfants. Son seul combat serait que vous restiez de son côté. Même si cette fille prenait sa place, lui volait tout, jamais elle ne toucherait à ses enfants ! Voilà ce qu'après tout ce temps j'ai pensé, sans doute parce que je suis mère et que j'aurais réagi ainsi moi aussi. Voilà pourquoi, je crois, Palma a tant insisté pour que ton père et Salomé ne vous emmènent pas écouter les polyphonies.

Derrière elle, Speranza posa avec violence une pile d'assiettes sur la table. Clotilde ne se retourna pas. Lisabetta continua.

— Mais ni Cassanu, ni Speranza, ni personne d'autre je crois n'a pensé comme moi. Ta mère a disparu à pied par le sentier, en contrebas, là où était garée la voiture. Dès qu'on ne l'a plus vue, Salomé a repoussé sa chaise, s'est approchée de Paul pour l'embrasser, lui glisser une main dans le dos, comme s'il ne s'était rien passé pendant les quinze dernières minutes, pendant les quinze dernières années, une simple parenthèse qu'elle refermait. Elle est restée un long moment ainsi, sans dire un mot, puis, sans se presser, elle s'est dirigée vers le chemin où était garée la Fuego, pour s'asseoir sur le fauteuil passager. Elle avait gagné !

Speranza faisait claquer chaque verre, chaque fourchette, chaque couteau qu'elle disposait.

— Tu connais la suite, ma chérie. Ton papa a sans doute hésité à courir après ta mère, il l'aurait sans doute fait s'il n'avait pas eu quinze paires d'yeux braquées sur lui, dont ceux de son père. Il venait de perdre toute dignité. Entre les mains de Palma comme celles de Salomé, il n'avait été qu'un jouet. Alors il essaya de retrouver ce qu'il lui restait d'autorité, il fit ce que font tous les hommes lorsqu'ils se retrouvent humiliés, ils élèvent le ton sur leurs enfants, la main parfois, mais cela, tu le sais, ton père ne le fit jamais. Ils donnent des ordres, même injustes, pour se prouver qu'à eux aussi on peut obéir. Oui, tu connais la suite, ma chérie, tout le clan comme au théâtre attendait de voir comment ton père, l'héritier d'Arcanu, réagirait. Sa maîtresse l'attendait dans la voiture. Ton père s'est levé et a haussé la voix sur

Nicolas, il lui a ordonné d'aller chercher sa sœur, de monter à l'arrière de la Fuego et de ne pas dire un mot.

Lisabetta s'arrêta un instant et fixa sa petite-fille, droit dans les yeux.

— Je ne sais pas ce que ton frère avait prévu ce soir-là, peut-être une virée avec des copains ou sa copine. Oh, comme il fut déçu. Mon Dieu, quand je revois son visage mortifié, on aurait dit que la foudre venait de s'abattre sur lui, que le départ de sa mère n'était rien à côté. Mais il ne broncha pas. J'ai trop peu connu ton pauvre frère pour savoir de qui il tenait cette fierté, ce sens du devoir ; de ton père ou de ta mère, des deux peut-être, mais quelle que soit l'immensité de sa déception, de sa rancœur, de son sentiment d'injustice, il n'a pas dit un mot, il n'a pas négocié et il est allé te chercher.

Clotilde réentendait les derniers mots de son frère, elle qui, sur son banc, ne bougeait pas, elle revoyait la main de son père se refermer sur son poignet, la traîner, lui faire mal, comme il ne l'avait jamais fait.

Maintenant, elle comprenait.

— Tu émergeais, ma chérie, entre deux rêves. Personne n'a prononcé un mot. Comment aurais-tu pu te douter que la femme assise dans la voiture à la place de ta mère, cette femme coiffée comme ta mère, habillée comme ta mère, cette femme dont le maquillage accentuait trait pour trait la ressemblance frappante avec ta mère ; cette femme qui tenait la main de ton père ; comment aurais-tu pu te douter que cette femme n'était pas ta maman ?

Les images repassaient devant les yeux de Clotilde.

Le silence dans la voiture, à peine troublé par les rares mots de papa ou Nicolas. Ce qu'elle voyait de la femme devant elle, un chignon, une nuque, une boucle d'oreille, une robe, une cuisse. Le reste, le visage, le sourire de sa mère, elle l'avait inventé avec les années, elle l'avait collé sur cette femme assise dans la voiture qui ne pouvait être qu'elle. Cette femme dont son père avait serré la main, juste avant que la Fuego ne s'écrase sur les rochers.

Nicolas savait. Nicolas avait vu, entendu, compris le drame qui se jouait.

Mais elle, comment, un seul instant, aurait-elle pu se douter ?

Midi.

Lisabetta se leva et fit un pas vers la cour.

— Les ambulances sont ponctuelles. Giovanni, le conducteur, est un vieil ami. Il sait que Cassanu n'aime pas attendre.

Clotilde ne pouvait détacher son regard du portrait de Salomé dans le cadre. La voix de Lisabetta, tout en surveillant avec angoisse la pendule, se fit douce.

— Tu as compris, ma chérie, ce n'est pas le cercueil de ta mère que Speranza va fleurir chaque jour dans le caveau de la famille Idrissi. C'est... c'est celui de sa fille.

Clotilde revit Speranza porter son arrosoir dans le cimetière, planter son sécateur dans le marbre du caveau, rayer le nom de Palma Idrissi, réentendit les insultes de la vieille sorcière.

Elle ne devrait pas être là. Son nom n'a rien à faire gravé ici, avec les Idrissi.

Comme en écho, dans son dos, Speranza s'exprima pour la première fois.

— Je n'ai pas hésité, Clotilde. Je n'ai pas hésité une seconde à enterrer ma fille sous le nom d'une autre pour qu'elle repose aux côtés de ton père, dans le caveau des Idrissi. A prétendre que Salomé avait disparu, qu'elle s'était suicidée après l'accident, à ensevelir un cercueil vide dans le cimetière de Marcone. Parce que c'est ce qu'elle aurait voulu. Faire partie de votre famille, c'est ce dont elle avait toujours rêvé. (Elle planta le couteau qu'elle tenait à la main dans la boule de pain posée sur la table.) Elle n'aura atteint son rêve... qu'en perdant la vie ! En me laissant son enfant. Parce que... (L'émotion l'étreignait, elle enfonça ses yeux dans ceux de

Clotilde avec la même détermination que le couteau dans la miche.) Parce que ta mère l'a tuée !

Midi une.
L'ambulance entra dans la cour au ralenti et, pour les deux femmes, plus rien d'autre ne sembla compter. Elles vérifièrent d'un coup d'œil circulaire que tout était en place dans la cuisine, accrochèrent leurs tabliers aux patères, et sortirent.
Clotilde se retrouva seule.
Les derniers mots cognaient encore.
Parce que ta mère l'a tuée
Instinctivement, elle attrapa son téléphone dans sa poche. Elle avait reçu un texto. Franck, enfin. Son mari avait cherché à la contacter.

On a appris pour le meurtre du patron du camping.
On rentre.
On arrive aux Euproctes, tu es où ?
A très vite
Franck

Le texte avait été envoyé il y a presque trois quarts d'heure. Dans la cour, Lisabetta tendait sa main et une canne à Cassanu. Speranza était déjà rentrée, comme pour contrôler la cuisson des plats ou anticiper une demande du patriarche.
Elle lui lança un regard noir.
Parce que ta mère l'a tuée.
Clotilde se posta devant elle, lui barrant le passage, se fichant que le figatellu brûle sur le feu.
— Vous ne m'avez pas répondu. Vous m'avez raconté votre histoire, mais ni Mamy ni vous ne m'avez répondu. Où est ma mère ? Où est ma mère ?
— Elle s'est sauvée, ma petite chérie, grinça Speranza. Elle a égorgé Pacha et elle s'est sauvée.

57

Le 23 août 2016

Pour les campeurs, passer le portique de la grille des Euproctes avant d'aller à la plage était devenu plus compliqué que de passer celui de Tijuana pour un Mexicain souhaitant entrer aux Etats-Unis. Deux gendarmes jeunes, souriants, mais inflexibles, faisaient ouvrir chaque sac de plage, déroulaient chaque serviette, vérifiaient chaque identité, notaient les heures d'entrée et de sortie, tout juste s'ils ne passaient pas aux détecteurs de métaux les filles bronzées qui patientaient en maillot. Tout ça pour rien, grognaient les plus pressés. Qu'est-ce qu'ils cherchaient ? Puisqu'on avait trouvé l'arme du crime. Puisqu'on avait coffré le coupable. A la limite, la seule interrogation pour les touristes qui avaient loué 1 200 euros la semaine leur bungalow se résumait à qui allait nettoyer les chiottes aujourd'hui, puisque le gardien des balais patientait à la prison de Calvi, et qui allait embaucher son remplaçant, puisque le patron patientait à la morgue d'Ajaccio.

Au cœur du naufrage, derrière l'accueil, le visage ravagé par les larmes, Anika Spinello assurait. Rassurait. En toutes les langues de la terre, elle expliquait que oui, tous les campeurs seraient interrogés, que non, les tentes ne seraient pas fouillées, que oui, le camping restait ouvert, que rien ne changeait, qu'ils pouvaient continuer à profiter du sable et du soleil, que non, il n'y aurait pas aujourd'hui d'activités, ni de plongée, ni de pétanque, que non elle n'avait pas dormi, que oui merci Marco, elle voulait bien une cigarette, un mouchoir, une boîte entière, que non, elle ne voulait pas se reposer, aller se coucher, prendre des trucs pour dormir, que oui elle voulait rester là comme un capitaine à la barre d'un bateau fantôme, parce que ce camping, c'était la vie de Cervone, son œuvre, son royaume, et que, lui disparu, elle en était le quartier-maître, que non, les Euproctes ne fermeraient pas, autant tuer Cervone une seconde fois, que oui, ma petite, c'est gentil, ça me touche...

Valentine posa sur le comptoir de l'accueil la botte de serpolet qu'elle avait cueillie et la carte de condoléances qu'elle avait rédigée.

— J'aimais bien votre mari, fit l'adolescente. Même si dans ma famille, pas grand-monde n'était de mon avis. On est revenus dès qu'on a appris.

Anika lâcha un sourire sincère.

— C'était bien, la voile ?

— Ouais...

La réponse l'était moins.

— Ton papa n'est pas là ?

— Je ne sais pas.

Anika n'eut pas la force de relancer, elle s'était à nouveau envolée dans ses pensées, loin, des années plus tôt, quand elle avait renoncé à la glisse, telle une sirène échouée ; avant que tout ne tourne en queue de poisson, seul Cervone avait eu le talent de la recueillir.

— Vous vouliez me voir, Anika ?

La patronne du camping semblait déjà avoir oublié. Elle fit un effort de concentration.

— Ah oui, excuse-moi. J'ai reçu un message pour toi. Tu dois monter à Arcanu. C'est urgent, ta mère t'attend.

~

Trois camionnettes de gendarmerie étaient stationnées devant le camping, mais un tournant plus loin, on ne croisait plus personne. Le contraste en était saisissant. Comme si les grillons, les criquets, les sauterelles vivaient leur vie en se foutant de cette agitation. Valentine comprenait pourquoi il était si facile de se planquer dans le maquis : il suffisait d'échapper de quelques mètres aux flics, d'atteindre les buissons, et hop, le tour était joué, personne n'irait plus jamais vous chercher. Pas même un chien policier, toutes ces fleurs odorantes semblaient n'avoir poussé que pour protéger la piste des fugitifs.

Pour le moment, elle grimpait directement à Arcanu par le sentier. Après le virage où le chemin traversait la route bitumée, elle vit la voiture garée. D'abord, elle ne fit pas le rapprochement, même si le véhicule l'intriguait, lui rappelait un vieux souvenir. Une image plutôt. Sa forme, sa couleur. C'était sûrement la caisse vintage d'un héros d'une série quelconque à la télé. Elle continua de marcher en direction de la route tout en se demandant ce que maman pouvait bien lui vouloir. « Urgent », avait affirmé Anika Spinello. Elle soupira. Elle en avait sa claque de ces histoires, Arcanu, ses grands-parents, ses arrière-grands-parents, sa maman, les fantômes, les morts...

Tilt !

Ça y est, elle se souvenait. La voiture ! Elle l'avait vue sur des vieilles photos, maman les sortait parfois à la maison. Une... Valentine s'énerva toute seule, elle avait le nom au bout de la langue. Comment s'appelait cette foutue voiture rouge et noire ? Elle portait un nom bizarre, un truc un peu latino...

Elle s'approcha. Une vieille femme se tenait assise, seule, sur le fauteuil passager. Valentine ne l'avait jamais vue, mais lorsque son regard s'arrêta sur elle, un frisson parcourut l'adolescente.

Elle venait de croiser un fantôme.

Elle essaya de chasser cette impression insupportable : cette vieille femme lui ressemblait ! Un instant, Valentine avait cru se voir dans un miroir, un miroir vieillissant ; se reconnaître, elle, mais dans soixante ans.

Débile.

Allez, continuer de grimper ! Elle en avait encore pour deux cents mètres de dénivelé avant de se poser les fesses sous le chêne d'Arcanu. Malgré elle, elle tourna encore la tête vers la voiture rouge et croisa à nouveau le regard de la vieille. Elle semblait l'implorer, la supplier, ses yeux cherchaient à exprimer un message que ses lèvres ne pouvaient pas prononcer. Il n'y avait personne autour d'eux. Seulement les stridulations des insectes du soir. Le silence lui apparut soudain inquiétant.

— Merde, siffla Valentine pour se rassurer, c'était quoi le nom de cette bagnole ? Celle de l'accident avec laquelle maman nous gave tout le temps.

— Une Fuego, fit la voix dans son dos.

58

Le 23 août 2016, 12 heures

Cassanu Idrissi refusa la main que sa femme lui tendait pour l'aider à sortir de l'ambulance, confia un billet de 20 euros à Giovanni, le chauffeur, avant qu'il ne reparte, et repoussa avec plus d'agacement encore la canne qu'elle avançait vers lui.

— C'est bon, Lisa, j'ai encore deux jambes.

Il gravit la marche pour entrer dans la bergerie et observa la table dressée, les couverts, les assiettes, les verres. Disposés pour quatre.

A ce moment-là seulement, il se retourna et aperçut Clotilde, debout dans un coin de la pièce.

— Nous avons une invitée, fit doucement Lisabetta.

Speranza se tenait déjà derrière les fourneaux. Rien d'autre ne semblait avoir d'importance que la cuisson du plat. Avait-elle déjà oublié tout le reste ? La nuit de la Sainte-Rose, la mort de sa fille, les derniers mots que la sorcière avait crachés à Clotilde ?

Elle s'est sauvée, ma petite chérie. Elle a égorgé Pacha, et elle s'est sauvée.

Non !

Clotilde ne parvenait pas à l'admettre. Sa mère aurait attendu vingt-sept ans, seule au milieu du maquis, pour se

447

sauver précisément le jour où sa fille venait à sa rencontre, à l'heure précise où sa fille montait vers son refuge ? Après lui avoir envoyé des courriers d'invitation explicites ?

Ça ne tenait pas debout.

— Une invitée, plaisanta Cassanu. Quelle affaire ! Quand les enfants étaient là, quand les amis et les cousins passaient, restaient, quand la famille voulait encore dire quelque chose, jamais je n'ai connu cette table avec moins de dix personnes autour.

Lisa se tordait les doigts.

— Elle... elle s'est sauvée...

Cassanu la regarda étrangement, sans rien ajouter.

— Elle s'est sauvée, répéta Speranza. Elle a tué Pacha et elle s'est sauvée. Et... Orsu...

— Orsu est en prison, coupa le vieux Corse, je suis au courant. Giovanni m'a tout raconté en route, la police prétend qu'il a assassiné Cervone.

Il vida le verre de Clos Columbu, cul sec, posa son couteau entre son assiette et son rond de serviette sur la table. Au moment où Cassanu allait tirer sa chaise, donnant l'impression que ces informations ne le touchaient pas, ou que tous ses ordres étaient déjà donnés, Clotilde retint son grand-père par la manche et explosa.

— Orsu ne risque rien. C'est moi qui le défends. Je suis son avocate, Orsu est innocent !

Cassanu reposa son verre.

— Innocent ? répéta-t-il avec un début de sourire qu'il éteignit en passant la serviette sur ses lèvres.

C'est ça, prends-moi pour une gamine. Alors désolée pour ton petit cœur, Papé, désolée pour tes fourneaux, Mamy, je vais mettre les pieds dans le plat.

— Innocent ! répéta Clotilde en haussant la voix. Orsu serait incapable de faire du mal à une fourmi. Je le sais... et pas parce qu'il est mon frère. (Elle prit le temps d'évaluer l'effet de la bombe qu'elle venait de jeter.) Je le sais parce qu'il a été le seul à aimer ma mère. Il a été le seul à l'aider pendant toutes ces années.

Une bombe pétrifiante, pensa Clotilde. Six mains s'étaient figées. Corps momifiés. Rides creusées. Seuls les lentilles, le thym et le laurier bouillonnaient dans la marmite, abandonnés par une sorcière qu'un sortilège inconnu avait statufiée.

— Je veux la vérité, Papé, je t'en supplie. Dis-moi ce qui s'est passé.

Cassanu Idrissi hésita, un long moment, fixa Speranza, Lisabetta, la marmite, la bouteille de vin, le pain, les quatre assiettes, le couteau, puis enfin repoussa sa chaise.

— Viens, suis-moi.

~

Cette fois, Cassanu avait pris soin d'emporter sa canne. Ils sortirent dans la cour et se dirigèrent vers un sentier bordé de sureaux noirs qui grimpait derrière la grange. En passant devant la fenêtre de la cuisine, ils entendirent un carillon de vaisselle qu'on déplace. Le vieux Corse se retourna vers sa petite-fille.

— Quatre assiettes... ce n'est que le début de la fin. Il faudra bien que ces deux vieilles folles s'habituent à manger en tête à tête, je ne serai plus là bien longtemps. C'est ainsi, c'est le destin des femmes, s'occuper d'hommes qui partent, les accompagner, les attendre, leur rendre visite. Choisir une maison près d'une école, quand elles sont jeunes, près d'un cimetière, quand elles sont vieilles.

Clotilde se contenta de sourire. Un instant, elle hésita à prendre le bras de son grand-père, mais Cassanu désigna le sentier devant eux.

— Je te rassure, on ne va pas monter au Capu di a Veta, même si le docteur Pinheiro est un crétin. Mes jambes continueront de marcher même quand mon cœur se sera arrêté. Je vais tout t'expliquer, Clotilde, et te montrer la Corse tout en parlant, son histoire, ça t'aidera à comprendre la nôtre... Viens... et dis-moi ce que ces deux folles t'ont raconté.

Ils avancèrent sur un chemin étroit. Clotilde lui répéta ce qu'elle venait d'apprendre, la maîtresse et l'enfant caché de son père, Salomé, le soir du 23 août, qui prend la place de sa mère, l'accident, les doutes de Lisabetta sur les dernières paroles prononcées par Palma.

Cassanu acquiesça.

— Lisabetta n'a jamais été d'accord avec moi. Elle avait, disons, des convictions différentes. Mais elle n'a rien dit. Lisa est une épouse loyale. Elle a respecté notre choix.

— Le choix des hommes ?

— Si tu veux, Clotilde... mais Speranza aussi était de notre côté.

— Que s'est-il passé, Papé ? Que s'est-il passé après l'accident ?

La canne du vieux Corse frappait la terre comme pour en tester la solidité, Cassanu parlait aussi doucement qu'il marchait.

— Tout a été très vite ce soir-là. Nous avons appris l'accident un peu après 9 heures du soir, c'est Cesareu Garcia qui m'a appelé, il était sur place, il m'a décrit la scène. La voiture dans le ravin de la Petra Coda. L'absence de survivants à part toi. Pour le reste, on ne savait rien. Un accident ? Un attentat ? Une vendetta ? J'avais quelques ennemis à l'époque. (Un bref sourire énigmatique traversa son visage.) Sur le moment, j'ai envisagé toutes les hypothèses, mais ma première décision fut d'intercepter ta mère. Elle s'était enfuie à pied de la bergerie d'Arcanu, les derniers mots qu'elle avait criés sous le chêne résonnaient encore dans ma tête, « Vas-y avec elle, mais surtout ne fais pas monter les enfants dans la voiture », comme une menace, comme si elle savait ce qui allait se passer.

Clotilde ne commenta pas. Elle se tourna et baissa son regard vers la pointe de la Revellata, quelques centaines de mètres plus bas. A cette distance, la péninsule boisée, bordée de plages miniatures, de rares villas dispersées et de petits chemins blancs pouvait passer pour un refuge paradisiaque. Quelle illusion. Une presqu'île, c'est un cul-de-sac.

Cassanu avait suivi la direction de ses yeux.

— Il n'était pas difficile de deviner où ta mère se rendait. J'ai envoyé deux hommes, Miguel et Simeone, ils l'ont coincée près du phare de la Revellata, juste au-dessus de la maison de Natale Angeli, une centaine de mètres avant qu'elle ne rejoigne son amant.

Le fantôme, pensa Clotilde, le fantôme que Natale avait vu ce soir-là. Ce spectre qui l'avait poursuivi toute sa vie. La vérité était si simple, pourtant. Si évidente. Natale n'avait pas rêvé. C'est Palma qui lui avait souri, sur les hauteurs de la Punta Rossa, avant que les hommes de Cassanu ne l'arrêtent. C'est Palma qui venait le rejoindre, sans doute pour se donner à lui ce soir-là, ou pour simplement pleurer dans ses bras. Qui pourrait savoir ? Personne, pas même eux.

Ils continuaient de progresser dans un étroit sentier qui sentait la lavande. Sur leur droite, ils passèrent devant un rocher criblé de balles. Cassanu avait choisi avec précision son trajet, Clotilde se souvenait qu'on l'appelait le rocher des Fédérés, parce que des résistants corses avaient, ici, été exécutés, en septembre 1943, quelques semaines avant que la Corse ne soit libérée. Cassanu se contenta de passer ses doigts dans les impacts de balles, tout en poursuivant son récit.

— Ta mère courait rejoindre son amant. Tu comprends, Clotilde, ça éclairait d'une tout autre lumière le film qui précédait l'accident. Devant nous tous, dans la cour d'Arcanu, devant Salomé, ta mère avait joué la victime offensée, avait récité sa tirade de femme humiliée. Pendant toutes les vacances, elle s'était montrée obsédée par la Sainte-Rose, ce fameux repas d'anniversaire avec ton père à la *Casa di Stella*, alors que tout n'était que mise en scène. Ta mère n'avait qu'une envie : rejoindre Natale Angeli ! Dire qu'à l'époque,

451

ma chérie, j'ai failli t'écouter. Tu m'avais convaincu, là-haut, je lui aurais filé un bout de terrain pour ses dauphins. Ma pauvre, toi aussi, tu n'étais qu'un pion. Ces deux-là étaient complices, même si je n'ai jamais eu de preuve pour Angeli. Etait-il au courant du plan de sa maîtresse ? Avait-il participé à l'assassinat de mon fils ? Aurait-il pu l'empêcher ? Dans le doute, oui, certainement, je l'aurais fait exécuter. J'ai commencé par le menacer, pour obtenir des aveux, des certitudes. Peut-être l'ai-je trop effrayé. Ce lâche s'est marié avec Aurélia, la fille de Cesareu… Le sergent Garcia fermait les yeux sur beaucoup de choses dans ce coin de l'île, mais il ne les aurait pas fermés sur l'assassinat de son gendre. Avec le temps, je ne vais pas te dire que j'ai pardonné à Natale Angeli, oh non, mais j'en suis venu à penser qu'il avait été manipulé lui aussi, que cet alcoolique, derrière sa belle gueule, n'avait pas les couilles d'un assassin. Pas même d'un complice.

Clotilde tira son grand-père par le bras.

— Complice de quoi ?

Cassanu ne répondit pas et continua de marcher. A chaque mètre gravi, le chemin s'ouvrait plein est sur la limite entre le maquis et les villas calvaises qui le grignotaient, flanquées de leur piscine et de leur balcon sur la Méditerranée.

— La Fuego fut expertisée dès le lendemain et l'avis officiel fut délivré en fin de journée : un accident. Affaire classée. Corps rendus aux familles. On pouvait les enterrer et oublier. Les autorités respiraient. S'il s'était agi d'un meurtre, d'un règlement de comptes, c'était la guerre des clans assurée en Balagne, les Idrissi contre les Pinelli, les Casasoprana, les Poggioli… La thèse officielle – la sortie de route accidentelle, la fatigue, la vitesse, l'alcool, le destin – arrangeait tout le monde. Mais Aldo Navarri, l'expert mécanicien de Calvi, est un vieil ami. Mon père et son père ont libéré la Corse ensemble. Avant même d'en parler aux flics, c'est à moi qu'il a révélé ses conclusions : la voiture de mon fils avait été sabotée, l'écrou de la rotule de direction dévissé ; pour Aldo, ce n'était pas une hypothèse, c'était une certitude. La biellette était intacte, sans la moindre torsion, preuve qu'elle avait cédé avant la sortie de route, d'un coup, et pas après le choc. Je lui ai demandé de se taire, de dire aux flics ce que tout le monde voulait entendre, qu'il n'y avait aucune anomalie. Aldo n'a pas hésité à fournir un faux rapport à la police, il jouait à l'expert pour les flics moins de trois fois par an, et il était bien d'accord avec moi, certaines histoires de famille ne les concernaient pas.

Il évita de se tourner vers Clotilde, se contentant de survoler des yeux les villages accrochés à la Balagne. Montemaggiore. Moncale. Calenzana.

— Cesareu Garcia a mis des mois à arriver à la même conclusion que moi. Il a demandé une contre-expertise à un de ses amis... Trop tard, bien trop tard.

Clotilde le fixait, horrifiée, espérant ne pas avoir deviné ce que son grand-père allait lui avouer.

— Vous avez engagé votre propre police ? Exécuté votre propre justice ?

— Ma propre justice ? De quelle autre justice veux-tu parler ? Celle rendue par des fonctionnaires bureaucrates du continent ? Par des jurés tirés au sort qui ne sont pas concernés, à qui on rappelle en boucle la présomption d'innocence ? Malgré les évidences ? Faute de preuve, la relaxe ! Tu es avocate, ma chérie, tu vois ce dont on parle, j'ai profité suffisamment de fois de ce jeu de Grand Guignol pour le savoir. Non, Clotilde, je n'ai jamais eu confiance dans cette justice-là. Jamais eu confiance dans cette loi. Dans ce droit-là, ni dans celui de l'urbanisme, ni dans celui du commerce, et encore moins dans le droit pénal.

Clotilde titubait. Face à elle s'ouvrait l'arrondi quasi parfait du golfe de Calvi.

— Alors tu as rendu la justice toi-même ?

— Ta mère a eu droit à un procès. Aussi équitable que s'il avait été organisé par la justice française.

Clotilde ironisa.

— Ma mère avait un avocat pour la défendre ?

Cassanu la toisa. Il n'y avait pas la moindre pointe de cynisme dans sa voix.

— Je suis désolé, Clotilde, mais je n'ai jamais compris à quoi servait un avocat. Je ne parle pas pour toi, rassure-toi. Tu t'occupes des divorces, de la garde des enfants, des pensions alimentaires, c'est bien, c'est l'époque qui veut ça, il n'y a pas de bons ou de méchants, il faut bien un arbitre pour régler ces histoires-là. Mais je te parle d'un crime. A quoi sert un avocat dans ce cas ? Il y a une enquête, il y a des indices, des preuves, un dossier, on mesure de quel côté penche la vérité, et en fonction des faits, on punit ou non. A quoi sert un avocat sinon à faire pencher les preuves objectives du mauvais côté ? Pourquoi les coupables auraient-ils besoin d'avocats ?

— Et les innocents ?

Cassanu, cette fois, laissa s'envoler un grand rire gras.

— Les innocents ? Je connais la justice de ce pays, ma chérie. Un innocent est un coupable qui a un bon avocat.

Clotilde serrait les poings et laissa ses pensées bouillir sous son crâne. Tu as de la chance, Papé, tu as de la chance que je veuille savoir jusqu'où tu as poussé la folie, parce que j'en aurais des choses à dire sur ta conception de la justice, et je te parlerais aussi de ton petit-fils, qui croupit en ce moment même en prison, et pour qui tu seras le premier à payer le plus réputé des avocats, si tu n'as pas confiance en moi.

— Vas-y, Papé, raconte-moi ce procès équitable.

Cassanu fixa l'arbre devant eux et s'arrêta. Clotilde se souvenait de la vieille légende. C'est ici que le condottiere Sampiero Corso aurait fait pendre les membres de sa belle-famille qui l'avaient trahi et vendu aux Génois ; avec sa femme Vanina, il avait été plus clément et s'était contenté de l'étrangler de ses propres mains.

— J'ai réuni des amis, des gens de la région, pour consti-

454

tuer le jury d'Arcanu, des gens fiables, des gens qui ont le sens de l'honneur, du clan, de la famille. Une dizaine au total.

— Basile Spinello en faisait partie ?

— Oui...

— Qui d'autre ? Les cousins ? Les témoins de l'apparition de Salomé le soir de la Sainte-Rose ?

Cassanu ne répondit pas. Pas à cette question-là du moins.

— Je sais ce que tu penses, Clotilde. Tu es persuadée que ta mère était condamnée d'avance. Mais tu te trompes. Je souhaitais un véritable procès. Je souhaitais qu'on mette sous le nez des jurés des preuves, qu'ils décident en toute connaissance de cause. Qu'ils se prononcent en fonction des faits, uniquement des faits. C'était le procès du meurtre de mon fils, de mon petit-fils. Je ne cherchais pas un coupable, Clotilde. Je cherchais leur assassin.

— Et tu as trouvé Palma ? Ma mère ? S'allongeant sous notre voiture pour dévisser un écrou qui devait être serré à bloc ? Tu as trouvé dix jurés pour croire ça ?

— Ta mère était architecte, Clotilde, un métier d'homme, elle s'y connaissait en mécanique, et surtout, j'ai creusé toutes les autres pistes. Les Casasoprana, les Pinelli et les autres clans m'ont assuré qu'ils n'y étaient pour rien, sur leur honneur, et je les ai crus. En Corse, on ne règle pas les querelles de famille en sabotant une voiture et en tuant des enfants, on abat son ennemi à bout portant. Réfléchis bien, ma petite fille, il n'y a qu'une certitude dans le dossier : quelqu'un a saboté la direction de la voiture de ton père. Quelqu'un qui savait que la Fuego pouvait rater n'importe quel virage. Alors, puisqu'il s'agit d'un crime prémédité, tout se résume à deux questions : qui possédait un mobile pour tuer ton père et qui pouvait savoir qu'il monterait dans la voiture ? La réponse est simple, ma chérie, évidente, même si elle ne te fait pas plaisir. Une seule personne. Ta mère ! Ta mère qui a refusé de s'asseoir dans la Fuego ce soir-là. Ta mère qui a poussé sa rivale à s'y installer, à côté de l'homme qui ne l'aimait plus, l'homme qui allait la quitter, l'homme qui allait lui prendre ses enfants, car jamais il ne serait resté en Corse avec Salomé et Orsu sans Nicolas et toi. L'homme qui, s'il demandait le divorce, lui faisait tout perdre, y compris la fortune des Idrissi dont il hériterait un jour. Alors que s'il disparaissait, dans un accident, alors qu'ils étaient encore mariés...

Cassanu, tout en continuant de parler, éleva son regard jusqu'aux plus hautes branches de l'arbre aux pendus de Sampiero Corso.

— Ce soir-là, ta mère a ordonné à ton père de ne pas vous faire monter dans la voiture. Ni toi ni Nicolas. Elle a insisté, deux fois, puis elle est partie.

Ils continuèrent de marcher, s'autorisant quelques secondes de silence pour franchir un bloc de rochers. Ils progressèrent sous le soleil pendant une trentaine de mètres, avant de rejoindre à nouveau l'ombre du maquis. Cassanu reprenait son souffle tout en posant avec précaution sa main sur les pierres plates et chaudes. Et s'il avait raison ? pensa Clotilde. Cassanu avait martelé ses arguments avec une telle sincérité. Et si les avocats ne servaient qu'à démolir avec mauvaise foi des démonstrations imparables ? A faire passer les évidences pour des coïncidences ? A ébranler les convictions par l'émotion ? Elle plus encore que n'importe quel autre avocat.

— Je n'ai jamais eu aucun doute, continua Cassanu comme s'il lisait dans ses pensées. Ta mère fut la seule à décider de qui devait monter ou non dans la voiture ce soir-là. Ta mère possédait un mobile, plusieurs même, l'amour, l'argent, ses enfants. Ta mère allait rejoindre son amant ce soir-là. Ta mère s'est accusée elle-même, en vous protégeant, mais elle n'avait pas d'autre choix.

Il se retourna et, pour la première fois, prit la main de sa petite-fille. Celle de Cassanu était ridée et légère, comme vidée de ses chairs et de son sang. Une écorce de chêne-liège.

— Je t'assure, Clotilde. J'ai cherché. J'ai cherché d'autres coupables possibles, d'autres explications, mais aucune n'était crédible.

Enfin, Clotilde s'exprima.

— La culpabilité de ma mère n'est pas davantage une piste crédible.

Cassanu soupira. Ils parvenaient devant un champ défriché où broutaient quelques chèvres en liberté.

— Et voilà, Clotilde ! Voilà pourquoi je ne voulais pas d'avocat. Voilà pourquoi je voulais une véritable justice. Celle de ce pays aurait raisonné comme toi. Aucune preuve, donc aucun coupable, aucune condamnation. La justice de ce pays aurait bouclé l'affaire ainsi, sur un crime impuni. L'assassin de mon fils et de mon petit-fils aurait continué à vivre, tranquillement, impunément. Comment aurais-je pu accepter ça ? Le jury d'Arcanu devait condamner celui contre qui le plus de preuves s'accumulaient. Et le jury d'Arcanu n'a pas hésité. Il a voté à l'unanimité. Ta mère était coupable, personne n'en a jamais douté.

Mon Dieu… Clotilde sentait son corps trembler de froid. Son sang charriait des glaçons, que le soleil à son zénith, entre les maigres branches de bruyère et d'arbousier, faisait fondre, brûlant sa peau, glaçant ses veines. Devant eux, la prairie s'ouvrait. Cassanu s'assit un moment sur un cairn de granit. Clotilde se souvenait, elle venait souvent ici petite, dans la plaine de Paoli ; on racontait que l'indépendantiste avait fait enterrer ici un trésor de pièces d'or, celles qu'il avait fait frapper à Corte, un peu avant la Révolution, alors que la Corse n'était plus italienne et pas encore française. Un trésor qui servirait quand l'île deviendrait vraiment indépendante.

Personne n'avait retrouvé le moindre coffre, la moindre pièce.

Une légende, une rumeur, mais des preuves, jamais !

— Le jury d'Arcanu, continua Papé, a reconnu la culpabilité de ta mère. En d'autres temps, ceux décrits par Mérimée, du temps de Colomba ou de Mateo Falcone, on aurait exécuté Palma. (Sa main de liège, telle une éponge qui sèche, se raidit dans celle de Clotilde.) Il y a vingt-sept ans, je l'aurais condamnée à mort, sans aucune hésitation, mais d'autres s'y sont opposés. Lisabetta la première, Basile également. Palma restait malgré tout un membre de notre famille, une Idrissi, la mère de notre petite-fille. Et puis, c'était l'argument de Lisabetta, ta mère n'avait pas avoué. Et si, un jour, on apprenait une autre vérité ? Basile a avancé un autre argument pour la sauver, il prétendait qu'on ne pouvait pas être moins civilisés que la justice des Français, qui ne condamnait plus à mort, même les pires criminels. Alors la sentence a été appliquée : la prison à perpétuité. Ça ne manquait pas de coins, au-dessus d'Arcanu, dans le maquis, pour y enfermer quelqu'un toute une vie. D'ailleurs, ta mère n'a pas protesté. Même si elle n'a jamais avoué, elle ne s'est jamais défendue. Elle n'a jamais cherché à se sauver.

Jusqu'à aujourd'hui, pensa Clotilde. Lors de ce simulacre de procès, sa mère venait de perdre son mari, son fils, dans une voiture où elle aurait dû se trouver. Seule, traumatisée, accusée, acculée, rongée de culpabilité, quelles forces lui restait-il pour se défendre ?

Elle avait tout perdu ce soir-là.

Tout perdu sauf sa fille.

Clotilde allait parler, mais Cassanu fit glisser sa main pour la poser sur son épaule.

— Je ne suis pas un monstre, Clotilde. Ta mère n'a perdu que la liberté. C'est tout ce qu'elle a eu à payer, le même prix que n'importe quel voleur, n'importe quel violeur ou assassin. Mais pour le reste, elle n'a pas été mal traitée. Au contraire, elle l'a été bien mieux que tous ces détenus qui s'entassent à la prison de Borgo. Je peux t'affirmer que les repas préparés pour elle par Lisabetta étaient meilleurs que ceux de la cantine d'un centre de détention. Que son geôlier, Orsu, était plus respectueux que les matons de la prison. Que son chien, Pacha, était plus affectueux que les bergers allemands dressés pour tuer. Nous ne sommes pas des monstres, Clotilde, nous ne voulions que rendre la justice.

Clotilde se recula d'un pas.

— Et maintenant ? Maintenant qu'elle s'est enfuie ? Qu'est-ce que tu vas gagner ? Elle va courir chez les flics vous dénoncer.

Cassanu sourit en secouant la tête.

— Si elle l'avait fait, la police serait déjà là. Non, ma chérie, ta mère n'a pas couru à la gendarmerie pour raconter son histoire invraisemblable. Séquestrée pendant des années dans une cabane de berger ! Elle n'est pas allée nous dénoncer, et pourtant, c'est ce qu'aurait fait n'importe quel otage, tu es d'accord ? Une preuve de plus, Clotilde, une preuve de plus de sa culpabilité. (Ses yeux zigzaguèrent, cherchant à capturer ceux de sa petite-fille.) On va la chercher, on va la retrouver. Tu pourras lui parler. Un Corse peut disparaître des années dans le maquis, mais pas une étrangère, pas une étrangère qui n'a pas mis un pied dehors depuis vingt-sept ans.

Un instant, en croisant leurs regards, Clotilde imagina qu'ils pensaient la même chose. Peut-être Palma était-elle tout simplement repartie comme ce 23 août 1989, là où elle n'était jamais arrivée, dans la même direction, vers la même maison, retrouver l'homme qui vivait là-bas.

Natale Angeli.

Après tout, il habitait toujours la Punta Rossa.

— Viens, fit Cassanu, on retourne à Arcanu.

Ils rebroussèrent chemin en silence, passèrent l'arbre aux pendus, le rocher des Fédérés, en respectant un recueillement calculé par Cassanu pour lui laisser le temps d'admettre l'inadmissible, de croire l'inimaginable. Les images défilaient dans la tête de Clotilde. Sa mère enfermée, l'amitié qui petit à petit grandit entre elle et Orsu, le garçon silencieux chargé de lui apporter à manger. Ce chiot qui naît et qu'elle propose de baptiser. Des morceaux de conversations qu'elle surprend sûrement, quelques paroles échangées avec Lisabetta peut-être, et après toutes ces années de vie dans sa chambre noire, seulement éclairée de Bételgeuse certains soirs, elle apprend que sa fille revient en Corse ; elle se sert d'Orsu comme messager, lui confie quelques mots griffonnés, suffisants pour fournir à sa fille la preuve qu'elle est vivante, puis le charge de dresser une table de petit déjeuner identique à celle d'il y a vingt-sept ans, puis de la mener, à minuit, jusqu'à sa prison. Pour la revoir, simplement la revoir, pas pour la mettre en danger.

Quel danger ?

Quel secret cachait sa mère ?

Jamais elle n'aurait égorgé Pacha. Jamais elle ne se serait sauvée au moment de la retrouver. Jamais elle n'aurait touché à la barre de direction de cette voiture. Jamais elle n'aurait pu mettre en danger la vie de ses enfants, les tuer, même par accident, ce soir du 23 août. Une seule information comptait, au fond, parmi toutes celles, plus insensées les unes que les autres, qu'on lui avait jetées à la figure aujourd'hui.

Sa mère était vivante !

Campa sempre.

Maintenant, c'était à elle de jouer. C'était son métier.

Prouver son innocence.

Cassanu accélérait le pas, peut-être parce que le sentier descendait en pente douce jusqu'à Arcanu, peut-être parce qu'il avait libéré sa conscience, et qu'il ne pensait plus maintenant qu'aux quatre assiettes et au figatellu qui l'attendaient.

Pas si vite, Papé, pensa Clotilde. Pas si vite. Ta petite-fille risque fort de te couper l'appétit.

Elle posa une main sur celle de son grand-père, celle qui tenait la canne.

— Papé... Et s'il existait une autre piste ? Un autre coupable possible ?

Cassanu ne s'arrêta pas, força peut-être encore davantage l'allure.

— J'avais raison, se contenta-t-il de répondre. Mieux valait régler ça sans avocate.

Elle força l'ironie dans sa voix.

— A qui la faute ? C'est à toi que je dois ma vocation ! Souviens-toi, il y a vingt-sept ans, en haut du Capu di a Veta. Peut-être que tout était écrit, peut-être que tu m'as donné l'idée de devenir avocate uniquement pour que des années plus tard je te prouve que tu as commis la plus grande erreur de jugement de ta vie.

Ça ne fit même pas sourire Papé.

— On a suivi toutes les autres pistes, Clotilde, crois-moi.

— Même celle de Cervone Spinello ?

Cette fois, le rythme des pas de Cassanu, entre sa canne et son pied droit, se désynchronisa.

— Cervone Spinello ? Qu'est-ce qu'il vient faire dans cette histoire ? Il avait quatorze ans à l'époque.

— Dix-sept ans…

— Dix-sept, si tu veux. Ce n'était qu'un gamin ! Quel rapport avec le sabotage de la Fuego ? C'est ça, la méthode des avocats du continent ? Choisir un type mort depuis quelques heures et tout lui coller sur le dos ?

Clotilde ne se laissa pas impressionner. Ils continuaient de marcher, on apercevait la cime du chêne d'Arcanu. Avec son grand-père, comme avec tous les autres hommes, il fallait bluffer.

— Cervone était au courant pour ma mère, n'est-ce pas, Papé ? Pour son procès, pour sa condamnation à perpétuité ? Cervone vous a fait chanter ?

Cassanu leva les yeux au ciel.

— Ça n'a rien à voir avec le sabotage de la voiture, mais oui, des années plus tard, Cervone a entendu Basile, son père, en discuter avec un autre juré d'Arcanu. Depuis toujours, cette fouine de Cervone écoutait tout. Après la mort de son père, en

2003, quand il a hérité du camping, il ne m'a pas fait chanter, comme tu dis, on n'emploie pas ces mots-là ici, ce sont des mots à se retrouver criblé de balles à la terrasse d'un bar. Il m'a simplement fait comprendre qu'il était au courant. Nous n'avons même pas eu besoin d'en discuter, nous connaissions tous les deux les termes du pacte. S'il parlait, à un flic, à un journaliste, à n'importe qui, alors je risquais la prison, moi et toute ma famille, et cela revenait à laisser à l'abandon la propriété d'Arcanu. Cervone m'a simplement demandé de lui laisser bâtir quelques hectares, de rénover les Euproctes en agrandissant le restaurant, en construisant des sanitaires supplémentaires, des chalets finlandais, des bungalows, une paillote sur la plage de l'Oscelluccia, quelques terrains qui continuaient de m'appartenir, mais qu'il exploitait. Pour celui de la marina *Roc e Mare*, il l'avait acheté, mais demandait, disons, ma protection. Entre l'honneur de la famille et quelques hectares bétonnés, il savait pour quel choix j'opterais.

— Si ce n'est pas du chantage, ça porte quel nom ?

— Une négociation. Cervone savait qu'il ne risquait rien de moi. Il était le fils de mon meilleur ami.

— Alors ce n'est pas toi qui l'as fait assassiner ?

Cassanu roula des yeux étonnés. Ils avaient atteint la cour d'Arcanu, et le chêne projetait sur eux son ombre disproportionnée.

— Non. Pourquoi aurais-je commandité un tel meurtre ? Cervone Spinello était ambitieux, peu scrupuleux, avec le sens des affaires plus que de la terre, mais il aimait la Corse, à sa façon. D'une autre façon, d'une autre génération. Peut-être même que pour le béton, c'est lui qui avait raison.

Clotilde ne releva pas. Son Papé était comme les autres, au fond. Un homme qui avait laissé filer en chemin ses illusions… Parce que le monde tournait trop vite, une gigantesque machine à essorer les utopies. Elle hésita, puis renonça, dans l'immédiat, à donner davantage de détails sur sa version : Cervone Spinello qui dévisse l'écrou de la rotule de direction de la Fuego parce qu'il est persuadé que ce soir-là, Paul et Palma Idrissi ne la prendront pas, qu'ils monteront comme prévu par le sentier dormir à la *Casa di Stella*. Parce que celui qui doit conduire la voiture ce soir-là, même si aucun adulte n'est au courant, c'est Nicolas. Nicolas accompagné de Maria-Chjara. C'est eux dont l'assassin voulait se débarrasser. Par envie, par jalousie, par dépit. Cette hypothèse, ni Cassanu, ni aucune personne de plus de dix-huit ans n'aurait pu l'échafauder. Les secrets d'un groupe d'ados sont plus difficiles encore à percer que ceux d'un village corse frappé d'omerta.

Ils traversèrent lentement la cour de la bergerie, contournant les parterres d'orchidées plantés par Lisabetta. Contrairement à ce que Clotilde avait cru, Cassanu ne se précipita pas vers la cuisine, mais s'assit sur le banc, celui sur lequel elle s'était endormie avant l'accident, il y a vingt-sept ans.

Non, continuait-elle de raisonner, personne n'aurait pu deviner ce qui s'était joué dans ce groupe d'adolescents, cet été-là. Personne, aucun témoin, aucun adulte.

A moins que...

Clotilde regardait Cassanu respirer lentement sur le banc. Papé ressemblait à un chat. Un gros chat endormi, qu'on croit fatigué, amorphe, incapable du moindre effort, et qui pourtant réagit et bondit au moindre signe de danger. Rapide, précis, sans pitié.

Lisabetta était sortie de la bergerie et s'approchait, inquiète. Speranza demeurait sur le seuil, vigilante.

— Ça va, Cassanu ?

Le vieux Corse ne répondit pas, il fermait doucement les yeux, laissant le soleil le pousser au sommeil, mais oui, confirma-t-il d'un signe de tête, ça allait. Une canne, un chapeau, sa bergerie, son chêne, sa tribu.

A moins que...

Les pensées de Clotilde s'affolaient.

Elle se tenait là, à la place de Cassanu, quelques minutes avant l'accident. Elle s'était endormie, elle écoutait la Mano Negra, elle avait griffonné quelques derniers mots, avant que son père ne la force à monter dans la Fuego...

A moins que...

Aucun adulte n'aurait pu deviner les drames qui se jouaient parmi les adolescents, cet été 89.

A moins que l'un d'eux n'ait lu son journal !

Mamy Lisabetta s'avança, passa une main sur son épaule, rassurée par l'état de santé de son mari. Elle se pencha vers l'oreille de sa petite-fille, comme si elle avait un secret à lui confier. Comme si elle avait lu dans ses pensées.

— Le soir de l'accident, ma chérie, sur ce banc, tu avais oublié ton cahier. Eh bien...

Elle n'eut pas le temps de continuer, le téléphone de Clotilde vibra dans sa poche.

Franck !

Enfin.

Clotilde s'éloigna d'un mètre.

— Franck. Tu es rentré ?

La voix de son mari était hachée, haletante. On aurait pu croire qu'il avait couru ou que le vent soufflait autour de lui. Ils ne s'étaient pas parlé depuis deux jours mais il ne s'embarrassa d'aucun bonjour.

— Valou est avec toi ?

— Non, pourquoi ?

— Je suis aux Euproctes, à l'accueil, avec Anika. Tu as laissé un message, tu as demandé à Valentine de monter à Arcanu, en urgence.

Le sol se déroba sous ses pieds. Clotilde se retint au banc pour retrouver son équilibre.

— Ce n'est pas moi, Franck ! Je n'ai jamais rien envoyé.

— Ton grand-père alors ? N'importe qui à Arcanu.

— Je ne sais pas, c'est étrange. Attends, je vais demander.

Clotilde se planta devant Lisabetta, mais avant même qu'elle puisse l'interroger, sa grand-mère parvint à terminer sa phrase.

— Le soir de l'accident, ton cahier. C'est moi qui l'ai ramassé.

59

Le 23 août 2016

La Fuego progressait doucement sur le chemin étroit et caillouteux, fouettée par les épines de pin. Presque chaque mètre, une branche pendante griffait la carrosserie, laissant de longues écorchures de fer parfumées de résine. Les frères Castani n'auraient pas apprécié la façon dont il traitait la pièce de collection qu'il venait d'acheter.

Plus vraisemblablement, ils s'en foutaient.

Lui aussi.

19 h 48

Dans quelques heures, pour ce qu'il en resterait, de la carrosserie...

Dans une heure et quatorze minutes, très exactement.

Même voiture.

Même instant, à la minute près.

Même lieu.

Mêmes passagers.

Mêmes cadavres, quand les policiers les retrouveraient. Défigurés.

Puisqu'il fallait en terminer, autant que ce soit avec panache. Autant conclure ce drame comme il avait commencé, histoire de prendre une revanche sur le destin, de le narguer, de boucler la boucle, de refermer le coffre à double tour et de le plonger tout au fond de la Méditerranée.

Il s'assura en vérifiant dans le rétroviseur qu'on ne pouvait pas apercevoir la voiture, ni de la route D81, ni du sentier de randonnée qui passait quelques mètres plus haut ; le chemin n'était utilisé que par des engins de chantier d'une carrière de lauzes, aujourd'hui fermée. Aucun touriste ne viendrait s'aventurer ici. Encore moins quelqu'un du coin. Il avait eu le temps de repérer les lieux. Il avait eu vingt-sept ans pour ça.

20 h 03

Il allait attendre ici l'heure H, tranquillement, calmement, sereinement. Et si les filles s'ennuyaient, il avait prévu de la lecture.

Pour Valentine surtout.

Il choisit l'ombre d'un grand pin laricio, coupa le contact, serra le frein à main, puis pivota vers sa droite.

— Avant-dernière étape, madame Idrissi. J'espère que vous allez apprécier. J'ai tout organisé, vraiment tout, pour que vous ne soyez pas déçue.

Bien entendu, Palma Idrissi ne lui répondit pas. Il se pencha vers la passagère assise à côté de lui sur le fauteuil.

— Excusez-moi, Palma.

Il détacha sa ceinture, ouvrit la boîte à gants, en sortit un sac plastique et se retourna. Valentine, à l'arrière de la voiture, mains ligotées, corps sanglé, bouche bâillonnée avec un sparadrap hydrophile couleur chair qui lui faisait un visage sans lèvres, roulait des yeux furieux qui peinaient à dissimuler une panique intense.

— Je n'ai pas eu le temps de faire de paquet-cadeau, mais vous pouvez l'ouvrir, Valentine.

Maladroitement, de ses mains liées, l'adolescente extirpa du plastique un cahier bleu délavé aux pages jaunies et gondolées.

467

— Honneur à la benjamine ? Vous êtes d'accord, Palma ? D'ailleurs, le contenu de ce journal, vous le connaissez déjà, n'est-ce pas ?

Palma Idrissi ne répondit pas davantage.

— Tu peux bouger les poignets, Valentine. Les yeux aussi. Alors je suis certain que tu vas adorer ce livre. On rêve tous de ça, non ? Entrer dans les pensées de sa mère.

Ta mère quand elle avait ton âge, ajouta-t-il dans sa tête.

Valentine hésitait, ses doigts se crispaient sur le cahier fermé, mais il était certain que dès qu'elle baisserait les yeux, dès qu'elle reconnaîtrait l'écriture de sa mère sur la couverture, alors, elle ne résisterait pas à l'envie de l'ouvrir. Dès les premières lignes qu'elle lirait, elle saurait que ce cahier était bien celui de Clotilde, même s'il avait été écrit des années avant qu'elle naisse.

Après tout, elle aussi avait le droit de savoir.

De savoir qui était sa mère. De savoir qui était sa grand-mère.

Avant de plonger.

Avant de couler.

Comme tout le reste, comme cette voiture, comme ce cahier.

Comme ses trois passagers.

60

Le 23 août 2016, 20 heures

— Franck ? Franck ! Tu es toujours là ?

Clotilde haussa le ton. Le son semblait lointain, comme si son mari voguait toujours au large sur un voilier, répondait au téléphone tout en remontant d'une séance de plongée, à moins que ce soit ici, à Arcanu, au milieu du maquis, que le réseau ne passe que par intermittence.

— Franck ! Personne n'a envoyé de message à Valou. Ni moi, ni Papé, ni Mamy. Personne ne lui a demandé de monter à Arcanu !

— Nom de Dieu !

— Qu'est-ce que ça veut dire, Franck ? Valou n'était pas avec toi ?

— J'étais... j'étais parti prendre une douche, quinze minutes à peine. L'assassinat du directeur du camping avait chamboulé Valentine. Elle voulait parler à Anika, lui dire qu'elle aimait bien Spinello, lui présenter ses condoléances, tu vois... Elle était assez mal à l'aise. Quand je suis sorti, elle avait disparu. Anika m'a parlé de ce message. Je t'ai appelée.

Le banc, le chêne, la cour et toute la bergerie tournaient. L'île dérivait. Toute la montagne semblait glisser dans la Méditerranée.

— C'était il y a combien de temps ? Elle est peut-être en route ? Quelque part sur le sentier ? A traîner ?

La voix de son mari descendit encore. Dans le souffle continu qui perturbait la conversation, elle ne l'entendait presque plus. Elle dut coller le combiné à son oreille.

— Elle n'est pas sur le sentier, Clotilde.

— Qu'est-ce que tu en sais ?

— Je sais où est Valou.

J'ai bien entendu, là ? Il se fout de ma gueule ?

Clotilde hurla. Par le tam-tam de l'écho des montagnes, peut-être que ses mots parviendraient plus vite jusqu'à son mari qu'à travers les deux téléphones connectés.

— Quoi ? Qu'est-ce que tu racontes, bordel ?

Lisabetta se tenait debout à côté, suspendue à la moitié de conversation. Cassanu, toujours assoupi, n'avait rien entendu du cri poussé par sa petite-fille. Speranza était rentrée dans la bergerie.

— Valou se trouve à dix kilomètres d'ici ! Quelque part dans la forêt de Bocca Serria, au-dessus de Galéria.

Un instant, Clotilde crut que son mari avait enlevé Valentine. Qu'il la retenait prisonnière au milieu du maquis, comme jadis sa mère. Qu'il la menaçait, qu'elle ne reverrait jamais sa fille. Elle laissa exploser sa colère, les montagnes tremblèrent une nouvelle fois.

— Merde, explique-toi !

A l'autre bout du téléphone, elle sentait que Franck bafouillait, comme s'il hésitait à lui avouer un secret douloureux. Qu'un dilemme le tiraillait sans qu'il parvienne à le trancher. Devant elle, Lisabetta la regardait, inquiète. Elle avait vaguement compris que Valentine avait disparu.

— Qu'est-ce qu'elle fout là-bas ? répéta Clotilde. Comment sais-tu qu'elle est dans cette forêt ?

Le vent souffla, dans le vide, avant qu'il ne porte quelques murmures jusqu'à son oreille.

— J'ai... j'ai placé un mouchard dans son téléphone...

Un Spytic… Un logiciel espion qui permet de la suivre, de localiser en permanence ses coordonnées géographiques. (Le timbre de sa voix baissa encore, comme celle d'un gosse pris en faute. Seuls des lambeaux de mots lui parvenaient.) Au cas où… où il lui arriverait quelque chose… Je suis… Tu me connais… Je suis toujours inquiet… pour Valou… Je ne t'en ai pas parlé, tu n'aurais pas été d'accord… Mais c'est ce qui s'est passé, Clo… Il lui est arrivé quelque chose.

Comme un soleil qui surgit sans prévenir de derrière un nuage, tout s'éclaira dans la tête de Clotilde. Une révélation. Elle ressentit d'abord une violente décharge de haine, mais presque immédiatement balayée par un immense soulagement.

— Ton Spytic… tu en as installé un dans le mien aussi ?

— …

— Je m'en fous, Franck, on n'a pas de temps à perdre avec ça. Je veux juste savoir : tu as aussi collé un mouchard dans mon portable, c'est comme cela que tu m'as retrouvée, il y a trois nuits, dans le maquis ?

— Oui…

Elle ferma les yeux et serra les dents, pour éviter qu'un flux d'injures acides ne jaillisse dans sa gorge.

— Appelle les flics, Franck ! Appelle les flics et file-leur les coordonnées de ton putain de logiciel espion ! Qu'ils bouclent le quartier, qu'ils bouclent la forêt de Bocca Serria. Qu'au moins ta saloperie serve à ça. J'arrive, je redescends aux Euproctes. Tu es où ?

Mais son mari avait déjà raccroché.

Lisabetta se tenait toujours devant elle. Sans rien dire. Sans rien demander. Attendant seulement qu'on ait besoin d'elle, tel un objet bien rangé, utile, à sa place, qu'on sait où trouver. Solide, à peine usée, seulement un peu voûtée.

En contraste avec le calme de sa grand-mère, Clotilde paniquait. Ses mains s'affolaient, elle hésitait entre courir vers la Passat et prendre quelques secondes pour faire le point. Tout allait trop vite, tout se bousculait. Elle n'avait pas le temps de mettre en ordre toutes les informations qu'on lui livrait, sa mère, sa fille, disparues, mais vivantes ; du moins elle l'espérait. Elle devait recueillir le maximum d'indices, des faits, des faits, des faits, peut-être que tout s'organiserait d'un coup, au bon moment.

Cassanu s'était doucement réveillé, relevait son chapeau et se laissait éblouir par le soleil rasant, sans comprendre l'agitation autour de lui.

Clotilde plaça ses mains en étau sur celles de sa grand-mère.

— Mamy, ce cahier, mon journal intime, puisque c'est toi qui l'as ramassé, qui l'a gardé ? Il faut me dire, Mamy, c'est important. A qui d'autre l'as-tu montré ? Qui d'autre l'a lu ?

Ses mains voulaient s'échapper, comme deux papillons prisonniers.

— Je... je ne sais pas, ma chérie.

— Tu ne l'as montré à personne ?

— Non.

— Donc... tu... tu es la seule à l'avoir lu ?

Des larmes perlaient au coin des yeux noirs de la vieille femme. Son rimmel coulait, la rendant tragiquement belle. Pour la première fois, ils exprimèrent une colère.

— Mais pour qui me prends-tu, ma petite fille ? Je l'ai ramassé, ton journal, bien entendu. Mais je ne l'ai pas ouvert ! Il était à toi. Rien qu'à toi. Je l'ai rapporté aux Euproctes, dans votre bungalow, avec le reste de tes affaires qui étaient restées à Arcanu, quelques habits, des livres, un sac. Tu étais à l'hôpital. Impossible de t'apporter tout ça là-bas.

— Quand je suis ressortie de la clinique, Mamy, on m'a emmenée directement sur le continent. Je ne suis jamais repassée au camping.

— Je sais, ma chérie, je sais... Basile Spinello devait rassembler toutes tes affaires restées au bungalow.

Maintenant, c'étaient les mains de Clotilde qui tremblaient, celles de Lisabetta s'étaient calmées, apprivoisées.

— C'est ce qu'il a fait, Mamy. (Elle marqua un silence.) Basile m'a tout rapporté. Sauf le cahier.

61

Le 23 août 2016

D'un coup de talon, il écrasa le téléphone portable contre un long caillou plat. Même s'il ne connaissait rien à toute cette technologie, il avait vu suffisamment de séries policières pour se douter qu'un téléphone portable, même éteint, suffisait à les localiser. Avec plus ou moins de précision. Et cela devait prendre un certain temps.

Il ne s'était pas précipité. Pendant que Valentine lisait le journal de sa mère, mains nouées, bouche cousue, yeux mouillés, il avait longuement détaillé le contenu du téléphone portable de l'adolescente.

Quelle déception ! Il n'avait rien appris.

Il avait ouvert le journal des messages envoyés et réceptionnés, lu les textos échangés, affiché les photos archivées, écouté quelques extraits de musiques téléchargées. Il s'était immergé quelques minutes dans l'univers de cette fille de quinze ans, sans rien y trouver. Pas un mot de trop balancé contre ses parents. Pas un centimètre de peau de trop dévoilé sur les photos. Pas une bouteille en arrière-plan, pas de petit copain à exciter, pas de copine à faire enrager.

Une jeune fille sage.

Bien dans sa peau. Bien comme il faut.

Sans haine, sans problème, comme si la vie était juste un

cadeau offert par un bienfaiteur anonyme, à déballer, à apprécier, sourire, dire merci, souffler les bougies sans mélancolie, croire que le père Noël sera toujours là, avec maman et papa, un bon Dieu ou un Bouddha. Une adolescence sans fissures, sans fêlures. Le contraste avec le cahier de sa mère, rédigé au même âge, était saisissant !

Une simple question de technologie ? s'interrogea-t-il. Après tout, un portable sert à se connecter au monde, un journal intime à s'en protéger.

Une simple question de génération ?

Il ramassa une pierre et l'écrasa sur ce qui restait du Samsung. Cette fois, il était certain que si on cherchait à le localiser avec cet appareil, le dernier signal envoyé serait celui de cette forêt.

Ne plus traîner, filer maintenant.

Il jeta un œil vers les portières verrouillées de la Fuego, observa par les vitres le visage des deux femmes, Palma et Valentine. Leur ressemblance était frappante. Grandes, fines, droites. Elles partageaient cette beauté classique, ce port de tête, ce regard fier, cette assurance princière que les années, les rides et les kilos n'altèrent pas. Elégantes, attirantes, rassurantes.

Sur ce plan également, le contraste avec Clotilde était saisissant ! Clotilde Idrissi était jolie, elle aussi, mais son charme tenait presque aux qualités inverses. Petite. Energique. Anticonformiste.

Peut-être, s'amusa-t-il à imaginer alors qu'il jetait la pierre au loin, que le sorcier qui mélange les gènes à la naissance n'a qu'un seul stock par famille, alors il doit répartir au mieux les ingrédients, entre parents et enfants, entre frères et sœurs, le temps de faire mijoter à nouveau sa potion. Ainsi, la génétique, souvent, saute une génération.

Il marcha vers la Fuego tout en continuant de penser à la fille, la mère et la grand-mère. Clotilde n'avait jamais su communiquer avec sa mère, c'était inscrit dans son journal.

Elle n'y parvenait pas davantage avec sa fille, il l'avait suffisamment observée pour l'affirmer.

Sacrée ironie…

Car la grand-mère et la petite-fille, elles, se seraient aimées, appréciées, comprises. Ça crevait les yeux !

Dommage…

Dommage que leur rencontre se résume à deux heures passées dans une Fuego rayée et cabossée, la bouche trop bâillonnée pour s'embrasser, les mains trop ligotées pour pouvoir se serrer l'une contre l'autre.

Il s'égarait. Il ne devait plus tarder à quitter ce lieu.

Il ouvrit la portière de la Fuego.

20 h 34

Parfait, il serait ponctuel au rendez-vous.

Il observa une dernière fois Valentine, assise à l'arrière. Elle continuait de tourner les pages du journal intime de sa mère, mais sans les lire. L'adolescente ne parvenait plus à distinguer les lignes, des larmes coulaient le long de ses yeux. Est-ce que ce cahier l'aiderait à enfin aimer sa mère ? Ou plus encore, à la détester ?

Peu importait.

Valentine n'aurait jamais l'occasion de lui avouer.

Il ouvrit la portière.

Personne ne bougea.

— Il est l'heure, madame Idrissi. Nous avons rendez-vous à la corniche de la Petra Coda.

62

Le 23 août 2016, 20 h 40

Clotilde se tenait debout devant la Passat, énervée, cherchant désespérément les clés de la voiture au fond de son sac. Tout se bousculait dans sa tête, elle ne savait même pas où aller lorsqu'elle aurait tourné le contact. Foncer à la gendarmerie ? Aux Euproctes ? Suivre la route en espérant y croiser Valentine ? Sa mère ? Elle ne parvenait pas à mettre en ordre toutes les pièces du puzzle, elle avait confusément l'intuition que le drame de l'été 89 s'était joué autant entre les adultes qu'entre les adolescents, deux cercles séparés ; et que ce vieux cahier était le seul lien entre les deux.

Ecrit par une ado, elle, contenant tout ce qu'elle avait observé, noté, oublié depuis.

Lu par un adulte. Volé par un adulte qui avait découvert dans ces pages une vérité, sa vérité. Il avait trouvé une clé dans le bordel de ce journal. Dans celui de son sac, elle en était incapable ! Elle pestait comme une idiote devant la portière fermée de sa voiture, à en pleurer. Quelle débile ! Où était fourré ce fichu trousseau ?

Le téléphone vibra.

Au moins, lui, elle savait où le trouver.

— Clotilde ? C'est Anika ! Quel malheur, quel malheur.

Anika renifla, articula quelques mots entre deux sanglots.

— Cervone, ce matin, abattu. Votre fille, maintenant, disparue.

Les pleurs la submergeaient. L'ex-véliplanchiste craquait ; la patronne sur tous les fronts, qui tenait le camping des Euproctes de sa seule force, de sa seule foi dans le sens de l'accueil, perdait pied.

— Vous êtes aux Euproctes, avec Franck ?

— Heu... non... Je suis seule, à l'entrée du camping.

— Où est Franck ?

— Je ne sais pas.

— Parti chercher les flics ?

— Je ne sais pas... peut-être qu'il leur parle, les flics sont... sont déjà là. Depuis ce matin... A cause de Cervone... (Les sanglots redoublèrent.) Je sais que vous ne l'aimiez pas, Clotilde, que vous ne l'avez jamais aimé... mais Cervone méritait mieux que...

— Vous m'appelez pour me parler de votre mari ? coupa sèchement Clotilde.

Elle avait enfin retrouvé ses clés. Elle devait foncer. Ne pas laisser la ligne occupée.

Anika répondit sans animosité. Le sens de l'accueil, malgré tout, jusqu'au bout.

— Non, Clotilde. Non, je vous appelle car je me suis souvenue d'un détail.

Le cœur de Clotilde battait à se rompre, la clé de contact se bloqua dans la portière de la Passat.

— Tout à l'heure, le message à l'accueil, pour attirer Valentine à Arcanu, c'était un simple bout de papier, griffonné, signé de votre nom. J'aurais dû me méfier, vérifier... mais mon Dieu je suis si chamboulée...

— C'était quoi, ce détail, Anika ?

— Un peu avant, ou un peu après qu'on a déposé ce mot, une voiture était garée devant le camping. Elle a ralenti, elle s'est arrêtée, elle a attendu quelques minutes. Sur le moment ça ne m'est pas revenu. Je viens seulement de faire le rapprochement.

Clotilde ouvrit la portière, enfonça la clé dans le contact, prête à démarrer dès qu'Anika aurait fini de parler.

— Cervone m'avait tout raconté, continuait la gérante du camping. Tant de fois... Mais c'était il y a si longtemps. Cela m'a juste intriguée, comme une association d'idées qui ne veut pas s'emboîter, puis j'ai découvert le message, puis Valou est arrivée, j'ai oublié.

— Qu'est-ce qu'elle avait cette voiture, Anika ?

— C'était une Fuego. Rouge. Comme celle dont Cervone m'a parlé toutes ces années. Comme celle dans laquelle vos parents et votre frère ont perdu la vie.

~

Clotilde tourna le contact, le moteur de la Passat gronda, mais elle n'enclencha pas la marche arrière, n'appuya pas sur l'accélérateur. Point mort ! Trois alertes clignotaient dans son cerveau, trois sirènes, hurlantes, formant un triangle de feu.

Une Fuego rouge d'abord.

Des coordonnées géographiques ensuite, celles du mouchard dans le portable de Valou, Franck avait parlé de la forêt de Bocca Serria, quelques kilomètres au-dessous de la Petra Coda.

Sa mère et sa fille, enfin.

Tout convergeait vers la même évidence : quelqu'un avait délibérément emprunté une voiture identique à celle de ses parents, y avait fait monter sa mère et sa fille, et se rendait à la corniche de la Petra Coda.

Clotilde ignorait qui, comment, pourquoi, mais elle était certaine que cela se passerait là-bas. Elle fixa avec angoisse l'heure sur la pendule du tableau de bord.

20 h 44

Quelqu'un, un fou, un malade, se dirigeait vers le ravin de

la Petra Coda pour que tout se déroule exactement comme il y a vingt-sept ans. Un 23 août. Sans elle, mais avec une autre fille de quinze ans assise à l'arrière. Sa fille !

Elle repensa à la corniche, dix jours plus tôt. Les bouquets de serpolet. Franck et Valou qui s'en fichaient, les voitures qui les rasaient sur la route étroite. Elle en était maintenant persuadée, ce détraqué y serait à 21 h 02 précises. Pour balancer la Fuego par-dessus le parapet.

Reculer. Rouler à fond. Alerter tous ceux qu'elle pourrait joindre.

Il fallait qu'il y ait du monde là-bas. Avant qu'il y soit. Avant qu'elle y soit.

Dans dix-huit minutes exactement.

Elle avait à peine le temps.

Par réflexe, elle leva les yeux dans le rétroviseur. Et pila !

Cassanu attendait, debout derrière elle, blanc et ridé, la canne pointée, chapeau relevé, tel un Gandalf déboussolé. Elle eut l'impression qu'il avait tout entendu. Tout compris lui aussi. Elle le supplia presque.

— Pousse-toi, Papé…

— Je veux venir.

— Dégage. Tu as déjà fait assez de conneries.

Les pneus de la Passat firent voler des graviers. Cassanu eut à peine le temps de s'écarter pour ne pas se faire renverser par la voiture qui reculait. La seconde suivante, le véhicule disparaissait dans un nuage de terre sèche. Elle se contenta d'un dernier regard dans le miroir. Cassanu se tenait toujours debout, comme enraciné, comme s'il n'allait plus jamais bouger, comme si tout ce qu'il espérait désormais, c'est être rendu à la nature, devenir un arbre, un caillou ; n'être plus qu'un objet inoffensif, comme sa femme Lisabetta l'avait toujours été.

480

La route jusqu'à la Revellata, puis quelques kilomètres plus loin, la corniche de la Petra Coda, se résumait à une interminable succession de lacets. Clotilde pesta contre le détour de plusieurs kilomètres qu'il fallait suivre par la route bitumée pour sortir d'Arcanu et rejoindre la départementale des Euproctes, alors qu'à vol d'oiseau, par le sentier, la distance n'était que de quelques centaines de mètres.

20 h 46

Elle accéléra sur la très courte portion de ligne droite et pila trop à l'entrée du virage.

— Merde ! cria-t-elle, les yeux embués de larmes. Calme-toi, calme-toi. Tu iras plus vite si tu restes calme.

Sauf que sa tête menaçait d'imploser. Qui pouvait être ce fou ? Peu importait, elle devait arriver à la Petra Coda avant lui, avant eux. Et elle n'y arriverait pas seule. Sans ralentir, elle tint le volant de sa main droite et, de la gauche, sortit son téléphone. Ses yeux basculaient successivement de la route qui serpentait au numéro qu'elle tentait de composer. Pourquoi, nom de Dieu, n'avait-elle pas osé enregistrer son numéro, même sous un faux prénom ? Pourquoi s'était-elle contentée de le mémoriser !

06

Un virage, elle vira.

25

Passer en seconde, réaccélérer.

96

Personne en face, personne en dessous, trois lacets plus bas, se déporter sur la gauche, bouffer la ligne blanche, gagner quelques secondes.

59

Accélérer encore.

13

Laisser sonner.

Réponds, bordel, réponds !

Freiner, perdre du temps, repasser en première.

— Merde, merde, merde. Réponds !

Accélérer à nouveau.

Hurler un message.

Natale ! Natale, écoute-moi. Ils ont enlevé ma fille. Je ne sais pas qui. Je ne sais pas pourquoi. Ils ont enlevé Palma aussi. Je sais juste qu'ils se rendent à la corniche de la Petra Coda. Dans une Fuego rouge. Pour les tuer, Natale. Pour plonger dans la Méditerranée. Tu es tout près, Natale. Tu es tout près, tu peux arriver le premier.

Profitant de la dernière ligne droite avant de rejoindre la départementale, elle raccrocha et, un instant, se déconcentra.

Elle écrasa le frein au dernier moment.

— Meeeerde !

Cassanu Idrissi était planté au milieu de la route ! Ce vieux fou avait coupé par le sentier. Il tremblait, voûté, appuyé sur sa canne, tel un marathonien qui a puisé dans les forces qui lui restent. Elle prit sa décision en un éclair : elle mettrait plus de temps à éviter de rouler sur le vieillard planté au milieu de la route qu'à le laisser monter.

Elle se pencha, ouvrit la portière.

— Bordel ! Tu crois que tu n'en as pas assez fait ? Allez, monte !

20 h 50

Elle avait perdu une trentaine de secondes. Cassanu s'assit mais ne répondit pas. Il reprenait son souffle, haletait, toussait, comme si son cœur allait exploser. Manquerait plus qu'il claque sur le fauteuil passager ! Papé avait dû courir dès que la Passat avait disparu, cavaler, sans écouter les cris de Lisabetta, dévaler le sentier dont il connaissait chaque secret, chaque pierre, chaque glissade.

Les lacets de la route continuaient de défiler. Petit à petit, le vieux Corse reprenait une respiration normale, à l'inverse du moteur de la voiture, qui semblait chauffer. Une odeur de caramel brûlé se répandait par les fenêtres ouvertes.

Les freins ? Les pneus ? La boîte de vitesse ?

Peu importait, la voiture tiendrait bien huit kilomètres.

— Clotilde, je crois que ta mère ne s'est pas sauvée.

Un peu tard, Papé, pour les regrets...

Elle braqua sèchement à gauche alors que la Passat se rapprochait du bord, déportée par la vitesse et frôlant sur plusieurs mètres le parapet de pierre qui les séparait du précipice.

Je crois... je crois qu'elle a été enlevée.

Le téléphone sonna. Les pneus crissèrent.

Natale ?

Franck ?

Clotilde décrocha alors que la voiture fonçait droit vers le vide.

— Virage à droite, fit doucement Cassanu. Deux cents mètres, cent vingt degrés.

Elle tourna in extremis. Finalement, le vieux lui serait peut-être utile. Il connaissait par cœur chaque mètre de cette route, il pourrait lui servir de copilote, avec plus d'efficacité que le plus expérimenté des rallymens du Tour de Corse.

— Clotilde ? C'est Maria-Chjara !

De surprise, la conductrice faillit envoyer la Passat se crasher dans le mur de pierre face à elle. Elle évita de justesse un petit oratoire fleuri, une Vierge, une croix et trois fleurs en plastique ; souvenir d'une autre voiture, d'une autre vie qui un jour, une nuit, s'était éteinte ici ?

— Virage à gauche, cent cinquante mètres, épingle à cheveux.

— Maria ?

— J'ai repensé à notre conversation. Les mensonges de Cervone Spinello. Cette histoire de direction sabotée.

— Oui ?

— Virage à droite, serré, cent mètres, cent soixante degrés.

— En réalité, Cervone n'a pas vraiment inventé son histoire.

Des éclairs zébraient le cerveau de Clotilde. Maria-Chjara revenait sur sa déposition. Cervone, le coupable idéal, se retrouvait assassiné d'abord, innocenté ensuite. Des éclairs suivis d'un coup de tonnerre. Cervone innocenté, c'est son frère Nicolas qui redevenait le coupable idéal ?

— Vous m'aviez affirmé que...

— J'y ai repensé depuis. J'ai cherché à me souvenir de chaque minute du 23 août 1989, de chaque mot, chaque geste...

— Légère chicane à gauche, cent cinquante mètres. Quatre-vingts degrés.

— Chaque geste, Maria ? Si longtemps après ?

— Ecoutez-moi, Clotilde, écoutez-moi. Toutes ces années, j'étais persuadée que la mort de Nicolas, de vos parents, était un accident. Mais s'il faut chercher un meurtrier, si quelqu'un a saboté la voiture que l'on devait emprunter ce soir-là, votre frère et moi, si quelqu'un voulait nous tuer tous les deux, cela ne peut pas être Cervone. Ce n'est pas lui qui crevait de jalousie.

— Chicane à gauche ! hurla Cassanu.

Clotilde braqua au dernier moment sans lâcher le téléphone, mordant sur le bord de la route, projetant des graviers et ratissant sur trois mètres, dans une pluie d'ombrelles jaunes, le rideau continu de férules poussant au creux du talus. La sueur perlait sur son front.

— Je n'ai aucun doute, continuait Maria-Chjara. Je me souviendrai toute ma vie de ses yeux posés sur moi et Nicolas le jour de l'accident, plage de l'Oscelluccia, le soir, après minuit, quand tout le monde était parti sauf lui. Puis ce même regard le lendemain du drame, posé seulement sur moi. Aujourd'hui j'ai compris. C'est... c'est parce qu'il voulait nous tuer... Parce qu'il venait de tuer Nicolas.

— Ligne droite, quatre cent cinquante mètres, vas-y...
Tu peux foncer.

— Qui, Maria ? Qui a posé ainsi les yeux sur toi ?

Clotilde entendit un rire au téléphone. Un rire de cinéma
mal interprété. Maria-Chjara évacuait elle aussi toutes les
années passées à porter une culpabilité qui ne disait pas son
nom. Elle avait rendu un type jaloux, jaloux au point d'en
faire un assassin.

— Tu pourrais t'en souvenir, toi aussi, Clotilde, tu te souviens forcément de lui. De ses yeux. Même si, le plus souvent,
tu n'en voyais qu'un seul des deux.

63

Le 23 août 2016

20 h 52

Les lacets défilaient presque au ralenti. La Fuego respectait scrupuleusement les limitations de vitesse, son conducteur n'éprouvait ni le besoin d'accélérer, ni celui de ralentir, il avait programmé le GPS et il savait que s'il ne commettait aucun excès, s'il suivait à la lettre les indications de la voix de robot qui le guidait, alors à très exactement 21 h 02 la Fuego atteindrait le premier virage de la corniche de la Petra Coda.

Dans neuf minutes, tout serait fini.

Un peu plus tôt que prévu pour lui.

Son médecin parlait plutôt de neuf mois.

~

La Passat se rapprochait de la départementale 81. La route serpentait moins, s'éloignait un peu du littoral, Clotilde parvint à accrocher une cinquième vitesse, à frôler les cent kilomètres/heure, le temps de quelques centaines de mètres, avant de rétrograder.

Elle avait coincé le téléphone portable entre ses cuisses.

— C'est Hermann ! cria Clotilde dans l'habitacle. Cet enfoiré de cyclope !

Cassanu se tourna vers elle.

— Hermann Schreiber ?

Clotilde ne quittait pas la route des yeux.

— Oui, c'est lui qui les a tués. Qui va recommencer dans moins de dix minutes si on n'arrive pas à temps. Qui a enlevé Valou et maman.

— Impossible…

20 h 53

— Oh non, Papé, pas impossible ! J'ai eu ce salaud d'Hermann Schreiber hier au téléphone et…

Son grand-père posa une main sur sa cuisse.

— C'est impossible, Clo. Je t'assure. Tu n'as pas pu parler hier à cet Allemand. (Il prit une longue inspiration.) Hermann Schreiber est mort, en 1991, dix-huit mois après l'accident de tes parents. Il n'avait pas vingt ans.

∼

20 h 54

La Fuego passait devant la falaise de Capo Cavallo, six kilomètres au sud de la Revellata.

Arrivée à 21 h 02, indiquait le GPS collé sur le pare-brise.

L'écran du logiciel de navigation dessinait en version miniature et stylisée le paysage qui s'ouvrait. Une mer bleu électrique, une montagne vert kaki, un ciel café crème.

Une représentation à la fois fade et criarde, aussi laide, pensa Jakob Schreiber, que la réalité était sublime. Devant lui se détachaient la Revellata, le phare, la citadelle de Calvi, que le soleil couchant faisait rougir comme une fille que la timidité embellit. Il ralentit un peu pour profiter quelques secondes du panorama. Tant pis pour le respect précis du chronomètre du GPS, il rattraperait son retard en accélérant après la punta di Cantatelli. Ce paysage était sûrement la seule chose sur cette terre qu'il regretterait.

La route tourna à nouveau vers la montagne, longeant un

maquis sec et des vaches maigres. Il accéléra. Au fond, penser en termes de regrets aux prochaines minutes, au grand saut, était stupide. Même si Clotilde Idrissi n'était pas revenue il y a cinq jours pour rouvrir les plaies à peine cicatrisées, cet été 2016 aurait été le dernier. De toutes les façons, le plus vieux résident du camping des Euproctes aurait tiré sa révérence, ici, en Corse, plutôt que de crever à petit feu dans la Klinikum de Leverkusen. Autant se faire sauter la caisse dans un décor de paradis, puisque personne ne pouvait être certain qu'il en existe un après la mort.

Neuf mois maximum, avait affirmé son médecin.

La première alerte, la première tumeur, s'était glissée un peu au-dessus de son foie il y a huit ans. On lui avait nettoyé l'œsophage comme on débouche une gouttière au karcher, mais la pluie acide avait continué de tomber, sur le pancréas, le poumon, l'estomac. La tumeur avait gagné. Il pensait même qu'elle triompherait avant, il avait toujours cru qu'il ne survivrait pas plus de cinq ans à sa retraite, quand le comptable de Bayer lui avait annoncé qu'il toucherait une prime de 300 marks par mois dès qu'il quitterait l'entreprise, pour exposition pendant toute sa carrière aux produits infectants, solvants, polluants. Il avait tenu près de quinze ans, il était cadre, il surveillait les chaînes de fabrication à travers des écrans. Heureusement pour Bayer, quand ils partaient en retraite, les ouvriers employés à la manutention des produits et au nettoyage des cuves coûtaient moins cher que lui à l'entreprise.

Il jeta un coup d'œil dans le rétroviseur, se demandant si les passagères se doutaient de ce qui les attendait. Palma avait compris, forcément : la Fuego rouge, la destination affichée sur le GPS, sa fille à l'arrière, les indices étaient explicites. Valentine avait sûrement réalisé elle aussi, elle était au courant de tout maintenant, elle avait lu le cahier de sa mère. Elles demeuraient calmes pourtant. Mais que pouvaient-elles faire d'autre, attachées tels deux sapins de Noël dans un filet ? Seulement espérer que cette balade ne soit que du bluff, une mauvaise blague, une mise en scène... ou que, depuis 1989, le parapet de la corniche de la Petra Coda ait été renforcé.

Il arrivait en vue de la baie de Nichiareto, Jakob Schreiber maintenait sa vitesse de croisière. Ces derniers jours, la relecture du journal de Clotilde, page après page, avait ravivé les braises de sa haine, même si, au fil des années, jamais elle ne s'était complètement éteinte.

Son fils, Hermann, n'était responsable de rien.

Tout était de la faute de Maria-Chjara, de Nicolas, de Cervone, d'Aurélia, de tous les autres ados de la tribu lors de cet été 89, de leur mépris, de leur égoïsme. Il n'avait rien inventé, Clotilde l'avait parfaitement décrit dans son cahier. Ce sont eux qui avaient nourri cette colère, cette jalousie, cette folie. Sans cela, rien ne serait arrivé. Son fils était un garçon gentil, sérieux, travailleur, bien éduqué. Au collège catholique de la Lise-Meitner-Schule, puis au lycée Werner-Heisenberg de Leverkusen, chez les louveteaux dès l'âge de six ans, chez les pionniers à moins de quinze, toujours une écorce à sculpter dans la main, un caillou brillant dans la poche, un brin d'herbe entre les dents.

Hermann était plus doux que la moyenne.

Il aimait la musique. Il aimait la beauté. Il apprenait le solfège, le violon, il peignait des marines, des ciels, très pâles, aux couleurs délavées, dans un atelier dirigé par un aquarelliste en retraite du musée Morsbroich. Hermann était fils unique. Il aimait se fabriquer un monde rien qu'à lui, bâtir un univers à partir de trésors ramassés au hasard ; il n'avait pas affiché sur les murs de sa chambre des posters de tennismen, de chanteurs ou de formule 1, mais les dizaines de pages d'un herbier qu'il enrichissait, mois après mois. A dix ans, il avait eu l'idée d'une collection magnifique, une collection d'étoiles, toutes celles qu'il pouvait trouver, des étoiles de mer, des étoiles dorées dont on décorait les sapins, des étoiles de shérif, des étoiles photographiées de nuit, au cœur de la forêt, des étoiles imprimées sur des drapeaux, sur des affiches, sur des romans. Hermann était un élève brillant, il avait été admis à l'Ecole polytechnique de Munich, en arts appliqués. Hermann était à la fois un artiste et un artisan. Il s'intéressait au fonctionnement des choses, la physique, la mécanique, mais était avant tout attiré par la beauté, la matérialité de la beauté, persuadé que la nature était le plus grand génie créatif que la terre ait connu, qu'elle seule parvenait à l'harmonie ultime, la perfection, que les hommes devaient se contenter de l'admirer, s'en inspirer, s'en nourrir.

Hermann était un être simple et droit.

Seul, souvent. Timide, secret, incompris, mais il ignorait le mensonge. Il ignorait le mal. Ce sont les autres, tous les autres qui lui avaient appris. Ceux de son âge. Hermann ignorait leurs codes. Hermann était trop fragile. Hermann voulait seulement être comme eux, accepté, le temps d'un été. Il ignorait leur cruauté. Sans elle, jamais Hermann n'aurait saboté la direction de cette voiture, cette voiture dans laquelle devaient monter Maria-Chjara et Nicolas. Jamais Hermann n'avait eu l'intention de les tuer, il voulait seulement se venger ; il voulait simplement que leur fugue échoue, que la voiture devienne impossible à conduire au milieu de la nuit, qu'ils finissent à pied, que Nicolas ravale sa morgue et que Maria ne se donne pas à lui. Il voulait seulement leur faire peur, leur donner une leçon. Lui qui n'avait jamais connu de fille. Il ne voulait pas que les mains de Nicolas souillent la beauté, la grâce, la perfection de ce visage, de ce corps qui l'obsédait, celui de cette petite pute de Maria-Chjara.

Jakob Schreiber fixa les rochers qui basculaient en cascade dans la Méditerranée, il avait à nouveau ralenti.

Non, bien entendu, Hermann ne voulait pas tuer Maria et Nicolas. Nicolas devait emprunter la voiture de ses parents ce soir-là, comme prévu, pour aller à la Camargue, cette maudite boîte de nuit, avec Aurélia, Cervone et lui ; Nicolas leur avait promis. Mais quelques heures plus tôt, Hermann les avait suivis. Quand ils s'étaient garés sur le parking des Euproctes, il avait entendu Maria-Chjara accepter d'accompagner Nicolas... Mais sans tous les autres abrutis du camping ! Une virée à deux. Qui tournerait court, avait seulement imaginé Hermann en s'allongeant sous la voiture. Comment aurait-il pu anticiper ce changement de programme ? Que ce serait Paul Idrissi qui se retrouverait au volant, avec sa femme et ses enfants ? Qu'il provoquerait la mort de toute une famille ? Qu'il se retrouverait dans la peau d'un assassin, alors qu'il n'avait pas dix-huit ans ?

20 h 56
Arrivée à 21 h 02
Désormais, pensa Jakob Schreiber, on pouvait programmer sa mort à la minute près.

Hermann n'avait rien dit. Les flics avaient conclu à un accident.

Hermann ne s'en était jamais remis. Il était responsable de la mort de trois innocents.

Hermann avait passé un trimestre à ne pas pouvoir mettre les pieds à l'Ecole polytechnique, cloîtré dans sa chambre, entre ses herbes et ses étoiles. Il avait fallu près de trente séances de psy avant qu'Hermann leur avoue, qu'il raconte tout, tout ce que depuis le 23 août 1989, Anke et lui avaient déjà compris.

Hermann continua à voir le psy. Il reprit le violon. Il retourna cueillir des herbes et observer les étoiles. Jakob lui avait trouvé une nouvelle école, moins prestigieuse que l'Ecole polytechnique, une boîte privée, de marketing, où l'on pouvait entrer en cours d'année, suivre des stages ; il le fit entrer chez Bayer, moins pour travailler que pour l'occuper.

Hermann allait mieux, Jakob le croyait, voulait le croire, s'en persuader.

Le 23 février 1991, exactement dix-huit mois après l'accident de la Petra Coda, Hermann s'approcha trop d'une cuve de soude sur la chaîne de production qu'il surveillait. Son corps fut dévoré par l'acide, en quelques secondes, comme dans ces films de science-fiction où un corps se réduit en une bouillie fumante, puis disparaît. Jakob voulut croire qu'il s'agissait d'un accident, seulement d'un accident. Dix ouvriers pourtant, dans l'atelier B3 de la chaîne 07 de l'usine Bayer, avaient vu Hermann faire basculer la cuve et la renverser sur lui.

Hermann était un garçon doux et doué. Hermann était promis à un avenir brillant, il aurait occupé une fonction importante dans une grande entreprise, séduit une femme superbe, vécu une vie en harmonie avec ses idéaux, la vie qu'il méritait, identique à celle que Jakob avait racontée à Clotilde Idrissi, avant-hier au téléphone, quand elle l'avait appelé et qu'il s'était fait passer pour son fils. Il n'avait rien inventé. Juste décrit la vie qu'on lui avait volée.

Anke était morte quelques années plus tard. Morte de chagrin. En août 1993, sa femme avait insisté pour qu'ils séjournent en Croatie, sur Pag, une île qui rappelait un peu la Corse, ses falaises, ses villages. Un matin qu'elle allait chercher le pain avec la Mercedes, dans un virage au-dessus du vide elle n'avait pas tourné. Il y avait un mot dans le porte-monnaie qu'elle n'avait pas emporté. *Entschuldigung.* Désolée.

Il y eut une enquête.

La Mercedes était entretenue avec méticulosité. La direction en parfait état de fonctionner.

Depuis, Jakob avait eu le temps d'y penser. Hermann, Anke avaient payé pour une faute qu'ils n'avaient pas commise.

Il avait eu le temps de peser les responsabilités.

Oui, la tragédie de la famille Schreiber valait bien celle de la famille Idrissi.

Après le 23 août 1989, après l'accident, lorsqu'il avait retrouvé Hermann assis sur les trois marches du mobile home A31, prostré, Jakob avait deviné que son fils portait une part de responsabilité. Il leur restait huit jours de vacances mais dès le lendemain, ils étaient rentrés en Allemagne. Le matin, Jakob s'était rendu dans le bungalow C29, celui des Idrissi. Un bungalow vide. Le cahier de Clotilde, la petite survivante, celui qu'elle traînait toujours avec elle, était posé sur la table de la cuisine, avec les autres affaires que Basile Spinello devait lui apporter à l'hôpital. Il s'était contenté de le prendre. Pour comprendre. Pour que personne d'autre que lui ne le lise, au cas où des indices, une preuve quelconque contre son fils, s'y dissimuleraient entre les lignes.

Il avait lu, relu ce cahier, une fois encore cet été. Non, rien n'y désignait Hermann comme l'assassin... à moins d'être le plus perspicace des amateurs de roman policier. Clotilde Idrissi n'était au courant de rien.

Il existait pourtant un témoin, un témoin direct. Cervone Spinello. Le 23 août 1989, posté à l'accueil du camping, il n'avait pas lâché Nicolas et Maria-Chjara des yeux, il avait vu Hermann se glisser sous la Fuego, puis il avait entendu les adultes parler de direction endommagée. Cervone s'arrangea pour lui faire comprendre qu'il connaissait l'assassin des Idrissi, mais jamais il n'accusa publiquement Hermann, jamais il n'en parla à la police ni à Cassanu Idrissi. Jakob s'était demandé pourquoi, jusqu'à ce que les premières briques de la marina *Roc e Mare* poussent, que le vent souffle plage de l'Oscelluccia sur la paillote du Tropi-Kalliste sans qu'elle s'envole. L'explication crevait les yeux. Cervone Spinello faisait chanter Cassanu Idrissi ! Il le tenait, même si Jakob n'avait jamais su par quel moyen, quelle version, quelle fausse vérité il avait inventée. Il savait seulement que Cervone gardait une carte dans sa main, un atout maître : il connaissait le véritable l'assassin de Paul et Nicolas Idrissi. Jamais Cassanu n'aurait pu soupçonner Hermann Schreiber, ce jeune touriste allemand dont il ignorait l'existence.

Jakob jeta un coup d'œil à l'arrière. Valentine ne lisait plus le cahier, il l'avait entendue le ranger avec précaution dans le sac plastique. Palma Idrissi et sa petite-fille étaient immobiles, seuls leurs cheveux bougeaient, agités par le vent qui passait par les vitres arrière ouvertes sur une quinzaine de centimètres. Les deux femmes le fixaient. Elles ne devaient distinguer que sa nuque, son épaule, son bras. Et ses deux yeux, qui croisèrent ceux des passagères dans le rétroviseur. Il avait attendu avec sérénité ce mois d'août, revoir une dernière fois la Méditerranée, partager une dernière bière, jouer une dernière partie de pétanque. D'après les médecins, le cancer lui en laissait le temps, un dernier été, un seul. Et voilà que Clotilde Idrissi débarquait, fouillait, enquêtait, prétendait l'impossible. Sa mère était vivante ! Une lubie, une folie, mais elle remuait le passé, interrogeait Maria-Chjara, Natale Angeli, le sergent Cesareu Garcia et sa fille Aurélia, ravivait les souvenirs, tirait les suaires des fantômes. Comme il l'avait prévu, elle était venue lui demander tous les clichés de cet été 89. Qui sait si à partir de l'un d'eux, elle n'aurait pas pu deviner la vérité ? Il avait parfaitement simulé la surprise devant Clotilde Idrissi lorsqu'il avait ouvert le dossier vide de l'été 89. S'il voulait récupérer les photos stockées sur son cloud, c'était pour les détruire à jamais.

Il ne pensait pas que le danger viendrait de Cervone Spinello. Il ne se doutait pas que le patron du camping avait plus encore à perdre que lui. Avant qu'il ne presse la détente, que le harpon ne se plante dans son cœur, Spinello lui avait tout avoué. Le patron du camping avait eu peur, le soir où il était venu lui demander une connexion Wi-Fi pour récupérer les photos. Cervone avait paniqué. Depuis que Clotilde Idrissi était revenue aux Euproctes, il avait tout fait pour l'effrayer, l'éloigner, mais Clotilde était tenace, perspicace. Touchante aussi. Cervone craignait qu'elle puisse convaincre Jakob de tout avouer, que les deux survivants de ces deux familles décimées par le drame puissent tomber dans les bras l'un de l'autre, qu'il finisse par soulager sa conscience.

Jakob Schreiber crispa ses mains sur le volant. Devant lui, le soleil formait un I de feu dont le trait incendiait la mer. Oui, Cervone Spinello avait eu peur de tout perdre. Si Clotilde découvrait la vérité, la révélait au grand jour, aux flics, à Cassanu, tout son business tombait. Pire même, si le vieux Corse d'Arcanu apprenait que Cervone avait été, il y a vingt-sept ans, témoin du sabotage de la voiture de son fils, et s'était tu toutes ces années, il n'aurait sans doute pas hésité à le faire exécuter, qu'il soit ou non le fils de son meilleur ami. Alors, Cervone avait assommé Jakob, sans préméditation, dans la précipitation, en lui écrasant une boule de pétanque sur la tempe. Sans doute l'aurait-il achevé si des campeurs quittant la partie de poker n'étaient pas passés dans l'allée, ne l'avaient pas appelé. Impossible de dissimuler le cadavre, pas le temps de nettoyer la scène de crime, Cervone avait dû quitter le mobile home A31. Il pensait sans doute revenir un peu plus tard, la nuit, pour terminer le travail. Sauf que Jakob avait eu la force de fuir. De se traîner hors des Euproctes en emportant de quoi stériliser sa plaie. Depuis cinquante ans qu'il arpentait le coin, lui aussi connaissait le maquis.

Que pouvait faire Cervone, sinon simuler l'étonnement, le lendemain matin, devant les joueurs de pétanque qui attendaient le vieil Allemand ? Sinon faire semblant d'être surpris, devant Clotilde, en découvrant le mobile home vide ? Quel choix avait-il sinon attendre, trembler, espérer que l'Allemand soit allé crever dans un coin comme un animal blessé et apeuré ?

Aucun.

Jakob avait attendu tranquillement, l'avait laissé mûrir, pour le tuer au bon moment.

Il devait simplement gagner du temps.

Ce noyé non identifié, retrouvé dans la baie de Crovani, en avait été l'occasion rêvée ; sans doute un nageur imprudent, comme on en repêchait presque chaque été. Il avait suffi pour cela que Jakob jette quelques habits, une montre et des papiers du haut de la pointe de Mursetta, là où le courant dans la Méditerranée était le plus fort. Les flics ne seraient pas dupes longtemps, ils ne mettraient que quelques heures, une journée peut-être, à trouver le nom du cadavre, ou au moins à comprendre que le corps décomposé ne correspondait pas au sien. Quelques heures, ça lui suffisait amplement pour endormir la méfiance de Cervone.

Le patron du camping ne pouvait pas savoir que Jakob était condamné, qu'il se foutait de la manière d'en terminer. Que sa haine, il ne la réservait pas qu'aux Idrissi, qu'il comptait en faire profiter tous ceux d'ici, tous ceux qui avaient confisqué ce paradis. Cervone ne pouvait pas se douter que la douleur et la solitude l'avaient rendu fou, que lui aussi donnait la moitié de sa retraite à un psy, que lui aussi, dans l'allée B3 de la chaîne 07 de l'usine Bayer, s'était arrêté devant la cuve de soude ; qu'il s'était penché jusqu'au vertige au-dessus des rochers blancs de l'île de Pag, des rochers rouges de la Petra Coda, au pied de la Revellata.

Jakob n'avait appris que ce matin le secret de Cervone Spinello, celui grâce auquel il bénéficiait de la protection de Cassanu Idrissi.

Palma Idrissi. Vivante.

Condamnée par un jury populaire à la place d'Hermann, emprisonnée depuis l'été 1989 dans une cabane de berger.

Pendant des années, Cervone avait joué sur les deux tableaux, laissant chacun croire à sa propre vérité : Cassanu ignorait le véritable coupable, Jakob Schreiber ignorait la véritable accusée. Cervone n'avait même pas eu besoin de mentir, son silence suffisait à le rendre maître de la situation. Jusqu'au retour de Clotilde Idrissi.

Cervone Spinello ne méritait pas de mourir, mais lui planter une flèche dans le cœur n'était au fond qu'une forme patiente de légitime défense. Les Idrissi, eux, le méritaient. Et de souffrir avant de mourir. Sans leurs mensonges, sur trois générations, rien ne serait arrivé.

21 h 01

Le soleil n'avait pas encore disparu derrière la baie de Calvi, il flottait au-dessus de la citadelle tel un spot aveuglant transformant le monde en un théâtre d'ombres. Les yeux de Jakob se brouillaient. Depuis ce matin, depuis cet été, depuis vingt-sept ans, il repassait en boucle, dans sa tête, les mêmes mots.

Nous n'étions qu'une famille ordinaire, nous aimions des choses simples, nous venions passer des vacances au soleil.

Sur l'île de Beauté.

Nous ne savions pas que ces beautés brûlaient quiconque s'en approchait, que ces beautés mentaient, qu'elles échappaient à qui voulait les toucher.

Nous ne l'avions pas appris à Hermann. Qu'on pouvait se damner à la convoiter.

Hermann était trop pur, trop différent.

Ils ne pouvaient pas le supporter.

Ils l'ont tué !

Je vais rejoindre Anke. Rejoindre Hermann.

Le 23 août, à 21 h 02.

Une Fuego rouge.

La corniche de la Petra Coda au pied de la pointe de la Revellata.

Un homme, une femme, une adolescente de quinze ans.

Trois cadavres.

Et tout sera bouclé.

En beauté.

64

Le 23 août 2016, 21 h 01

Plus qu'une minute.

Les yeux embués de larmes, Clotilde accélérait encore.

Le téléphone avait valsé sur le tableau de bord, il n'avait servi qu'à lui faire perdre de précieuses secondes. La presqu'île de la Revellata s'étendait devant eux, mais il fallait la contourner, monter jusqu'au centre, redescendre, un dénivelé d'une cinquantaine de mètres, une vingtaine de virages courts.

Elle n'y arriverait pas.

A moins que Jakob Schreiber ne soit en retard. Que sa montre, le cadran de sa voiture, son téléphone ne soient pas réglés sur la même horloge universelle, même une minute, même quelques secondes pourraient suffire.

Sur le fauteuil passager, Papé Cassanu se taisait.

Le paysage se ferma le temps de quelques virages qui serpentaient pour franchir la base de la presqu'île, les Euproctes au sud, le phare au nord. Clotilde les avala, roulant au centre de la route, sans aucune visibilité, sans se soucier qu'une voiture puisse surgir en face. La ligne blanche n'était plus qu'un ruban empêchant la Passat de se déporter, comme un adhésif auquel la voiture serait collée.

Ils atteignirent le sommet, dépassèrent en soulevant un

nuage de poussière quelques véhicules garés sur le parking de terre. Les touristes qui photographiaient le point de vue pestèrent contre le chauffard, sans qu'elle les aperçoive. La route était dégagée sur près d'un kilomètre. On distinguait, après les dix virages qui redescendaient, la corniche de la Petra Coda.

Clotilde la vit.

Elle sentit la main ridée de Cassanu se crisper sur la ceinture de sécurité alors qu'elle écrasait l'accélérateur au mépris de toute prudence.

La Fuego rouge venait d'apparaître un kilomètre plus bas, sortant de l'anse de Port'Agro, s'approchant d'eux, doucement. Quelques centaines de mètres séparaient la Fuego de la Petra Coda.

En négociant le premier virage en quatrième, à plus de quatre-vingts kilomètres/heure, Clotilde eut l'impression que les deux roues gauches allaient se soulever, que la Passat allait verser ; elle contre-braqua au dernier moment, trop, perdant de nouvelles secondes, moins que si elle avait rétrogradé. Son pied écrasa à nouveau la pédale de droite. Elle devait se concentrer sur la route, ne pas fixer au loin le point rouge qui se rapprochait.

Impossible pourtant. Sa fille, sa mère étaient assises à l'intérieur.

D'abord, elle eut l'impression que la voiture rouge ralentissait. Un bref espoir la submergea, qui s'éteignit aussi vite que la flamme d'une allumette en plein vent. La Fuego accéléra brusquement, pour s'engager de plus en plus vite dans la longue ligne droite qui s'achevait par le tournant meurtrier surplombant la Petra Coda.

Clotilde fit de même, ne freinant quasiment plus. Il ne restait que quatre virages à franchir, elle se raccrochait à l'espoir qu'elle pouvait y parvenir, se retrouver face à la voiture rouge, lui couper la route, pour qu'elle la percute, qu'elle la catapulte dans ce ravin auquel elle avait survécu. Peu importait, si ce choc sauvait sa mère. Sa fille.

La Fuego gagnait de la vitesse avec la régularité d'une fusée sur sa rampe.

Ils avaient rehaussé le parapet, se souvenait Clotilde, elle l'avait remarqué lorsqu'ils étaient venus déposer les bouquets de serpolet. La balustrade de bois avait été remplacée par un muret de pierre haut d'un demi-mètre. Un véhicule, même lancé, allait s'y encastrer, partir en tête-à-queue, en tonneaux peut-être, rouler sur la route entre mur et montagne, telle une boule folle dans une rigole, mais sans basculer par-dessus.

Deux derniers lacets, trois cents mètres à peine.
Trop tard.
Dans une seconde la Fuego allait percuter de plein fouet le muret la séparant d'un vide de vingt mètres, hérissé de milliers de rochers, rouges de sang, impatients d'étancher une soif vieille de vingt-sept ans.

Clotilde ferma les yeux.
La Fuego était toujours là, sous ses paupières, dans le ciel, son père prenait une main qu'elle croyait être celle de sa mère, Nicolas choisissait de sourire, de mourir en souriant.
Cassanu cria, saisit d'une main le volant de la Passat et braqua vers la gauche. La voiture cogna le talus, décapitant de nouvelles branches de férules jaunes qui s'écrasèrent en gouttes d'or sur le pare-brise, sans s'arrêter pour autant, ralentissant à peine.

21 h 02

La Passat sautait trop, lancée à pleine allure, les pneus percutaient les creux et cailloux du talus. Clotilde ouvrit les yeux, malgré elle.

Elle vit la Fuego dévier légèrement de sa trajectoire, comme pour éviter de prendre de front le mur de pierre au-dessus du précipice. Un instant, elle crut que le véhicule fou allait glisser contre les pierres, les griffer, y perdre une aile, une portière, mais se fatiguer, être freiné, stopper.

Non. Elle n'avait rien compris. Jakob Schreiber avait dû photographier cent fois ce tournant, l'étudier, répéter sa sortie.

L'Allemand ne fonça pas dans le parapet, comme son père jadis, il lança la Fuego juste à côté, dans les rondins de bois qui surplombaient non pas les rochers, mais une crique au dénivelé plus abrupt encore.

Les troncs explosèrent. La Fuego demeura, un instant irréel, dans le ciel, en apesanteur.

Clotilde savait que sa mère était à l'intérieur.
Que sa fille était à l'intérieur.

La Fuego retomba. Un à-pic vertigineux, là où, vingt mètres plus bas, la mer inlassablement se fracassait sur les rochers.
C'était fini.

65

Le 23 août 2016, 21 h 02

La Passat atteignit la corniche de la Petra Coda moins de dix secondes plus tard. Clotilde écrasa la pédale de frein. La voiture se déporta, glissa quelques mètres sur la chaussée, pour s'arrêter au milieu, empêchant tout autre véhicule de passer.

Clotilde la laissa là, sans même prendre le temps d'actionner les warnings, de couper le contact ou de serrer le frein à main. Elle ouvrit la portière avec violence et se précipita vers la rambarde de bois déchiquetée quelques instants plus tôt par la Fuego.

La voiture rouge flottait sur l'eau, vingt mètres plus bas, ballottée dans les remous tel un bouchon entre les écueils. Il était impossible de distinguer l'état de la carrosserie, mais Clotilde imagina qu'elle avait dû rebondir sur les rochers, une fois, deux fois, dix fois, il y avait peu de chance, malgré sa vitesse, qu'elle ait directement plongé dans la crique étroite et profonde où elle coulait, seconde après seconde.

La Fuego était déjà aux deux tiers recouverte par la mer.

Encore deux ou trois secondes et elle coulerait définitivement dans l'eau turquoise. Elle se surprit à espérer que Valentine et maman aient été tuées sur le coup, dans l'impact, qu'elles ne connaissent pas la lente agonie de la noyade.

Elle se brûlait les yeux à fixer la tôle à peine émergée.

Mon Dieu !

Seule la lunette arrière sortait encore de l'eau, lavée par les vagues. Clotilde crut distinguer deux silhouettes, deux ombres s'agitant frénétiquement.

Une illusion ?

Elle ne le saurait jamais. L'instant suivant, il ne resta plus à la surface de l'eau qu'une écume joyeuse qui reprenait possession de son terrain de jeu et s'amusait à nouveau à jeter mille bulles éphémères sur les rochers nus.

— Pousse-toi !

Clotilde ne réfléchit pas. Se poussa.

Cassanu s'avança au plus près du rebord. Puis plongea.

En un flash, Clotilde se souvint d'une vieille conversation avec son Papé : « Tous les jeunes Corses sautaient de là, ton grand-père était le plus audacieux de tous. » Elle se mordit les lèvres au sang.

Est-ce qu'un corps, après toutes ces années, pouvait garder la mémoire de cet équilibre parfait qu'il fallait atteindre pour chuter de vingt mètres sans se fracasser contre la surface de l'eau ? Conserver cette capacité de concentration indispensable pour contrôler sa chute, viser le point juste, atteindre la mer sans heurter la mâchoire de la falaise qui ne s'ouvrait que de quelques mètres ? Rester suffisamment clairvoyant, dans l'ultime instant avant l'impact, pour anticiper la profondeur du bassin et éviter la partie immergée des icebergs rouges plantés comme des pieux dans une douve ?

Oui.

Oui, le corps de Cassanu n'avait rien oublié.

Etait-ce le hasard, la chance, ou Papé avait-il réellement été un plongeur exceptionnel ? Son saut décrivit une trajectoire parfaite, rectiligne, rasant les pics de granit, pour disparaître dans les remous à l'endroit précis où la Fuego venait de couler.

Plus rien.
Clotilde ne vit plus rien pendant d'interminables secondes. Cassanu n'avait pas survécu à sa chute, il s'était sacrifié, il n'avait pas sauté pour les sauver, il s'était suicidé pour ne pas affronter sa culpabilité.

Des sirènes hurlèrent dans son dos. Des portières claquèrent. Des bruits de pas affolés firent vibrer la chaussée bitumée. A regret, Clotilde tourna la tête, un instant, un instant seulement, avant de scruter à nouveau l'eau.
Seule comptait la surface de cette piscine turquoise.
Prier prier prier.
Prier pour voir un corps, une tête, une main la crever.

Derrière elle, les nouveaux arrivants s'agitaient. Clotilde avait eu le temps de reconnaître, parmi les quatre ou cinq gendarmes en uniforme, le capitaine Cadenat, le sergent Cesareu Garcia, sa fille Aurélia, et Franck.
Franck avait fait ce qu'il fallait. Il avait prévenu les flics, ils avaient été rapides ; mais qu'importait leur réactivité ? Arriver une minute trop tard équivalait à une éternité.

Franck lui prit la main. Clotilde se laissa faire.
Une éternité.
La Méditerranée ne rendait rien, jamais.
Le cœur de Clotilde explosa.
— Là !
Dans les remous d'écume, le buste de Papé venait de surgir ; il tenait un corps entre ses bras. Clotilde apercevait ses efforts désespérés pour le hisser hors de l'eau. Enfin, sa tête, son cou, ses épaules émergèrent.
Valou !

Vivante.

Les longs cheveux bruns de sa fille flottaient en pieuvre autour de son visage. Franck serra plus fort encore la main de Clotilde. Valou ne toussa pas, ne cracha pas l'eau salée de ses poumons, sa bouche était couverte d'un sparadrap.

— Putain ! hurla son mari. Elle est bâillonnée, menottée, elle ne tiendra pas !

Les rochers au fond de la crique étaient trop abrupts, presque verticaux et sans aspérités. Cassanu, et encore moins Valou, ne pouvait s'y accrocher.

Le vieux Corse avait déjà replongé.

Valou flottait, comme elle pouvait, ouvrant des yeux hallucinés, s'aidant sans doute de ses jambes, dont Clotilde ignorait si elles étaient ou non liées, pour se maintenir en surface.

— Elle ne tiendra pas, répéta Franck. Balancez-lui une corde, bordel, une bouée, n'importe quoi !

Les gendarmes se regardèrent. Consternés. Ils avaient foncé dans leurs camionnettes dès que Franck les avait appelés, pour un enlèvement d'adolescente, pas pour un secours en mer. Jamais ils n'auraient pu imaginer… On attendait les pompiers, on les avait appelés, ils arrivaient.

Valou tentait désespérément de se maintenir en position horizontale à la surface de l'eau, mais les vagues, trop puissantes, la ballottaient, avant de s'exploser sur les rochers. Chacune semblait capable de l'emporter, la recouvrait, mais Valentine réapparaissait dès que le tourbillon s'éloignait.

Elle s'accrochait.

Comment peut-on s'accrocher au vide ? Au liquide ?

Clotilde hurla, puisque sa fille était privée de voix.

— Merde, pas un de vous ne va sauter ?

Les hommes hésitèrent.

L'ouverture dans la falaise était étroite, l'abrupt vertigineux, les rochers émergés si nombreux qu'il fallait être un plongeur professionnel pour s'y risquer. Même un bon amateur n'avait pas une chance sur dix de passer sans se rater et terminer accroché à la paroi.

Franck franchit le premier le parapet.

— On doit pouvoir descendre. Trouver un chemin, sauter de plus bas.

Il glissa sur les fesses quelques mètres, s'accrochant de branche en branche aux rares genêts poussant entre les rochers. Les quatre flics lui emboîtèrent le pas.

— Vite ! cria encore Clotilde.

Papé venait de surgir à nouveau. Il semblait épuisé, déchiré par une toux, crachait de l'eau, du sang, ses tripes, mais il tenait un autre corps. A bout de force, il le porta hors de l'eau.

Maman !

Les yeux fermés. Inanimée.

Mais elle respirait, elle respirait forcément. Si Papé tentait ainsi de la maintenir en vie, de sauver cette femme qu'il avait tant haïe, qu'il avait condamnée à perpétuité, c'est qu'elle vivait !

Cette fois, Cassanu ne replongea pas. Il passa un coude sous les bras de Palma, comme on tire un paquet qui ne flotte qu'à moitié, un matelas dégonflé, une bouée trop lestée. De son autre bras, il tentait d'atteindre Valentine.

Ils ne pourraient tenir ainsi que quelques instants.

Franck et les gendarmes étaient bloqués. Tenter de descendre avait été la pire des idées. Sans équipement, il était impossible d'escalader et ils se retrouvèrent coincés dès qu'ils n'eurent plus aucun arbuste pour s'accrocher. Les parois étaient presque verticales, mais surplombaient d'autres rochers. Impossible de sauter. La seule fissure s'ouvrant sur la crique, aussi étroite soit-elle, se situait à la hauteur de la route. Ils s'en apercevaient seulement maintenant. Trop tard. Ils devaient remonter.

Toujours aucun signe des pompiers.

C'est fichu, pensa Clotilde.

Foutu pour foutu... Après tout, Cassanu y était bien parvenu.

Elle s'avança, prit son élan. Jamais de sa vie elle n'avait plongé d'une plateforme plus haute que trois mètres...

Tant pis.

Une main ferme la retint, s'empara de son poignet droit.

Une main de colosse, à laquelle on ne résiste pas. Le sergent Cesareu Garcia ne la lâcha pas, ne parla pas, il se contenta d'un regard qui signifiait : Non, ça suffit, assez de morts, un sacrifice de plus ne servirait à rien.

Ils n'étaient plus que trois devant la barrière brisée.

Cesareu, Aurélia et elle.

— Laissez-moi.

Elle tira, le sergent ne céda pas. Clotilde sentait monter en elle une crise d'hystérie, elle devait agir, elle ne pouvait pas laisser sa fille, sa mère périr ainsi.

— Ecoute, fit Aurélia.

Ecoute quoi ?

Le vent soufflait de la mer. Peut-être repoussait-il vers les montagnes une sirène de pompiers ? Elle tendit l'oreille. N'entendit rien. Rien que le vent qui soufflait de plus en plus fort, du moins en avait-elle l'impression, qui formait des vagues toujours plus hautes, toujours plus fortes, toujours plus mortelles.

Elle baissa les yeux.

Cassanu avait atteint l'épaule de Valou, agrippait toujours Palma, ils se tenaient tous les trois, serrés, comme des ballots tombés d'un cargo. Flottant désespérément, tirés vers le fond, coulant, remontant, secoués, trempés, épuisés. Sans autre espoir que de tenir, tenir, tenir.

Tenir pourquoi ? Jusqu'à quand ? Qui pouvait leur tendre une main ?

— Ecoute, répéta Aurélia.

Pendant des années, Clotilde se le reprocha. Jamais elle ne se remit vraiment de cette vexation : Aurélia avait reconnu ce bruit avant elle, même si elle ne l'avait quasiment jamais entendu. Ce bruit de moteur.

Sur le moment, Clotilde se contenta de laisser exploser son émotion.

De hurler de tous ses poumons.

— Là ! Là !

Et de crier à Papé :

— Tenez ! Par pitié, tenez, vous êtes sauvés !

A une centaine de mètres, derrière le dernier cap de rochers qui masquait le reste de la presqu'île de la Revellata, la grotte des Veaux Marins, le phare, la Punta Rossa, venait de surgir un petit bateau.

Plus gros qu'une barque, moins qu'un vrai chalutier.

L'*Aryon*.

Moteur à fond, fendant les vagues, slalomant avec aisance entre les écueils qu'il semblait connaître par cœur. Natale, à la barre, portait un coupe-vent rouge et ses cheveux blonds volaient au vent.

Jamais le cœur de Clotilde n'avait battu aussi fort.

Natale fut près des trois corps émergés en quelques secondes, coupa le moteur, se pencha pour saisir Valentine en premier.

Ce ne fut pas aisé, les vagues puissantes secouèrent le bateau dès que le moteur fut coupé ; Valou, sanglée, était incapable de l'aider. Seul Cassanu pouvait pousser le corps de l'adolescente, au risque de lâcher Palma. Natale se penchait sur le bastingage, au point de manquer d'en tomber.

Enfin, ils parvinrent à déposer Valentine dans le fond de la barque.

Au tour de Palma.

Elle bougeait. Elle bougeait à présent. Suffisamment pour que son corps ne soit pas qu'un paquet à lever. Elle les aida de son mieux, se recroquevilla, Cassanu Idrissi passa un bras sous sa taille, un autre sous ses cuisses, la souleva jusqu'à ceux de Natale, comme un marié porte sa promise pour franchir le seuil de la maison dans laquelle ils vivront toute leur vie.

Clotilde eut l'impression qu'à ce moment leurs regards se croisèrent. Que des mots sortirent de leur bouche.

Dans ceux de son Papé, elle lut : « Pardon. »

Dans ceux de sa mère, elle lut : « Merci. »

C'était stupide, les lèvres de sa mère étaient bâillonnées.

Allongée dans l'*Aryon*, Palma rejoignit sa petite-fille.

Sauvées !

Natale enfin, tendit sa main à Cassanu.

Papé avait lutté près de sept minutes contre la mer, les vagues, le courant, les rochers.

Une lutte inégale. Il y était pourtant parvenu. Il avait tenu.

Le vieillard était hors de force.

Du moins, c'est ce que les gendarmes conclurent, c'est ce que les journalistes corses titrèrent à la une dès le lendemain, c'est ce que les chasseurs racontèrent, avec une immense fierté, au bar des Euproctes, c'est même ce que toute sa vie Clotilde dirait à Valou, à Palma, toutes les fois qu'elles lui demanderaient comment tout s'était terminé.

Papé avait lutté jusqu'à son dernier souffle.

Jamais aucun témoin ne raconta ce qu'il croyait avoir vu.

Natale Angeli lui tendait la main. Elle était à quelques centimètres à peine de celle de Cassanu.

Il ne la saisit pas. Il se laissa couler.

66

Le 23 août 2016, 21 h 30

Rarement il y avait eu autant de monde sur la corniche de la Petra Coda.

Jamais, depuis au moins vingt-sept ans.

Y stationnaient dans le désordre le plus complet trois camions de pompiers, deux ambulances, quatre camionnettes de gendarmerie, un nombre impressionnant de véhicules de touristes coincés sur l'unique route reliant Ajaccio à Calvi, seuls quelques motos et les sportifs du soir, joggeurs et cyclistes, parvenaient à se faufiler au ralenti, non sans tourner la tête vers le précipice.

Des pompiers avaient jeté une échelle de corde et l'assuraient en perçant des prises d'acier dans les rochers, un Zodiac de la gendarmerie maritime patrouillait dans la crique où Cassanu avait disparu, en vain. L'*Aryon* avait été fermement amarré à l'aide de mains de fer et de chaînes d'acier, complétant les cordages en polyester. Ainsi stabilisé, on avait pu approcher l'échelle de corde, doublée d'un treuil, et, lentement, Valentine, Palma remontèrent, encadrées par des secouristes aguerris aux sauvetages en hélicoptère sur le GR 20.

Elles atteignirent la route ainsi escortées, presque obligées de fendre une haie de badauds, de flics et de proches :

Reculez, reculez. On drapa la petite-fille et sa grand-mère d'une couverture de survie dorée. *Tout va bien, tout va bien*, avait rapidement diagnostiqué un médecin urgentiste qui ressemblait à Harrison Ford jeune, mais il avait tout de même insisté pour les transporter jusqu'au Centre hospitalier d'Ajaccio. L'ambulance était ouverte béante, les brancards avancés, le moteur allumé, le chauffeur tirait sur son mégot, prêt à démarrer. Palma leva une main fatiguée : *Doucement, doucement.* Clotilde avait à peine eu le temps d'étreindre sa fille et sa mère avant que les secouristes ne les séparent : *Plus tard, madame, plus tard.*

Natale fut le dernier à rejoindre la route par l'échelle de corde, sans treuil ni escorte. Cesareu Garcia l'aida lorsqu'il parvint au dernier échelon, une main ferme pour le hisser, une tape franche dans le dos, une félicitation physique, virile, presque silencieuse : *Bien joué, mon gars*, celle qui suffit aux hommes épuisés qui reviennent de l'exploit, remontent du puits en feu ou quittent le terrain en vainqueurs.

Franck s'était éloigné de quelques mètres vers les voitures pour apporter à Valentine des habits secs, un pull, un pantalon, des baskets.

Aurélia discutait avec Harrison Ford, prenant un air affecté d'infirmière qui gère avec compétence et compassion.

Clotilde, sans même l'avoir prémédité, se retrouva face à Natale. Moins de trois mètres les séparaient. Elle le trouva incroyablement sexy, son coupe-vent dont il avait ouvert la fermeture Eclair jusqu'au nombril, ses yeux bleus balayés par ses cheveux salés, son sourire de héros tranquille. Un irrésistible besoin de se jeter à son cou la traversa, un élan spontané, une pulsion naturelle, évidente, de lui hurler *Merci, merci, merci* à l'oreille, de lui confier qu'elle avait toujours su qu'il larguerait les amarres, que l'*Aryon* voguerait à nouveau, qu'ils n'avaient qu'à redescendre l'échelle de corde, mettre les voiles, filer. Sa fille, sa mère étaient sauvées ; s'étaient retrouvées. Tout était réglé. Il était temps de partir.

Elle fit un pas.

L'envie de presser son corps contre celui de Natale était bestiale, animale, comme si lui seul possédait ce mélange de force et de calme capable de tout apaiser.

Aurélia laissa en plan Harrison Ford et en fit deux.

Franck confia les habits secs de sa fille au premier ambulancier qui passait et en fit trois.

Cesareu Garcia se recula, tel un arbitre de catch qui laisse le ring aux adversaires.

— Natale ! cria Aurélia.

Il ne bougea pas.

— Clo ! cria Franck dans son dos. Clo !

Elle ne bougea pas.

— Clo. Valou veut te voir.

Elle hésita.

— Elle a quelque chose... quelque chose d'important à te confier.

Le chauffeur de l'ambulance béante avait craché son mégot. Un brancardier avançait. La nuit commençait à tomber. Déjà les camions de pompiers décampaient. Le Zodiac des flics décrivait des cercles toujours plus larges pour scruter plus loin dans la mer.

Le cœur de Clotilde se voilait.

Que pouvait-elle faire d'autre ? Abandonner sa fille ?

Elle se retourna.

Valou et Palma étaient assises côte à côte, même couverture d'or posée sur les cuisses, même serviette blanche enroulée sur leurs cheveux, même position voûtée. Leur ressemblance était bluffante.

— Oui, Valou ?

— Maman, j'ai... j'ai quelque chose pour toi...

Valentine se leva, tituba un peu, et sortit un sac plastique coincé entre ses jambes, sous la couverture. Elle hésita, puis se pencha vers sa grand-mère.

— Non... C'est à vous... c'est à vous de lui donner.

La voix de Palma tremblait, peinant à articuler quelques syllabes séparées par de longues déglutitions.

— Dis... moi... tu... tu... ou... ma... my...

Elle eut la force de sourire, de recueillir sur ses genoux le mystérieux sac plastique, sans lâcher les mains de sa petite-fille.

Clotilde s'approcha.

Leurs six mains se mêlèrent, tenant ensemble le paquet, le faisant crisser tel un hochet de papier froissé. Palma força encore sa voix.

— C'est... à... toi...

Palma et Valou ouvrirent leurs mains. Elles pleuraient, elles pleuraient toutes les deux.

Clotilde déballa son cadeau, doucement, sans comprendre ce qui pouvait provoquer une telle émotion. Elle devina d'abord par transparence une couleur bleue, délavée ; puis sentit à tâtons une forme, rectangulaire, un livre, souple, non, pas un livre, plutôt l'épaisseur d'un cahier.

Le sac plastique s'envola vers la Revellata et personne n'eut le réflexe de le rattraper.

Journal de vacances. Eté 89

L'écriture, sur la couverture du cahier de son adolescence, restait lisible.

Elle l'ouvrit avec une infinie précaution, comme un explorateur déplie des feuilles de papyrus trouvées dans la tombe d'un pharaon.

Lundi 7 août 1989, premier jour de vacances
Moi, c'est Clotilde.

Je me présente, parce que c'est la moindre des politesses, même si vous ne me la rendrez pas parce que je ne sais pas qui vous êtes, vous qui me lisez.

Mon amoureux, le bon, celui que j'ai choisi pour toute la vie, à qui je confierai tremblante au matin de ma première fois le journal intime de mon adolescence ?

Un connard qui l'a trouvé parce qu'à force d'être bordélique, ça devait bien m'arriver ?

Des larmes coulaient de plus belle au coin des yeux de Clotilde. Les lettres, les mots, les lignes étaient intacts, seulement gondolés sur la tranche, jaunis dans les coins, déguisant son journal intime en vieux grimoire ensorcelé. Clotilde eut un instant l'impression de se rencontrer elle-même, elle-même il y a vingt-sept ans, comme deux héroïnes d'une histoire racontant deux destins parallèles finissent par se croiser, au dernier chapitre.

Valou lui lança un regard fier.

— Je l'ai sauvé, maman. Je l'ai sauvé !

Elles pleuraient, elles pleuraient toutes les trois.

Un bras enserra sa taille, une main se posa à la naissance de sa poitrine.

Franck.

Elle se retourna, effleura le corps de son mari, posa sa tête contre lui ; Franck put prendre cela pour un geste de tendresse, mais elle se contentait de regarder par-dessus son épaule.

Aurélia s'était blottie contre Natale, dans son coupe-vent ouvert, à l'abri.

Clotilde, lentement, pressa le cahier contre son cœur.

67

Le 27 août 2016, 12 heures

Lisabetta, amusée, observait la foule dans la cour de la bergerie d'Arcanu. Le soleil à son zénith faisait mijoter l'assemblée endimanchée, chacun cherchant un coin d'ombre pour se protéger. Sans le trouver. Ils s'étaient tous laissé piéger. Cassanu aurait adoré.

Il avait toujours détesté ces mises en scène lugubres dont certains Corses raffolent encore, les femmes en noir chantant les *lamenti* et les *voceri,* toutes ces légendes pour conjurer la mort, fermer les rideaux de la maison du défunt, tendre des draps sur les miroirs. Cassanu ne voulait rien de tout ça le jour de son enterrement, Lisabetta le lui avait promis.

Elle avait tenu parole.

Mais on n'avait pas pu empêcher la foule de venir.

Nombreuse, curieuse, silencieuse. Lisabetta la regardait transpirer des litres de sueur, à en former des flaques sous leurs pieds, imaginait-elle, des rigoles qui couleraient jusqu'à la Méditerranée.

Il n'y avait pas un centimètre d'ombre dans la cour de la bergerie d'Arcanu.

La foule attendait, écrasée par le soleil de plomb.

Tous prisonniers dans cette cour transformée en four. Comme si la Corse se vengeait.

Lentement, très lentement, la foule avançait.

Le cercueil était parti le premier, porté par Orsu, Miguel, Simeone et Tonio, les cousins les plus proches. Un à un, comme les grains d'un sablier, les membres de l'assemblée suivaient, sortaient de la bergerie en une procession serrée et s'engageaient dans le sentier qui rejoignait la corniche de la mer, jusqu'au cimetière de Marcone. L'interminable chenille noire semblait avancer par une lente reptation. Il était impossible de se tenir à plus de deux de front sur le chemin, de s'espacer, de respirer. Il fallait atteindre le sentier littoral pour qu'un vent timide rende la marche plus supportable, un dernier kilomètre sur les trois que comptait la marche funéraire de la bergerie au mausolée. La colonne s'allongeait sur toute la distance, le cercueil était déjà parvenu au cimetière de Marcone que les derniers visiteurs n'avaient toujours pas quitté la fournaise d'Arcanu.

Parmi la foule d'anonymes, pour patienter, on pouvait s'amuser à chercher un préfet, quatre conseillers généraux, sept membres de l'Assemblée de Corse, un président de la fédération de chasse de Haute-Corse, un directeur du Parc naturel régional… Oui, la Corse de Cassanù se vengeait. Plus le rang des dignitaires était élevé, plus ils étaient habillés de chemises serrées, de vestes boutonnées, de chaussures cirées, et plus ils souffraient de la canicule, enviant les enfants en short, les filles court vêtues, les potes en tee-shirt qui se rendaient au cimetière comme on se rend au terrain de boules.

Comme un dernier clin d'œil de Cassanu contre l'ordre établi !

La plus grande partie de la foule patientait toujours dans l'étuve de la cour d'Arcanu.

Le chêne était nu.

Lisabetta y avait pensé depuis des années ; chaque jour, des heures durant, de la fenêtre de sa cuisine, lorsqu'elle observait l'immense chêne vert au centre de la cour, elle imaginait que la cérémonie ne pourrait pas se dérouler autrement. Elle avait demandé à Cassanu de l'écrire sur son testament.

Ni fleurs ni couronnes.

Pour tous, pour elle, le chêne d'Arcanu, le chêne de la Revellata, c'était Cassanu. Alors, comme Lisabetta se l'était promis, à chaque ami, à chaque invité, à chaque visiteur venu rendre un dernier hommage à son mari, elle avait offert une branche de chêne vert, pour qu'il la dépose sur la tombe. Ils avaient été plus d'un millier à se tenir tassés autour du tronc qui ne leur offrirait pas l'ombre dont ils avaient rêvé.

Toutes les branches de l'arbre tricentenaire avaient été coupées.

Le chêne était dépouillé, comme en plein hiver. Un squelette. Un immense cadavre décharné.

C'est ce que voulait Lisabetta. Peu importaient ces gens affectés, peu importait leur nombre, en réalité cet arbre serait le seul à porter le deuil.

Pour un été.

Et dans quelques mois, il refleurirait. Alors, Arcanu pourrait revivre. Des centaines d'années, puisque Cassanu et ce chêne n'étaient qu'un. Ce n'est pas du sang qui coulait dans ses veines mais de la sève. Celle des Idrissi, depuis la nuit des temps.

Lisabetta continuait d'observer, impressionnée, le ballet des branches transportées par les milliers de fourmis noires. Les derniers membres de la procession quittaient la cour. C'est elle qui fermerait la marche, elle l'avait décidé. Avant de sortir de la bergerie, Lisabetta jeta un œil à son parterre fleuri qu'aucun invité n'avait osé piétiner, son petit jardin, quelques fleurs qu'elle arrosait chaque matin.

Elle pensa que le jour de sa mort, sur sa tombe, elle se contenterait d'une orchidée.

~

Lisabetta remontait à petits pas la foule qui n'avançait plus, stoppée dès le premier kilomètre : les premiers arrivés se tenaient déjà tassés dans le cimetière de poche et tout le reste de la procession se retrouvait bloqué ; la foule s'écartait, comme au plus beau et au plus lent des rallyes de Corse. Tout juste si elle n'agitait pas les branches de chêne pour l'éventer en criant des alléluias. Personne n'osa.

La montée prit près d'une heure à la veuve.

Le caveau était ouvert, surplombant la baie de la Revellata. Pourtant, aussi beau soit le panorama, Lisabetta n'aimait pas ces caveaux, surtout ceux des grandes familles, aux dimensions monumentales. Malgré leur faste, leurs colonnes grecques ou leurs dômes ottomans, ils n'étaient guère que de vastes armoires où les générations s'empilaient dans des tiroirs. Un jour, elle partagerait pour l'éternité avec Cassanu le cinquième tiroir de droite, en partant du bas. Bien rangée, avec ses parents, grands-parents, arrière-grands-parents, arrière-arrière-grands-parents aux étages du dessous. Avec leur fils qui l'attendait, au-dessus.

Je la mets dans un tiroir, elle me dit qu'il fait trop noir.

Elle chassa de sa tête cette chanson d'enfance stupide.

Elle s'avança lentement vers le caveau. Bien entendu, elle serait la première à jeter une branche de chêne sur le cercueil, mais elle avait décidé qu'elle partagerait cet honneur. Elle fatiguait pour franchir les derniers mètres, c'est du moins ce que pensa la foule impatiente. Lisabetta tourna la tête sur sa droite et Speranza comprit sans un mot, elle fit un pas et accrocha son bras droit pour l'aider. Elle aussi serait la première à s'approcher du mausolée.

Salomé, sa fille, reposait là.

Le cou de Lisabetta pivota sur sa gauche, et d'un regard qui ne souffrait aucune discussion, elle invita Palma à les rejoindre, à accrocher son autre bras.

Paul, son mari, reposait là.

Les trois femmes, se soutenant mutuellement, approchèrent du cercueil.

Lisabetta assumait. Elle avait eu cette idée hier, l'avait mûrie toute la nuit. Réconcilier Palma et Speranza, ne serait-ce que le temps d'une cérémonie. Faire la paix. En Corse, les femmes possèdent ce don.

Elles jetèrent ensemble, d'un même élan, leurs trois branches. Les feuilles vertes se posèrent doucement sur les planches vernies, comme si le cercueil de chêne, par pure magie, avait repris vie, fleuri, reverdi, et que si on le laissait là, en terre, sans l'enfermer dans le placard de marbre, au printemps prochain, les planches seraient redevenues tronc, des racines naîtraient, des glands pousseraient, des balbuzards y nicheraient. Derrière elles, Clotilde et Orsu s'avancèrent, main dans la main. Frère et sœur réunis par le destin qui s'en voulait peut-être de les avoir rendus orphelins. Ils ne portaient qu'une branche pour deux, l'avaient coincée dans la seule main dont Orsu pouvait se servir, la droite, comme deux amoureux mêlant leurs doigts autour d'une fleur unique.

Puis tous suivirent.

Une montagne de branches coupées s'amoncela, le vieux chêne nu avait offert toutes ses nuances de vert, de la mousse au jade, du lichen à l'opaline, comme si, indifférent au noir des habits, et au blanc du caveau, il ne souhaitait que défier les nuances de bleu de la Méditerranée et de rouge des roches de la Revellata.

Parmi les anonymes et les officiels dont elle ignorait souvent le visage et le rang, Lisabetta reconnut certaines figures qui lui étaient chères, ou dont elle avait appris l'histoire, une histoire liée à la sienne.

Anika demeura longtemps devant la tombe, inconsolable. La veille, dans ce même cimetière, accompagnée d'une foule

dix fois moins nombreuse, elle avait enterré son mari. Lisabetta lui avait longtemps parlé, lui avait conseillé de rester à
la tête du camping des Euproctes. Elle verrait, elle verrait…

Maria-Chjara Giordano fut belle et digne, toute de noire
vêtue, des lunettes aux souliers, des dentelles dépassant de
son sobre décolleté aux deux gardes du corps qui l'enca-
draient.

Franck jeta sa branche avec pudeur, rapide, discret, puis
se tint en retrait, laissant Valentine seule. L'adolescente
resta debout, immobile, un temps infini, les yeux vides, sans
larmes, semblant posséder le pouvoir de traverser du regard
les planches du cercueil. D'y voir son passé. Son père dut la
tirer par la manche pour qu'elle accepte de s'éloigner.

Enfin vint Aurélia, au bras de Cesareu Garcia. Le sergent
était l'unique invité à qui on avait épargné l'attente à Arcanu,
la marche sur le sentier, la montée au mausolée, mais ça
n'empêchait pas la chemise sombre du gendarme en retraite
d'être couverte de traces blanches et sèches de transpiration.

Aurélia s'éloigna au bras de son père, adressa un sourire
à Lisabetta, puis fixa la mer.

Tout le monde était là.

Seul Natale avait refusé.

~

La foule se dispersait. Clotilde, après avoir embrassé longuement Lisabetta, s'éloigna vers un banc qui surplombait la
Méditerranée. Palma s'y tenait assise, silencieuse. Malgré la
chaleur, elle avait posé sur ses épaules un châle fin, de soie,
noir aux motifs de fleurs d'églantier. Valentine était installée
à côté, elle pianotait sur son téléphone portable. De sa prison,
sa grand-mère avait-elle appris qu'un tel instrument rendant
accros les ados avait été inventé ?

Sa mère ignorait tant de choses. Elle ignorait tant de choses sur sa mère. Elles avaient tout le temps maintenant pour se réapprivoiser. Ce ne serait pas facile. Depuis qu'elle avait retrouvé la liberté, Palma avait peu parlé, peu raconté, le plus souvent elle se taisait. Ecoutait.

Elle avait soixante-huit ans, elle était fatiguée par la lumière soudaine, le bruit, l'agitation, les questions, tout allait trop vite pour elle, elle devait intégrer trop d'informations. Trop de noms, trop de prénoms.

Elle confondait. Quand elle voyait Valentine, sa petite-fille, elle l'appelait Clotilde, comme si le temps s'était arrêté pendant sa captivité et que sa fille de quinze ans s'était trans-formée.

Transformée en ce qu'elle avait espéré. Une fille qui lui ressemble.

Clotilde s'en fichait. Aujourd'hui, elle était en paix.

Elle se tint debout à côté du banc où sa mère et sa fille étaient assises, les yeux tournés vers la mer.

— Il... est parti, fit Palma.

Clotilde crut d'abord que sa mère parlait de Cassanu, puis elle s'aperçut qu'elle aussi avait lancé son regard au-delà du phare de la Revellata.

Un bateau s'éloignait, toutes les deux reconnaissaient l'*Aryon*, on devinait à la barre la silhouette courbée de Natale Angeli.

— Il est... parti, répéta Palma.

Pour la première fois depuis sa libération, sa mère s'ex-prima en alignant plusieurs mots.

— J'ai... beaucoup... pensé à lui... J'avais... quarante ans... quand je suis entrée dans... ma chambre noire... j'étais encore... une belle femme... je crois... J'avais un miroir... je me suis forcée à oublier... Natale... Ma plus grande peur... était... qu'il me revoie... Le temps est cruel... injuste... avec les femmes... un homme... de cinquante-cinq... ans... n'aime... pas... une femme... de soixante-dix ans...

Clotilde ne répondit rien.

Que répondre ?

Elle se contenta de se laisser étourdir par le panorama, comme elle l'aimait tant, de laisser traîner ses yeux sur la croix des Autrichiens en haut du Capu di a Veta, puis sur la citadelle de Calvi, puis plus bas sur les Euproctes, la plage de l'Alga, de l'Oscelluccia, les ruines de la marina *Roc e Mare*, le phare de la Revellata.

— Regarde, maman, fit Valentine, qui avait enfin levé les yeux de l'écran de son téléphone portable.

— Quoi ?

— Là-bas, pleine mer, tout droit après le phare.

Elle ne voyait rien.

— Dans la direction de l'*Aryon*. Quatre points noirs.

Clotilde et Palma plissaient les yeux sans rien remarquer.

— Ce sont eux, maman ! Orophin et Idril et Galdor et Tatië. Tes dauphins !

Clotilde encaissa le choc, se demanda un instant comment sa fille connaissait ces noms sortis de son enfance, avant de comprendre. Ce cahier, bien sûr, ce cahier de l'été 89 que sa fille avait lu bâillonnée dans la Fuego.

— J'en suis presque certaine, maman ! C'est normal. Ils ont reconnu l'*Aryon*.

Sa fille, d'ordinaire si sérieuse, était-elle vraiment capable d'inventer un tel truc ? Les dauphins, dans le même lieu, reconnaissant le bruit du moteur du même bateau, vingt-sept ans après ?

— Un dauphin vit plus de cinquante ans, insista Valentine, et ils possèdent une mémoire incroyable, tu te souviens, maman : « La plus grande mémoire amoureuse de tous les mammifères. Capables de reconnaître une partenaire rien qu'au son de sa voix plus de vingt ans après l'avoir quittée. »

Clotilde scruta l'horizon, sans davantage apercevoir d'ailerons.

— Trop tard, fit Valou au bout d'un moment, je ne les vois plus.

Sa fille, par le miracle de la lecture de son cahier, avait-elle appris à bluffer ? Valou continua, comme si elle n'avait pas tout misé. Elle baissa les yeux vers les rochers qui surplombaient la plage de l'Oscelluccia.

— Maintenant que Cervone est mort, que vont devenir les ruines de la marina *Roc e Mare* ?

— Je ne sais pas, Valou. Elles resteront sans doute là des années.

— Dommage...

— Dommage pourquoi ?

Valentine se tourna vers sa grand-mère, puis vers le caveau, déchiffrant chaque prénom gravé dans le marbre, pas seulement ceux de son oncle et de son grand-père, ceux de tous les ancêtres depuis trois siècles.

— Dommage que je ne porte pas le nom d'Idrissi.

Un silence. Cette fois ce fut Palma qui le combla.

— Qu'est-ce... que... tu en ferais... du nom... d'Idrissi ?

Valentine la dévisagea. Elle semblait chercher derrière les traits ridés de sa grand-mère la femme séductrice décrite dans le cahier de sa mère.

— T'étais pas architecte, Mamy ?

— Si...

Un nouveau silence. Clotilde prit le relais et répéta la question de sa mère.

— A quoi il te servirait, Valou, le nom d'Idrissi ?

Valou fixa à nouveau le caveau, puis le point de la mer où elle avait prétendu voir des dauphins, puis la marina *Roc e Mare*.

— A ne pas laisser tout ça tomber en ruine !

Vingt-sept ans plus tard

68

— Mamy, on peut jouer dans la piscine ?

Mamy répondit oui en adressant un sourire complice à ses petits-enfants. C'est toujours à elle qu'ils demandaient la permission, pas à leur mère. Leur mère ne voulait pas. Leur mère disait toujours non, pour le bain comme pour le reste.

Trop froid, trop chaud, trop mouillé, trop dangereux.

Leur mère était un peu chiante.

— Merci, Mamy Clo !

Félix et Inès bondirent, genoux ramenés à la hauteur de leur visage, jambes repliées entre leurs bras, et explosèrent la surface de l'eau. Clotilde les surveilla un instant, puis leva les yeux pour promener son regard plus loin, vers la plage de l'Alga et la pointe de la Revellata. Le bassin surplombait légèrement la presqu'île. Tursiops, le sanctuaire des dauphins, avait ouvert ses portes il y a maintenant quinze ans. Le bâtiment principal, l'accueil, le musée, les laboratoires et les salles de conférences avaient entièrement été construits en pins laricio, selon les plans originaux de Palma. Un petit chef-d'œuvre d'intégration dans son environnement naturel, d'autosuffisance énergétique solaire, éolienne et marine, de réussite pédagogique. Il ne restait rien des friches de la marina *Roc e Mare*, à l'exception des pierres de Brando qui avaient servi à aménager le chemin et les escaliers menant à la piscine et à l'observatoire du bassin aux dauphins.

— Tu ne viens pas te baigner, Mamy Clo ?

— Laissez votre grand-mère tranquille ! cria Valentine à ses enfants avant de replonger dans les colonnes de chiffres qui défilaient sur sa tablette.

Clotilde hésita. Elle nageait encore presque tous les jours de l'année, souvent avec Cirdan et Eöl, les dauphins de la réserve, ou Aranel, le marsouin qu'ils avaient sauvé des filets des pêcheurs de Centuri. Et seulement l'été avec Félix et Inès… Finalement, elle se leva, décidée à profiter d'une des dernières baignades en compagnie de ses petits-enfants. Ils remontaient dans deux jours avec Valentine, dans leur appartement au cœur de Bercy-Village, avec vue directe sur le grand bureau de papa. Clotilde resterait seule. Fin août, les touristes commençaient à être un peu moins nombreux, mais d'autres rires d'enfants résonneraient dans les couloirs du sanctuaire ; dès début septembre, Turiops était investi par les écoles de Corse. C'était sa septième rentrée. Clotilde n'avait pas quitté l'île depuis sa retraite.

Son regard glissa sur l'horloge universelle accrochée au-dessus du bassin, l'indicateur perpétuel de qualité de l'eau, la station météorologique intégrée, et s'arrêta sur la plaque de bois clouée, en hommage à l'architecte, sous les innovations high-tech. Le nom de sa mère était encadré de deux fleurs d'églantier, identiques à celles plantées autour du parc, qui le fleurissaient de toutes les nuances de rose et de mauve d'avril à juillet.

Sa mère était enterrée aux côtés de son père, dans le caveau des Idrissi. Après sa libération, Palma avait vécu seule, dans un petit appartement sombre de Vernon, n'en sortant presque jamais, et Clotilde avait vécu dans la terreur que sa mère ne se réveille pas un matin, sans que personne n'en sache rien. Elle avait compris que Palma se laisserait mourir, une fois le chantier achevé, alors elle l'appelait chaque jour au téléphone, n'avait aucune confiance dans ses paroles rassurantes, insistait pour que Valentine prenne le relais pendant les vacances. Clotilde ne parvint pas à faire le tri de ses sentiments, entre tristesse et soulagement, lorsqu'un soir, en sortant du tribunal, elle découvrit sa maman sur son lit, comme endormie, sereine et apaisée ; elle n'était décédée que depuis quelques heures, avait affirmé le médecin.

Palma tenait à être inhumée en Corse, auprès de son mari. On fit de la place. Dans le caveau, il y avait déjà une femme qui dormait dans son lit ! On prit la décision de déplacer le corps de Salomé Romani quelques étages plus bas, auprès de celui de sa mère. Speranza s'était assoupie un soir de mai 2020, dans la cour d'Arcanu, à l'ombre du chêne vert, un panier de lentisque, d'angélique et de marjolaine fraîchement ramassées posé à ses côtés ; Lisabetta avait suivi trois mois plus tard, son cœur avait lâché sans prévenir un matin, alors qu'elle arrachait les orties qui encerclaient ses orchidées.

Clotilde posa sa serviette, s'avança vers la piscine en maillot, affichant sans complexe sa silhouette de toute jeune septuagénaire. Elle se sentait encore bien dans son corps, et admirait sans jalousie ceux, parfaits, des jeunes touristes qui lisaient, dormaient ou s'embrassaient sur les transats. Une vie, pensa-t-elle, se résumait à cela : profiter de la beauté du monde. Son harmonie. Sa poésie. La contempler avant que tout ne disparaisse. Au fond, on ne meurt pas, on devient aveugle. On comprend que c'est terminé lorsque toutes les merveilles autour de nous s'éteignent.

Aujourd'hui, elles brillaient encore ! Dans le bassin en contrebas, celui qui donnait directement sur la Méditerranée, Eöl, le plus jeune des dauphins, ondulait avec grâce devant Matteo, l'ange blond et musclé qui le nourrissait ; les gestes calmes et précis du jeune adulte semblaient épouser la chorégraphie du cétacé. Matteo possédait un rire cristallin de Petit Prince, elle l'avait entendu pour la première fois il y a une dizaine d'années, lorsqu'elle l'avait croisé sur la plage de l'Alga en pleine lecture d'*Harry Potter*, et qu'elle lui avait avoué que jadis, son père... était surnommé Hagrid ! Personne aujourd'hui n'aurait osé appeler ainsi Orsu, le sérieux et autoritaire gérant du camping des Euproctes.

Clotilde trempa un pied dans l'eau. Sous un parasol, sous son chapeau, sous un livre grand ouvert sur son nez, Natale dormait. Elle contrôla une envie folle de s'approcher et de l'éclabousser ! De demander à Félix et Inès de l'aider à soulever d'un coup le transat et de le jeter dans l'eau, ou simplement leur suggérer de faire des bombes à côté de lui avec assez de force pour l'arroser.

Clotilde s'était séparée de Franck quelques mois après que Valentine avait fêté sa majorité. Ils avaient signé l'ordonnance de divorce en janvier 2020, par consentement mutuel, en économisant les frais d'avocat. Puis tout le reste de l'hiver, tout le printemps, tout juillet, Clotilde n'avait eu qu'une obsession : retourner en Corse, revoir Natale. Elle était libre. L'*Aryon*, le sanctuaire, les dauphins, tout pouvait maintenant devenir réalité, avec l'argent de Lisabetta, les plans de Palma, le marketing de Valentine qui entamait une prépa HEC.

La nouvelle avait circulé, et Clotilde avait reçu une longue lettre d'Aurélia, lui expliquant que si elle revenait en Corse, et que Natale voulait la rejoindre, si c'était son choix, elle ne s'y opposerait pas… (Il y avait beaucoup de « si » dans la lettre d'Aurélia.) Même si Aurélia continuerait d'aimer Natale, même si elle croyait avec sincérité avoir été la femme dont il avait besoin, même si elle avait su le protéger des fantômes toutes ces années, même si elle l'avait accompagné sur la pointe des pieds, depuis qu'il était revenu à la vie. Même si Natale ne l'avait jamais aimée, il n'aurait pas été plus heureux avec une autre.

Et c'était vrai, Clotilde le savait… C'est Aurélia qui avait coordonné le projet Turiops imaginé par Natale. Elle avait bâti presque malgré lui ce sanctuaire des dauphins ; Natale en avait l'envie, mais pas l'énergie. Natale était velléitaire. Un amant extraordinaire, se souvenait Clotilde, mais un homme que sans doute elle n'aurait jamais supporté. Elle avait tant maudit ses lettres enflammées suivies de longs mois de silence ; ses promesses magnifiques si vite oubliées… L'amour était passé. Natale resterait un complice, un garçon pour lequel elle conserverait une infinie tendresse, mais Aurélia l'aimait bien mieux qu'elle. Après son divorce, Clotilde avait pris quelques amants, quelques compagnons de route, jolis, intelligents, brillants. Parfois mariés, parfois étrangers. Quand elle en gardait un en août, le 23, elle l'emmenait à la *Casa di Stella* faire l'amour toute la nuit. Sous les étoiles.

— Attention, Mamy !

Clotilde sursauta, leva les yeux vers le grand plongeoir qui se détachait dans le ciel d'un bleu absolu. Avec un peu d'appréhension. Elle ne pouvait plus voir quelqu'un se jeter dans le vide sans repenser à Cassanu.

Autour de la piscine, les touristes en tongs en restèrent médusés.

Le corps traversa l'eau comme une flèche, presque sans qu'aucune goutte ne gicle.

Un plongeon superbe.

De professionnel.

De sirène.

Maria-Chjara resurgit quelques secondes plus tard. L'ondine septuagénaire fit jaillir de son maillot blanc transparent deux seins tendus comme des obus.

Félix et Inès applaudirent. Ils adoraient tatie Maria.

Clotilde éclata de rire. Elle et Maria-Chjara étaient devenues amies. Maria aimait raconter qu'elle se faisait regonfler les seins chaque année, avant l'été. Le jour où elle mourrait, on l'allongerait sur le dos dans son cercueil mais grâce à eux, ils ne pourraient pas fermer le couvercle !

Et pas de polyphonies corses, de *lamenti* ou de *voceri* le jour de son enterrement.

Elle réajusta son maillot transparent devant les hommes aux torses épilés taillés en V, stupéfaits par la mémé. Devant leurs femmes scandalisées, victimes consentantes de la dictature de la beauté.

Le temps est assassin.

Parfois, il a des circonstances atténuantes.

— Tu viens, Mamy ? hurlèrent Félix et Inès.

Clotilde sourit et se laissa bercer par une douce mélancolie en observant Natale perdu dans ses rêves, Valentine concentrée sur ses comptes, puis Maria-Chjara cligner un œil au beau Matteo qui terminait de nourrir son bébé dauphin.

Sempre giovanu.

Remerciements

A M. Luc Besson et Gaumont

Tous les romans de Michel Bussi
aux Presses de la Cité

Nymphéas noirs

Tout n'est qu'illusion, surtout quand un jeu de miroirs multiplie les indices et brouille les pistes. Pourtant les meurtres qui troublent la quiétude de Giverny, le village cher à Claude Monet, sont bien réels. Au cœur de l'intrigue, trois femmes : une fillette de onze ans douée pour la peinture, une institutrice redoutablement séduisante et une vieille femme aux yeux de hibou qui voit et sait tout. Et puis, bien sûr, une passion dévastatrice. Le tout sur fond de rumeur de toiles perdues ou volées, dont les fameux « Nymphéas » noirs. Perdues ou volées, telles les illusions quand passé et présent se confondent et que jeunesse et mort défient le temps.

Prix Polar Michel Lebrun 2011, Grand Prix Gustave Flaubert 2011, Prix Polar méditerranéen 2011, Prix des lecteurs du festival Polar de Cognac 2011, Prix Gouttes de Sang d'encre de Vienne, 2011

Un avion sans elle

Lyse-Rose ou Emilie ? Quelle est l'identité du nourrisson de trois mois, unique rescapé d'un crash d'avion, que les médias ont baptisé Libellule ? Deux familles, l'une riche, l'autre pas, se déchirent pour que leur soit reconnue la paternité.

Dix-huit ans plus tard, un détective privé prétend avoir découvert le fin mot de l'affaire, avant d'être assassiné, laissant derrière lui un cahier contenant tous les détails de son enquête, qui l'a mené du quartier parisien de la Butte-aux-Cailles jusqu'à Dieppe, du Val-de-Marne aux pentes jurassiennes du mont Terrible. Hasards et coïncidences ne sont-ils que les ricochets du destin ? Ou bien quelqu'un, depuis le début, manipule-t-il tous les acteurs de ce drame ?

Prix Maison de la Presse 2012, Prix du Roman populaire 2012, Prix du Polar francophone 2012

Ne lâche pas ma main

Un couple amoureux dans les eaux turquoise de l'île de La Réunion. Farniente, palmiers, soleil. Un cocktail parfait. Pourtant le rêve tourne au cauchemar.

Quand Liane disparaît de l'hôtel, son mari, Martial Bellion, devient le suspect n° 1. D'autant qu'il prend la fuite avec leur fille de six ans.

Barrages, hélicoptères... La course-poursuite est lancée au cœur de la population la plus métissée de la planète. Et si cette chasse à l'homme, ponctuée de cadavres, dissimulait la plus redoutable des manipulations ?

Un thriller qui cogne comme un verre de punch.
A déguster vite, fort et frais.

Prix du roman insulaire 2013

N'oublier jamais

« Vous croisez au bord d'une falaise une jolie fille ?
Ne lui tendez pas la main !
On pourrait croire que vous l'avez poussée. »

Il court vite, Jamal, très vite. A cause de sa prothèse à la jambe et autres coups du sort, il a un destin à rattraper. A Yport, parti s'entraîner sur la plus haute falaise d'Europe, il a d'abord remarqué l'écharpe, rouge, accrochée à une clôture, puis la femme brune, incroyablement belle, la robe déchirée, le dos face au vide, les yeux rivés aux siens. Ils sont seuls au monde ; Jamal lui tend l'écharpe comme on tend une bouée.

Quelques secondes plus tard, sur les galets glacés de la plage déserte, gît sous les yeux effarés de Jamal le corps inerte de l'inconnue.

A son cou, l'écharpe rouge.

C'est la version de Jamal.
Le croyez-vous ?

Gravé dans le sable
(Omaha Crimes)

Quel est le prix d'une vie ?

Quand on s'appelle Lucky, qu'on a la chance du diable, alors peut-être la mort n'est-elle qu'un défi. Un jeu. Ils étaient cent quatre-vingt-huit soldats sur la péniche en ce jour de juin 1944. Et Lucky a misé sa vie contre une hypothétique fortune.

Alice, sa fiancée, sublime et résolue, n'a plus rien à perdre lorsque, vingt ans plus tard, elle apprend l'incroyable pacte conclu par Lucky quelques heures avant le Débarquement.

De la Normandie aux Etats-Unis, elle se lance à la quête de la vérité et des témoins… au risque de réveiller les démons du passé.

Prix Sang d'encre de Vienne 2007, Prix littéraire du premier roman policier de Lens 2008, Prix des lecteurs Ancres noires du Havre 2008

Maman a tort

Rien n'est plus éphémère que la mémoire d'un enfant.

Quand Malone, du haut de ses trois ans et demi, affirme que sa maman n'est pas sa vraie maman, même si cela semble impossible, Vasile, psychologue scolaire, le croit.

Il est le seul... Il doit agir vite. Découvrir la vérité cachée. Trouver de l'aide. Celle de la commandante Marianne Augresse par exemple. Car déjà les souvenirs de Malone s'effacent. Ils ne tiennent plus qu'à un fil, qu'à des bouts de souvenirs, qu'aux conversations qu'il entretient avec Gouti, sa peluche.

Le compte à rebours a commencé.

Avant que tout bascule. Que l'engrenage se déclenche. Que les masques tombent.

Qui est Malone ?

Composition et mise en pages
Nord Compo à Villeneuve-d'Ascq

Imprimé en Allemagne par GGP
Dépôt légal : mai 2016